WAR

WAR by Bob Woodward
Copyright ⓒ 2024 Bob Woodward
All Rights Reserved
This Korean edition was published by Seoul Finance and Law Group
in 2025 by arrangement with the original publisher, Simon & Schuster, LLC

이 책의 한국어판 저작권은 KCC 에이전시를 통해 Simon & Schuster사와
독점계약한 서울파이앤스앤로그룹에 있습니다.
저작권법에 의하여 한국 내에서 보호를 받는 저작물이므로 무단전제와 복제를 금합니다.

전쟁

밥 우드워드 지음 | 김정수 옮김

캐피털북스

일러두기

1. 이 책의 챕터별 제목은 저작권자의 승인을 받아 옮긴이가 붙인 것이다. 따라서 원서에는 챕터별 제목이 없다.
2. 옮긴이의 주는 본문에 적고 표시했다. 미주는 모두 저자의 주다.
3. 이 책에는 의미상 인용문이지만 직접 인용 따옴표를 사용하지 않은 문장이 많이 나온다. 저자만의 독특한 글쓰기 스타일이라, 저자의 표기를 존중하여 원문을 그대로 따랐다.
4. 원서에서 저자가 이탤릭체로 강조한 부분은 진하게 표기했고, 대문자로 강조한 부분은 고딕체로 표기하여 구분했다.
5. 책 제목은 『』, 신문이나 잡지 명은 《 》, 영화와 연극의 제목 등은 〈 〉를 사용했다.
6. 본문에서 지명·인명 등 고유명사는 국립국어원의 외래어 표기법 및 용례를 따랐다. 다만, 표기가 불분명한 일부 경우에는 실제 발음을 따라 표기했다.

나의 평생 친구이자 취재 파트너인
칼 번스타인에게

추천사

2024년 최고의 책 선정
- AP 통신, 뉴스위크, National Public Radio, 프로그레시브

"밥 우드워드의 책은 수십 년 동안 미국 대선 시즌의 전통이 되어 왔다. 워싱턴 내부 사정에 정통한 그의 최신작 『전쟁』은 도널드 트럼프가 러시아 지도자 블라디미르 푸틴과 자주 접촉했다는 주장으로 화제가 되었다."

— **AP 통신**

"전설적인 저널리스트 우드워드는 바이든 행정부와 트럼프 제1기 행정부를 비교하며 이면의 진실을 드러낸다. 미국 정치의 지난 4~8년의 맥락을 이해하는 데 필수적인 『전쟁』은 같은 대통령직을 수행하면서도 정부의 역할과 미국이 국내외에서 무엇이며 무엇이어야 하는지에 대해 극명하게 다른 관점을 지닌 두 대통령의 심리를 깊이 탐구한다."

— 피터 에이트킨, 《뉴스위크》

"밥 우드워드가 미국 대통령과 국가안보를 다룬 최신 베스트셀러를 읽으면 어떤 씁쓸한 감정이 든다 … [이 책에는] 우드워드가 워터게이트 시절 동료 칼 번스타인과 함께 1989년 트럼프를 인터뷰한 내용도 담겨 있다 … 그 인터뷰는 당시 42세의 트럼프가 오늘날의 트럼프와 놀라울 정도로 똑같이 말한다는 것을 보여준다."

— 론 엘빙, 〈NPR〉

"밥 우드워드의 『전쟁』은 도널드 트럼프의 직무 유기가 얼마나 심각했는지를 보여주는 이전에 보도되지 않았던 일화들로 가득 차 있다. 무엇보다도 이 책은 제3차 세계대전을 막으려는 바이든 행정부의 필사적인 노력을 소름 끼치도록 생생하게 그려낸다. 이 책을 읽고 나면 평화를 증진하는 일이 얼마나 취약하고 복잡한 과제인지 실감하게 될 것이다."

— 루스 코니프, Progressive.org

"충격적인 특종 뉴스는 21세기 최대의 10월 서프라이즈다."

— 로렌스 오도넬, 〈MSNBC〉

"폭발적이다 … 흥미진진하다 … 정말 놀랍다."

— 제이크 태퍼, 〈CNN〉

"정말 흥미진진한 책 … 진보든 보수든 정치 성향에 관계없이 누구나 읽어볼 만한 훌륭한 책이다."

— 닐 카부토, 〈폭스 뉴스〉

"이번엔 밥 우드워드가 제대로 해냈다: 이 워터게이트 저널리스트는 그동안 많은 비판을 받아왔다—나를 포함해서. 하지만 바이든 시대를 기록한 신작 『전쟁』에서 그는 최고의 모습을 보여준다."

— 프랭클린 포어, 《The Atlantic》

"정말 소름 끼치면서도 손에서 놓을 수 없는 책이다 … 10월 15일 『전쟁』이 출간되고 3주 후면 유권자들이 속편의 소재를 만들어낼 것이다. 우드워드는 실시간으로 펼쳐지는 긴장감을 포착하는 데 탁월하지만, 결코 미완의 이야기로 끝내지 않는다. 그의 본능이자 재능은 갓 지나간 역사의 혼돈과 복잡함 속에서 일관된 서사와 교훈을 찾아내는 것이다. 이번 책의 결론은 단호하다. '도널드 트럼프는 대통령에 적합하지 않을 뿐 아니라 국가를 이끌 자격이 없다'고 썼다. 반면 '바이든과 그의 팀은 안정적이고 목표 지향적인 리더십의 모범으로 역사에 기록될 것이다.' 이런 평가는 권위 있게 들린다. 그러나 또한 희망 사항처럼 들리기도 한다."

— A.O. 스콧, 《뉴욕타임스》

"… 81세의 나이에도 자신의 절반 나이 기자들보다 더 많은 에너지와 열정으로 현장을 누비는 전설적인 기자"

— 피터 버겐, CNN.com

"『전쟁』은 우드워드 특유의 모든 특징을 담고 있다—익명의 제보자가 전하는 극비 회의 내용, 마치 벽에 붙은 파리가 엿들은 듯한 욕설 가득한 대화, 그리고 개성 넘치는 인물들의 충돌을 그려낸 최고위 권력 정치의 모습까지. 흥미진진하고 종종 매력적인 역사의 초고, 때로는 재고이다. 하지만 이전 작품들과 비교하면 이번 책은 여러 면에서 더 흥미롭고(다소 덜 선정적이긴 하지만), 더 (완전히는 아니지만) 일관된 서사를 제공한다 … 우드워드는 갈등에 대한 새로운 사실을 발굴해내고, 때로는 다른 이들이 단편적으로만 보도했던 이야기에 색채와 깊이를 더한다."

— 프레드 카플란, 《Slate》

"이 책을 단순히 특종 모음집으로 치부하는 것은 방대하고 때로는 시야가 제한적이지만 시의적절한 이 책에 담긴 우드워드의 야심을 하찮게 만드는 일이다. 특종이 전부라면 신문 헤드라인만 읽어도 충분할 것이다 … 통찰력 있는 독자라면 취재원들의 의도된 편향을 감안하며 읽을 수 있다. 설령 우드워드가 만난 취재원 대부분이 바이든 행정부 인사나 그들과 가까운 사람들이라 해도, 그는 탁월한 작가이자 노련한 관찰자여서 이 책의 교훈이 취재원들의 시각에 의해 휘둘리도록 내버려 두지 않는다 … 그것은 유권자들이 똑같은 실수를—아니 더 나쁜 실수를—다시 하지 않도록 설득해야 한다는 우드워드의 절박한 호소가 책 전체를 관통하고 있기 때문이다."

— 폴 머스그레이브, 《워싱턴포스트》

"밥 우드워드의 신작 『전쟁』은 차분하면서도 충격적인 필독서"

— 로이드 그린, 《가디언》

"밥 우드워드의 책은 수십 개의 독특한 일화, 인물, 정보들로 꾸며진 거대한 크리스마스트리 같다."

― 로렌스 오도넬, 〈MSNBC〉

"이건 '하던 일을 다 멈추고 당장 읽어야 할' 책이다."

― 니콜 월리스, 〈MSNBC〉

"거의 반세기에 걸쳐, 연방 의원이나 검사를 포함해 공식적인 권력을 행사하는 사람 그 누구도 우드워드만큼 현대 대통령직의 실체를 밝혀내고 우리의 이해를 형성하는 데 기여하지 못했다. 그가 가진 것은 오직 호기심과 메모장, 녹음기라는 언론인의 비공식적인 권력뿐이었다. 이것만으로 그는 9명의 대통령을 취재하며 현대 권력의 작동 방식을 보여주었다."

― 존 E. 해리스, 《폴리티코》 공동 창립자

저자의 개인적 메모

"저는 계속 앞으로 나아갈 거예요," 이 책의 뛰어난 전담 조수 클레어 맥멀렌이 항상 제게 하는 말입니다. 계속 나아가는 것이 그녀의 신조입니다.

  호주 출신의 뛰어나고 재능 있는 작가이자 변호사인 30세의 클레어가 이 책을 가능하게 만들었습니다. 그녀가 없었다면 이 책은 존재하지 않았을 것입니다. 정말로요. 그녀는 천재입니다. 항상 친근하고 유쾌한 클레어는 동시에 강인한 사람이기도 합니다. 그녀는 제가 민감한 주제들을 추적하고, 철저히 검증하며, 증거를 수집하도록 이끌어줍니다. 그녀의 독려는 친절하면서도 끊임이 없습니다. 그녀는 언제나 새로이 취재해야 할 방향을 상기시켜 줍니다. 우크라이나와 중동에서 벌어지는 전쟁을 저보다 더 잘, 더 깊이 이해하고 있을지도 모릅니다. 우리가 가진 자료와 공공 기록을 완벽하게 파악하고 있으며, 항상 이들 사이의 연결고리를 찾아냅니다. 제가 지치면 그녀는 일찍 출근하고, 늦게까지 남아 있으며, 주말에도 나와서 일합니다. 그녀는 늘 생각에 잠겨 있습니다. 결코 당황하는 법이 없습니다. 클레어는 직접 작성한 수백 개의 파일과 인터뷰 녹취록을 놀라운 속도와 정확성으로 관리합니다.

저는 종종 왜 내가 그녀처럼 되지 못할까 생각합니다. 솔직한 대답은 클레어 맥멀렌 같은 사람은 오직 한 명이기 때문입니다. 그녀는 곧 자신의 책을 출간할 예정입니다. 이 책에 대한 그녀의 기여는 아무리 강조해도 지나치지 않습니다. 그녀에게 애정과 우정, 그리고 넘치는 존경심을 보냅니다.

차례

추천사   6
저자의 개인적 메모   10
프롤로그   트럼프의 젊은 날의 초상   21

1. 35년 후   35

러시아-우크라이나 전쟁

2. 체호프의 총   46
3. 헬싱키의 악몽과 힐 박사의 회상   57
4. 쉬어 칸과 타바키   62
5. 푸틴에게 보낸 코로나19 진단기   65
6. 바이든-푸틴 제네바 정상회담   67
7. 트럼프의 "도둑맞은 선거" 주장   74
8. 푸틴이 꺼내 든 또 다른 총   79

9.	미군의 재앙적인 아프가니스탄 철수	84
10.	우크라이나의 독립기념일	96
11.	바이든의 우크라이나 방어 전략	99
12.	'쇼맨' 젤렌스키의 역사 무대 등장	103
13.	푸틴의 제국주의적 야망	109
14.	영국 존슨 총리와 푸틴 간의 설전	120
15.	CIA 국장의 모스크바 비밀 방문	123
16.	해리스 부통령의 파리 회담	136
17.	블링컨과 라브로프의 민스크 협정 논쟁	139
18.	매디슨 애비뉴 마케팅 캠페인	148
19.	바이든의 푸틴에 대한 경고	152
20.	"강대국은 허세를 부리지 않는다"	156
21.	러시아의 크림반도 침공	162
22.	젤렌스키의 정치적·전략적 위기	164
23.	"사소한 침공"은 괜찮은가?	168
24.	트럼프의 잭 니클라우스 전략	172
25.	해리스와 젤렌스키의 뮌헨 비밀 회동	173
26.	도네츠크와 루한스크 합병 선언	182
27.	2022년 2월 24일 새벽: 러시아의 우크라이나 침공	185
28.	"내가 왜 푸틴을 그렇게 미워하지?"	197
29.	핀란드와 스웨덴의 NATO 가입	199
30.	"캐디들도 푸틴을 없애고 싶어 하네요"	207
31.	NATO의 근본적인 철학적 전환	210
32.	바이든 가족의 상실과 아픔	212
33.	트럼프 재출마와 공화당의 입장	214

34. 숄츠 총리의 고뇌와 역사의 무게	219
35. 푸틴의 굴욕적 패배: 핵전쟁의 위기와 바이든의 딜레마	226
36. 트럼프의 세 번째 대통령 출마 선언	248
37. 젤렌스키의 미 의회 연설	252
38. F-16 전투기의 우크라이나 전쟁 투입	258
39. "나는 여러분의 복수입니다"	261
40. 155mm 포탄 부족과 집속탄의 사용	268
41. 프리고진의 반란	273

이스라엘-팔레스타인 전쟁

42. 2023년 10월 7일: 하마스의 야만적 침공	276
43. 지중해 미 항공모함의 전략적 이동	289
44. 카타르의 인질 협상 중재	290
45. 헤즈볼라는 이스라엘 국경을 넘을 것인가?	294
46. 이스라엘의 가자 공격을 둘러싼 논쟁	309
47. 가자지구에 대한 인도적 지원 충돌	323
48. 바이든의 전쟁 중인 이스라엘 방문	330
49. 오스틴 장관의 리더십	342
50. 평화를 원치 않는 네타냐후	345

51. 이스라엘의 휴전 동의와 인질 석방　　　　　　　　　350
52. 이라크 민병대와 후티 반군의 공격, 그리고 미국의 반격　355
53. 이스라엘-사우디 관계 정상화를 위한 빈 살만의 조건　362
54. 이스라엘의 무자비한 라파 진격 계획　　　　　　　369
55. 키스 켈로그의 중동 방문　　　　　　　　　　　　380
56. 물 건너간 미국-사우디 방위 협정　　　　　　　　388
57. 시리아 공습과 테헤란의 분노　　　　　　　　　　394
58. 이란의 전면 보복과 미 연합군의 이스라엘 방어　　404
59. 러-우 전쟁의 승패와 중국의 지정학적 도전　　　　410
60. 정치적 쟁점이 된 남부 국경 불법 이민자 문제　　　413
61. 폴란드의 반러시아 정치철학　　　　　　　　　　421
62. 임박한 이스라엘의 라파 진입 작전　　　　　　　　433
63. 푸틴은 소련 붕괴의 전철을 밟고 있는가?　　　　　436

트럼프의 백악관 탈환 전쟁

64. 중범죄 유죄 판결을 받은 전직 대통령　　　　　　440
65. 바이든의 아들을 향한 사랑과 고통　　　　　　　　444
66. 네타냐후가 가자지구를 파괴한 진짜 이유　　　　　448
67. 공격적인 트럼프의 언어들　　　　　　　　　　　454

68. 트럼프와 장군들 간의 충돌	456
69. 바이든의 노쇠한 이미지와 실제 역량	465
70. 바이든의 "안 좋은 밤": 재앙적인 대선 TV 토론	476
71. 트럼프 유세 현장을 뒤흔든 총성	483
72. ISIS의 모스크바 콘서트홀 학살	488
73. 해리스에 대한 트럼프의 공격	493
74. 해리스와 네타냐후의 충돌	497
75. 러-우 전쟁 종식에 대한 트럼프의 발언	505
76. 베이루트 공습과 하니예 암살	514
77. 바이든이 확립한 미국의 새로운 군사 외교정책	518

에필로그	523
독자 참고 사항	525
감사의 말	526
사진 출처	532
미주	533
색인	570

"현대인의 기계적이고 과학적인 창조물들은
인간으로부터 자신의 인간성의 본질을 은폐하고,
온갖 종류의 프로메테우스적 야망과 환상을
부추기는 경향이 있다."

조지 케넌, 미국 외교관이자 소련의 팽창을
단호히 저지하는 미국의 봉쇄정책 이론의 아버지

프롤로그

트럼프의 젊은 날의 초상

1989년 2월의 어느 저녁, 워터게이트 사건을 함께 취재했던 내 파트너 칼 번스타인이 뉴욕시의 한 디너 파티에서 도널드 트럼프와 우연히 마주쳤다.

"여기로 오지 않을래?" 칼이 파티에서 전화를 걸어 나를 재촉했다. 터키계 미국인이자 사교계 명사이며 음반사 임원인 아흐메트 에르테군이 어퍼 이스트 사이드에 있는 자신의 타운하우스에서 주최한 파티였다. "모두 즐거운 시간을 보내고 있어," 그가 말했다. "트럼프도 여기 있어. 정말 흥미로워. 그와 이야기를 나누고 있었어."

번스타인은 트럼프의 책 『거래의 기술』에 매료되어 있었다. 나는 다소 마지못해 그와 합류하기로 했다. 주된 이유는, 칼이 지금도 종종 상기시켜 주듯이, 당시 내가 머물고 있던 그의 아파트 열쇠가 필요했기 때문이었다.

"곧 갈게," 내가 말했다.

칼과 내가 1972년 6월 17일 워터게이트 침입 사건에 대해 처음 함께 기사를 쓴 지 17년이 지난 시점이었다.

트럼프는 당시 45세였던 우리가 함께 서 있는 모습을 보고 다가 왔다. "우드워드와 번스타인이 도널드 트럼프를 인터뷰한다면 정말 대단하지 않을까요?" 그가 말했다.

칼과 나는 서로를 바라보았다.

"좋죠," 칼이 말했다. "내일 어때요?"

"좋아요," 트럼프가 말했다. "트럼프 타워에 있는 내 사무실로 오세요."

"이 남자 정말 흥미로운 사람이네," 트럼프가 자리를 뜬 뒤 칼이 내게 확신에 찬 목소리로 말했다.

"하지만 정치 분야에서는 아니지," 내가 말했다.

나는 즉시 트럼프에게 호기심을 느꼈다. 그는 수완 좋은 사업가였고, 그의 독특한 페르소나는 이미 그때도 신중하게 가꾸어지고 다듬어진 것으로, 다른 사람들을 정확하면서도 약간은 무자비하게 조종하기 위해 의도된 것이었다.

트럼프와의 인터뷰는 마이크로카세트에 녹음되고 타자기로 타이핑한 후 트럼프의 책 한 권과 함께 마닐라 봉투(manila envelope, 갈색이나 노란색의 두꺼운 종이로 만든 봉투로 내구성이 강한 봉투-옮긴이)에 담겼다가 결국 수많은 기록물, 인터뷰 노트, 뉴스 스크랩 더미 속 어딘가로 사라져버렸다. 나는 물건을 못 버리는 사람이다. 30년이 넘게 칼과 나는 그것을 찾아다녔다.

2019년 12월, 트럼프 대통령 재임 기간에 대한 내 세 권의 책 중 두 번째인 『분노(Rage)』를 위해 대통령 집무실에서 그를 인터뷰했을 때, 나는 트럼프 대통령에게 그 "잃어버린 인터뷰"에 대해 농담을 건넸다.

"우리는 테이블에 앉아서 이야기를 나눴죠," 트럼프가 회상했다.

"잘 기억하고 있어요." 그는 내가 그것을 꼭 찾아봐야 한다고 말했다. 아주 훌륭한 인터뷰였다고 믿었기 때문이다.

작년인 2023년, 나는 내 기록물 보관 시설로 가서 오래된 파일이 담긴 수백 개의 상자를 샅샅이 뒤졌다. 1980년대의 각종 신문 스크랩이 들어 있는 상자에서 평범하고 약간 낡은 봉투 하나를 발견했다―바로 그 인터뷰였다.

그것은 42세 젊은 트럼프의 초상으로, 오로지 그의 부동산 거래와 돈 버는 일, 그리고 유명인으로서의 지위에만 초점이 맞춰져 있었다. 하지만 그는 자신의 미래에 대해서는 모호했다.

"나는 정말로 최고의 호텔을 지으려고 합니다." 트럼프가 1989년에 우리에게 말했다. "그래서 꼭대기에 스위트룸을 만들고 있는 거죠. 정말 멋진 스위트룸을 짓고 있습니다."

"내가 어디로 가고 있는지 묻는다면, 전혀 말할 수 없을 것 같네요." 트럼프가 말했다. "만약 모든 것이 지금처럼 그대로 유지된다면 내가 어디에 있을지 꽤 잘 말할 수 있겠죠." 하지만, 그는 강조했다. "세상이 변하잖아요." 그것만이 유일하게 확실한 것이라고 그는 믿었다.

그는 또한 누구와 함께 있느냐에 따라 자신이 어떻게 다르게 행동하는지 이야기했다. "내가 친구들과 있을 때―그러니까 계약자들이나 이런저런 사람들을 말하는데―나는 한 가지 방식으로 반응합니다." 트럼프가 말하고는 우리를 가리켰다. "하지만 역대 최고의 프로두 명이 녹음기를 켜고 제 앞에 앉아 있다면, 당연히 평소와 다르게 행동하게 되죠."

트럼프는 자신에 대해 "가식적인 모습과는 반대로 실제 모습이 훨씬 더 흥미로울 거예요"라고 말했다. 나는 "실제 모습"이 무엇일지 궁금했다.

"그건 훨씬 더 흥미롭죠. 아직 포착되지 않은 모습이니까요," 트럼프가 덧붙였다.

그는 끊임없이 연기하고 있었고, 그날 우리는 그가 펼치는 전면적인 매력 공세를 받고 있었다.

"누군가 옆에 앉아서 말 그대로 메모를 하고 있을 때는 결코 평소와 같지 않죠. 아시다시피, 그럴 때는 예의 바르게 행동하게 됩니다. 솔직히 말해서, 그런 모습은 진짜 소리 지르고 고함치는 것만큼 흥미롭지는 않죠."

트럼프는 또한 터프하고 강해 보이는 것에 집착하는 듯했다.

"TV에 출연할 때 가장 최악인 부분은 메이크업을 잔뜩 발라준다는 거예요," 트럼프가 말했다. "오늘 아침에도 뭔가를 했는데 그들이 얼굴에 메이크업을 잔뜩 발랐거든요. 그래서 올라가서 샤워하고 지워야 할지 아니면 그냥 둬야 할지 고민되더라고요. 그런데 건설업에서는 메이크업을 안 하잖아요. 메이크업을 하면 문제가 있을 겁니다."

우리는 트럼프에게 부동산 거래 중 하나의 단계별 과정을 설명해 달라고 요청했다. 그런 거래들은 어떻게 이루어지는 걸까?

"본능적으로요," 그는 즉시 대답했다. "그게 무엇인지 설명할 수는 없어요, 이해하시죠. 올바른 본능을 가지고 있다면, 본능이 다른 어떤 요소보다 훨씬 더 중요하거든요. 그리고 내가 했던 최악의 거래들은 내 본능을 따르지 않았던 거래들이었어요. 내가 했던 최고의 거래들은 내 본능을 따르면서 '그건 절대 안 될 거야'라고 말하는 모든 사람들의 말을 듣지 않았던 거래들이었죠."

"올바른 본능을 가진 사람은 매우 드물어요," 그가 말했다. "하지만 나는 올바른 본능을 가진 사람들이 다른 사람들은 도저히 할 수 없는 일들을 해내는 것을 봐왔습니다."

마스터플랜은 있는가?

"위대한 마스터플랜이 무엇인지는 정의할 수 없을 것 같습니다," 그가 자신의 인생을 언급하며 말했다. "그건 이해하실 겁니다. 하지만 그것은 어떻게든 본능적인 방식으로 들어맞죠. 이렇게 말씀드릴게요, 만약 알아내시면 저에게 알려주세요. 관심 있을 겁니다. 정말로 관심 있을 것 같네요."

나는 그의 사회적 의식에 대해 물었다. 그것이 "당신을 정치나 어떤 공적인 역할로 이끌 수 있을까요?"

"글쎄요, 아시다시피 내게는 이 모든 것이 매우 흥미롭죠," 그가 말했다. "저번 주에 애틀랜틱 시티에서 복싱 경기를 보고 있었는데, 그들은 거친 사람들이에요. 아시다시피, 육체적으로 거친 사람들이죠. 그리고 어떤 의미에서는 정신적으로도 터프해요, 그렇죠. 제 말은 그들이 책을 쓰지는 않겠지만, 특정한 면에서는 정신적으로 터프하다는 거죠."

"그런데 챔피언이 졌어요. 매우 훌륭한 선수지만 이길 거라고 예상되지 않았던 누군가에게 패했어요. 경기가 끝난 후 사람들이 그 복서를 인터뷰했는데, '어떻게 이걸 해낸 거죠? 어떻게 이겼나요?'라고 물었어요."

"그랬더니 그는 '그냥 펀치에 맞춰 움직였어요(go with punches, 펀치가 올 때 유연하게 흘려보낸다는 의미로 인생에서는 상황에 유연하게 대처하라는 관용구-옮긴이). 그냥 펀치에 맞춰 움직였죠'라고 말했어요. 나는 그 표현이 정말 멋지다고 생각했어요," 트럼프가 말했다. "왜냐하면 그건 복싱이나 다른 어떤 것만큼이나 인생에도 적용되니까요. 펀치에 맞춰 움직이는 거죠."

지금 트럼프의 인생을 되돌아보면—그의 부동산 거래들, 대통령직, 탄핵, 수사, 민형사상 재판, 유죄 판결, 암살 시도, 재선 캠페인—그는 정확히 그렇게 해왔다. 타격을 받아넘기며 살아왔다(roll with the punches).

"10년 후에 자기가 어디에 있을지 말하는 사람은 멍청이예요," 트럼프가 덧붙였다. "세상은 변하죠. 대공황도 있을 것이고, 불황도 있을 것이고, 상승기도 있을 것이고, 하락기도 있을 겁니다. 전쟁도 있을 거고요. 당신이 통제할 수 없는, 대부분의 경우 사람들이 통제할 수 없는 일들이죠. 그래서 정말로 펀치에 맞춰 움직여야 하고, 너무 멀리 앞서서 자신이 어디에 있을지 예측하는 건, 아시겠지만, 좋지 않아요."

당시 그는 거래에서 손실을 봤다는 비판적인 뉴스 헤드라인들에 거의 집착할 정도로 사로잡혀 있었다.

"파는 사람이 사는 사람보다 더 많은 돈을 벌죠," 트럼프가 설명했다. "그런데 나는 오늘날에는 파는 사람이 되는 것은 패자가 되는 것과 같다는 것을 알게 됐어요. 심리적으로요. 그런데 그건 잘못된 거예요."

"이렇게 말씀드릴게요. 나는 머브 그리핀이라는 사람을 완전히 박살 냈어요," 트럼프가 말했다. 그리핀은 텔레비전 토크쇼 진행자이자 미디어 거물이었다. "그를 완전히 이겨버렸어요. 그리고, 있잖아요, 그가 들어왔을 때—아까 메이크업 얘기를 했잖아요. 그는 메이크업을 한 채로 들어왔어요. TV에 나왔다가 있잖아요, 내 사무실로 곧바로 왔어요. 그는 리조트 인터내셔널(Resorts International)에서 내가 원하지 않았던 모든 것들을 사겠다는 거래를 제안했어요," 트럼프가 말했다. "나는 계속해서 안 된다, 안 된다, 안 된다고 말했고, 그는 계속 가격을 올리고, 올리고 또 올렸어요. 그러다 갑자기 그게 내게는 믿을 수 없이 좋은 거래가 됐죠. 정말 믿을 수 없는 거래였어요."

"게다가," 트럼프가 덧붙였다. "나는 타지마할을 얻었어요. 이건 세상에서 가장 귀중한 보석이에요." 그가 말한 타지마할은 인도에 있는 성스러운 영묘가 아닌 애틀랜틱 시티에 있는 타지마할 카지노였다.●

"요점은 사람들이 내가 졌다고 생각한다는 겁니다," 그가 말했다. "그래서 지난 5년간 세상에는 이런 분위기가 형성되었습니다. 당신이 파는 사람이라면, 당신은 패자라는 것이죠. 설령 막대한 이익을 보고 팔더라도 말입니다."

나는 트럼프에게 물었다. 아침에 일어나면 무엇을 읽나요? 누구와 대화를 하나요? 어떤 정보 출처를 신뢰하나요?

"대부분은 아주 기본적인 것들입니다," 트럼프가 말했다. "나는 《월스트리트저널》과 《뉴욕타임스》를 읽습니다. 《뉴욕포스트》와 《데일리뉴스》도 읽는데, 비즈니스 때문이라기보다는, 어떻게 보면, 내가 이 도시에 살고 있고, 아시잖아요, 그 신문들이 도시 소식을 다루니까

● 1988년에 트럼프는 창업자 크로스비의 갑작스러운 사망으로 경영권 공백 상태에 있던 리조트 인터내셔널의 지배권을 획득했으나, 그의 주된 관심사는 건설 중이던 타지마할 카지노였다. 그리핀이 높은 가격에 회사 전체를 인수하겠다고 제안했을 때, 트럼프는 자신이 정말로 원했던 타지마할만 가져가고 나머지 부분 즉 기존 리조트 카지노와 바하마 리조트 등은 그리핀에게 넘기는 거래에 합의했다. 트럼프는 이 거래를 언급하고 있다. 타지마할 카지노는 개장 후 1년 만인 1991년에 파산했다(옮긴이).

요."《뉴욕포스트》는 트럼프를 거의 집착적으로 다루는 타블로이드 신문이었다.

"나는 특정 사람들보다는 이런 일반적인 정보 흐름에 더 의존하는 편입니다," 그가 말했다. "나는 택시 기사들과도 대화를 나눕니다. 여러 도시에 가서 '이건 어떻게 생각하세요?'라고 물어보곤 해요. 그게 내가 마라라고(Mar-a-Lago)를 산 방법이에요. 택시 기사와 이야기하면서 물어봤죠. '플로리다에서 뭐가 핫(hot)한가요? 팜비치에서 가장 대단한 집이 어딘가요?'"

"오, 가장 대단한 집은 마라라고예요," 택시 기사가 말했다.

"나는 '그게 어디 있나요? 거기로 데려다 주세요'라고 했죠," 트럼프가 이어서 말했다. "당시 나는 팜비치의 브레이커스(The Breakers, 미국 플로리다주 팜비치에 위치한 고급 리조트 호텔-옮긴이)에 있었는데 지루해 죽을 지경이었어요."

트럼프는 결국 마라라고를 700만 달러에 구입했다.

"나는 누구와도 대화합니다," 그가 말했다. "나는 항상 그것을 제 여론조사라고 부르죠. 사람들은 농담처럼 '트럼프는 누구와든 대화한다는 거 알잖아요'라고 저에게 말해요. 그리고 정말 그래요. 나는 건설 노동자들이나 택시 기사들과도 대화하죠. 어쨌든 여러 면에서 그런 사람들이 내가 가장 잘 어울리는 사람들이에요. 나는 모든 사람과 대화합니다."

트럼프는 카지노 회사인 발리 매뉴팩처링(Bally Manufacturing)의 지분 9.9퍼센트를 사들였고, 짧은 시간 안에 3천 2백만 달러를 벌었다고 주장했다.

그는 이어서 발리 주식을 사는 데 "거의 1억 달러를 썼다"고 말했는데, 이로 인해 그를 상대로 소송이 제기되었다. 상대측 변호사들은 트럼프에게 주식 매입과 관련된 기록들을 요구했다.

"그들은 내가 그 회사에 대해 엄청난 조사를 했고, 그 회사를 분석하는 데 몇 주 몇 달을 보냈다는 것을 증명하려고 했어요." 트럼프가 말했다. "그리고 그들은 내가 천장에 닿을 만큼의 파일을 가지고 있을 거라고 생각했죠. 그들은 모든 것을 소환장으로 요구했지만, 결국 나는 그들에게 아무런 서류도 주지 못했어요. 사실상 파일이 하나도 없었거든요. 그래서 나는 그들의 값비싼 변호사 중 한 명에게 심문을 받게 됐죠."

트럼프는 변호사를 흉내 내며 말했다. "이걸 얼마나 오래 알고 계셨나요, 트럼프 씨? 그리고 언제부터였죠?"

"다시 말해서, 그들은 이게 무슨 대단한 음모라도 되는 것처럼 만들려 했던 거죠." 트럼프가 말했다. "나는 말했어요, 모르겠는데요. 그냥 내가 그걸 산 날부터 생각하기 시작했을 뿐입니다."

변호사는 믿기지 않는다는 듯이 물었다. "그럼, 보고서는 몇 개나 작성하셨나요?"

"글쎄요, 정말 아무것도 안 했어요. 그냥 느낌이 왔거든요."

"그들은 누군가가 제대로 된 조사도 없이 1억 달러나 되는 돈을 어떤 회사에 투자할 거라고 믿지 않았어요." 트럼프가 말했다. "물론 나는 머릿속으로 조사를 했지만, 그 이상으로는, 아시겠지만, 그들은 그런 일이 일어난다고 생각해본 적이 없었던 거죠. 그리고 대기업의 사고방식으로는 그런 일이 일어난다고 생각하지 않죠. 그런 거래들이 제가 했던 최고의 거래들이었어요."

칼이 트럼프에게 공직을 맡는 자신의 모습을 상상해본 적이 있는지 물었다.

"그럴 생각은 없지만, 확실하진 않아요," 트럼프가 말했다. "나는 아직 젊어요. 이론적으로는, 통계적으로 보면 내게 많은 시간이 남아 있어요. 나는 사람들이 너무 많이 베풀어서 힘든 시기가 왔을 때 아무 것도 남지 않게 된 것을 봐왔어요."

그는 도널드 J. 트럼프 재단을 설립 중이라고 말했다. "내가 뺄으면—속된 표현이긴 하지만—그 재단에 엄청난 돈을 남기고 싶어요. 일부는 가족에게, 일부는 재단에 남길 겁니다. 가족에 대한 의무가 있잖아요."

트럼프는 "힘든 시기"가 마치 피할 수 없는 것인 양 말했다. "나는 항상 최악의 상황에 대비하는 것을 좋아합니다. 그게 특별히 좋은 말처럼 들리진 않겠지만요"라고 그가 말했다. "나는 힘든 시기가 올 것이라는 걸 알고 있어요. 다만 언제일지가 문제일 뿐이죠."

그는 사우디의 부유한 사업가이자 무기 중개상인 아드난 카쇼기로부터 구입한 자신의 282피트(약 86미터) 길이의 개인 요트 이야기를 꺼냈다. 트럼프는 이 요트의 이름을 '트럼프 프린세스'로 바꿨다. "오늘날 이런 요트를 새로 만들려면 1억 5천만에서 2억 달러가 들어요. 원하시면 올라가서 뭐 그래도 돼요 … 정말 대단한 배예요.《타임》지를 보면 내가 하루 종일 이 배에서 빈둥거리기만 하는 것처럼 나오는데, 실제로는 그렇지 않습니다."

당신의 가장 친한 친구는 누구인가요? 내가 물었다.

그는 사업가들과 투자자들, 그를 위해 일하는 사람들의 이름을 나열했는데, 칼과 나 모두 알지 못하는 사람들이었고, 그의 동생 로버트도 포함되어 있었다. "다들 사업과 관련된 사람들이네요." 그가 말했다. "그저 내가 상대하는 사람들이다 보니 그렇게 된 것뿐입니다."

"하지만 우정이란 건 이상한 거예요. 있잖아요, 나는 항상 우정에 대해 신경을 씁니다. 때로는 사람들을 시험해보고 싶을 때가 있어요. 지금은 어떤 이유에서건 모두가 나와 친구가 되고 싶어 합니다. 그래요, 분명한 이유 때문이겠죠."

"때로는 시험해보고 싶어요. 일주일 정도만이라도 트럼프가 망했다고 말하고, 그러고 나서 다시 그들에게 전화해서 저녁 식사에 초대해 과연 나타나는지 보고 싶어요. 종종 그러고 싶었어요. 한 달 정도 동안 내가 망했다고 세상이 생각하게 만들어서, 과연 친구들이 정말 친구인지 아닌지 시험해보는 거죠."

"나는 정말 의리를 중시하는 사람입니다. 사람에 대한 충성심을 믿어요. 나는 훌륭한 친구와 강력한 적을 가지는 것을 믿어요. 정상에 있다가 그 자리를 유지하지 못한 사람들을 많이 봐왔어요. 그러면 갑자기 … 그들에게 아첨하던 사람들이 사라져버리죠. 말 그대로 완전히 사라져버리는 거예요."

"한 예로 한 은행가가 있었어요. 그는 정말 훌륭한 은행가였고, 대형 은행 중 하나인 씨티뱅크에서 일했어요. 그리고 그는 매우 중요한 사람들에게 거액의 대출을 담당하고 있었어요."

"그는 돈을 빌려주면서 많은 사람을 부자로 만들어주었어요. 그리고 그 일이 있은 지 약 2년 후에 나에게 전화해서 이렇게 말했어요. 있잖아요, 정말 믿을 수가 없어요. 전에는 내 절친한 친구라며 항상 전화하고 온갖 방법으로 나에게 아첨하던 그 사람들이, 지금은 내가 전화해도 연결조차 안 돼요 … 그가 은행을 떠나자 그들은 더 이상 그의 전화를 받지 않았던 거죠."

"나라면 받았을 거예요."

트럼프는 검사관들로부터 받은 부동산 위반 고지서에 대해, 그들이 사라지거나 잊어버릴 때까지 지불을 거부하는 자신의 전략을 설명했다.

"첫날부터 나는 그 검사관들에게 엿이나 먹으라고 말했어요," 트럼프가 말했다.

"내가 브루클린에 있을 때, 검사관들이 돌아다니면서 완벽한 상태의 건물에 대해서도 위반 고지서를 나에게 발부했어요," 트럼프가 회상했다. "나는 '꺼져버려'라고 말했어요. 그들은 더 많은 위반 고지서를 발부했어요. 더 많이, 계속해서요. 한 달 동안은 정말 고통스러웠죠. 나는 더 많은 위반 고지서를 받았는데—그것들은 근거 없는 위반 고지서였어요. 하지만 그들이 그렇게 발부한 이유는, 내가 단 한 번이라도 그들에게 돈을 주면 그들은 계속 찾아오려고 했던 것이었죠. 그래서 내게 일어난 일은, 한 달이 지나자 그들은 그냥 '이 놈은 그만두자, 완전 쓰레기야'라고 말하고는 다른 사람에게 가버렸어요."

"요점은 만약 당신이 굴복하면, 그것이 가져올 이득보다 훨씬 더 많은 문제를 일으킨다는 겁니다," 트럼프가 말했다.

"마피아에게도 똑같은 얘기를 할 수 있어요. 만약 그들과 거래하는 것에 동의하면, 그들은 항상 다시 찾아옵니다. 만약 당신이 그들에게 엿 먹으라고 말한다면—뭐, 그런 경우에는 좀 더 점잖은 방식으로 말하겠지만요. 하지만 만약 그들에게 '그만둬, 이봐, 잊어버려, 그럴 가치가 없어'라고 말하면, 처음에는 압박을 가하려 할지도 모르겠지만 결국에는 더 쉬운 표적을 찾아갈 겁니다. 왜냐하면 당신은 상대하기가 너무나 힘드니까요. 검사관이든 마피아든 노조든 말이에요. 알겠죠?"

이것이 트럼프의 기본 철학이었다.

칼이 물었다. 당신의 가장 큰 적들은 누구인가요?

"글쎄요, 말하고 싶지 않네요. 왜냐하면 당신들이 그냥 가서 그들을 인터뷰할 테니까요. 나는 비평가 역할을 하는 게 싫습니다."

사실 트럼프는 그런 역할을 좋아했다. "가장 분명한 사람은 에드 코치죠." 그가 말했다. "에드 코치는 뉴욕시 역사상 최악의 시장이었어요."

35년이 지난 지금도 트럼프는 여전히 같은 과장된 방식으로 반대자들을 비판한다. "조 바이든은 미국 역사상 최악의 대통령입니다." 그는 바이든 대통령이 2024년 7월에 재선 도전을 포기한다고 발표한 후 그렇게 말했다.

1989년에도 트럼프의 성격은 이기고 싸우고 살아남는 데 집중되어 있었다. "그리고 그걸 해내는 유일한 방법은," 그가 말했다. "본능이에요."

"만약 사람들이 당신이 쉽게 굴복하는 사람이라고 알게 되면," 그가 말했다. "당신이 약하다는 걸 알면, 그들은 당신을 노릴 겁니다."

트럼프는 이런 태도가 "전부 다 연출이고 표현 방식"이라고 말했다.

"당신은 청중을 알아야 하고, 그리고 참고로 말하면, 어떤 사람에게는 킬러가 되고, 어떤 사람에게는 완전히 사탕처럼 달콤하게 대해야 합니다. 사람에 따라 다르게 행동해야 하고, 어떤 사람에게는 두

가지 모두가 필요합니다."

킬러, 사탕, 또는 둘 다. 그것이 도널드 트럼프다.

1989년으로부터 날아온 이 놀라운 타임캡슐은 당시 42세의 맨해튼 부동산 왕이었던 한 남자에 대한 완전한 심리학적 연구다. 나는 도널드 트럼프가 대통령이 되거나 우리 시대를 정의하는 정치적 인물이 될 줄은 전혀 예상하지 못했다. 내가 그의 대통령 재임 기간 동안 보도했던 바로 그 동일한 본능들은 그때도 마찬가지로 그의 성격의 트레이드마크였다. 여기, 35년 전의 이 인터뷰에서, 우리는 트럼프 자신의 말을 통해 트럼프주의의 기원을 볼 수 있다.

1
35년 후

2021년 1월 6일, 폭도들이 국회의사당을 습격했을 때 도널드 트럼프 대통령은 대통령 집무실 옆 개인 식당에서 텔레비전을 통해 그 장면을 지켜보고 있었다. 그의 지지자들은 역사적인 건물의 벽을 타고 올라갔고, 창문을 부수며, 공성추(battering ram, 문이나 벽을 부수기 위해 반복적으로 충격을 가하는 도구-옮긴이)를 이용해 정문을 강제로 열려고 시도했다.

밖에는 교수대가 설치되고 있었다. "마이크 펜스를 교수형에 처하라. 마이크 펜스를 교수형에 처하라. 마이크 펜스를 교수형에 처하라." 트럼프 지지자들이 외쳤다. 부통령인 펜스가 바이든의 2020년 대선 승리 인증 거부를 거절했기 때문이었다.

"대통령은 어디 있습니까?" 공화당 하원 소수당 대표 케빈 매카시가 백악관에 전화를 걸어 보좌진에게 트럼프와 연결해 달라고 요청하고 있었다. 매카시의 사무실이 파손되고 있었고, 낸시 펠로시 하원 의장의 사무실은 약탈당하고 있었다. 지지자들은 그녀의 책상 위에 발을 올린 채 사진을 찍었고, 그녀의 키보드 위에 이런 쪽지를 남겼다: **우리는 물러서지 않을 것이다.**

매카시와 펠로시를 포함한 의회 지도자들은 의사당 경호원들에 의해 급히 대피했고, 워싱턴 내셔널스 야구장에서 몇 블록 떨어진 미 육군 기지인 포트 맥네어라는 안전한 장소로 이동했다. 하지만 그들의 보좌진은 여전히 의사당 안에 남아 있었고, 불을 끄고 책상으로 문을 막은 채 여러 사무실에 숨어 있었다.

트럼프 대통령이 마침내 전화를 받았다.

"당신이 나가서 이 사람들에게 **멈추라고** 말해야 합니다! 우리는 짓밟히고 있어요," 매카시가 말했다. 그는 격앙되어 있었다. "방금 누군가 총에 맞았어요."

오후 2시 44분, 공군 퇴역 군인 애슐리 배빗이 국회의사당 안에서 경찰의 총격으로 사망했다. 당시 그녀는 다른 시위자들과 함께 의원들이 있던 곳 근처의 문을 뚫고 들어가려 하던 중이었다. 폭도들 중에는 트럼프를 지지하는 극우 민병대 단체인 오스 키퍼스(Oath Keepers)와 프라우드 보이즈(Proud Boys)의 지도자들, 그리고 큐어넌(QAnon) 같은 단체의 음모론자들도 포함되어 있었다. 트럼프 지지 집회로 시작된 것이 미국의 헌법 질서에 대한 폭력적 공격으로 격화되었다.

"내가 트윗을 올리든지 뭔가 하겠어," 트럼프가 답했다.

"그들이 의사당을 점령했어요!" 매카시가 그에게 소리쳤다. "당신이 그들에게 멈추라고 말해야 합니다. 당장 그들을 여기서 내보내야 합니다. 그들을 여기서 내보내세요. 당장요."

대통령은 상황의 심각성을 파악하지 못하는 것 같았다. "음, 케빈, 내 생각에 이 사람들이 당신보다 선거 결과에 대해 더 화가 나 있는 것 같네," 트럼프가 말했다.

FBI는 나중에 2021년 1월 6일에 2,000명이 넘는 사람들이 국회의사당에 침입했다고 추산했다. 5명이 사망하고 172명의 경찰관이 부상을 입었으며, 500명 이상이 체포되었다. 역사적인 의사당 건물의 피해액은 270만 달러를 넘어섰다.

트럼프 대통령이 자신의 지지자들에게 "집으로 돌아가라"는 트윗을 올리기까지 **187분**이 걸렸다.

두 달 전, 도널드 트럼프는 2020년 대선에서 조 바이든에게 패배했다. 하지만 그는 패배를 인정하지 않았다. 대신 그는 선거가 "조작되었고" "미국 국민에 대한 사기"이며 "도둑맞았다"고 말했다.

지금도, 우리의 인터뷰가 있은 지 35년이 지났지만, 트럼프는 어떤 패배도—심지어 대통령 선거 패배조차—그저 자신이 **굴복하지 않으면** 무시할 수 있다고 확신하고 있었다.

1월 6일 트럼프의 "미국을 구하라(Save America)" 집회에서 그는 지지자들에게 "지옥처럼 싸우라"고 촉구했다.

"우리는 이번 선거에서 이겼고, 압도적인 차이로 이겼습니다."

"우리는 절대 포기하지 않을 것입니다. 우리는 절대 양보하지 않을 것입니다."

"우리는 의사당으로 갈 것입니다."

1월 6일 공격을 조사한 하원 특별위원회는 나중에 트럼프가 "수천만 명의 미국인들에게 자신의 대선 승리가 도둑맞았다고 설득하는 데 성공했지만, 이는 사기적인 시도였다"고 결론을 내렸다.

1월 6일 국회의사당에 총기를 가지고 온 트럼프 지지자 개릿 밀러는 "나는 트럼프 전 대통령의 지시를 따르고 있다고 믿었다"고 말했다.

또 다른 지지자인 루이스 캔트웰은 트럼프 대통령이 TV에서 "전 세계를 향해" 선거가 도둑맞았다고 말하는 것을 봤다고 증언했다. "그에게 투표한 애국적인 미국인으로서 내가 그 외에 무엇을 믿을 수 있었겠습니까?"

그날 역시 의사당을 습격했던 스티븐 에어스도 자신은 "트럼프가 하는 말 하나하나에 매달려 있었다"고 말했다. 에어스는 소셜 미디어에 트럼프가 2기 집권을 하지 못한다면 "내전이 일어날 것"이라는 글을 올렸었다.

"조 바이든에게 전화해야 합니다. 그것도 오늘 해야 합니다," 하원 소수당 대표 케빈 매카시가 의사당 공격 직후 트럼프에게 말했다.

아니야, 트럼프가 말했다. 그는 바이든이 부정선거 때문에 이겼다고 주장했다.

"그런 말 좀 그만하세요," 매카시가 말했다. "그냥 그런 말 좀 그만하세요. 집무실 책상에 조 바이든을 위한 편지를 남겨야 합니다."

그것은 전통이었다.

"글쎄, 아직 결정하지 않았어," 트럼프가 말했다.

매카시는 감정적이 격해져 있었고 지쳐 있었다. 1월 6일의 폭력 사태는 충격적이고 트라우마를 남길 만큼 무거운 중압감을 지니고 있었다.

"그날 때문에 당신의 유산은 이제 달라질 겁니다," 매카시가 그에게 경고했다. "조 바이든에게 전화하세요."

아니야, 트럼프가 말했다.

매카시는 퇴임하는 지도자와 새로 취임하는 지도자 간에 어떤 형태로든 대화가 이루어지는 것이 국가를 위해 중요하다고 그에게 말했다. 대통령은 자신의 후임자를 인정해야 한다.

"알았어, 알았어, 알았어," 트럼프가 마침내 말했다. 그는 매카시와의 통화를 끊고 싶어 했지만, 매카시는 계속 이야기했다.

"만약 이 일을 하지 않는다면 당신 손주들이 당신을 어떻게 생각할 것 같아요?" 매카시가 말했다.

"알았어, 알았어," 트럼프가 반복했다.

바이든에게 전화를 걸겠다는 약속은 지켜지지 않았다.

하지만 2021년 1월 19일, 대통령 집무실에서 보내는 마지막 밤에 트럼프는 조 바이든에게 두 페이지 분량의 편지를 손으로 직접 썼다. 그는 밤 10시에 편지를 완성했고, **도널드 J. 트럼프**라고 서명한 뒤 책상 안에 넣어두었다. 후에 바이든은 백악관 대변인 젠 사키에게 그 편지가 "놀라울 정도로 품위가 있었다"고 말했다. (1월 6일의 의사당 폭동 상황을 고려할 때 예상 밖으로 정중했다는 의미-옮긴이)

2021년 1월 20일 이른 아침, 트럼프는 영부인 멜라니아와 함께 백악관을 떠나 그들의 클럽이자 팜비치에 있는 저택 마라라고로 향했다. 에어포스원 기내에서 트럼프는 공화당 전국위원회 의장인 로나 맥대니얼의 전화를 받았다. 그 전화는 위원회를 대표한 작별 인사였다.

"난 이제 끝났어," 트럼프가 그녀의 말을 자르며 말했다. "나만의 당을 만들 거야."

맥대니얼은 당황했다.

"그렇게 하면 안 됩니다," 맥대니얼이 트럼프에게 전화로 간청했다. "만약 그렇게 하면 우리는 영원히 지게 될 겁니다."

"이제 이건 더 이상 그들의 공화당이 아닙니다. 이건 도널드 트럼프의 공화당입니다." 트럼프의 장남인 돈 주니어가 1월 6일 "미국을 구하라" 집회의 무대에서 선언했었다.

"그렇지. 내가 없으면 당신들은 영원히 패배할 거야," 트럼프가 맥대니얼에게 날카롭게 말했다. "이것이 나와 함께하지 않은 공화당이 마땅히 받아야 할 대가야." 그는 공화당을 무너뜨리고 싶어 했다.

공화당 전국위원회 지도부는 나중에 트럼프 측근들에게, 전직 대통령의 복수에 대한 집착이 그의 정치적 유산뿐만 아니라 재정 상태도 해칠 것이라는 점을 분명히 했다. 공화당은 트럼프의 법률 비용 지불을 중단하고, 트럼프 지지자 4천만 명이 포함된 그의 캠페인 이메일 목록의 가치를 파괴하겠다고 위협했다. 트럼프는 이 이메일 목록을 다른 공화당 후보들에게 판매해왔다. 만약 그가 이를 사용하려 한다면, 그들은 그 정보를 무료로 배포할 것이었다.

트럼프는 물러섰다. 그는 나중에 ABC 뉴스의 기자 조나단 칼에게 자신의 정당을 만들 생각을 해본 적도 없다고 부인했다. "오, 그건 헛소리예요. 그런 일은 절대 없었어요," 트럼프가 말했다. 칼은 나중에 트럼프의 위협을 설명하는 맥대니얼과의 인터뷰 테이프를 공개했다.

에어포스원에서 트럼프 가족은 비행기의 앞쪽에 앉았고, 그의 가장 가까운 고위 및 하위 참모들 다수는 뒤쪽에 앉았다.

"그들은 뒤쪽으로 한 번도 오지 않았어요," 트럼프의 한 보좌관이 말했다. 대통령도, 그의 가족 중 누구도 오지 않았다. 그의 최측근 보좌관들 사이에서조차 거의 압도적인 충격감이 감돌았다. 많은 이들이 다음에 무엇을 해야 할지에 대한 계획이 없었다. 몇몇은 어디에서 살아야 할지조차 몰랐다. 일반적으로 참모들은 선거일부터 1월 20일까지 약 두 달 반 동안 백악관 이후의 삶을 준비할 시간이 있었다.

"많은 사람에게 그 시간이 13일로 단축되었어요." 한 보좌관이 말했다. 1월 6일이 지나기 전까지는 트럼프가 백악관을 떠날 것인지가 그들에게 확실하지 않았기 때문이었다.

2021년 1월 20일 오전 11시 59분, 트럼프는 마라라고의 매우 넓은 아파트에 있었다. 트윗도 없었고 연설도 없었다. 오후 12시 1분, 바이든이 미국의 46대 대통령으로 취임 선서를 하자, 비밀경호국 요원들은 트럼프의 저택 주변에 설치된 강화된 보안 체계를 축소하기 시작했다.

트럼프는 이것이 마음에 들지 않았다. 그는 그날 나머지 시간을 자신의 거처에서 보냈다.

"헤이, 당신이 가장 좋아하는 대통령이야." 며칠 후 트럼프가 하원 공화당 대표 케빈 매카시에게 전화로 말했다. "이봐, 할 말이 있어," 그가 말했다. "나는 플로리다에 있어."

매카시는 1월 13일 하원 본회의장에서 트럼프가 의사당 폭동에 "책임이 있다"고 말했고, 그에게 "자신의 책임을 인정하라"고 촉구했다. 트럼프는 TV에서 그 장면이 재방송되는 것을 보고 격분했지만, 이제는 그것을 극복한 것처럼 보였다.

"잠시 들르겠습니다." 매카시가 말했다. 그는 아무에게도 트럼프를 만나러 간다고 말하지 않았고, 심지어 참모들에게도 알리지 않았다. 매카시는 트럼프가 많은 공화당 인사들을 만나지 않고 있다는 것을 알고 있었다. 그는 의기소침해 있었다. 마라라고에 대한 언론의 관심도 시들해졌다.

공화당 전략가 에드 롤린스는 한때 트럼프에 대해 이렇게 말했다. "그에 대해 알아야 할 것은 단 하나입니다. 그는 하루 종일 텔레비전을 보다가 밤에는 텔레비전에 출연한다는 것입니다."

트럼프는 이제 관심을 끌기 위해 싸우고 있었다. 선거 관련 거짓말을 쏟아낸 후 트위터와 페이스북에서 퇴출당하면서 더 이상 자신의 트위터 피드나 페이스북을 사용할 수 없게 되었다. 그는 마라라고에서 열리는 결혼식 피로연에 깜짝 등장하기 시작했다.

1월 28일 매카시가 마라라고에 걸어 들어왔을 때 검은색 정장에 노란색 넥타이를 맨 트럼프가 환하게 웃고 있었다. "멜라니아가 그러더군. 이게 내가 푸틴을 만났을 때보다 더 많은 언론이 몰려온 거라고," 그가 말했다. "밖에 TV 중계용 헬리콥터가 네 대나 왔어!"

매카시의 전직 대통령 방문은 언론에 대대적으로 보도되었다. 하원 공화당 최고 지도자가 점심을 하기 위해 트럼프를 찾아왔다는 사실은 그가 여전히 공화당을 장악하고 있음을 보여주었다.

"이게 당신과 나에게 좋은 일인 거 알죠?" 트럼프가 말했다.

"알겠습니다," 매카시가 대답했다. "그럴 수 있지요."

매카시는 트럼프가 하원 공화당과 계속 관계를 유지하도록 하여 2022년 중간선거에서 공화당이 다수당을 되찾을 수 있기를 희망하며 그를 찾아왔다. 그는 트럼프가 불필요한 예비선거 경쟁을 부추기는 것을 막고 승산 있는 지역구에 그의 이름을 빌려주도록 유도할 필요가 있었다. 그들은 점심을 먹기 위해 자리에 앉았다.

"있잖아, 트위터를 못 하게 된 게 어떻게 보면 나한테 도움이 됐어." 트럼프가 말했다.

"아, 정말요?"

"그래, 많은 사람이 내 정책은 좋았는데 내 트윗은 싫었다고들 하더라고."

"맞아요, 모두가 그렇게 생각했죠."

"내 지지율이 조금 올라간 것 같아."

트럼프는 곧 있을 그에 대한 상원의 탄핵 심판에 대해 물었다. 그는 폭동 선동 혐의로 탄핵 소추되었다.

"별일 없을 겁니다." 매카시가 말했다.

실제로 그렇게 됐다. 2021년 2월 13일, 트럼프에 대한 탄핵은 부결되었다. 7명의 공화당 의원을 포함한 상원의원 과반수가 전직 대통령에 대한 탄핵에 찬성표를 던졌지만, 가결에 필요한 3분의 2에는 미치지 못했다. 트럼프는 더 이상 대통령이 아니었기 때문에 탄핵 절차는 단지 상징적인 것에 불과했다.

바이든 대통령의 비서실장 론 클레인은 짙은 갈색 머리에 친근하면서도 열정적인 태도를 지닌 59세의 인물로 20년 넘게 바이든을 보좌해왔다. 바이든이 대선 출마를 결심했을 때, 그는 2019년 3월 초 클레인을 자신의 윌밍턴 자택으로 불렀다.

"나는 이것을 꼭 해야만 한다고 느끼고 있어," 바이든이 말했다. "트럼프는 정치에 대해 근본적으로 다르고 잘못된 무언가를 대표하고 있어."

그리고 바이든의 다음 말은 클레인의 뇌리에 영원히 각인될 것이었다: "**이 자는 정말 미국 대통령이 아니야.**"

선거 캠페인 동안 바이든은 트럼프의 인격과 정책을 끊임없이 공격했다. 백악관에 입성한 첫날부터 바이든은 트럼프의 이름을 거의 언급하지 않았고, 공개적으로는 그를 "내 전임자"라고 지칭했으며, 사적으로는 종종 "그 씨x 개자식(that fucking asshole)"이라고 불렀다.

바이든은 측근들에게 자신만의 대통령직을 원한다고 말했다. 트럼프의 4년, 코로나19 팬데믹에 대한 그의 대처, 그리고 1월 6일 폭동은 대통령직에 트라우마를 남겼다.

클레인이 보기에, 이제 해야 할 일은 트럼프가 망가뜨린 것을 바로잡고 나라를 앞으로 나아가게 하는 것이었다.

"우리는 국가적으로 이 트럼프 사태를 아직 좀 더 소화해야 합니다," 클레인이 말했다. "우리가 이를 하는 방법은 미국 국민들에게 대통령직이 다시 제대로 기능할 수 있음을 보여주는 것입니다. 백악관에 품위 있는 사람이 있을 수 있다는 것을 말이죠."

"결국 도널드 트럼프는 팬데믹과 경제를 통제하지 못했기 때문에 패배했습니다. 주식시장은 별개로 하더라도, 사람들이 실제로 살아가는 실물 경제는 그의 임기 동안 더 나빠졌습니다."

"물론 트럼프의 강경 지지자들이 있고, 그들은 변하지 않을 것이며 사라지지도 않을 것입니다. 그것 역시 우리나라의 일부입니다," 클레인이 말했다. 하지만 바이든은 "트럼프 이후 이 나라를 앞으로 나아가게 하기 위해 선출되었고, 지금 그가 하고 있는 일이 바로 그것입니다. 그것이 그의 사명입니다."

"도널드 트럼프는 원하는 만큼 많은 무대에 서서 요란하게 자신의 세를 과시할 수 있습니다." 클레인이 말했다. 그는 바이든 행정부 초기에 트럼프가 시도하는 그림자 대통령 행세는 2021년 가을쯤이면 사그라들 것이라고 믿었다.

"도널드 트럼프는 부차적인 존재가 될 것입니다." 클레인이 자신감 있게 말했다.

2
체호프의 총

"체호프의 총(Chekhov's gun)"은 제이크 설리번 국가안보보좌관이 우크라이나 국경에 전례 없이 11만 명의 러시아 병력이 집결해 있는 위성 사진을 검토하면서 즉각 떠올린 생각이었다.

19세기 극작가 안톤 체호프는 연극 1막에서 총이 눈에 띄게 등장한다면, 그것은 이유가 있는 것이며, 어느 시점에는 반드시 발사될 것이라는 유명한 말을 남겼다.

때는 2021년 4월, 바이든이 대통령으로 취임한 지 불과 3개월째였다. 설리번은 백악관 웨스트윙에 있는 새 사무실에 막 자리를 잡은 참이었다.

44세의 호리호리한 체격에 금발인 설리번은 헨리 키신저 이후 가장 젊은 국가안보보좌관이었다. 한때 마라톤 선수였던 그는 그 시절 단련된 절제력으로 바이든의 외교정책의 실무 조정자 역할을 맡고 있었다. 바이든은 그를 임명하면서, 로즈 장학생 출신이자 예일 로스쿨을 우등으로 졸업한 설리번을 "평생에 한 번 만날까 말까 한 지성"이라고 칭하며, 그에게 특별한 의사 결정 권한을 부여했다.

또한 정보에 따르면, 러시아 해군 병력 역시 우크라이나와 러시아가 접경한 광활한 내해인 흑해에 적극적으로 배치되고 있었다. 평상형 트럭들이 거대한 로켓 발사대와 구형 소련제 장갑차를 실어 나르는 모습이 포착되었다. 추가 위성 사진에는 러시아의 탱크, 대포, 미사일, 그리고 해군 상륙정들이 흑해 북쪽 해안의 크림반도와 러시아와 우크라이나 간 1,200마일(1,931킬로미터)에 달하는 육상 국경 지대로 이동하는 모습이 담겨 있었다.

CIA의 최신 심리 분석에 따르면, 독재적인 러시아 지도자 블라디미르 푸틴은 극도의 불안감과 제국주의적 야망으로 정의되는 인물이었다. 푸틴은 자신만이 러시아를 옛 러시아 제국으로 복원할 수 있는 유일한 인물이라고 확신했다. 그는 우크라이나에 집착하고 있었다.

푸틴은 대체 무엇을 하는 걸까? 설리번은 의문을 품었다. 단순한 훈련이나 전쟁 게임인가? 아니면 단순히 우크라이나에 압박을 가해 영향력을 얻거나, 미국과 유럽이 우크라이나의 북대서양조약기구(NATO)—세계에서 가장 강력한 군사 및 외교 동맹—가입 가능성에 대한 어떠한 논의라도 포기하도록 강요하기 위한 것일까?

설리번은 푸틴이 이 군대를 돈바스 지역의 더 많은 영토를 점령하는 데 사용할 계획일 수도 있다고 생각했다.

러시아와 우크라이나는 상당한 석탄 매장량을 보유한 동부의 돈바스 지역에서, 2014년 러시아가 크림반도와 돈바스의 약 3분의 1을 장악한 이후 계속 전투를 벌여왔다. 양측에서 거의 14,000명이 사망했다. 29차례의 휴전이 있었지만 모두 실패했으며, 이는 곪아가는 불안정의 징후였다.

설리번은 거의 끊임없는 지적 불안 상태에서 일했다. 그럼에도 그는 명백한 사실을 무시할 수 없었다. 사용할 생각이 있지 않고서는 그렇게 많은 병력과 물자를 다른 나라의 국경으로 이동시킬 리 없었다.

푸틴은 자신의 권총을 벽에 걸어두고 있는 것일까?

바이든 대통령과 설리번은 행정부의 러시아 정책이 어떤 모습이어야 하는지에 대해 논의했다. 바이든의 입장은 분명했다.

"나는 관계 재설정을 원하는 것이 아니야," 바이든은 대통령 취임 첫 몇 주 동안 말했다. "나는 어떤 종류의 좋은 관계를 원하는 것이 아니라, 푸틴과 안정적이고 예측 가능한 길을 찾고 싶어."

하지만 지금까지 러시아와의 관계는 좋지도, 안정적이지도, 예측 가능하지도 않았다. 취임 첫날부터 바이든과 설리번은 러시아의 다양한 공격적인 행위들에 대응해야만 했다. 러시아 야당 지도자인 알렉세이 나발니에 대한 치명적일 뻔한 독살 시도, 2020년 미국 대선에 대한 러시아의 개입, 러시아가 아프가니스탄에서 미국인을 살해하라고 탈레반에 돈을 지불했을 가능성에 대한 정황, 그리고 미국 정부 부처와 주요 민간 산업을 포함해 전 세계 16,000개 이상의 컴퓨터 시스템을 대상으로 한 대규모 솔라윈즈 사이버 공격 등이 있었다. 이는 미국 역사상 최악의 데이터 유출 사건 중 하나였다.

바이든은 3월 16일 ABC 방송 인터뷰에서 푸틴이 "살인자"라고 생각하느냐는 질문을 받았을 때 긴장을 더욱 고조시켰다.

"그렇게 생각합니다," 바이든이 답했다.

크렘린은 이 모욕을 "전례 없는 일"이라고 말했다. 푸틴은 불쾌감의 표시로 주미 러시아 대사를 워싱턴에서 철수시켰다.

이제 푸틴은 자신의 군대를 대규모로 이동시키고 있었다.

"러시아와 안정적이고 예측 가능한 관계를 실제로 가질 수 있을까?" 설리번은 좁은 국가안보실에 서서 약간 짜증 섞인 목소리로 존 파이너 국가안보 부보좌관에게 물었다.

짧은 연갈색 머리에 구레나룻과 콧수염을 기른 45세의 파이너는 워싱턴 정가의 인지도 서열에서는 낮은 위치에 있었지만 백악관 국가안보 전략의 핵심 인물이었다. 파이너는 존 케리 국무장관의 비서실장으로 일했으며, 그 이전에는 2003년 이라크 침공과 점령 기간 동안《워싱턴포스트》종군기자로 3년간 활동했다. 설리번처럼 파이너도 로즈 장학생이자 예일 로스쿨 졸업생이었다.

성공 가능성은 낮다고 파이너가 솔직하게 말했지만, 그럼에도 그들은 계속 시도해야 한다는 데는 동의했다. 미국 정보기관은 러시아가 아직까지는 이 병력을 우크라이나 침공에 사용하겠다는 의도를 드러내지 않았다고 보았다. 하지만 그들의 목적은 여전히 불분명했다. 단순한 압박 전술일 수도 있지만, 확신할 수는 없었다.

"푸틴은 존엄성과 존중을 매우 중요하게 생각해," 설리번이 생각에 잠기며 중얼거렸다. 정상회담은 개인적인 관계를 매우 중시하는 바이든의 스타일에 부합할 것이었다.

설리번은 이 아이디어를 대통령과 논의하기 위해 복도를 따라 오벌 오피스(백악관 대통령 집무실-옮긴이)로 갔다.

"그는 큰 무대에서 핵심 플레이어가 되고 싶어 해," 바이든이 푸틴에 대해 말했다. "그게 바로 이 사람의 전부야."

설리번은 바이든에게 푸틴과 직접 만날 것을 제안했다. 그는 대통령이 모든 사람들, 특히 세계 지도자들과는 직접 대면하는 것을 선호한다는 것을 알고 있었다.

바이든은 즉시 동의했다. "사람들이 나를 비판하면서, 푸틴을 만나면 그를 격상시키고 정당화해주는 것이라고 말할 거라는 걸 알고 있어." 그가 말했다. "하지만 이 사람은 20년 동안 글로벌 무대에서 주요 인물이었어. 내가 그를 만난다고 해서 그를 원래 모습과 다른 존재로 바꾸는 것은 아니야."

"이봐, 내가 이런저런 달콤한 말로 그를 구슬려서 뭔가를 포기하게 만들 수는 없겠지만, 어쩌면 상황의 역학 관계를 바꿀 수 있을지도 몰라." 바이든이 말했다.

그런데 언제 만날까?

"6월에 만나자고 제안하면." 두 달 뒤였다. 바이든이 말했다. "푸틴에게 '미국이 무슨 카드를 가지고 있지?' 하는 생각을 하게 만드는 동기가 될 수 있어. 그렇지 않나? 그러면 푸틴이 우크라이나 국경에 대한 압박을 줄이고 봄에 있을 수 있는 군사 작전의 가능성을 억제하게 될지도 몰라."

우크라이나는 미국 정치에서 극적이면서도 실제보다 과도한 역할을 했다. 2019년 9월, 당시 트럼프 대통령은 새로 선출된 볼로디미르 젤렌스키 우크라이나 대통령과의 전화 통화에서, 미국의 안보 지원을 대가로 조 바이든과 우크라이나 에너지 회사 이사회에 있던 그의 아들 헌터에 대한 조사를 요청했다. 통화 녹취록이 공개되었고, 트럼프는 하원에서 탄핵당했다. 이후 상원에서 그에 대한 탄핵안은 부결되었다. 하지만 공화당은 오바마 행정부 시절 우크라이나 관련 업무를 담당했고 특히 적극적으로 관여했던 바이든에 대한 조사를 계속해서 요구했다.

콜린 칼 박사는 학자이자 펜타곤에서 로이드 오스틴 국방장관 밑에서 국방 정책 담당 차관을 맡고 있었는데, 2014년부터 2017년까지 바이든 부통령의 국가안보보좌관을 지냈다. 매우 지적인 그는 자신만의 독특한 스타일 감각을 가지고 있었고, 평소 옷차림에 종종 밝은 빨간 테의 안경, 패턴이 있는 넥타이나 화려한 양말로 포인트를 주곤 했다. 칼은 바이든이 오바마 행정부에서 우크라이나 문제를 열정적으로 담당했고, 부통령 시절 수도 키이우를 네 번이나 방문했던 것을 기억했다.

"이봐요, 페트로," 바이든은 당시 대통령이었던 페트로 포로셴코와의 어느 전화 통화에서 말했다. 우크라이나의 신생 민주주의는 특히 취약했고, 정부 시스템의 상당 부분이 여전히 부패하고 썩어 있었다.

"이 일이 어렵다는 것을 압니다." 바이든은 동정 어린 목소리로 말했다. "그곳 정치권이 독사들의 굴이라는 것도 알고 있어요. 이해합니다. 이게 어렵다는 것을 알고, 당신이 옳은 일을 할 것이라고 믿습니다. 하지만 말씀드리자면, 당신들을 호의적으로 봐주려 하지 않는 서방의 신뢰를 우리가 유지하기가 정말 어려워질 겁니다."

"당신이 옳은 일을 해주셔야 제가 당신을 도울 수 있습니다," 바이든이 포로셴코에게 말하며 부패 문제 해결을 위한 행동을 촉구했다. "그것은 조달 제도 개혁일 수도 있고, 은행 시스템 개혁일 수도 있고, 새로운 반부패 기관을 설립하는 것일 수도 있고, 검찰총장이 더 적극적으로 나서도록 압박하는 것일 수도 있습니다."

"만약 이러한 일들을 하지 않으면," 바이든이 강조했다. "당신은 우리 의회와 우리 대통령, 유럽인들의 지지를 유지하기 어려울 것이고, 러시아는 당신을 단숨에 집어삼킬 겁니다."

바이든은 자신의 목표가 우크라이나 지도부를 민주화의 길로 계속 나아가도록 하는 것이라고 말했는데, 그것이 정확히 푸틴이 원하지 않는 것이었다.

"저는 조 바이든과 매일 같은 공간에 있었는데, 부통령으로서 그는 아마도 일주일에 한두 번씩 우크라이나 측에 전화했어요," 칼이 회상했다. "단지 포로셴코 대통령과 아르세니 야체뉴크 총리, 또는 당시 총리가 누구든 간에 그들 사이의 갈등을 중재하려고요. 하지만 그가 우크라이나 측에 반부패 문제에 대해 그들이 부담스러워하는 수준까지 압박하지 않은 전화는 단 한 번도 없었습니다."

바이든의 우크라이나에 대한 접근 방식은 "큰 포옹, 작은 펀치"였다고 칼이 말했다.

2021년 4월 13일, 대통령으로서 바이든은 푸틴 대통령에게 전화를 걸었다.

"당신이 저를 살인자라고 불렀다니 화가 납니다." 푸틴이 거의 즉각적으로 말했다.

"저는 질문을 받았고, 그에 대한 답을 했을 뿐입니다. 그것은 완전히 다른 주제에 관한 인터뷰였고, 미리 계획된 것이 아니었습니다." 바이든은 마치 이 설명이 자신의 "살인자" 발언을 무효화할 수 있다는 듯이 말했다.

푸틴을 분석한 미국의 정보 분석가들은 러시아 지도자의 주요 성격적 특징으로 "예민한," "극도로 불안정한," 그리고 심지어 "가학적인 것"을 꼽았다.

통화 중에 푸틴은 선거 개입, 나발니 독살 시도, 그리고 러시아의 사이버 공격에 대한 의혹을 단호하게 부인했다.

바이든은 푸틴에게 우크라이나 주권에 대한 미국의 확고한 약속을 상기시키며, 우크라이나에 대한 새로운 군사적 침공을 시작하지 말라고 경고했다.

"당신은 모든 것을 잘못 알고 있습니다." 푸틴이 사무적으로 말했다. "당신에겐 어떤 증거도 없습니다. 우리는 당신들의 선거에 개입하지 않았습니다. 우리는 이런 일들을 전혀 하지 않았습니다."

바이든은 그의 부인을 일축했다. "제가 경고하는데, 우리는 이러한 대응 조치들을 취할 것입니다."

그런 다음 그는 푸틴에게 러시아에 부과될 일련의 대가를 설명했는데, 여기에는 러시아 대외정보국(SVR)을 솔라윈즈 공격의 주범으로 공식 지목하는 것이 포함되어 있었다. 또한 그는 워싱턴에서 러시아 외교관 10명을 추방하고, 2020년 선거 개입과 계속되는 크림반도 점령에 대해 일련의 경제 제재를 가할 것이라고 했다.

"이러한 조치들은 이번 주에 시행될 것이고, 저는 당신이 저에게서 직접 듣기를 원했습니다. 이것은 당신이 한 구체적인 일들 때문입니다. 제가 대응하겠다고 말했고, 지금 대응하고 있는 것입니다."

바이든이 화제를 전환했다. "만납시다." 바이든이 긴장된 분위기를 깨고 어조를 바꾸면서 말했다.

"당신과 제가 앉아서 얘기해 봅시다. 당신은 당신의 우려 사항을 가져오고, 저는 제 우려 사항을 가지고 가겠습니다." 바이든이 말했다. 어떤 주제든, 모든 주제에 대해서. "우리가 얼굴을 마주 보고 앉아서 모든 것에 대해 이야기를 나눠봅시다."

"제가 제대로 이해한 건지 확인하겠습니다." 푸틴은 놀란 기색이 담긴 목소리로 말했다. "우리 관계의 모든 문제에 대해 만나서 이야기하자는 겁니까? 정말 모든 문제를요?"

통화를 듣고 있던 설리번은 항상 의심이 많은 푸틴이 이것이 일종의 함정이 아닌지 확인하고 싶어 하는 것 같다고 생각했다.

바이든은 푸틴에게 열린 대화가 될 것임을 확약했다. 그는 푸틴이 글로벌 무대에서 열리는 회담이 자신이 미국 대통령으로부터 존중받고 있음을 보여줄 것이라는 점을 깨달았을 거라고 알고 있었다.

그들은 10년 전인 2011년, 바이든이 부통령이고 푸틴이 일시적으로 총리를 맡고 있을 때 한 번 직접 만난 적이 있었다.

바이든은 나중에 그 만남에서 자신이 푸틴에게 "당신의 눈을 들여다보니 당신에게는 영혼이 없는 것 같군요"라고 말했다고 주장했다. 푸틴은 미소를 지으며 통역을 통해 바이든에게 "우리는 서로를 이해하고 있군요"라고 말했다. (조지 W. 부시 전 대통령이 2001년 푸틴과의 첫 만남에서 "그의 눈을 보았고 … 그의 영혼을 느낄 수 있었다"라는 유명한 발언을 했는데, 바이든은 이를 뒤집어서 표현하고 있다–옮긴이)

바이든에게 미국 대통령이 러시아 지도자를 만나는 것은 전임 대통령들이 그래왔던 것처럼 관례적인 일이었다. 러시아는 미국 GDP의 10퍼센트에도 못 미치는 쇠퇴하는 경제력을 가지고 있었지만, 4,400개가 넘는 핵탄두를 보유한 세계 최대의 핵무기 보유국이었다.

"좋습니다." 푸틴이 마침내 답했다. "저도 정상회담을 하고 싶습니다. 양측 팀이 준비 작업을 진행하도록 하시죠."

바이든은 준비가 필요하다는 것을 알고 있었다. 68세의 전직 KGB 요원이자 20년 넘게 대통령 또는 총리로서 러시아를 이끌어 온 블라디미르 푸틴은 큰 공개 행사를 무대 삼아 서방 국가의 지도자들을 상대로 심리전을 하거나 주도권을 장악하는 데 능수능란한 인물이었다.

2007년, 흑해 연안 소치에 있는 푸틴의 호화로운 저택에서 열린 앙겔라 메르켈 독일 총리와의 양자 회담 중 러시아 대통령은 기자들과 카메라 앞에서 자신의 대형 블랙 래브라도인 코니를 방 안으로 불러들였다. 메르켈이 개를 극도로 무서워한다는 것은 잘 알려져 있었다.

개가 어슬렁거리며 독일 총리에게 다가와 냄새를 맡으려고 하자 그녀는 의자에 얼어붙은 채 입술을 꽉 다물고 한쪽 발목을 다른 쪽 뒤에 바짝 붙였다. 그녀의 불안해하는 모습을 지켜보며 푸틴은 몸을 뒤로 젖히고 다리를 편하게 앞으로 늘어뜨렸다.

"분명 얌전히 있을 거예요." 그가 능글맞게 말했다.

"어쨌든 기자들을 먹지는 않잖아요." 메르켈이 침착하게 받아쳤다.

메르켈은 나중에 언론에 이 사건에 대해 이야기했다.

"저는 그가 왜 그렇게 해야 하는지 이해합니다―자기가 남자임을 증명하려는 거죠." 그녀가 말했다. "그는 자신의 약점이 두려운 거예요. 러시아는 아무것도 없어요. 성공적인 정치도, 경제도 없죠. 그들이 가진 건 그것뿐이에요."

미국 대통령들도 푸틴의 연극적인 행동의 표적이 되어왔다. 2018년, 당시 트럼프 대통령이 헬싱키에서 푸틴과 정상회담을 하기 일주일 전, 러시아 군사정보국 요원 12명이 트럼프와 대선 경쟁을 벌이던 민주당 후보 힐러리 클린턴의 대선 캠프를 해킹한 혐의로 미국에서 기소되었다.

정상회담 후 열린 공동 기자회견에서 푸틴은 트럼프의 허영심을 자극하며 그를 치켜세웠다. 트럼프가 2016년 대선에 대한 러시아의 개입에 대해 질문을 받았을 때, 푸틴은 미국 대통령의 가장 놀라운 발언 중 하나로 보답을 받았다.

"그가 방금 러시아가 아니라고 했습니다." 트럼프가 말했다. "러시아일 이유를 전혀 모르겠습니다."

나란히 선 트럼프는 러시아 대통령을 강력하게 옹호하고 러시아가 개입했다고 만장일치로 결론을 내린 미국 정보기관들의 판단을 일축하는 것처럼 보였다. 즉각적으로 비난이 쏟아졌다. 트럼프의 일부 고위 참모들은 아직도 대통령이 미국 정보기관들보다 푸틴의 편을 들었던 그 기억에 몸서리친다. 푸틴이 다시 한번 그 순간을 장악했다. 트럼프의 경솔함이 여실히 드러났다.

미국으로 돌아온 후, 트럼프는 자신의 실수를 수습하려고 트윗을 올렸다: "저는 **우리** 정보기관 사람들을 **대단히** 신뢰합니다."

푸틴을 비판하기를 꺼리는 트럼프의 태도는 일회성 사건이 아니라 그의 일관된 성격적 특성이었다.

"나는 푸틴이 우리나라를 존중하길 원합니다, 알겠죠?" 트럼프는 2016년 대선 전 내가 그와 진행한 인터뷰에서 내게 말했다.

"그가 무엇을 존중한다는 건가요?" 내가 물었다.

"음, 우선, 꽤 흥미로운 일입니다. 그는 나에 대해 아주 좋은 말을 했어요." 트럼프가 말했다. "그가 말하길, 트럼프는 뛰어나고, 트럼프는 새로운 지도자가 될 것이라는 등의 얘기를 했어요. 그런데 일부 얼간이들이 '푸틴을 거부해야 한다'고 하더군요. 나는 내가 왜 그를 거부해야 하냐고 말했어요."

3
헬싱키의 악몽과
힐 박사의 회상

헬싱키 회담의 충격을 피오나 힐 박사만큼 뼈저리게 느낀 보좌관은 없었다. 부시와 오바마 대통령 시절 러시아 문제를 전담한 전직 정보 분석가인 그녀는 『미스터 푸틴: 크렘린의 공작원(Mr. Putin: Operative in the Kremlin)』이라는 책의 공저자이기도 했다. 그녀는 트럼프 대통령 시절 국가안보회의(National Security Council, NSC)에서 근무했고 대통령의 수석 러시아 전문가였다.

헬싱키 무대 뒤에서 힐은 트럼프가 푸틴의 덫에 곧바로 걸려드는 모습을 절망적인 심정으로 지켜보았다. 그녀는 심지어 행사장의 화재경보기를 울릴 생각까지 했다. 힐은 후에 트럼프의 첫 번째 탄핵 심판에서 그에게 불리한 증언을 하게 된다.

그녀는 러시아가 2016년 대선에 개입했다는 것은 의심의 여지가 없다고 말했다. 그녀는 증언에서 이렇게 말했다. "푸틴 대통령과 러시아 정보기관들은 슈퍼 PAC처럼 활동합니다. 그들은 우리의 정치적 반대 진영 조사 자료와 거짓 서사를 무기화하기 위해 수백만 달러를 사용합니다." [Political Action Committees는 미국의 선거 자금 모금 제도에서 특정 후보나 특정 정책을 지지하거나 반대하기 위해 막대한 자금을 모으

고 사용하는 특별한 정치 행동 위원회를 말함-옮긴이]

힐은 트럼프가 푸틴을 우상화했다고 믿었고, 이것이 그를 조종에 극도로 취약하게 만들었다고 보았다. "그는 매우 허약한 자아를 가지고 있었어요," 힐이 트럼프에 대해 말했다. "미국 대통령에게 이는 치명적인 결함이 됩니다. 트럼프 대통령은 반드시 다뤄야 할 많은 핵심 사안들로부터 자신을 분리하거나 떼어놓지 못했기 때문입니다. 그래서 사람들이 미국 대선에 대한 러시아의 영향력을 우려할 때, 그는 오직 그것이 자신에게 어떤 영향을 미치는지만 생각했습니다."

힐이 공원에서 개를 산책시키고 있을 때 바이든 대통령이 느닷없이 전화를 걸어왔다. 그녀는 이런 격식을 차리지 않는 방식에 놀랐다.

대통령은 푸틴에 대해 이야기하며 그 러시아인의 사고방식을 파악하고 싶다고 말했다.

통화 후 얼마 지나지 않아 대통령은 힐을 비롯한 러시아 전문가들을 백악관 루스벨트룸에 소집했다.

바이든은 2001년부터 2003년까지, 그리고 다시 2007년부터 2009년까지 상원 외교위원회 위원장을 역임하는 등 30년 이상의 외교정책 경험을 가지고 대통령직에 취임했다. 그는 세 명의 소련 지도자와 두 명의 러시아 대통령을 만난 바 있었다. 부통령 시절, 바이든은 푸틴과 직접 만나거나 전화 통화를 했었다. 그는 푸틴이란 인물을 잘 알고 있다고 생각했지만, 자신의 직감을 점검하고 푸틴의 의도에 대한 자신의 견해를 토론해보고 싶어 했다.

그는 전문가들에게 물었다: 제가 잘못 판단하고 있나요? 한동안 이 사람을 만나지 못했어요. 그에 대한 제 평가가 여전히 유효한가요? 제가 놓치고 있는 게 있나요?

자신의 푸틴 평가에 정말로 문제가 있다면, 대통령은 그것을 알고 싶어 했다. 힐은 바이든의 이런 접근 방식이 신선하다고 느꼈다. 대부분의 대통령들에게 전문가 자문은 형식적인 절차―대통령이 전문가들과 상의했다고 말할 수 있게 하는 것 외에는 실질적인 목적이 없는 요식행위―에 불과했다.

힐은 실제로는 대통령이 이미 결정을 내린 상태에서 "참고하겠습니다"라고 말하는 상황을 꽤 많이 경험했다. 하지만 이번 경우 바이든은 러시아에 대해 매우 다른 견해를 가진 전문가들을 한자리에 모았다. 그는 토론을 원했다.

그녀가 마지막으로 루스벨트룸에 있었을 때 트럼프 대통령은 브리핑 시간 내내 전시된 테디 루스벨트의 노벨 평화상 사진을 노려보며 집중하지 못했다. "트럼프는 그걸 정말 싫어했지," 힐은 생각했다. 불공평하다고 생각했을까? 자신도 하나 받을 자격이 있다고 생각했을까?

바이든은 전문가들에게 더 많은 질문을 던졌다. 이번 정상회담은 무엇을 다뤄야 하는가? 의제가 미국과 러시아의 양자 관계, 전략적 안정성과 군비 통제여야 할까? 아니면 뭔가 다른 일이 진행되고 있는가? 푸틴은 왜 우크라이나 국경에 11만 명의 병력을 집결시켰을까?

"그가 물러설까요?" 바이든이 물었다. "물러서지 않을 거죠, 안 그런가요?"

"푸틴은 떠보고 있습니다," 힐이 답했다. 그는 대통령님과 협상할 수 있을지 떠보고 있어요. 그는 대통령님이 우크라이나를 협상 대상으로 삼기를 원합니다. 본질적으로, 러시아가 우크라이나를 장악할 수 있도록 서방의 우크라이나 지원을 포기하라는 겁니다.

힐이 보기에, 푸틴은 바이든을 면밀히 관찰하고 있었다―미국의 국내 문제들과 트럼프가 협상한 아프가니스탄에서의 전면 철수 계획을 보면서―그리고 이렇게 가늠하고 있었다. 바이든은 우크라이나를 제쳐두고 넘어갈 사람인가?

테이블에 둘러앉은 여러 전문가들이 동의했다.

러시아 지도자는 우크라이나와 유럽 안보의 미래에 대한 거대한 전략적 협상을 원하고 있었다. 푸틴은 수년간 우크라이나에 집착해왔는데, 그는 우크라이나가 러시아의 일부라고 주장해왔다.

하지만 바이든은 러시아가 독립 국가를 그냥 집어삼키도록 놔두지 않겠다고 전문가들에게 말했다.

바이든은 또한 미국의 깊은 정치적 분열로 인해 이제는 어떤 사안에서도 합의가 거의 없으며, 심지어 외교정책에서조차 그렇다는 점을 공개적으로 우려했다. 과거에는 대통령이 해외로 나가 적대국들과 만날 때 야당이 그를 지지해주고 전임자는 간섭하지 않을 것임을 알고 있었다. 하지만 더는 아니었다. 푸틴은 그 점을 알고 있었고, 이를 러시아에 유리하게 이용해 비판을 빗겨나갈 것이다. 푸틴의 허위 정보 공작의 일부는 미국 내 분열을 부추기는 것이었다.

우크라이나 국경에 집결한 병력을 고려할 때 힐을 놀라게 한 것은, 바이든 대통령의 가장 큰 우려가 러시아의 우크라이나 침공 임박 가능성이 아니라 미국 내 분열이 푸틴에 대한 자신의 영향력을 약화시킬 것이라는 점이었다. 푸틴은 그것을 이용하려 할 것이었다.

힐은 동의했다. 푸틴이 정확히 그렇게 할 것이라고.

러시아군은 서쪽의 시베리아와 우랄산맥에서 우크라이나 국경까지 광대한 러시아 영토를 공공연히 이동하고 있었다. 방공 시스템, 군용 차량과 중화기를 실은 기차들이 크림반도로 이동했다. 야전 병원들이 건설되고 있었다.

러시아 드론들이 밤에 우크라이나로 날아들어 지뢰를 투하했다. 러시아군은 새로운 참호를 파고 있었고, 러시아 상륙강습함들이 해안을 정찰하는 모습이 포착됐다.

4
쉬어 칸과 타바키

푸틴은 2021년 4월 21일에 연례 국정연설을 했다. 수천 명의 러시아인이 크렘린으로 이어지는 중심 도로인 트베르스카야 거리를 따라 모여 "나발니에게 자유를," "푸틴은 도둑이다"라고 외쳤다.

전 러시아 야당 지도자 알렉세이 나발니는 2020년 8월 소련식 노비촉(Novichok, 1970~80년대 소련이 개발한 신경작용제 계열의 치명적인 화학무기-옮긴이) 신경작용제로 독살 공격을 받았다. 나발니는 이 암살 시도의 배후로 푸틴을 지목했다. 나발니는 베를린에서 생명을 구하는 치료를 받은 후 1월 러시아로 돌아왔지만 곧바로 투옥되었다. 푸틴이 러시아 국민들에게 연설할 때 그는 단식 투쟁 3주째에 접어들어 있었다.

외교정책에 있어서 푸틴은 전투적이었다. "일부 국가들은 어떤 이유로든, 대개는 아무 이유도 없이 러시아를 트집 잡는 보기 흉한 습관을 들였습니다," 푸틴이 말했다. "우리는 극도로 자제력 있게, 심지어 겸손하게 행동하고 있습니다. 진심으로 하는 말입니다."

"제가 말했듯이, 그들은 수시로 아무 이유도 없이 러시아를 트집 잡고 있습니다. 그리고 물론, 온갖 종류의 하찮은 타바키(Tabaqui)가 마치 쉬어 칸(Shere Khan) 주위를 맴돌았던 것처럼 그들 주위를 맴돌고 있습니다." 푸틴이 말했다. 이는 러디어드 키플링의 『정글북』을 언급한 것으로, 타바키는 자칼로서 정글에서 호랑이 쉬어 칸이 남긴 찌꺼기를 얻어먹으며 살았다―여기서 쉬어 칸은 미국을 의미한다. (푸틴은 쉬어 칸은 미국이고, 타바키는 미국을 따르는 비굴한 동맹국들로 묘사하고 있다-옮긴이)

"모든 것이 키플링의 책에 나오는 것과 같습니다." 푸틴이 말했다. "자신들의 주인을 기쁘게 하기 위해 함께 울부짖고 있죠."

"우리 안보의 핵심 이익을 위협하는 도발의 배후에 있는 자들은 오랫동안 그 어떤 일로도 후회해본 적 없는 방식으로 자신들이 한 일을 후회하게 될 것입니다." 그가 경고했다.

"하지만 저는 러시아와 관련해서 누구도 '레드라인'을 넘을 생각을 하지 않기를 바랍니다." 그가 말했다. "어디에 그 선을 그을지는 각각의 구체적인 경우에 우리 스스로 결정할 것입니다."

다음 날, 바이든과 푸틴이 전화 통화를 한 지 일주일 후 러시아의 세르게이 쇼이구 국방장관은 러시아 부대가 5월 1일까지 우크라이나 국경에서 철수할 것이라고 발표했다. 하지만 러시아 언론은 탱크, 대포, 트럭, 장갑차 등의 무기와 장비는 다가오는 가을에 예정된 러시아-벨라루스 합동 훈련 자파드 2021을 준비하기 위해 우크라이나와의 육상 국경을 따라 있는 "훈련장"에 남아 있을 것이라고 보도했다.

러시아는 또한 크림반도에 대규모 부대를 영구적으로 재배치했는데, 이는 수만 명의 병력이 전혀 철수하지 않는다는 의미였다.

5월 중순까지도 국경 근처에는 여전히 최소 8만 명의 병력이 주둔해 있었다. 우크라이나의 드미트로 쿨레바 외무장관은 러시아가 주장하는 소위 철수는 겉보기와 다르다고 공개적으로 경고했다.

"현재 일어나고 있는 일을 군대 철수라고 말할 수 없습니다," 쿨레바가 공개적으로 말했다. "위협은 사라지지 않았습니다."

"오늘 우리가 보고 있는 것은 병력 철수 없는 병력 철수입니다," 쿨레바가 말했다.

나토의 우크라이나 담당 특수 작전 고문인 미국의 마이클 리패스 육군 소장도 소위 이 철수에 대해 경계심을 보였다.

"그들은 이 지역에 상당히 치명적인 병력을 유지하고 있으며, 일부 병력만을 철수시켰습니다," 리패스가 말했다.

"이는 그들이 시기와 상황이 러시아에 더 유리해지면 나중에 다시 돌아오고 싶어 할 수 있다는 것을 말해줍니다," 그가 말했다. "이런 일은 다시 일어날 것입니다."

우크라이나의 젤렌스키 대통령은 푸틴에게 평화 논의를 위해 우크라이나의 돈바스 지역에서 만나자고 제안했다. 푸틴은 젤렌스키가 모스크바로 와야 한다고 응답했는데, 이는 사실상 노골적인 위협이었다.

5
푸틴에게 보낸 코로나19 진단기

퇴역 육군 중장 키스 켈로그는 트럼프의 충성스러운 측근이자 마이크 펜스 부통령의 국가안보보좌관이었는데, 2021년 1월 20일 백악관을 떠났고 우크라이나 때문에 잠을 설치지는 않았다.

"우리가 행정부를 떠날 당시 우크라이나는 진짜 문제 목록에 없었어요," 켈로그가 말했다. "이란이 문제 목록에 있었죠, 북한도 여전히 있었고요, 코로나 때문에 중국도 있었습니다. 하지만 우크라이나는 거기에 없었습니다."

켈로그는 푸틴이 코로나바이러스에 대해 지나치게 걱정했다고 생각했다—본인이 감염될까 봐, 그리고 소수의 충성스러운 측근들이 감염될까 봐.

트럼프 대통령은 코로나바이러스가 러시아 전역에 급속히 확산되자 푸틴이 개인적으로 사용하도록 애보트 사의 신속 진단 코로나 검사기 여러 대를 몰래 보냈다.

"이걸 제게 보냈다는 사실을 아무에게도 말하지 마세요," 푸틴이 트럼프에게 말했다.

"상관없어요," 트럼프가 대답했다. "괜찮아요."

"아니에요, 아니에요." 푸틴이 말했다. "아무에게도 말하지 않기를 바랍니다. 사람들이 저에게가 아니라 당신에게 더 화를 낼 테니까요. 그들은 저에 대해서는 신경 쓰지 않거든요."

"우크라이나는 그의 관심사 목록 상위에 전혀 없었어요." 켈로그가 반복해서 말했다. 트럼프의 국가안보보좌관들은 러시아가 우크라이나 공격을 준비하고 있다는 어떤 징후도 발견하지 못했다.

2019년에 대통령이 된 젤렌스키는 정치 무대에서 새로운 인물이었다. 트럼프는 여전히 젤렌스키를 파악하려 하고 있었다. 푸틴도 마찬가지였다고 켈로그는 믿었다.

"그에게, 즉 푸틴에게 트럼프는 미지의 인물이었어요." 켈로그가 말했다. "정말이지, 우리도 때때로 트럼프가 어떻게 반응할지 몰랐으니까요."

"트럼프는 기본적으로 지킬 박사와 하이드 같았어요."

6
바이든–푸틴 제네바 정상회담

2021년 6월 16일, 바이든 대통령과 푸틴 대통령은 스위스 제네바 호숫가에 위치한 18세기 프랑스식 저택인 빌라 라 그랑주(Villa La Grange)에서 만났다.

"대통령님, 오늘 만남을 제안해 주셔서 감사드립니다." 그들이 도서관의 지정된 좌석에 앉을 때 푸틴이 바이든에게 말했다. 그곳은 벽을 따라 바닥부터 천장까지 이어진 책장들이 둘러싸고 있었고, 책장에는 가죽 장정본들이 빼곡히 꽂혀 있었다. 커다란 지구본이 두 사람 사이에 눈에 띄게 놓여 있었다.

"직접 얼굴을 마주하고 만나는 것이 항상 더 낫지요." 바이든이 말했다. 그는 평소 세계 지도자들을 기다리게 하기를 좋아하는 푸틴이 정시에 도착한 것에 놀랐고, 또 기뻤다. 푸틴은 트럼프와의 첫 공식 만남에서 45분이나 늦게 도착했었다.

안토니 블링컨 국무장관과 세르게이 라브로프 외무장관이 두 정상과 함께했다. 트럼프는 헬싱키에서 푸틴과의 만남에 통역사 외에는 어떤 보좌관도 회의실에 들어오지 못하게 했다. 심지어 한 번은 트럼프는 독일에서 푸틴과의 회담 후 자신의 통역사 메모를 압수하기까지 했다.

러시아 대통령과 은밀하고 자유분방한 논의를 하던 트럼프와는 달리, 바이든의 푸틴과의 만남은 각본대로 진행되었다.

바이든의 의제 중 가장 중요한 것은 사이버 안보였다. 최근 러시아 사이버 범죄자들이 콜로니얼 파이프라인(Colonial Pipeline)을 공격하여 동부 해안 거의 절반 지역의 연료 공급을 중단시킨 사건이 있었다. 또 다른 공격에서는 미국 최대 육류 공급업체인 JBS가 1,100만 달러의 사이버 몸값을 지불할 때까지 운영이 일시적으로 중단되기도 했다.

"제 입장에서 생각해 보세요," 바이든이 말했다. "제 말은, 우리 기반 시설이 공격을 받았어요. 만약 당신의 석유 인프라에 무슨 일이 일어난다고 상상해 보세요 …"

"그건 중요한 문제가 되겠죠," 푸틴이 답했다.

"왜 아프가니스탄을 떠났습니까?" 유도 검은띠인 푸틴이 바이든의 균형을 무너뜨리려는 의도로 물었다. 트럼프는 탈레반에게 5월 1일까지 모든 미군 병력이 철수할 것이라고 약속했었다.

"당신들은 왜 떠났나요?" 바이든이 조롱하듯 받아쳤다. 이는 소련이 10년간 점령한 후 1989년에 굴욕적으로 아프가니스탄에서 철수했던 것을 언급한 것이었다.

아프가니스탄은 "제국들의 무덤"이라고 바이든이 말했다.

흥미롭게도 우크라이나는 그 회담에서 거의 각주 수준으로만 언급되었다. 나중에 일부 사람들은 우크라이나에 초점을 맞추지 않은 것이 중대한 실수였는지 의문을 제기했다.

우크라이나에 관한 대화는 이전 수십 번의 대화와 마찬가지였다:

미국의 논점 대 러시아의 논점을 반복하는 것이었다.

푸틴 대통령과 바이든 대통령은 회담 후 별도의 기자회견을 열기로 합의했다―이는 바이든이 대응하기 전에 푸틴이 무슨 말을 하는지 먼저 파악하기를 원했던 바이든의 국가안보보좌관들과 러시아 전문가들이 추천한 방식이었다. 그들은 트럼프의 보좌관들도 비슷한 제안을 했지만, 트럼프는 이를 무시했었다.

블링컨 국무장관과 네드 프라이스 국무부 대변인은 제네바 인터컨티넨탈 호텔에 있는 블링컨의 스위트룸에서 푸틴의 기자회견을 지켜보았다. 전직 CIA 분석관이었던 프라이스는 트럼프 밑에서 일하고 싶지 않아서 2017년에 CIA를 떠났다.

코로나19 팬데믹 이후 러시아 국경 밖으로 거의 여행하지 않았던 푸틴은 평범한 회의실에서 러시아 문장이 장식된 연단에 섰다. 이는 2020년 1월 이후 17개월 만의 첫 해외 방문이었다. 더욱 이례적인 것은 러시아 대통령이 서방 기자들 앞에 모습을 드러냈다는 점이었다.

푸틴과 거리를 둔 채 띄엄띄엄 배치된 의자에 앉은 거의 모든 기자들이 마스크를 착용하고 있었는데, 이는 코로나바이러스가 여전히 러시아 대통령의 주요 우려 사항임을 분명히 보여주었다.

"이번 회담에서 우크라이나에 대한 위협을 멈추겠다고 약속하셨나요?" 한 기자가 러시아 대통령에게 물었다.

푸틴은 비난조의 답변을 했는데, 10만 명 규모의 러시아군 증강을 정기적인 군사 훈련으로 포장했다.

"우리는 군사 훈련을 할 때 우리의 장비와 인력을 미국 국경 근처로 이동시키지 않습니다. 유감스럽게도 우리의 미국 파트너들이 이런 일을 하고 있습니다. 따라서 미국 측이 아닌 러시아 측이 이에 대해 우려해야 합니다." 푸틴이 말했다.

나토는 5월에 26개국에서 약 28,000명의 인원이 참가하는 연례 군사 훈련을 실시했다. 이 훈련은 12개 유럽 국가들에 걸쳐 진행되었다.

푸틴은 또 한 번 비꼬았다. "미국 도시에서는 각종 조직의 지도자들을 비롯해 사람들이 매일 살해되고 있습니다." 그가 말했다. "그곳에서는 말 한마디 채 하기도 전에 얼굴이나 등에 총을 맞는데, 주변에 어린이가 있든 다른 어른이 있든 상관하지 않습니다."

"유럽을 비롯한 많은 나라에서 CIA가 운영한, 사람들을 고문했던 감옥들은 뭐란 말입니까? 그게 인권 존중인가요? 저는 그렇게 생각하지 않는데 여러분은 어떻습니까?"

"이 지역의 군사화에 대한 미국의 우려는 전혀 근거가 없습니다." 푸틴이 말했다.

이는 바이든이 경계했던 전형적인 물타기 전략이었다.

바이든에 대해 질문을 받자. 러시아 대통령은 치밀하게 계산된 매력 공세를 펼쳤다.

"그는 가족에 대한 몇 가지 이야기를 들려주었습니다." 푸틴이 바이든에 대해 말했다. 그러고는 부드럽게 칼을 꽂으며, "주제와 직접적인 관련은 없어 보였지만, 그의 도덕적 가치관의 수준과 품격을 보여주었습니다. 그런 점이 꽤 정감이 갔고, 우리가 대체로 같은 언어로 소통했다고 느꼈습니다"라고 말했다.

"그렇다고 해서 이것이 우리가 서로의 영혼을 들여다보거나 눈을 마주치며 영원한 사랑과 우정을 맹세해야 한다는 의미는 아닙니다―전혀 그렇지 않습니다. 우리는 자신의 국가와 국민의 이익을 수호하며 우리의 관계는 항상 기본적으로 실용적인 성격을 띱니다."

또 다른 기자가 물었다. "현 단계에서 양국 관계가 새로운 국면으로 나아가는 것이 가능하다고 보십니까?"

"아시다시피," 푸틴이 말했다. "레오 톨스토이가 한때 말하길, 인생에는 행복이란 없고 단지 행복의 섬광 같은 순간들만 있으니―그 순간들을 소중히 여기라고 했습니다. 저는 이런 상황에서 가족 같은 신뢰를 기대할 수는 없지만, 우리는 그런 섬광 같은 순간들을 목격했다고 생각합니다."

러시아 대통령의 기자회견은 한 시간 가까이 진행되었다. 블링컨과 네드 프라이스는 푸틴이 공격적으로 나오지 않은 것에 놀랐다. 그는 적절한 발언들을 했고, 바이든이 듣고 싶어 했던 종류의 말들을 했다. 그는 부드럽고 여유 있으며 명확하게 말했고, 놀라운 자신감을 보여주었다.

프라이스는 푸틴도 우리가 추구하는 것, 즉 안정적이고 예측 가능한 관계를 러시아도 추구하려는 듯한 인상을 주었다고 말했다.

"어떻게 전개되는지 지켜보죠," 블링컨이 말했다. "그러한 추측을 검증해야 하는데, 우리는 6개월이나 1년이 지나야 그 결과를 알 수 있을 겁니다. 왜냐하면 지금 당장 무엇을 말하느냐가 아니라 어떻게 실행되느냐의 문제이기 때문이니까요."

"평가하기에는 아직 이릅니다." 블링컨이 말했다. 이는 그가 자주 인용하는 말인데, 헨리 키신저가 프랑스 혁명에 대해 저우언라이 중국 총리로부터 들었던 말이었다.

바이든은 제네바 호수를 배경으로 햇살이 빛나는 야외에서 자신의 기자회견을 이어갔다.

"저는 우크라이나의 주권과 영토 보전에 대한 미국의 확고한 의지를 전달했습니다." 바이든이 말했다.

"푸틴이 지금 가장 원치 않는 것은 냉전이라고 생각합니다." 바이든이 푸틴에 대해 말했다. "그는 여전히 제가 보기에 이른바 '포위'되는 것을 우려하고 있습니다. 그는 여전히 우리가 실제로 자신을 무너뜨리려 한다고 우려하고 있습니다. 그런 우려들이 남아 있지만, 그가 미국과 추구하는 관계의 종류를 결정하는 주된 요인은 아니라고 봅니다."

비행기 안에서 바이든은 블링컨에게 푸틴을 더 잘 이해하게 되었다고 말했다. 바이든은 푸틴을 오랫동안 멀리서 알아 왔지만 한 공간에서 많은 시간을 함께 보낸 적은 없었다. 바이든의 양국 관계에 대한 인식은 신중했다. 그는 푸틴이나 러시아가 행동을 바꿀 것이라는 낙관적인 기대를 품지 않았다. "이는 어려운 일이 될 거야." 바이든이 결론지었다.

〈폭스 뉴스〉에서 트럼프는 바이든과 푸틴의 정상회담이 "러시아에 좋은 날"이었다고 선언했다.

"우리가 무엇을 얻었는지 모르겠어요." 트럼프가 〈폭스 뉴스〉 앵커 션 해니티에게 말했다. "우리는 아무것도 얻지 못했어요. 러시아에 아주 큰 무대를 제공했지만 우리가 얻은 것은 아무것도 없습니다."

백악관 분위기는 한결 나아졌다. 우크라이나 문제에서 러시아의 위협을 일단은 피했다는 안도감이 있었다.

"푸틴이 4월에 우크라이나에 대해 무슨 생각을 했든 적어도 한동안은 접어두었습니다." 설리번이 말했다.

러시아의 공격적인 수사가 누그러지자 설리번과 그의 부관 파이너는 다른 현안, 특히 아프가니스탄 철군에 관심을 돌렸다.

하지만 설리번의 마음에는 여전히 중요한 의문이 남아 있었다. 체호프의 총은 여전히 벽에 걸려 있는 것일까?

7
트럼프의 "도둑맞은 선거" 주장

바이든이 대통령직을 수행한 지 거의 6개월이 되었음에도 트럼프는 여전히 2020년 대선이 조작되었고 자신의 승리가 도둑맞았다고 주장하고 있었다. 이러한 주장을 뒷받침할 만한 신뢰할 수 있는 증거는 전혀 없었지만, 트럼프에게는 단지 사람들이 자신을 믿어주기만 하면 충분했다.

여론조사에 따르면, 바이든이 대통령 집무실에 앉아 있음에도 불구하고 공화당원의 53퍼센트가 트럼프를 "진정한 대통령"이라고 믿었다.

2016년 대선을 앞두고 내가 트럼프와 진행한 인터뷰에서 그는 내게 이렇게 말했다. "진짜 권력이란, 이 말을 쓰고 싶진 않지만, **공포**입니다(Real power is, I don't even want to use the word, *fear*)." (리더가 권위나 신뢰보다 사람들이 자신을 두려워하도록 만드는 것이 진짜 권력의 원천이라고 보는 트럼프의 권력관을 보여 준다-옮긴이)

이제 트럼프는 또 다른 진짜 권력을 이용하기 시작했다. 바로 의심을 심는 것이었다.

"수천, 수천, 또 수천 표를 발견해도 나는 놀라지 않을 겁니다." 트럼프가 플로리다 팜비치에 있는 자신의 호화로운 저택 마라라고에 모인 군중들 앞에서 소리쳤다. "이건 조작된 선거였어요, 모두가 그걸 알고 있어요!"

트럼프는 이번 여름에 조지아, 위스콘신, 애리조나와 같은 주요 주들에서 득표수 감사가 완료되면 자신이 대통령 집무실로 복귀할 것이라고 말했다. 그는 경합주 중 한 곳이라도 자신이 실제로 승리한 것으로 밝혀진다면, 자신이 패배한 다른 모든 주에서도 조사가 시작되어야 할 것이라고 믿었다.

"만약 도둑이 보석상에서 모든 다이아몬드를 훔쳤다면, 그 다이아몬드들은 반드시 반환되어야 합니다." 트럼프가 5월 성명에서 2020년 대선을 언급하며 말했다.

하지만 수많은 주에서 진행된 60건이 넘는 법정 소송과 수십 건의 조사, 감사, 투표 재검표에서 광범위한 부정행위의 증거는 발견되지 않았다. 2020년 대선 결과의 정당성은 반복적으로 입증되었다.

트럼프는 이러한 조사 결과들을 무시하고 대규모 부정행위가 드러날 것이라고 주장했다.

저명한 공화당 선거 전문 변호사 벤자민 긴즈버그는 후에 1월 6일 국회의사당 습격 사건을 조사하는 하원 위원회에서 "단 한 건도" 법원이 트럼프의 부정선거 주장이 사실이라고 판단한 적이 없다고 증언했다.

린지 그레이엄 상원의원은 트럼프가 2020년 선거 결과를 떨쳐내지 못하는 이유로 마라라고를 지목했다.

"그건 그냥 그곳의 문화예요," 그레이엄이 동료들에게 말했다. "마라라고에 드나드는 모든 사람들이 만들어내는 분위기예요. 아시다시

피 그가 거기서 어울리는 모든 사람들 말이에요. 그들은 계속해서 이런 서사를 부추기고 있어요."

"그는 애리조나에 대해 계속 얘기하고 있어요." 감사가 아직 진행 중이던 애리조나를 언급하며 그레이엄이 말했다. "아시다시피, 그가 애리조나에서 진 이유는 존 매케인을 공격했고, 그것도 너무 지나쳤기 때문이에요." 고인이 된 애리조나 출신 존 매케인 상원의원은 베트남 전쟁 포로였으며, 2008년 대선에서 공화당 후보였다.

"그는 자신이 이 모든 기이한 음모들 때문에 졌다고 생각해요," 그레이엄이 말했다. "하지만 그렇지 않아요."

"바이든은 공정하게 이겼어요," 그레이엄이 덧붙였다. "트럼프는 그 말을 듣기 싫어하죠."

그레이엄은 2022년 선거에 집중하고 있었다. 공화당은 하원과 상원에서 다수당 지위를 되찾기 위해 최고의 후보들을 내세워야 했다.

"트럼프와 관련된 소용돌이에서 벗어나 앞을 내다볼 수 있는 공화당원은 거의 없습니다," 그레이엄이 말했다. "도널드 트럼프가 사라지길 바라는 것은 실현 가능한 전략이 아닙니다. 도널드 트럼프는 사라지지 않을 것입니다. 공화당에는 그를 믿는 수백만 명의 사람들이 있고, 우리의 목표는 그가 우리 지지 기반에 미치는 마법 같은 영향력을 활용해 '트럼프 플러스'를 만드는 것입니다."

"본선에 나가서 트럼프가 하는 말 중 일부라도 그대로 반복한다면 당신은 눈덩이가 지옥에서 살아남을 가능성만큼도 없습니다," 그레이엄이 말했다. "우리 후보들 중 일부는 '플러스' 부분을 얻기 위해 특정 이슈에서는 트럼프와 선을 그어야 할 겁니다."

그레이엄은 트럼프가 공화당 내에서 치유될 수 없는 상처라는 주장을 일축했다.

"트럼프는 미국 가족의 실제적인 한 부분을 대변합니다." 그레이엄이 말했다. "그건 상처가 아닙니다. 그건 우리 정체성의 일부입니다."

하지만 트럼프는 "도둑맞은 선거"라는 자신의 만트라를 포기하지 않았거나 포기할 수 없었다. 2021년 6월, 전직 대통령은 공화당원들에게 자신을 대통령직에 복귀시키는 것을 지지하라고 압박했다. 그는 측근들에게 8월까지는 백악관으로 돌아갈 것이라고 말했는데, 이 날짜는 큐아넌 음모론자들이 온라인 포럼에서 집착하던 날짜였다.

"그는 군대를 가지고 있었죠. 트럼프를 위한 군대 말이에요. 그는 그걸 되찾고 싶어 합니다." 트럼프의 전 선거 캠페인 매니저인 브래드 파스케일이 7월에 사적인 자리에서 말했다. "그는 그것을 복귀라고 생각하지 않아요. 그는 그것을 복수라고 생각하죠."

트럼프는 자신의 굳건한 지지자인 앨라배마주 공화당 하원의원 모 브룩스에게 전화를 걸어 자신을 대통령직에 복귀시키기 위한 특별 선거를 공개적으로 요구해 달라고 요청했다.

트럼프와 보수파 변호사 존 이스트먼의 바이든 승리 인증 저지 계획을 지지했던 브룩스는 조 바이든이 대통령이라는 점을 지적했다. 브룩스는 바이든의 승리가 인증되었고, 트럼프가 이를 취소시킬 수 있는 법적 경로는 없다고 말했다. 헌법은 대통령을 복귀시킬 어떤 메커니즘도 제공하고 있지 않았다.

트럼프는 분노했다. 그는 나중에 앨라배마주 상원 선거에서 브룩스에 대한 지지를 철회했다. 브룩스는 공화당 예비선거에서 패배했다.

2020년 대선에서 트럼프는 7,400만 표를 얻었는데, 이는 8,100

만 표를 얻은 조 바이든을 제외하면 역대 어떤 대통령 후보보다도 많은 득표였다. 바이든은 선거인단 투표에서 306표를 얻어 트럼프의 232표를 제치고 승리를 확보했다.

 바이든은 2020년 선거에서 승리했지만, 취임 6개월이 지난 시점에도 여전히 자신의 대통령직을 지키기 위한 싸움을 벌이고 있었다.

8
푸틴이 꺼내 든 또 다른 총

제네바 정상회담 한 달 후, 푸틴은 또 다른 총을 테이블 위에 올려놓았다.

푸틴은 2021년 7월 12일에 발표한 극도로 개인적이고 호전적인 5,000단어 분량의 격문에서 우크라이나는 독립 국가로 존재한 적이 없다고 주장했다.

제이크 설리번 국가안보보좌관은 러시아 대통령의 선언문을 푸틴의 내면을 드러낸 선언으로 읽었다. 즉 그가 누구이며 무엇을 하고자 하는지를 보여주는 것이었다.

"러시아인과 우크라이나인은 하나의 민족, 단일한 전체입니다." 푸틴은 이렇게 시작했다. "러시아인, 우크라이나인, 그리고 벨라루스인은 모두 유럽에서 가장 큰 국가였던 고대 루스의 후손들입니다." 그리고 9세기 이후 키이우는 "모든 러시아 도시들의 어머니"로 여겨져 왔다고 그는 이어서 말했다.

"민족적으로 순수한 우크라이나 국가의 형성은," 푸틴이 말했다. "그 결과에 있어서 우리에 대한 대량살상무기 사용과 비견됩니다."

독선적이고 학구적인 어조로 푸틴은 별개 국가로서, 독자적인 역사, 신념, 문화, 언어를 가진 민족으로서의 우크라이나의 존재를 지워버렸다.

"따라서 현대 우크라이나는 전적으로 소비에트 시대의 산물입니다. 우리는 그것이 상당 부분 역사적 러시아 영토 위에 형성되었다는 것을 잘 알고 있고 기억하고 있습니다." 푸틴이 말했다. "러시아는 강탈당했습니다."

설리번이 푸틴의 선언문을 읽었을 때 가장 먼저 떠오른 생각은 "코로나"였다.

미국 정보기관의 보고에 따르면 팬데믹 동안 푸틴은 강도 높고 장기적인 고립으로 인해 심정적 변화를 겪었다. 그는 자신과 비슷한 민족주의적 견해를 가진 소수의 신뢰하는 측근들로 자신을 둘러싸고 있었고, 이들은 사실상 그의 생각을 되풀이하는 피드백 루프(feedback loop)를 형성했다. 그를 직접 만나려는 사람들은 몇 주 동안 격리해야 했다. 그는 거의 3년 동안 물리적으로뿐만 아니라 정신적으로도 러시아 사회로부터 단절되어 있었다.

푸틴 측근의 핵심 인물 중 한 명은 푸틴의 개인 은행가로 알려진 러시아 억만장자인 유리 코발추크였다. 그는 1990년대부터 푸틴을 알고 지냈으며, 푸틴이 그의 선언문에서 표방한 메시아적 세계관을 공유하는 것으로 보였다.

또 다른 푸틴의 측근은 비슷한 제국주의적 러시아관을 가진 정교회 사제 티혼 신부였다. 그리고 러시아 최대 가스 파이프라인 건설 회사를 소유한 억만장자 형제인 아르카디 로텐베르크와 보리스 로텐베르크가 있었다.

다른 사람들은 격리 기간에 아이리시 스텝댄스를 배웠지만, 푸틴은 러시아 역사에 깊이 빠져들었다고 제이크 설리번이 농담했다.

설리번은 푸틴과 앙겔라 메르켈 독일 총리 간의 전화 통화에서 푸틴이 "내가 러시아 기록 보관소에서 발견한 것들을 당신은 믿지 못할 것"이라고 말했다는 이야기를 들었다.

푸틴이 고립된 시간의 상당 부분을 기록 보관소를 뒤지고, 자료를 꺼내 보고, 고대 지도들을 연구하며 보냈다는 것이 메르켈에게는 분명해 보였다.

우크라이나를 차지하는 것은 그의 코로나 격리 기간 동안 일종의 열병 같은 꿈이 되어 버렸다. 하지만 그 열은 가라앉지 않았다. 꺾이지 않았다.

설리번과 그의 부관 존 파이너는 그 선언문을 진지하게 받아들였지만, 그들에게 이것이 경고 신호나 선전포고로 여겨지지는 않았다. 무엇보다 이는 전형적인 푸틴다운 행동으로 보였다. 러시아 지도자는 긴 철학적 장광설, 역사 왜곡, 그리고 우크라이나의 독립적 존재를 절대 인정하지 않는 것으로 잘 알려져 있었다. 하지만 그럼에도 그 강렬함은 여전히 당혹스럽고 불안감을 주었다. 호기심과 심지어 혐오감을 불러일으키는 주제였다.

설리번은 지난 1년간 러시아 역사를 공부하고 우크라이나에 대한 푸틴의 거의 신경증적인 집착을 이해하려고 노력했다. 러시아의 형성 과정, 깊이 뿌리박힌 불만들, 푸틴의 피해의식, 유럽 및 나토와의 관계, 중앙집권적 통제의 필요성에 대한 인식, 13세기 중반 몽골의 모스크바 점령, 그리고 표트르 대제나 예카테리나 대제와 같은 러시아 역사의 메시아가 되고자 하는 푸틴의 열망까지. 그 모든 것을 말이다.

푸틴의 선언문을 읽은 후 국가안보회의 러시아 담당 국장 에릭 그린은 현직 러시아 대통령이 이렇게 깊이 들어가는 것은 이례적이라고 생각했다. 푸틴은 단지 속마음을 털어놓으려 한 것일까? 이것을 단순한 지적 활동으로 삼거나 러시아의 관점을 설명하는 수단으로 사용하고자 한 것일까? 아니면 푸틴의 글이 실제로 러시아의 행동 지침이 될 것인가?

"이는 우크라이나 정부에 대한 푸틴의 환멸, 그리고 그 정부의 정당성을 부정하기 시작하려는 그의 시도를 보여준다고 생각합니다." 그린이 말했다. "푸틴은 우크라이나가 실패한 국가라는 자신의 예언이 현실이 되기를 원합니다."

"우크라이나는 한때 큰 잠재력을 가지고 있었습니다." 푸틴이 그의 글에서 말했다. "우크라이나는 한 걸음 한 걸음 유럽과 러시아 사이의 장벽으로, 러시아를 겨냥한 발판으로 만들려는 위험한 지정학적 게임으로 끌려들어 갔습니다."

유럽에서 가장 큰 나라인 우크라이나는 또한 러시아와 유럽 사이의 중요한 완충지대이기도 했다.

푸틴은 우크라이나 지도자들을 "네오나치"라고 불렀고—젤렌스키 대통령은 유대인이었다—그리고 그들과 서방이 "반러시아 프로젝트"를 추진한다며 장황하게 비난을 늘어놓았다.

"우리는 결코 우리의 역사적 영토와 그곳에 살고 있는 우리와 가까운 사람들이 러시아를 대적하는 데 이용되도록 허용하지 않을 것입니다." 푸틴이 경고했다. "그리고 그러한 시도를 하려는 자들에게 말하겠습니다. 그들이 그렇게 한다면 결국 자신들의 나라를 파괴하게 될 것입니다."

2005년부터 2008년까지 모스크바 주재 대사를 지낸 빌 번스 CIA 국장에게 이 선언문은 그가 수년간 푸틴과 나눈 많은 대화들을 떠올리게 했다. "사실 그 안에는 정말 새로운 것은 없었어요." 번스는 그렇게 믿었다. 그 내용의 일부는 본질적으로 권력과 러시아가 당연히 행사할 자격이 있다고 믿는 것에 관한 신념을 포장한 것이라고 말했다. 그런 다음 선택적인 역사로 치장했다는 것이다.

펜타곤에서는 콜린 칼 국방차관이 푸틴이 자신이 쓴 내용들을 실제로 믿고 있다는 정보를 읽었다―우크라이나는 진정한 국가가 아니며 우크라이나인은 모두 그저 러시아인일 뿐이라는 것.

"푸틴은 소비에트 연방을 좋아하지 않았지만," 칼이 말했다. "그는 여전히 소비에트 연방의 붕괴를 20세기의 가장 큰 범죄로 여겼으며, 러시아가 그 이후로 계속해서 배신당해 왔다고 믿습니다."

칼은 이 글을 푸틴의 제국주의적 야망을 보여주는 또 다른 사례로 보았다. "그는 러시아 제국을 재건하는 꿈을 꾸고 있으며, 우크라이나가 포함되지 않은 러시아 제국은 존재하지 않습니다." 그가 말했다.

"미국인으로서 그런 글들을 읽는 건 항상 좀 이상합니다." 칼이 덧붙였다. "우리 역사는 그렇게 오래되지 않았기 때문이죠. 그래서 국가들이 9,000년 전에 일어난 일이나, 아니면 2,000년 전이나 1,000년 전에 일어난 일에 대해 신경 쓴다는 개념 자체가 낯선 거죠. 미국인들은 그렇게 생각하지 않습니다."

9
미군의 재앙적인
아프가니스탄 철수

워싱턴에서 바이든은 20년 전쟁을 끝내겠다는 대선 공약 이행을 위한 아프가니스탄 미군 철수 작업에도 몰두해 있었는데, 이 철수 과정은 갈수록 위태로워지고 있었다.

아프가니스탄에서의 미국 주둔이 전형적인 미션 크립(mission creep, 처음에 제한적이고 명확한 목표를 가지고 시작된 군사 작전이 시간이 지나면서 점차 본래의 목적을 벗어나 확대되는 현상-옮긴이)의 사례라는 것이 바이든 외교정책의 핵심이었다. 불분명한 목적을 위해 너무 많은 병력이 투입되었다는 의미였다.

10년 전 부통령 시절, 바이든은 미군 지도부의 강력한 요구에도 불구하고 오바마 대통령에게 아프가니스탄에 3만 명의 미군을 추가 파병하지 말 것을 촉구한 바 있었다.

바이든은 오바마에게 직접 자신의 주장을 전달하기 위해 낸터킷에서의 가족 휴가를 중단하고 돌아왔다. "제 말 들어보세요, 보스," 바이든이 말했다. "제가 이 도시에 너무 오래 있었는지 모르겠지만, 한 가지 분명히 아는 것은 이 장군들이 신임 대통령을 압박하려 할 때를 알아본다는 겁니다." 그는 오바마 쪽으로 몸을 기울이며 일부러 들리게 속삭였다. "그들이 당신을 궁지로 몰아넣지 못하게 하세요."

바이든이 보기에 오바마는 군 장성들에게 놀아나면서 "헛소리"를 들어왔다. 그들은 젊고 경험이 부족한 대통령을 상대로 비극적인 권력 게임을 벌였다.

2001년 미국이 아프가니스탄을 침공한 처음 목적은 뉴욕과 워싱턴 D.C.에서 발생한 9/11 테러에 책임이 있는 오사마 빈 라덴의 알카에다 테러 조직을 파괴하기 위한 것이었다. 하지만 알카에다가 사실상 아프가니스탄에서 축출된 후 그 임무는 국가 재건으로 변질되었다. 바이든은 이를 미션 크립이라 부르며 "전혀 말이 안 되는 짓"이라고 말했다.

바이든의 주된 주장은 임무가 애초의 목적에서 벗어났으며, 현재 미국의 임무가 무엇인지 불분명하다는 것이었다.

또한 바이든에게는 트럼프가 2020년 2월에 탈레반과 체결한 협정도 부담이 되고 있었다. 이 협정은 2021년 5월까지 미군 철수를 약속한 것이었다. 탈레반은 미군이 2021년 5월 1일까지 철수한다면 미군을 공격하지 않기로 합의했다.

대통령 취임 후 첫 몇 달 동안 바이든은 설리번에게 아프가니스탄 철수에 대한 범정부적 검토를 전면적으로 실시하도록 지시했다.

"나는 반대 의견도 반드시 듣고 싶네," 바이든이 설리번에게 말했다. "이 문제에 대해 열린 마음을 유지할 것이고, 만약 계속 주둔해야 할 설득력 있는 이유가 있다면 나는 확실히 고려하고 경청할 거야." 하지만 열린 자세를 보이겠다는 대통령의 약속은 종종 대통령 자신에 의해 무색해지곤 했다.

바이든에게 제시된 옵션은 다음과 같았다. 남아 있는 모든 병력을 가능한 한 신속하고 안전하게 완전하고 질서 정연하게 철수하는 것, 정치적 협상을 위한 시간과 공간을 확보하기 위해 3~4단계에 걸쳐 천천히 단계적으로 철수하는 것, 아니면 아프가니스탄에 미군의 무기한 주둔을 승인하는 것이었다.

만약 미국이 계속 주둔한다면, 정보기관의 예측에 따르면 탈레반이 공격을 재개할 것이었다. 그런 일이 발생한다면, 바이든은 불가피하게 더 많은 병력을 파병하라는 요구를 받게 될 것으로 판단했다.

"만약 우리가 거기에 3천 명의 병력을 두고 있는데 그들이 공격받는다면 여러분은," ─ 바이든은 오스틴 국방장관과 마크 밀리 합참의장을 가리켰다 ─ "나에게 와서 '우리는 5천 명이 더 필요합니다'라고 말할 겁니다." 그러면 끝없는 악순환이 시작되는 거죠.

바이든은 병력 주둔이 더 많은 병력을 끌어들이는 자석이 된다는 것을 알고 있었다. 군 지도자들이 당연히 자신들의 병력을 보호하려 할 것이기 때문이었다.

대통령의 의지는 분명했다. 그는 철수를 원했다.

"나를 전능자와 비교하지 말고," 바이든이 블링컨에게 말했다. "나를 대안과 비교해줘."

설리번은 바이든이 이 결정을 놓고 고뇌했다고 생각하지 않았다. 대통령은 자신의 선택에 마음이 편안해 보였다.

바이든 대통령은 4월 14일 16분 동안 대국민 연설을 했다. 저녁 시간 대통령 집무실에서의 극적인 연설 대신, 그는 오후에 조약실(Treaty Room)에서 연설했다. 그곳은 2001년 조지 W. 부시 대통령이 아프가니스탄에 대한 미군 작전 개시를 발표했던 바로 그 장소였다.

"저는 이제 아프가니스탄에 미군이 주둔하는 동안 재임한 네 번째 미국 대통령입니다. 공화당 두 명, 민주당 두 명이었습니다." 그가 말했다. "저는 이 책임을 다섯 번째 대통령에게 넘기지 않을 것입니다."

"지난 12년 동안, 제가 부통령이 된 이후 줄곧 저는 이라크와 아프가니스탄에서 전사한 미군의 정확한 숫자를 상기시켜주는 카드를 지니고 다녔습니다."

"오늘 현재, 아프가니스탄 분쟁에서 2,448명의 미군 병력과 군무원이 사망했고, 20,722명이 부상을 입었습니다."

"이제 영원한 전쟁을 끝낼 때입니다." 그는 말했다.

이례적인 공개 행보로 바이든은 이후 알링턴 국립묘지를 방문해 아프가니스탄과 이라크 전사자들이 묻혀 있는 60번 구역을 홀로 걸었다.

"요즘은 묘지에 가기만 해도 내 아들 보우를 생각하지 않을 수 없어요"라고 바이든은 2015년 뇌종양으로 46세의 나이에 세상을 떠난 큰아들에 대해 말했다. 육군 장교이자 변호사였던 보우는 이라크에서 복무하며 동성 무공훈장을 받았고, 델라웨어주 법무장관을 두 번 역임했다. 아버지의 뒤를 이어 정치의 길을 걷고 있던 아들이었다. 바이든은 수백 개의 하얀 묘비들을 향해 돌아서서 팔을 벌리며 말했다. "저들을 모두 보세요."

바이든의 철군 결정은 즉각적으로 맹비난을 받았다. 그는 텔레비전과 신문에서 그렇게 많은 비판적인 논평을 보게 될 줄은 예상하지 못했다. 가장 오래된 전쟁을 끝내라고 외치던 사람들이 이제는 여성들과 소녀들을 포함한 아프가니스탄의 다양한 집단들의 미래에 집착하고 있었다.

"저는 잔인하고 피비린내 나는, 야만적인 전쟁의 모든 끔찍한 양상을 보여줄 내전이 일어날 것으로 예상합니다"라고 데이비드 페트레이어스 퇴역 장군이 공개적으로 말했다. 페트레이어스는 아프가니스탄에서 미군을 지휘했으며 바이든이 혐오했던 대반란 전략의 현대적 설계자였다. (바이든은 이 전략이 지나치게 군사적 접근에 의존하며 아프가니스탄에서 정치적 해결이나 외교적 노력을 소홀히 하게 만든다고 생각해서 싫어했다-옮긴이) "우리는 민주주의와 인권에 대한 지원을 되살리겠다고 말하는 정부를 가지고 있습니다. 하지만 그것도 이제 물거품이 되었군요"라고 페트레이어스가 말했다.

조지 W. 부시 전 대통령은 드문 공개 발언을 통해 바이든의 철군 결정은 실수라고 말했다. "저는 아프가니스탄의 여성들과 소녀들이 말로 표현할 수 없는 고통을 겪게 될까 봐 두렵습니다."

바이든은 레졸루트 데스크(Resolute Desk) 옆에 서서 쏟아지는 비판을 받아들이고 있었다. 블링컨은 대통령이 큰 상처를 받았음을 알 수 있었다. (레졸루트 데스크는 미국 대통령의 집무실에 있는 대통령의 책상인데, Resolute Desk는 고유명사이기 때문에 이 책에서는 이름 그대로 사용한다-옮긴이)

대통령은 그 책상을 가볍게 두드렸다. "그래," 바이든이 말했다. "책임은 여기서 멈추는 거지(the buck really does stop here)." (이 말은 해리 트루먼 대통령이 했던 유명한 말로, 이후 바이든을 포함한 여러 대통령들이 중요한 결정의 순간에 인용해왔다-옮긴이)

군대 철수는 선거가 도둑맞았다고 계속 주장하는 전임자 도널드 트럼프와 바이든 사이에서 보기 드물게 의견이 일치한 사안이었다.

2021년 6월 26일 오하이오주 웰링턴에서 열린 퇴임 후 첫 선거 유세에서 트럼프는 자신이 탈레반과 맺은 협정을 통해 시작한 과정을 바이든이 멈출 수 없었기 때문에 미군을 귀국시킨 공로는 자신에게 있다고 자화자찬했다.

"모든 병사들이 집으로 돌아오고 있습니다." 트럼프가 말했다. "그들[바이든 행정부]은 이 과정을 멈출 수 없었습니다. 21년이면 충분하지 않나요? 21년 말입니다."

"부끄러운 일입니다." 트럼프가 말했다. "21년이나. 버티지도 못할 정부를 위해 말입니다. 그들이 버틸 수 있는 유일한 방법은 우리가 그곳에 있는 것뿐입니다. 우리가 뭐라고 해야 하나요? 21년을 더 머물자고요? 그다음에는 또 50년을 더 머물자고요? 이 모든 게 말도 안 되는 일입니다 … 우리는 아프가니스탄에서 군대를 집으로 데려오고 있습니다."

50회가 넘는 기획 회의에도 불구하고 바이든 행정부의 아프가니스탄 철수는 처참한 혼란으로 치달았다. 그들은 돌발 상황을 예측하고 최악의 시나리오에 대비하는 데 실패했다. 계획을 세웠을 때는 이미 너무 늦은 후였다.

7월 6일, 남아 있던 미군은 카불에서 한 시간 거리에 있고 아프가니스탄에서 가장 큰 활주로를 보유한 바그람 공군기지에서 한밤중에 비밀리에 철수했다. 바그람은 한때 최대 10만 명의 미군이 주둔했던 곳이었다. 이로 인해 카불의 미국 대사관은 여전히 운영 중이었지만, 1,400명 이상의 미국인을 단 650명의 해병대원과 군인들이 보호해야 하는 상황이 되었다.

만약 카불이 탈레반에 함락된다면, 바그람에서의 철수로 인해 비전투원들을 대피시킬 수 있는 유일한 통로가 차단될 것이었다. 이들 중 다수는 미군을 위한 수년간 복무의 대가로 미국이 보호를 약속했던 사람들이었다.

7월 23일, 바이든은 아프가니스탄의 아슈라프 가니 대통령과 급속히 악화되는 상황에 대해 통화하면서, 탈레반과의 전투가 불리하게 전개되고 있다는 전 세계의 인식을 바꿔야 한다고 압박했다.

"분명히 당신에게는 최고의 군대가 있습니다. 7만~8만 명의 탈레반에 맞서 30만 명의 잘 무장된 병력이 있고 그들은 분명히 잘 싸울 수 있습니다," 바이든이 말했다.

"대통령님," 가니가 말했다. "우리는 탈레반, 파키스탄의 전폭적인 기획 및 군수 지원, 그리고 최소 1만에서 1만 5천 명의 국제 테러리스트들로 구성된 전면적인 침공에 직면해 있습니다."

탈레반의 공세는 해일처럼 전국을 휩쓸었고, 지역 하나하나가 충격적인 속도로 차례로 함락되면서 바이든과 그의 행정부를 당황하게 했다. 아프간 군대는 거의 저항하지 않았고, 어떤 경우에는 아예 무기를 내려놓기도 했다.

탈레반이 카불에 접근하자 블링컨 국무장관은 8월 14일 가니 대통령과 전화 통화를 했다. 가니는 결연하게 아프가니스탄을 끝까지 지키겠다고 선언했다. 그런데 다음 날 가니는 아랍에미리트에 있었다. 그는 도망쳐 버린 것이다.

카불은 신속하고 전격적으로 함락되었다. 탈레반 전사들은 대통령궁을 장악하고 소총을 든 채 가니의 책상 주변에서 포즈를 취하며 사진을 찍었다.

　수천 명의 절박한 아프간 민간인들이 카불 국제공항 활주로로 몰려들었다. 사람들은 이륙하는 미군 수송기의 날개 위에 올라탔고, 일부는 떨어져 목숨을 잃었다.

태도를 180도 바꾼 트럼프는 바이든에게 "아프가니스탄에서 벌어진 일에 대해 수치심을 느끼고 사임하라"고 요구했고, 코로나19, 남부국경, 그리고 경제에 대한 바이든의 대응을 비판했다. 트럼프는 "애초에 합법적으로 선출된 것이 아니니까 큰 문제 될 것도 없다"고 덧붙이며, 자신이 선거를 도둑맞았다는 만트라를 반복했다.

바이든 대통령은 이번 사태의 책임을 아프간 정부에 돌렸다. 8월 16일, 바이든은 이스트룸에서 행한 연설에서 "저는 아프가니스탄에서 미국의 전투를 끝내기로 한 제 결정을 후회하지 않습니다"라고 말했다.

　"사실은, 이 상황이 우리가 예상했던 것보다 더 빠르게 전개되었습니다. 그래서 무슨 일이 일어났나요? 아프가니스탄의 정치 지도자들이 나라를 포기하고 도망쳤습니다. 아프간 군대는 때로는 싸우려는 노력조차 하지 않고 무너졌습니다." 그가 말했다.

　"오히려 지난주의 사태 전개는 지금 아프가니스탄에서 미군의 개입을 끝내는 것이 옳은 결정이었다는 것을 재확인시켜 주었습니다." 바이든이 덧붙였다.

　열흘 후인 8월 26일, 공항 외곽의 애비 게이트에서 이슬람국가(ISIS)의 자살 폭탄 테러로 13명의 미군을 포함해 170명 이상이 사망했는데, 이는 20년 전쟁의 마지막 10년 동안 미군에게 가장 치명적인 날 중 하나로 기록되었다.

8월 29일, 미국은 카불에서 폭발물을 가득 실은 차량을 운전하는 ISIS 조직원으로 의심되는 인물을 표적으로 드론 공격을 감행했다. 하지만 이는 비극적인 오판으로 그들은 미국을 위해 오랫동안 일해 온 구호 활동가와 7명의 어린이를 포함해 민간인 10명을 죽였다.

마지막 며칠 동안 12만 명이 넘는 사람들을 대피시킨 후, 2021년 8월 31일 바이든은 "미국 역사상 가장 긴 전쟁"의 종식을 선언했다.

"이 임무의 놀라운 성공"을 칭송한 그의 연설은 공허하게 들렸다. 어떤 말로도 철군의 실패를 감추거나 미화할 수 없었다. 카불은 11일 만에 탈레반에게 함락되었고, 13명의 미군이 목숨을 잃었다.

"우리가 무기한으로, 몇 년이고 계속 머물렀어야 했다고 말하는 사람들이 있습니다." 바이든이 말했다. "왜 우리가 하던 일을 그대로 계속하지 않는거죠? 왜 우리가 무언가를 바꿔야만 했나요?"

바이든은 비난을 트럼프에게 돌렸다.

"사실은 이렇습니다. 모든 것이 바뀌어 있었습니다. 제 전임자는 탈레반과 거래를 했습니다. 제가 취임했을 때, 우리는 5월 1일이라는 기한에 직면해 있었습니다. 탈레반의 공세가 다가오고 있었습니다."

아프가니스탄에서 3번째 10년의 전쟁을 요구하는 사람들에게 묻습니다. 핵심적인 국가 이익이 무엇입니까? 제 생각에는 하나뿐입니다. 아프가니스탄이 다시는 우리 본토를 공격하는 데 사용될 수 없도록 하는 것입니다."

"대통령의 근본적인 의무는 제 견해로는 미국을 지키고 보호하는 것입니다. 2001년의 위협으로부터가 아니라 2021년과 내일의 위협으로부터 말입니다."

"제 말을 믿어주십시오." 바이든은 결론지었다. "저는 온 마음을 다해, 이것이 옳은 결정이자 현명한 결정이며, 미국을 위한 최선의 결정이라고 믿습니다."

재앙적인 철수는 바이든과 그의 주요 참모들에게 큰 타격을 입혔다. 비평가들은 논평과 텔레비전에서 설리번 국가안보좌관에게 책임을 물으며 그의 사임을 요구했다. 그리고 이번에는 공화당에서만 나오는 비판이 아니었다.

오바마 행정부 전 보좌관 브렛 브루언은 《USA 투데이》에서 "국가안보보좌관은 두 가지 임무를 가지고 있습니다. 그 직함이 시사하듯이 그들은 상황실에서 대통령에게 가장 마지막이자 이상적으로는 가장 가까운 조언자입니다"라고 말했다.

"그들의 두 번째 임무는 최고사령관의 결정과 지시를 실용적인 정책으로 전환하는 것입니다. 때로 그것은 권력에 진실을 말하는 것을 의미합니다. 이 모든 점에서, 현재 이 직책을 맡은 사람은 실패한 것으로 보입니다."

브루언은 "바이든 대통령은 국가안보보좌관과 아프가니스탄 철군 실행을 망친 여러 다른 고위 지도자들을 해임해야 합니다"라고 말했다.

평소 자신의 능력과 성과에 대한 찬사를 받는 데 익숙했던 설리번은 충격에 빠졌다. "우리의 모든 신경이 햇빛에 노출되어 닳고 헤지고, 생살이 드러나고, 타버렸습니다"라고 그가 말했는데, 특히 자신이 그러했다.

마크 밀리 합참의장과 해군 중장으로 경력 해군 정보 장교이자 밀리 의장의 J2 — 펜타곤의 최고 군사 정보 보좌관 — 인 프랭크 휘트워스는 철수의 2차 및 3차 파급 효과를 면밀히 검토하며 앞으로 닥칠 수 있는 위협이 무엇인지 살펴보았다. [J2에서 J는 합동 작전(Joint Operations)을, 2는 정보(Intelligence)를 의미한다. J1은 인사, J3는 작전 등으로 분류된다-옮긴이]

밀리와 휘트워스는 가까운 사이였다. 그들은 아프가니스탄에서 함께 복무했다. 트럼프가 밀리 장군을 차기 합참의장으로 지명했을 때, 휘트워스 제독은 밀리가 그 직책을 인수할 준비를 하는 동안 매일 브리핑을 했다.

휘트워스 제독이 2성 직책에서 3성 직책으로 이동할 준비가 되었을 때, 밀리는 직접 나서서 휘트워스를 자신의 곁에 둘 수 있도록 펜타곤에 J2 정보 직책을 3성 직책으로 만들어 달라고 직접 청원했다.

이제 두 사람 모두 카불의 신속한 함락에 아픔을 느꼈다. 그들은 수개월 동안 도상 훈련을 거듭했고, 준비 상황을 점검했으며, 최신 정보에 대한 브리핑을 받아왔다.

그들은 아프간군의 자체 방어 능력이 악화되는 것을 보았지만, 붕괴가 이렇게 빠르게 진행될 줄은 예상하지 못했다.

"제가 예상했던 것보다 훨씬 빠르게 진행된 연쇄 붕괴 사건이었습니다," 휘트워스가 솔직하게 말했다. 그는 첫 번째 지역이 탈레반에 함락되고, 한 시간 뒤 또 다른 지역이, 그리고 이어서 세 번째 지역이 함락되었을 때 하와이에서 가족과 휴가 중이었다.

"무슨 일이 일어나고 있는지 알 수 있었습니다," 그가 말했다. 그는

SCIF(Sensitive Compartmented Information Facility, 기밀 정보 취급 시설)에 있지 않았지만, 펜타곤에 전언을 보냈다: "우리 사람들을 안전하게 대피시켜라." 그들은 철수를 가속화해야 했다.

그의 휴가는 끝났다. 휘트워스 제독은 마지막 비행기가 아프가니스탄을 떠날 때 워싱턴 D.C.에서 밀리 의장 및 오스틴 국방장관과 함께 서 있었다. 그들은 몇 년 전 아프가니스탄에서 함께 복무했던 세 명이었다.

"우리가 마지막 사람들을 마침내 빼낼 때 함께 그 자리에 있었던 것을 영원히 소중히 간직할 것입니다." 휘트워스 제독이 말했다. "신속함은 미국인들을 살리는 것이고, 따라서 신속하게 움직여야 했습니다."

그는 군이 최악의 시나리오에서 할 수 있는 최선을 다했다고 믿었다.

"군복을 입은 사람이든, 정보기관에 있는 사람이든, 10일에서 14일 만에 무너질 것이라고 알았다고 말할 수 있는 사람은 아무도 없을 겁니다." 휘트워스 제독이 한탄했다. "개인적으로 부패와 소셜 미디어의 힘이 가장 큰 두 가지 변수였다고 생각합니다." (소셜 미디어의 힘이란 탈레반의 진격 소식이 소셜 미디어를 통해 빠르게 퍼지면서 정부군의 사기와 저항 의지가 꺾였을 가능성을 의미-옮긴이)

진정한 원인은 미군이 해결책이라고 믿으며 외국에 미군을 투입하려는 통제되지 않은 충동적 욕구였고, 베트남의 교훈을 무시한 것이었다.

10
우크라이나의 독립기념일

우크라이나의 수도 키이우 중심부에 위치한 메이단 광장에서, 영국 해군의 팀 우즈 제독은 두 살 된 딸을 들어 올려 머리 위로 낮게 비행하는 우크라이나 전투기들을 구경시켜 주었다. 이날은 2021년 8월 24일로 우크라이나가 소련으로부터 독립한 지 30주년이 되는 날이었다. 이전까지 군사 퍼레이드를 비판해왔던 젤렌스키 대통령은 이제 푸틴에게 메시지를 보낼 때가 되었다고 결정했다.

퍼레이드는 우크라이나의 강화되고 있는 군사력을 과시했다. 업그레이드 된 전차, 미사일, 방공 시스템이 중앙 대로를 따라 행진했다. 퍼레이드의 거의 말미에 등장한 것은 행사의 하이라이트였던 바이락타르 TB2였다. 이는 최근 터키에서 구매한 정교한 공격용 드론으로, 러시아 무기고의 그 어떤 드론과도 달리 4차선 도로 폭만큼의 날개 길이를 자랑했다. 우크라이나 군인들이 제복 차림으로 행진했으며, 미국, 영국, 폴란드와 같은 우방국의 군 대표들도 퍼레이드에 참가했다.

감격에 겨운 젤렌스키 대통령은 군중을 향한 연설에서 우크라이나 독립의 힘을 축하하고 독립적인 미래를 약속하며 눈물을 글썽였다.

"올해 우리 군을 위해 새로운 전차와 우크라이나산 블레이드를 장착한 헬리콥터들이 제작되고 있습니다." 젤렌스키가 말했다. 그는 또한 우크라이나가 "해군 함대와 해군 기지들을 부활시키고 있으며, 10개년 미사일 프로그램을 채택하고 있습니다"라고 밝혔다.

"이러한 국가는 나토와 더 많은 협력 기회를 갖는 파트너가 될 것입니다." 젤렌스키는 국민들에게 약속했다. 우크라이나와 1,200마일(1,930킬로미터)에 달하는 광대한 육상 국경을 공유하는 러시아에게 우크라이나의 나토 가입은 레드라인이었다.

우크라이나가 독립과 군사적 진전을 축하하는 가운데, 우즈는 푸틴이 러시아의 제국주의적 손아귀로부터 점점 더 멀어져가는 나라를 지켜보고 있다고 믿었다.

"푸틴은 계산을 했습니다." 우즈가 말했다. "그는 기회의 창이 닫혀가고 있는 것을 보았습니다."

유창한 러시아어를 구사하는 우즈 소장은 2018년부터 영국의 우크라이나 군사 훈련 임무에 참여해 왔다. 그의 임무는 우크라이나군을 NATO 표준 군대로 전환시키고, 우크라이나 국방부의 부패 문제를 해결하도록 돕는 것이었다. 그는 영국 정보국 장교인 아내와 함께 키이우에서 살고 있었다. 아내는 사이버전, 허위 정보, 러시아의 뇌물 공작, 심리전을 포함한 러시아의 하이브리드 또는 회색 지대 전쟁에 대한 우크라이나의 방어 능력을 강화하는 일을 하고 있었다.

그의 가족은 러시아 정보국의 심리전에 대해 잘 알고 있었다. 키이우에 있는 그들의 아파트에는 초대하지 않은 손님들이 여러 차례 방문한 적이 있었다. 어느 날 저녁, 그들의 어린 딸이 놀이방 바닥에 어린이용 커다란 퍼즐 조각들을 흩어놓았다. 피곤했던 그의 아내는 어질러진 퍼즐을 그대로 두고 잠자리에 들었다. 다음 날 아침 그녀가 나와 보니 약 30개의 퍼즐 조각들이 완벽하게 맞춰져 있었다.

"러시아 정보기관의 전형적인 수법이죠," 우즈가 말했다. "겁을 주고 싶어 하는 거죠: 우리가 원하면 언제든 이런 일을 할 수 있다는 것을요." 다른 때에는 촛대가 거꾸로 뒤집어져 있는 것을 발견한 적도 있었다.

"우리는 동요하지 않았어요," 우즈가 말했다. "오히려 꽤 재미있어 했죠."

그들의 한 친구는 어느 날 밤 부츠를 신발장 밖에 두었는데, 다음 날 아침에 보니 모든 부츠 끈이 반대 방향으로 꿰어져 있어서 끈이 부츠 바닥 구멍에서 나와 있었다.

"우리는 당연히 아파트에 음성 및 영상 도청 장치가 설치되어 있어서 모든 대화가 녹음되고 있다고 생각했습니다"라고 우즈는 말했다.

우즈는 2021년 3월 우크라이나 동료들과 함께 러시아군의 증강 상황을 확인하기 위해 국경 지역을 방문했다. 러시아의 쇼이구 국방장관이 군대를 철수시켰지만 러시아의 장비들, 즉 "군사 장비들"은 그곳에 그대로 남아 있었다.

8월 말이 되자, 우즈는 그 장비들이 다시 증강되기 시작하는 것을 알아챘다.

11
바이든의 우크라이나 방어 전략

"의장님, 제가 지금 보여드리려는 것을 믿기 어려우실 겁니다." 아프가니스탄 철수 몇 주 후 어느 날 아침, 프랭크 휘트워스 제독이 밀리 장군의 사무실로 급히 들어오며 말했다.

"이 정보들이 의장님의 남은 임기를, 확실히 바꿔놓을 것 같습니다"라고 그가 말했다.

새로운 정보들이 들어오고 있었는데, 러시아가 우크라이나에 대한 대규모 군사 공격을 계획하고 있다는 것을 시사하는 내용이었다. 그 경고는 단발성이 아니라 다방면에서 확인되고 있었다.

밀리와 휘트워스는 충격을 받았다.

"그것도 핵무기를 보유한 국가가요." 휘트워스 제독이 말했다. "핵보유국이 말이에요. 핵보유국에 의한 정복입니다."

바이든은 매일 아침 대통령 일일 브리핑에서 러시아가 군사력으로 가시적으로 무엇을 하고 있는지 뿐만 아니라, 러시아가 그 군사력으로 무엇을 하려고 논의하고 계획하고 있는지에 대한 방대한 정보를 보고받았다.

푸틴의 궁극적인 의도는 여전히 불분명했다. 불안한 데자뷰가 있었다. 2014년 러시아군이 우크라이나 남부 크림반도를 신속하게 병합하고 돈바스 일부를 점령했을 때, 바이든은 부통령이었고 블링컨은 오바마 대통령의 국가안보 부보좌관이었다. 오바마와 그의 팀은 푸틴의 뻔뻔스러운 영토 침탈의 본질을 제때 파악하지 못했고, 적시에 충분히 대응하지도 못했다. 푸틴은 쉽게 승리했고, 러시아에 대한 지속적인 부정적 영향도 거의 없었다.

토니 블링컨은 178센티미터의 키에 한때 갈색이었지만 이제는 회색이 된 단정한 웨이브 머리를 가졌으며, 20년 동안 바이든의 신뢰받는 외교정책 고문이자 가까운 친구였다. 그들은 수없이 많은 시간을 외교정책에 대해 함께 고민하며 보냈다. 상원에서, 해외 출장에서, 부통령실에서, 백악관 상황실에서, 그리고 가족들과 함께하는 저녁 식사 자리에서 진정한 유대감을 형성했다.

블링컨은 러시아가 구상하고 있는 일이 심각한 것일 수 있다고 믿고 싶지 않았다. 하지만 바이든은 다시 한번 푸틴에게 기습당하고 싶지 않았다. 기습은 침략자에게 즉각적인 전장의 우위를 주는 무기였다. 대통령은 이번에는 처음부터 수세에 몰리고 싶지 않았다.

바이든은 설리번, 블링컨, 오스틴, 밀리를 포함해 주요 참모들에게 러시아와의 직접적인 충돌을 피하는 것이 최우선 과제라고 말했다. 그가 말한 전략은 두 가지 축으로 이루어져 있었다: 러시아의 우크라이나 침공을 어떻게든 **막기 위해**(prevent) 최선을 다하는 것, 그리고 동시에 침공에 철저히 **대비하는**(prepare) 것이었다.

그는 참모들에게 그들의 임무가 우리를 준비시키고, 우크라이나를 준비시키고, 동맹국들을 준비시키는 것이라고 말했다. 우크라이나가 스스로를 방어하기 위해 무엇이 필요한가? 그는 아프가니스탄 참사가 재현되는 그 어떤 상황도 원치 않았다.

바이든은 미국이 우크라이나를 위해 무엇을 하든 그것은 나토를 통해서가 아니라 우크라이나와의 양자 관계를 통해 할 것이라는 점을 분명히 했다. 푸틴은 나토를 러시아에 대한 절대적이고 직접적인 위협으로 여겼다. 우크라이나 헌법에 명시된 나토 가입 염원은 푸틴에게 지속적인 위협이었다. 미국은 긴장을 악화시켜 푸틴이 우크라이나 공격 준비를 가속화하지 않도록 신중해야 했다.

카불 함락 후 2주도 채 지나지 않은 8월 27일, 바이든은 우크라이나를 위한 6천만 달러 규모의 추가 국방 지원 패키지를 승인했다. 바이든, 설리번, 블링컨은 우크라이나에 최대한 신속하고 조용하게 무기를 전달하기를 원했다.

그들은 이에 대해 크게 떠들지 않았다. 뉴스 헤드라인이 푸틴의 선전 도구로 이용되는 것을 원치 않았다. 푸틴은 우크라이나 대통령 젤렌스키를 계속해서 나치라고 비방하고 있었고, 러시아가 나토로부터 위협을 받고 있다고 계속 주장하고 있었다.

이 지원 패키지에는 재블린이 포함되어 있었는데, 재블린은 발사 후 자동으로 표적을 추적해 사수가 엄폐할 수 있도록 하는 세계 최고의 휴대용 대전차 미사일이다. "발사 후 망각(fire and forget, 미사일 발사 후 추가적인 조작이 필요 없어 공격 후 빠르게 숨거나 다른 임무를 수행할 수 있다는 의미-옮긴이)" 무기로 불리는 이 미사일은 한 사람이 조작할 수 있으며, 탱크와 다른 전투 장갑 차량을 파괴할 수 있다.

고성능 대전차 탄두(HEAT)를 장착한 재블린은 1.6~3.2킬로미터의 사거리를 가지고 있으며, 목표물인 적군 전차 위로 높이 상승했다가 급강하하면서 장갑이 가장 취약한 부분을 타격한다.

재블린 발사 시스템 하나와 미사일 한 발의 가격은 약 20만 달러로, 펜타곤은 친절하게도 이것이 페라리 로마 자동차 한 대 가격에 해당한다고 언급했다.

바이든 행정부는 의회에 보낸 간략한 통보에서 "우크라이나 국경을 따라 러시아의 군사 활동이 크게 증가했고," 박격포 공격, 휴전 위반, 기타 도발 행위들 때문에 우크라이나를 위한 안보 지원 패키지가 필요하다고 밝혔다.

12
'쇼맨' 젤렌스키의 역사 무대 등장

2021년 9월 1일, 바이든 대통령은 우크라이나의 볼로디미르 젤렌스키 대통령을 백악관에 처음으로 초청했다. 전직 배우이자 코미디언이었던 젤렌스키는 2019년 우크라이나 대통령 선거에서 바이든이 부통령 시절 조언했던 현직 대통령이자 억만장자 페트로 포로셴코를 상대로 역사적인 압승을 거두었다. 젤렌스키는 73.17퍼센트라는 압도적인 득표율로 포로셴코의 24.5퍼센트를 크게 앞섰다.

41세의 나이로 당선된 젤렌스키는 정치 경험이 전무한 상태에서 대통령직에 올랐다―이는 조 바이든과 완전히 대조적이었다. 젤렌스키는 성공적인 텔레비전 제작사인 크바르탈 95를 운영했으며, 2015년부터 2019년까지 방영되어 엄청난 인기를 얻은 정치 풍자 드라마 〈국민의 종(Servant of the People)〉에서 우크라이나 대통령 역을 맡아 전 국민이 아는 유명 인사가 되었다.

TV 드라마에서 젤렌스키가 연기한 캐릭터는 고등학교 역사 교사로, 정부 부패에 대한 그의 격렬한 비판이 인터넷에서 화제가 되면서 우연히 대통령에 당선된다. 하지만 실제 대통령으로서의 그의 지지율은 2021년 봄에 38퍼센트라는 참담한 수준까지 곤두박질쳤다.

정치 무대에 전격적으로 등장한 젤렌스키의 모습은 여러 면에서 그가 연기한 드라마 속 인물을 연상시켰다. 젤렌스키는 정치적 수완이 없는 아웃사이더였지만, 평범한 서민의 모습을 자연스럽게 보여주었다. 2019년 5월 20일, 짙은 색 슬림핏 정장에 윤이 나는 구두를 신은 젤렌스키는 대통령 취임 선서를 하기 전, 지지자들에게 손을 흔들고 악수하고 셀카를 찍으며 키이우에 있는 우크라이나 의회 건물인 라다(Rada)까지 걸어갔다.

"친애하는 우크라이나 국민 여러분," 젤렌스키는 취임 연설에서 말했다. "제가 선거에서 승리한 후, 여섯 살 된 제 아들이 이렇게 말했습니다. '아빠, TV에서 젤렌스키가 대통령이라고 하던데 … 그럼 나도 대통령이란 뜻이야?!' 그때는 우스갯소리로 들렸지만, 나중에 저는 그것이 사실이라는 것을 깨달았습니다. 왜냐하면 우리 한 사람 한 사람이 모두 대통령이기 때문입니다."

"이제부터 우리 각자는 우리가 우리 아이들에게 물려줄 나라에 대한 책임이 있습니다," 젤렌스키는 말했다. "우리 각자는 각자의 자리에서 우크라이나의 번영을 위해 모든 것을 할 수 있습니다."

그는 자신의 최우선 과제를 제시했다. 그것은 2014년 푸틴의 침공 이후 러시아의 지원을 받는 분리주의자들과 우크라이나군이 교전을 벌여온 돈바스 지역의 휴전이었다. "저는 자주 이런 질문을 받습니다: 휴전을 위해 어떤 대가를 치를 준비가 되어 있습니까? 이상한 질문입니다," 젤렌스키가 말했다. "여러분은 사랑하는 사람들의 생명을 위해 어떤 대가를 치를 준비가 되어 있습니까? 저는 우리 영웅들의 죽음을 멈추기 위해서라면 어떤 대가라도 치를 준비가 되어 있다고 장담할 수 있습니다. 저는 어려운 결정을 내리는 것을 전혀 두려워하지 않으며, 평화를 가져오기 위해서라면 제 명성, 제 지지율, 그리고 필요하다면 조금도 주저 없이 제 직위까지 내려놓을 각오가 되어 있습니다. 단, 우리 영토를 포기하지 않는 한에서 말입니다.

"역사는 불공평합니다," 젤렌스키가 덧붙였다. "우리가 이 전쟁을 시작한 것이 아닙니다. 하지만 우리가 이 전쟁을 끝내야 하는 사람들입니다."

"저는 여러분이 사무실 벽에 제 초상화를 걸기를 정말 원치 않습니다. 왜냐하면 대통령은 우상이나 숭배 대상이 아니기 때문입니다. 대통령은 초상화가 아닙니다. 여러분 자녀들의 사진을 걸어두세요. 그리고 어떤 결정을 내리기 전에 그들의 눈을 들여다보세요," 그가 말했다.

"그리고 마지막으로," 젤렌스키는 결론을 내렸다. "저는 평생 우크라이나 국민들이 웃을 수 있도록 제가 할 수 있는 모든 일을 했습니다. 그것이 제 사명이었습니다. 이제 저는 우크라이나 국민이 적어도 더 이상 울지 않도록 제가 할 수 있는 모든 일을 하겠습니다."

하지만 워싱턴 D.C.에서 젤렌스키는 대통령이 된 TV 스타로 알려진 게 아니라, 트럼프 대통령의 첫 번째 탄핵 재판과 관련된 논란으로 알려져 있었다.

2019년 7월 25일 통화에서 젤렌스키 대통령은 미국으로부터 재블린 대전차 미사일을 추가 구매하고 싶다고 요청했다. 이에 트럼프는 이렇게 답했다. "하지만 부탁이 하나 있습니다. 우리나라가 많은 일을 겪었기 때문입니다."

그리고 나서 트럼프는 젤렌스키에게 조 바이든과 그의 아들 헌터를 조사해달라고 요청하며 "우리 법무장관과 함께 할 수 있는 일이 있다면 무엇이든 해주면 좋겠습니다"라고 말했다.

내가 2019년 12월 30일 플로리다 마라라고에서 트럼프를 탄핵과 관련해 인터뷰했을 때 그는 이렇게 말했다. "나보다 강한 사람은 없어요. 아무도 나보다 강하지 않아요. 당신이 탄핵에 대해 물었잖아요. 나는 탄핵 중인데도, 당신 말대로 나는 마치 빌어먹을 경주에서 막 이긴 것처럼 행동하고 있잖아요. 닉슨은 구석에 쪼그리고 앉아 엄지손가락을 빨고 있었죠. 빌 클린턴은 정말, 정말 힘들어했어요. 하지만 나는 그냥 내 할 일을 해요, 알겠어요? 난 내가 하고 싶은 대로 합니다."

나는 트럼프에게 젤렌스키와의 통화가 그의 정치적 반대 세력에게 공격의 빌미를 제공했다고 생각하는지 물었다.

"그건 완벽한 전화 통화였어요!" 트럼프가 말했다. "나는 그들에게 어떤 빌미도 주지 않았어요."

트럼프는 그 통화에 대해 이렇게 말했다. "**우리**에 대해 이야기했어요. **우리**를 도와달라고 했어요, 쉼표, 우리나라를요, 우리나라를요. 그러고 나서 나는 법무장관을 만나라고 이야기했죠."

"젤렌스키에 대해 한 가지 말씀드릴게요," 트럼프가 덧붙였다. "첫째, 그들은 내가 통화 내용을 공개할 거라고는 절대 생각하지 못했을 거예요. 둘째, 그들은 우리가 통화를 녹취했다는 것도 절대 생각하지 못했을 거예요. 나는 내 통화를 녹취하기를 원합니다."

젤렌스키는 후에 《타임》지 기자인 사이먼 슈스터에게 트럼프가 녹취록 공개로 자신을 불시에 타격했고, 이로 인해 우크라이나 동맹국들에 대한 그의 신뢰가 무너졌다고 말했다. "누구를 믿느냐는 질문에 대해" 젤렌스키는 슈스터의 책 『더 쇼맨(The Showman)』을 위한 인터뷰에서 이렇게 말했다. "솔직히 말씀드리면, 아무도 믿지 않습니다."

젤렌스키는 슈스터에게 자신이 강대국들이 우크라이나를 짓밟지 못하도록 애쓰는 체스판 위의 졸(卒)처럼 느꼈다고 말했다.

"나는 결코 우크라이나가 지도상의 한 조각, 세계 강대국들의 체스판 위의 말이 되어 누군가가 우리를 이리저리 내던지거나, 우리를 방패막이로 사용하거나, 어떤 거래의 일부로 이용하는 것을 원하지 않습니다." 젤렌스키가 말했다.

트럼프가 우크라이나가 부패했다고 반복적으로 주장한 것은 우크라이나의 명성과 경제에도 타격을 입혔는데, 투자자들이 투자를 망설이거나 철수했기 때문이다.

"우리가 어떤 나라에 엄청난 액수의 돈을 지원할 때는, 그 나라가 부패했다면 이 돈이 어디로 가는지 물어봐야 한다고 생각합니다." 트럼프는 2019년 12월 우크라이나에 대한 미국의 원조와 관련해 나와 인터뷰하는 동안 말했다. "우리가 지원하는데도 왜 그렇게 부패가 만연한 걸까요? 그리고 알다시피, 내가 또 이야기하는 다른 한 가지가 있어요. 나는 왜 독일, 프랑스, 그리고 우리보다 우크라이나의 영향을 훨씬 더 받는 유럽 국가들은 돈을 내지 않는지에 대해서도 이야기합니다. 왜냐하면 우크라이나는 거대한 벽과 같기 때문이에요. 러시아와 유럽 사이의 벽이라고 생각해보세요, 그렇지 않나요?"

트럼프는 계속했다. "내가 말했어요, 왜 독일은 안 하는 거죠? 왜 프랑스는 안 하는 거죠? 왜 이들 다른 나라들은 돈을 내지 않나요? 왜 항상 바보 같은 미국만 내는 걸까요?"

젤렌스키는, 당연한 일이겠지만, 트럼프 재임 시절 백악관에 초대

받지 못했다.

젤렌스키가 백악관에서 바이든 대통령을 만났을 때 그는 바이든에게 우크라이나의 나토 가입을 도와달라고 압박했지만, 바이든은 단기적으로 이를 추진할 준비가 되어 있지 않았다.

바이든의 CIA 국장인 빌 번스는 우크라이나를 나토 가입으로 이끌려는 미국의 모든 노력을 억제하기 위해 수년간 적극적으로 노력해왔다.

2008년 번스가 모스크바 주재 미국 대사였을 때, 그는 당시 국무장관이었던 콘돌리자 라이스에게 보안 채널을 통해 장문의 개인 이메일을 보낸 적이 있다.

"우크라이나의 나토 가입은 (푸틴뿐만 아니라) 러시아 엘리트들에게 모든 레드라인 중 가장 명백한 레드라인입니다. 크렘린의 어두운 구석에 있는 완고한 강경파들부터 푸틴의 가장 날카로운 자유주의 비판자들까지, 핵심적인 러시아 인사들과 2년 반 이상 대화를 나누면서, 우크라이나의 나토 가입을 러시아의 이익에 대한 직접적인 도전 이외의 다른 것으로 보는 사람은 단 한 명도 찾지 못했습니다."

심지어 예비적 단계조차도 "전략적 도전장을 내미는 것"으로 여겨질 것이라고 번스가 말했다. "오늘날의 러시아는 대응할 것입니다. 러시아-우크라이나 관계는 극도로 얼어붙을 것입니다."

"러시아가 이 쓴 약을 조용히 삼키게 할 그 어떤 거대한 타협안도 생각해낼 수 없습니다," 번스가 결론지었다.

13
푸틴의 제국주의적 야망

2021년 10월, 에이브릴 헤인스 국가정보국장(DNI)과 빌 번스 CIA 국장은 바이든 대통령, 카말라 해리스 부통령, 그리고 주요 각료들에게 푸틴 대통령이 17만 5천 명의 병력으로 우크라이나를 침공할 전쟁 계획을 수립했다는 것을 결정적으로 보여주는 최고 기밀 미국 정보를 보고했다. 이는 크렘린 내부의 인적 정보원을 포함한 미국 정보력의 왕관의 보석으로부터 얻어낸 놀라운 첩보 성과였다.

푸틴이 우크라이나를 침공할 계획이라는 것이 정보기관들의 만장일치 결론이라고 번스 국장이 말했다.

번스와 헤인스는 러시아가 특정 도시들을 정복한 후 러시아의 군과 보안 기관 내에서 이들 도시의 통제권을 유지하기 위한 책임을 어떻게 분담할 계획인지에 대한 정확한 세부 사항을 공유했다. 마치 그들이 적군 사령관의 텐트에 몰래 들어가 지도 위에 몸을 숙여 여단의 숫자와 이동 경로, 그리고 여러 전선에서 이루어질 침공의 전체 계획된 순서를 살펴보는 것 같았다.

토니 블링컨 국무장관은 그들이 현재까지 확보한 정보의 상세한 수준에 놀라움을 금치 못했다. 영토 정복을 위한 러시아의 전쟁 계획이 보여주는 새로운 범위와 구체성은 경각심을 불러일으켰다. 전 세계를 뒤흔들 사건이었다.

러시아의 전쟁 계획은 우크라이나 전 영토를 장악하고 우크라이나의 젤렌스키 대통령을 제거하며 수도 키이우를 통제하는 것이었다.

그들은 러시아군의 작전 동선과 준비 상황, 그리고 그들이 우크라이나를 공격하고 정복하기 위해 병력을 어떻게 움직일 것인지를 볼 수 있었다. 가장 중요한 것은, 푸틴이 실제로 이를 실행할 의도가 있다는 크렘린 내부로부터의 정보를 가지고 있었다는 것이었다.

"이것은 단순히 만일의 사태에 대비한 비상 계획이 아니다"라고 존 파이너 국가안보 부보좌관은 생각했다. "이는 러시아가 실제로 실행하려고 하는 것이다."

설득력 있는 증거에도 불구하고 이 계획은 당혹스러웠다. 만약 푸틴이 제2차 세계대전 이후 가장 대담한 영토 정복 시도를 감행한다면, 이는 러시아와 미국 및 유럽 간의 경제적·외교적 관계를 완전히 파괴할 것이고, 어쩌면 중국과 인도와의 관계마저 파괴할 수 있었다. 회의실에 있던 바이든의 최고위 참모들은 푸틴의 논리를 이해하기 힘들어했다. 왜 그가 이것을 강행하려는 것일까?

"푸틴의 선언문 외에는 10월로 이어지는 시기에 정말 아무것도 없었어요," 설리번이 말했다. "우리가 '좋아, 여기서 뭔가 정말 방향이 틀어졌구나'라고 생각하게 만들 만한 것이 정말 없었죠."

푸틴의 전쟁 계획은 러시아의 공개적인 태도나 수사에 전혀 반영되고 있지 않았다. 전쟁을 위한 러시아 국민을 준비시키는 작업도 없었다.

설리번은 뭔가가 극적으로 바뀌었음을 깨달았다.

"하지만 모든 것이 조용했어요," 설리번이 말했다. "모든 것이 조용했어요." 이는 위안이 되기보다는 오히려 당혹스러운 일이었다.

푸틴은 또 다른 주권국가를 강제로 점령하여 러시아의 일부로 만들려 하고 있었다. "우리의 관점의 틀과 논리에서 보면 미친 짓처럼 들립니다." 블링컨이 바이든에게 말했다.

"하지만 푸틴의 사고방식에서 생각해보면, 어쩌면 그렇게까지 미친 짓은 아닐 수도 있고 꽤 일관된 맥락이 있습니다." 블링컨이 말했다. "만약 그의 연설들의 일부를 액면 그대로 받아들인다면 말입니다."

"푸틴의 깊은 철학적 신념 또는 신학적 신념은 우크라이나가 지도에서 지워지고 러시아에 흡수되어야 한다는 것입니다." 블링컨은 푸틴의 선언문을 떠올리며 말했다.

바이든이 동의했다. "이 글을 읽어보면, 그가 왜 이런 일을 하려고 하는지 우리에게 말해주고 있는 거지," 바이든이 말했다.

존 파이너는 궁금했다. 푸틴이 앞에 놓인 장애물들을 이해하고 있을까?

우크라이나가 주권을 그냥 포기하고 푸틴이 장악하도록 내버려 둘리 없었다. 그것은 확실했다. 우크라이나는 1991년 소련으로부터 독립을 선언했다. 2014년 푸틴의 크림반도 침공은 러시아에 대한 우크라이나인들의 감정을 악화시켰고, 더 강력한 우크라이나 국가 정체성의 형성에 기여했다.

2014년 이전에는 우크라이나인 중 오직 20~30퍼센트만이 나토 가입을 지지했다. 2019년에는 헌법 개정을 통해 우크라이나는 나토 가입 추구를 명문화했다. 2021년, 푸틴의 첫 봄철 병력 집결 전에 나토 가입에 대한 지지율이 56퍼센트까지 상승했다. 푸틴은 스스로 문제를 만들고 있었다.

푸틴이 자신이 생각하는 감당할 만한 비용으로 편하고 손쉽게 승리한다고 가정해보자고 파이너는 추론했다. 그러면 그는 이 거대한 국가를 그 지리적 규모에 비해 상대적으로 적은 수의 군대로 점령하게 될 것이다. 텍사스와 거의 비슷한 면적을 가진 우크라이나는 러시아 다음으로 유럽에서 두 번째로 큰 나라이며, 인구는 약 4,400만 명으로 텍사스보다 1,400만 명이 더 많다.

그는 우크라이나인들이 그러한 상황을 그저 순순히 받아들일 거라고 생각하는 걸까? 어떤 형태든 봉기가 일어나지 않을 거라고 생각하는 걸까?

폭력적인 봉기와 반란이 일어나고 수년간 지속되는 분쟁이 있을 거라고 파이너는 말했다.

이 정보는 한편으로는 지각 변동적 중대성을 지니고 있으면서도 다른 한편으로는 너무 비논리적이었다고 파이너는 생각했다.

이러한 불확실성에도 불구하고 대통령과 그의 각료들은 러시아의 전쟁 계획이 "정말로 진지한 것"이라는 데 만장일치로 동의했다.

"계획은 매우 치밀하게 짜여져 있습니다. 방아쇠를 당기는 실제 결정은 아직 내려지지 않았지만 발사 준비는 완료된 상태입니다." 블링컨이 말했다.

그러나 계획은 결정이 아니었다. 그들은 러시아가 매우 심각하게 고려하고 있다는 걸 알 수 있었지만 결정이 내려진 것은 아니었다. 이는 중요한 차이점이었다.

그것은 푸틴의 스타일이기도 하다고 CIA 국장 번스가 언급했다. "그는 선택지를 열어두는 것을 좋아합니다."

"이 모든 정보에 대해 직관적인 해석 외에 다른 대안적 설명이 있을까?" 바이든 대통령이 물었다.

"이게 단순히 전쟁 연습일까? 하나의 선택지일까? 우리가 이걸 보고 겁먹어서 무언가를 하도록 우리에게 일부러 보여주는 걸까?"

번스는 대안적 해석은 없다고 말했다. 정보는 결정적이었다.

CIA를 포함한 모든 미국 정보기관을 총괄하는 국가정보국장 에이브릴 헤인스는 푸틴의 논리에 대한 방대한 정보를 가지고 있었고, 그들이 수집한 새로운 데이터 포인트를 차례로 설명했다.

푸틴에게 있어 불안감과 자신감은 동전의 양면이라고 헤인스가 말했다. "그는 불안감을 가질 수 있지만, 동시에 자신만이 러시아를 과거의 영광으로 되돌릴 수 있는 **유일한** 사람이라고 믿는 사람이기도 합니다."

푸틴은 오랫동안 소련의 해체를 한탄했으며 이를 20세기의 가장 큰 재앙이라고 불렀다. 푸틴은 우크라이나 영토가 "러시아의 요람"이라고 믿었다.

"그는 우크라이나가 반드시 러시아로 돌아와야 하고, 그것이 다른 모든 것보다 우선해야 한다고 믿고 있습니다." 헤인스가 말했다. 푸틴은 우크라이나에 대해 절대적인 소유권 의식이 있었다.

그러나 우크라이나는 분명하게 러시아와 거리를 두면서 서방 및 나토와의 관계를 심화시키고 있었다. 우크라이나군은 서방의 지원을 받으면서 더욱 강력하고 유능해지고 있었다. 푸틴이 침공을 미룰수록 우크라이나의 반격은 더 막강해질 터였다.

푸틴의 평가는 군사 행동이 우크라이나가 서방과 더욱 통합되는 것을 막는 최선의 선택지라는 것이었다. 이것은 푸틴이 어떤 대가를 치르더라도 막아야 한다고 믿는 일이었다. "푸틴에게 우크라이나를 잃는 것은 사실상 실존적 위협입니다." 헤인스가 말했다.

그의 계산에 따르면, 침공은 성공적이고 신속할 것이며 우크라이나를 다시 한번 러시아의 통제 아래 두게 될 것이다.

헤인스가 말할 때의 솔직함과 강렬함은 회의실의 시선을 사로잡았다.

그의 전쟁 계획은 러시아 국민을 위해 무엇이 합리적인지 생각해보면 미친 소리처럼 들리지만, 푸틴은 러시아 국민의 건강과 부보다 **자신의** 비전을 훨씬 더 우선시한다고 헤인스가 말했다.

푸틴은 대부분의 우크라이나인이 러시아를 환영할 것이라고 믿고 있다고 헤인스 국장이 요약했다. 그는 우크라이나인을 러시아인보다 열등한 사람들로 본다. "그는 우리가 아는 가장 인종차별적인 지도자 중 한 명입니다."

러시아 대통령은 자국에 미칠 어떤 결과도 단기적일 것이라고 추론했다. 서방의 경제 제재는 러시아의 탄탄한 국부 펀드와 푸틴이 다음 선거를 치르기 전 몇 년간의 긍정적인 경제 지표에 의해 완화될 것이다. 현재의 높은 에너지 가격은 유럽이 미국과 함께 유럽 자국 경제에 타격을 줄 만한 중대한 경제 제재 부과를 어렵게 만들 것이다.

유럽과 미국의 결의는 시간이 지나면서 그리고 악화되는 식량 부족, 인플레이션, 에너지 부족 문제로 약해질 것이다. 러시아는 더 오래 버틸 것이며, 푸틴의 판단은 시간이 자신의 편이라는 것이었다. 적어도 미국 정보가 보여주는 바는 그러했다.

"이것이 푸틴이 하려는 일입니다." 번스가 반복했다. 정보기관들이 이토록 단정적으로 말하는 것은 이례적인 일이었다.

"이건 너무 미친 짓이야," 바이든이 말했다. "나는 지도자들을 알아. 지도자들은 대개 긍정적 결과보다 부정적 위험에 대해 훨씬 더 많이 생각하는 경향이 있고, 푸틴은 기회주의적이지만 상당히 위험을 꺼리는 편이야. 그가 수용하는 위험 수준은 아주 낮고 좁아. 이건 내가 알고 있는 그의 모습과는 너무나 달라," 바이든이 말했다. "그리고 어떤 특별한 불씨가 도화선에 불을 붙이지도 않았는데 지도자가 이런 결정을 내린다는 것도 말이야." 그것은 미친 짓일 것이다.

"정보는 확인했어," 바이든이 덧붙였다. 대통령은 그 정보를 의심하지 않았다.

믿기 어렵다는 느낌―그리고 운명의 무게―이 회의실에 무겁게 드리워졌다.

"맙소사!" 바이든이 마침내 말했다. "이제 러시아가 우크라이나를 삼키는 걸 내가 처리해야 한단 말이야?" 그는 방금 아프가니스탄 시련을 겪은 참이었다. 그런데 이제 이것까지?

파이너는 이것이 바이든의 대통령직, 행정부의 목표, 그리고 글로벌 안정성을 완전히 바꿔놓을 것임을 알 수 있었다.

"이 일이 남은 임기 전체는 아니더라도 최소한 앞으로 1년 동안 우리의 삶이 될 것입니다." 파이너가 말했다. "이것이 우리 행정부를 움직이고 지배할 것입니다."

상황을 계속 360도 전방위로 살펴보라고 바이든이 지시했다. 가능한 모든 각도에서 생각하라고.

바이든은 자신의 주요 책무를 반복했다: "첫째, 막아야 한다."

"하지만," 그가 엄중하게 덧붙였다. "이를 막을 수 있는 우리의 능력은 제한적이다." 침략을 감행하려는 침략자는 초기에 상당한 우위를 점한다. 이것이 그들이 직면할 수 있는 세계적 혼란의 현실이었다.

그럼에도 불구하고 바이든의 지시는 이랬다: "시도해 보자. 우리가 작전을 실행해 보고 결과를 보자."

두 번째는 완전한 준비였다: "만약 그런 일이 일어난다면," 바이든이 말했다. "우리는 우리의 대응이 우리의 이익을 약화시키지 않고 오히려 강화할 수 있도록, 가능한 한 효과적인 태세를 갖추고 있어야 해." 그들은 푸틴이 침공한 후에 서류 작업으로 허둥대고 관료적 지연으로 인해 자금 지원과 무기 전달이 몇 달씩이나 지체되는 상황을 피하고자 했다.

설리번은 바이든이 수십 년간 쌓아온 외교정책 경험을 어떻게 적용하고 있는지 볼 수 있었다. 대통령은 동맹 관계, NATO, 미-러 관계, 강대국 정치에 대해 상당한 시간을 들여 생각해왔다.

설리번은 군사 역사와 전략 전문가인 프레드 케이건과 정기적으로 연락을 취하고 있었다. 케이건은 전 세계 분쟁의 전략적 지형에 대한 독립적인 평가를 제공하는 데 있어 최고 권위를 가진 독립 싱크탱크인 전쟁연구소(Institute for the Study of War, ISW)에 정기적으로 글을 기고했다.

"그는 대규모 침공은 하지 않을 겁니다," 케이건이 설리번에게 단호하게 말했다. 그의 말투는 확신에 차 있었다. ISW는 러시아 여단의 수를 세면서 러시아의 군사력 증강을 모니터링하고 있었다.

"이건 전쟁의 기초 중의 기초입니다," 케이건이 말했다. "전쟁을 위해서는 국민 여론을 준비시켜야 하는데, 그런 게 전혀 없어요. 하나도 없어요."

케이건의 지적에 설리번은 잠시 생각에 잠겼다.

끝없는 대화 속에서 설리번과 파이너는 푸틴이 일종의 심리 실험을 하고 있는 것은 아닌지 논쟁을 벌였다.

대규모 침공을 예상하게 만들어 놓고 실제로는 아주 작은 침공만 감행한다면, 푸틴은 미국과 유럽의 반발이 덜 할 것이라고 기대하고 있을지도 모른다. "그래서 큰 것으로 겁을 줘서 더 작은 것을 빼앗는 것을 협상하려는 거죠." 파이너가 말했다.

그 이론의 가장 큰 문제점은 푸틴의 계획이 전면적인 침공이라고 보여주는 정보와 일치하지 않는다는 것이었다.

이 모든 정보 분석에는 바이든의 혼란스러운 아프가니스탄 철군의 여파가 무겁게 드리워져 있었다. 크렘린 내부의 대화에서 나온 정보에 따르면 푸틴은 아프간 사태에서 오직 바이든과 그의 행정부의 약점만을 보았다는 것이다. 그 약점은 푸틴이 침공할 때 바이든이 어떻게 해야 할지 모를 것이라는 암시를 주었다.

2003년 이라크 침공을 명령했던 조지 W. 부시 대통령은 바이든의 아프가니스탄 참사에 공감했다. 당시 CIA가 이라크가 대량살상무기를 보유하고 있다는 정보가 "확실하다"고 말했던 것도 한 이유였다.

아프가니스탄 철군 이후의 전화 통화에서, 부시는 바이든에게 이렇게 말했다. "아, 이런. 정말 당신이 겪고 있는 일을 이해할 수 있습니다. 나도 내 정보 담당자들에게 엿 먹었거든요."

"우리는 여기서 작용하는 인간 심리를 고려해야 합니다." 오스틴 국방장관의 수석 고문인 콜린 칼이 말했다. 펜타곤의 그의 팀은 우크라이나 국경을 따라 벌어지는 대규모 러시아군의 이동과 집결 상황을 추적하고 있었다. "이건 단순한 허세 이상입니다." 칼이 말했다. 그들이 정보를 검토하면 검토할수록 그 깊이와 명확성은 놀라웠지만, 그것이 시사하는 바는 정신 나간 것처럼 보였다. "우리는 이번 위기에 대해 제대로 대처하지 못해서 아프가니스탄에서 일어났던 일을 되풀이하지는 않을 것입니다." 칼이 강조했다.

아프가니스탄은 미국 단독이 아닌 나토 임무였기에, 혼란스러운 철수는 미군의 철군 방식을 비판한 나토 동맹국들 사이에서도 동요를 일으켰다. "이 정보를 토대로 우리는 총력을 다해야 합니다." 칼이 말했다. "동맹국들을 우리 편으로 만들고, 그들이 우리 정보를 신뢰하게 하고, 우리가 보고 있는 다가오는 기차를 그들도 보게 하고 대응 준비를 하도록 해야 합니다."

"이것은 미국 정보기관이 확보한 왕관의 보석 같은 정보였습니다." 칼이 말했다. 그들은 이를 동맹국들과 공유할 방법을 찾아야 했다.

―――

블링컨은 즉시 우크라이나를 지원하고 제재와 수출 통제를 통해 러시아에 그 대가를 부과할 국제 연합체를 구축하기 시작했다.

블링컨에게 이 사안의 정치적 함의는 우크라이나를 훨씬 뛰어넘는 것이었다. 만약 푸틴이 다른 나라에 대한 노골적인 침략을 저지르고도 빠져나갈 수 있다면, 무력으로 다른 나라의 국경을 다시 그으면서도 빠져나갈 수 있다면, 블링컨은 제2차 세계대전의 잿더미 속에서 일궈낸 유럽과 전 세계의 평화와 안정이 파괴될 것이라고 믿었다.

그는 중국이 대만을 위협하고 있는 인도-태평양 지역에 미칠 잠재적 파장의 위험에 대해 걱정했다. 만약 러시아의 이러한 행동이 그냥 무사히 넘어간다면, 다른 더 강력한 나라들이 이를 무력으로 자신들의 국경을 다시 그어도 된다는 허가 신호로 받아들일 수 있었다.

동맹국들과의 초기 접촉 이후, 블링컨은 바이든 대통령과 설리번에게 상황을 설명했다: 대부분의 동맹국은 정말로 이런 일이 일어날 것 같지 않다고 생각하고 있다. 많은 회의적인 반응이 있었다. 일부는 미국의 분석을 아예 부정하기도 했다.

설리번과 파이너도 우크라이나를 포함한 동맹국들과 접촉을 시작했는데, 이는 러시아가 진지하게 우크라이나 침공을 준비하고 있다는 생각에 대해 다른 나라들이 어떻게 반응하는지 파악하기 위해서였다.

"우리는 그 이론에 확신을 갖기 전에 정말로 철저히 검증해야만 했습니다." 파이너가 말했다.

"제 말은, 우리 정부 내부에서, 우리 파트너들에게 이런 일이 일어날 거라고 가장 크게 북을 치고 다녔던 바로 우리조차도, 끝까지 어느 정도 마음 한구석에서는 이것이 너무나 미친 짓처럼 보여서, 우리 눈앞에 모든 정보가 노골적으로 드러나 있음에도 불구하고 푸틴이 끝까지 가지 않을 가능성이 적어도 있는 것처럼 느껴졌다는 것입니다."

"우리는 초가을부터 모든 준비에 전력을 다했습니다. 하지만 여전히 이 모든 게 말이 되지 않았죠."

14
영국 존슨 총리와
푸틴 간의 설전

2021년 10월 30일과 31일 로마에서 열린 G20 정상회의와는 별도로 바이든 대통령은 소수의 세계 정상들과 비공개 회동을 가졌다.

영국의 보리스 존슨 총리, 프랑스의 에마뉘엘 마크롱 대통령, 독일의 앙겔라 메르켈 총리가 회의실에서 바이든 대통령과 함께 작은 테이블에 둘러앉았다. 메르켈은 곧 후임자가 될 올라프 숄츠도 대동했다. 각 정상 뒤에는 그들의 외무장관과 국가안보보좌관이 자리했다. 블링컨과 설리번은 바이든 뒤에 앉았다. 회의실에 있는 12명이 도청당하지 않도록 사전에 철저한 점검이 이루어졌다.

"우리는 모두 러시아가 4월에 그랬던 것처럼 국경에 다시 병력을 집결시킨 것을 목격했습니다." 바이든이 말했다. "우리는 이제 그들이 실제로 무엇을 생각하고, 계획하고, 음모를 꾸미고 있는지에 대한 정보를 가지고 있습니다.

"우리가 모르는 것은 그들이 실제로 방아쇠를 당기기로 결정했는지 여부입니다." 바이든이 말했다. "하지만 총은 이미 장전되어 있습니다."

바이든이 러시아가 우크라이나에서 무엇을 계획하고 있는지에 대해 유럽의 핵심 파트너들과 직접 논의한 것은 이번이 처음이었다.

프랑스 대통령 마크롱과 두 명의 독일 지도자들은 회의적인 의견을 표명했다. 푸틴이 그렇게 미친 것 같지는 않았다. 아마도 러시아 지도자는 협상력을 높이려는 것일 수도 있었다.

보리스 존슨은 푸틴이 우크라이나를 침공할 것이라는 정보를 완전히 신뢰할 만하다고 여겼다. MI6와 벤 윌리스 국방장관은 존슨에게 푸틴의 전쟁 계획에 대해 유사하게 우려스러운 상황을 제공해 왔다. 푸틴의 허세일 수도 있었지만, 존슨은 푸틴이 그런 생각을 하고 있다는 것만으로도 괴물 같다고 믿었다.

전화 통화를 통해 존슨은 푸틴과 대면했다.

"우크라이나를 침공할 이유가 없습니다." 존슨이 말했다. "우크라이나가 조만간 나토에 가입할 가능성은 없습니다."

"보리스," 푸틴이 말했다. "조만간이라는 게 무슨 뜻이죠? 그게 언제죠? 다음 달인가요?"

"아니요," 존슨이 말했다. "보세요, 제 말은, 현실적으로 우크라이나는 예측 가능한 미래에 가입하지 않을 겁니다."

존슨은 푸틴이 그것을 알고 있다고 믿었다. 존슨이 보기에 푸틴의 주장은 터무니없었고, 푸틴의 나토에 대한 피해망상일 뿐이었다.

이것은 푸틴에게 일종의 게임이기도 했다. 러시아 지도자는 존슨과 다른 서방 지도자들을 도발하여 공개적으로 "우크라이나가 나토에 가입할 일은 없다"고 말하도록 만들고 싶었다.

"그는 우리를 함정에 빠뜨렸어," 존슨은 좌절감을 느끼며 생각했다. 존슨은 그것을 공개적으로 말할 수 없었다. 왜냐하면 그렇게 하면 나토의 문호 개방 정책에 모순될 뿐만 아니라, 마치 푸틴이 주권국가의 나토 가입 신청 결정에 대해 러시아의 거부권을 행사한 것처럼 보일 것이기 때문이었다.

"그것은 엄청난 양보이자 패배를 인정하는 것이며, 푸틴의 압력에 굴복하는 것이고 완전히 잘못된 일이 될 것"이라고 존슨은 믿었다.

영국 보수당 의원이자 명문 이튼과 옥스퍼드 출신인 존슨은 푸틴과의 대화를 "매우 섬뜩하게" 느꼈으며, 나중에 한 측근에게 러시아의 독재자를 "왜소하고 못되고 비열한 인간"이라고 털어놓았다.

15
CIA 국장의 모스크바 비밀 방문

10월 후반에 열린 여러 차례의 극비 회의에서 바이든, 설리번, 번스는 미국이 수집한 정보를 바탕으로 푸틴과 대면하는 최선의 방법을 고심했다. 즉 "우리는 알고 있다"는 메시지를 어떻게 신뢰성 있고 명확하게 전달할 것이냐였다. 그리고 러시아가 치르게 될 대가 역시 직설적인 방식으로 명확히 제시하는 것이었다.

그들은 대통령을 비장의 카드로 남겨 두기로 결정했다. 만약 대통령이 직접 러시아를 방문하여 푸틴에게 경고하고 단념시키려 했는데 푸틴이 그대로 침공을 강행한다면, 바이든은 실패한 것으로 보이고 약해 보일 것이었다.

국제 질서 전체를 위협할 수 있는 전쟁의 가능성에 직면했을 때, 바이든은 그 결정적인 순간을 맞아 푸틴 대통령에게 직접 경고를 전달할 수도 있었다. 러시아의 독재자는 세계 지도자들의 존중을 원했다. 그 외의 사람은 모두 하급자였고 관료에 불과했다. 푸틴을 막을 수 있는 무게와 영향력을 가진 미국의 유일한 메신저는 대통령이었다.

레이건 대통령이 소련 지도자 고르바초프에게 베를린의 고립에 대해 경고하고자 했을 때, 그는 행정부의 고위 관료를 보내지 않았다.

일부 참모들이 너무 도발적일 수 있다고 만류했음에도 불구하고 그는 직접 갔다.

1987년 6월 12일, 베를린의 브란덴부르크 문 앞에 서서 레이건이 말했다. "고르바초프 씨, 이 장벽을 허무시오." 이는 레이건의 가장 기억에 남는 발언이었다. 2년 후 베를린 장벽은 무너졌다.

지도자는 특히 전쟁을 막으려는 노력에서 약해 보이는 위험을 감수해야 한다. 이러한 행동들은 역사에서 종종 위대한 강점으로 기억된다. 푸틴이 꿈쩍도 하지 않았을 수도 있었지만 시도해 볼 가치는 있었을 것이다. 리더십이란 종종 위험을 감수하고 대담한 승부수를 던지는 것이다.

바이든 대통령은 미국 정부 내 그 누구보다도 푸틴과 많은 경험을 가진 것으로 평가되는 인물을 보내기로 결정했다. 바이든은 빌 번스를 자신의 푸틴 전문가라고 불렀으며, 그가 이 임무에 최고 적임자라고 믿었다.

단정한 몸매에 백발과 콧수염을 가진 근엄한 65세의 번스는 외교관으로 32년을 근무했으며 모스크바 대사를 지낸 경력이 있었다. 그는 푸틴을 알고 있었다. 번스는 바이든이 그에게 전화를 걸어 CIA 국장직을 맡아달라고 요청했을 때 카네기 국제평화재단의 대표로 7년째 일하고 있었다. 그는 정부로 돌아갈 기회, 특히 주목받고 선망의 대상이 되는 자리를 맡게 된 것에 매우 놀라면서도 흥분했다. 직업 외교관이 CIA 국장으로 임명된 적은 한 번도 없었다.

바이든 대통령은 번스를 모스크바에 보내 푸틴과 만나게 하겠다고 말했다. 그러나 바이든이 완전히 뒤로 물러서 있지는 않을 것이었다. 번스는 바이든이 푸틴에게 보내는 친서를 전달할 예정이었다. 그

서한의 내용은 번스가 푸틴에게 전할 말과 거의 일치했다. 각 요점은 국가안보회의(NSC)가 정보기관들과 협력하여 신중하게 작성한 것으로, 모든 정보나 정보 출처를 공개하지 않으면서도 "우리는 알고 있다"는 메시지를 전달하기 위한 것이었다.

CIA 국장은 푸틴의 계획에 대해 이토록 정교한 통찰력을 제공한 정보 출처와 수집 방법을 보호하는 것이 얼마나 중요한 일인지 잘 알고 있었다. 그는 러시아의 군사 계획에 대해 선명하고 상세한 그림뿐만 아니라 우크라이나에 대한 푸틴의 정치적 통제 준비 상황까지도 파악하고 있었다.

번스는 11월 2일 화요일 앤드류스 통합기지에서 군용 737 항공기를 타고 모스크바로 날아갔다. NSC 러시아 담당 국장인 에릭 그린과 국무부의 카렌 돈프리드가 CIA의 소규모 팀과 함께 그와 동행했다.

그들이 12시간 후에 도착했을 때 짙은 안개가 모스크바 전역에 깔려 있었고, 그들의 비행기는 착륙할 틈을 찾으려 모스크바의 세 주요 공항 상공을 두 시간 더 선회했지만 실패했다.

새벽 2시에 그들은 모스크바에서 500마일 떨어진 라트비아의 리가에 착륙했다. 번스는 2시간 동안 잠을 잔 뒤 다시 비행기가 이륙했고, 그날 아침 늦게 마침내 모스크바에 도착했다.

번스는 먼저 크렘린으로 가서 크렘린 안보회의 서기인 니콜라이 파트루셰프를 만났다. 파트루셰프는 상트페테르부르크의 러시아 보안 기관 KGB 시절부터 푸틴의 측근이었다. 그는 또한 러시아의 국내 보안과 방첩 활동을 담당하는 FSB의 전직 수장이기도 했다.

파트루셰프는 강경하고 매파적인 성향의 인물로 머리가 벗겨진 유럽의 사업가처럼 보였지만 그는 푸틴의 측근 정보기관 관료 중에서 가장 강력한 인물이었다. 실질적인 측면에서, 그리고 푸틴의 러시아에서 정보 분야가 갖는 중요성을 고려할 때, 파트루셰프는 국가안보보좌관과 동등한 위치―정책의 전반적인 총괄 조정자―에 있었다. 번스는 그가 음울한 성격의 인물이라고 알게 되었다.

CIA 국장은 파트루셰프에게 러시아의 전쟁 계획을 직접 따졌다.

그는 놀란 동시에 짜증 난 것처럼 보였다. 번스는 푸틴에게 전할 메시지에 대해 러시아 측에 사전에 귀띔하지 않았다. 파트루셰프는 번스가 바이든과 푸틴 간의 또 다른 회담을 준비하기 위해 방문한 것으로 믿고 있었다.

파트루셰프는 전혀 사과하거나 방어적인 태도를 보이지 않았고 번스가 제기한 주장들을 반박하려는 어떤 노력도 하지 않았다. CIA 국장은 파트루셰프가 도전적인 태도를 보였지만 자신에게 틀렸다고 말하지 않았음에 주목했다.

미국 정보당국에 따르면 푸틴 주변에서 전쟁 결정에 관여한 사람의 수는 극소수였다. 번스는 파트루셰프가 그 핵심 측근 중 한 명이라는 것을 알고 있었다.

"글쎄요," 파트루셰프가 말했다. "우리 러시아가 경제적으로는 미국과 경쟁할 수 없을지 모르지만, 우리의 군사적 현대화를 과소평가하지 마십시오. 우리는 지난 20년 동안 군을 현대화했습니다. 우리는 군사적으로 경쟁할 수 있습니다."

"제가 전달하는 메시지의 심각성을 과소평가하지 마십시오," 번스가 말했다. 그는 누구의 군사력이 더 우월한지에 대한 소모적인 논쟁을 벌일 생각이 없었다.

코로나바이러스의 또 다른 대유행이 막 모스크바를 강타했고 모스크바는 엄격한 통행금지 조치를 시행 중이었다. 미국 정보기관에 따르면, 푸틴은 바이러스 감염에 대해 두려워하며 거의 편집증에 가까운 모습을 보이며, 모스크바에서 남쪽으로 약 1,000마일 떨어진 흑해 연안의 소치에 있는 자신의 고도로 보안이 강화된 궁전 단지에서 격리 중이었다. 번스는 푸틴이 전화로 대화할 것이라는 말을 들었다.

푸틴의 외교정책 수석 보좌관인 유리 우샤코프가 크렘린 궁 옆에 위치한 자신의 사무실에서 번스를 맞이했다. 우샤코프는 번스를 방에 혼자 남겨두고 나갔다. 전화벨이 울렸다.

번스는 즉시 푸틴의 목소리를 알아챘다. 푸틴은 14년 전 번스가 모스크바 대사로 있던 때를 회상했고, 그런 다음 번스가 메시지를 전달하기를 기다리는 듯했다. 그는 거의 확실히 파트루셰프로부터 무슨 얘기가 나올지 미리 귀띔을 받았을 것이다.

번스는 러시아 대통령에게 솔직하게 말하고 싶었다. "우리는 당신이 우크라이나에 대한 대규모 침공을 진지하게 고려하고 있다는 점에 경각심을 가지고 있습니다." 번스가 말했다. "그것은 실수가 될 것입니다."

"만약 그렇게 하신다면, 우리는 이렇게 대응할 것입니다." 번스는 이어서 대통령이 지시한 대로 그들이 파악한 정보와 바이든이 대응으로 취할 엄중한 조치들을 제시했다.

푸틴은 말을 끊지 않았다. 그는 번스가 미국의 조치들을 설명하는 동안 주의 깊게 듣고 있는 것처럼 보였다.

"우리는 서방을 결집시킬 것이고, 엄중한 경제적 처벌과 파괴적인 경제 제재를 가할 것입니다." 번스가 말했다. "우크라이나는 주권국가입니다. 우리는 계속해서 우크라이나를 지원할 것입니다. 우리는 유럽에서 우리의 군사 태세를 조정할 것입니다."

"저는 당신을 위협하는 것이 아닙니다. 단지 우리가 대응으로 취할 조치가 무엇인지 말씀드리는 것이고, 그리고 당신은 그것을 알 필요가 있습니다." 번스가 말했다. "2014년에 당신이 직면했던 결과들은 지금 우리가 준비하고 있는 것에 비하면 아무것도 아닐 것입니다." 2014년 푸틴이 크림반도를 침공했을 때, 서방의 대응은 느리고 약하고 분열되어 있었다. 정보에 따르면 푸틴은 이번에도 거의 비슷한 대응을 예상하고 있었다.

"미국은 러시아의 전체 은행 시스템을 스위프트(SWIFT)에서 제외시킬 것입니다." 번스는 은행들이 자금을 원활하고 안전하게 암호화하여 신속하게 이체하는 데 사용하는 글로벌 통신 시스템을 언급하며 말을 이어갔다.

스위프트는 하루에 약 4천만 건의 메시지를 전송하며, 이를 통해 수천 개의 은행 사이에서 수조 달러가 안정적으로 이체된다. 스위프트 시스템에서 제외되면 러시아 은행들은 심각한 타격을 받을 것인데, 이는 그들이 자체적인 은행 통신 시스템을 개발해야 하기 때문이다. 이는 고된 작업이며 거의 불가능한 일이다.

"우리는 당신을 외교적으로 고립시킬 것이고, 우크라이나가 스스로를 방어할 수 있도록 도울 것입니다." 번스가 말했다.

푸틴의 대답은 꽤 길었는데, 번스에게는 우크라이나에 대한 푸틴의 신념과 우크라이나에 러시아의 의지를 관철시킬 수 있다는 그의 거만함을 담은 익숙한 장광설이었다.

"우크라이나는 약하고 분열되어 있습니다." 푸틴이 주장했다. "진정한 국가가 아닙니다. 러시아의 이익을 위해 우리가 우크라이나의 선택을 통제해야 합니다."

푸틴은 젤렌스키를 정치 지도자로서 완전히 무시했고, 우크라이나 정부의 정당성 결여와 나토의 확장 가능성에 대한 자신의 평소 불만을 반복했다. 그는 우크라이나에 있는 러시아계 주민들이 차별과 박해를 받고 있다고 주장했다.

러시아 대통령의 어조는 방어적이거나 사과하는 듯하지 않았다. 또한 푸틴은 CIA 국장이 설명한 러시아의 전쟁 준비에 대해 이의를 제기하려는 어떤 노력도 하지 않았다. 번스가 보기에 푸틴은 우크라이나에 대해 자신이 말한 모든 것을 정말로 믿고 있는 것 같았고, 그의 위험 감수 성향이 커진 것처럼 보였다.

번스는 푸틴에게 물었다. "18만에서 19만의 병력으로 러시아의 지배를 원치 않는 인구 4,400만 명의 국가를 어떻게 통제하실 생각입니까? 그걸 어떻게 감당하실 생각입니까?"

푸틴은 대답하지 않았다.

번스는 푸틴에게서 우크라이나를 통제하려는 집착을 항상 느꼈다. 푸틴은 우크라이나를 러시아의 일부로 만들지 않고서는 자신이 위대한 러시아 지도자가 될 수 없다고 믿는 것 같았다.

모스크바에서 번스는 또한 러시아 연방보안국(FSB)의 수장인 알렉산드르 보르트니코프를 만났다. 정보에 따르면 그 역시 전쟁 결정에 깊이 관여한 인물이었다. 그 또한 미국이 그들의 전쟁 계획을 파악하고 있다는 사실에 동요하지 않는 것처럼 보였다.

번스가 만난 다른 인물들, 예를 들어 대외정보국 국장인 세르게이 나리시킨 등은 러시아의 침공 계획을 알지 못하는 것처럼 보였다.

번스와 함께 일부 회의에 참석했던 에릭 그린과 카렌 돈프리드는 러시아인들이 미국의 아프가니스탄 철수 이후 자만심에 차 있다는 느낌을 받았다.

"제 생각에 그것이 침공이 얼마나 쉬울 것인가에 대한 푸틴의 생각을 강화시켰습니다." 그린이 지적했다. 미국의 철수 참사는 푸틴이 보이는 경멸의 중심이었다. "수십 년 동안 미국의 지원을 받아온 군대였습니다. 그들은 그냥 무너졌죠. 미국은 그들을 뒷받침하지 않았습니다."

번스는 자신이 3년간 거주했던 모스크바 주재 미국 대사관저인 커다란 노란색 건물 스파소 하우스에서 하룻밤을 보냈다. 다음날 러시아를 떠날 때 그는 도착했을 때보다 훨씬 더 불안한 마음이었다. 비행기 안에서 그는 바이든 대통령에게 극비 전문을 보냈다.

"푸틴이 전쟁을 일으키기로 거의 마음을 굳혔다는 매우 강한 인상을 받고 왔습니다." 번스가 보고했다.

CIA 국장은 이러한 판단의 근거가 두 가지라고 설명했다. 첫째는 러시아의 전쟁 준비 상황을 보여주는 구체적인 정보들이었고, 둘째는 우크라이나의 선택을 통제하지 못하면 러시아가 강대국으로서 기능할 수 없다는 푸틴의 절대적인 확신에 대한 자신의 직감이었다.

번스는 푸틴이 전략적으로 우크라이나를 통제할 수 있는 기회의 창이 닫히고 있다는 결론에 도달했다고 믿었다. 2021~2022년 겨울은 유리한 환경을 제공했다. 푸틴은 유럽이 다른 일에 정신이 팔려있다고 믿었다. 프랑스는 2022년 초 선거를 앞두고 있었다. 독일은 메르켈 총리가 곧 퇴임하고 올라프 숄츠가 새 지도자가 될 예정이었다.

또한 번스는 푸틴이 러시아군을 현대화시켜 우크라이나에서 별

다른 어려움에 직면하지 않을 것이라고 확신하고 있는 것처럼 보였다고 언급했다. 푸틴은 젤렌스키 대통령을 약하다고 보았고, 우크라이나인들이 쉽게 항복할 것이라고 생각했다.

푸틴은 우크라이나에 대한 지배를 거의 당연한 권리로 여기는 듯한 태도를 보였다고 번스가 말했다.

"그 어느 것도 새로운 것은 아니었습니다," 번스가 덧붙였다. "하지만 확고한 목적의식과 확신이 있었습니다. 여러 면에서 잔인했지만, 그가 말하고자 하는 바는 틀림없이 명확했습니다."

번스가 푸틴이나 그의 측근들로부터 들은 어떤 것도 러시아가 전쟁을 피할 방법을 찾고 있다고 시사하지 않았다.

CIA 국장은 "이번 전쟁은 제2차 세계대전 이후 유럽에서 가장 큰 지상전이 될 것으로 보입니다"라고 결론지었다. 번스는 보안 회선을 통해 제이크 설리번에게 전화를 걸어 대통령에게 보낸 전문 내용을 요약해 전달했다. 그는 또한 젤렌스키 대통령에게 전화를 걸어 자신이 푸틴에게 전달한 내용과 그에 대해 러시아 지도자가 한 답변을 정확히 설명했다.

번스의 할 일 목록에서 가장 중요한 것은 우크라이나인들이 다가올 일들을 반드시 이해하도록 하는 것이었다.

번스가 모스크바에 있는 동안, 토니 블링컨 국무장관과 제이크 설리번의 형인 톰 설리반 정책 담당 부보좌관은 스코틀랜드 글래스고에 있었다. 유엔 기후변화 회의 기간 중에 블링컨은 젤렌스키를 만나 바이든 대통령의 경고를 전달했다.

"대통령께서 이 말을 전해달라고 하셨습니다," 블링컨이 젤렌스키에게 말했다. 그들은 서로 마주 보며 거의 무릎이 맞닿을 정도로 가까이 앉아 있었다.

젤렌스키는 미국 국무장관이 무슨 말을 하려는지 전혀 알지 못하는 듯한 표정이었다.

"우리 모두가 알고 있고, 당신은 누구보다도 잘 알고 계시겠지만, 러시아가 귀국 국경에 병력을 다시 집결시켰습니다." 블링컨이 말했다. "하지만 우리는 그들이 그 병력으로 실제로 무엇을 하려고 계획하는지에 대한 매우 상세한 정보를 가지고 있습니다. 우리는 그들의 계획과 준비 사항, 눈에 보이지 않는 모든 것을 파악하고 있으며, 러시아가 귀국을 다시 침공할 위험이 매우 높다고 믿고 있습니다."

젤렌스키는 주의 깊게 들었다.

"우리는 당신을 우리 정보기관 사람들과 연결해 드릴 것입니다." 블링컨이 말했다. "그들이 우리가 알고 있는 것과 모르는 것에 대해 자세히 하나하나 설명해드릴 것입니다. 하지만 저는 대통령을 대신해 제가 직접 이 말씀을 드리고 싶었습니다. 이것이 우리가 우려하는 것이고, 우리가 일어나고 있다고 보는 상황입니다."

젤렌스키는 회의적이었다.

우크라이나 대통령은 몇몇 측근 고위 보좌관들을 불러들여 블링컨에게 그들이 직접 들을 수 있도록 메시지를 다시 한 번 전해달라고 요청했다.

우크라이나 측은 러시아군의 병력 증강이 반드시 러시아가 침공한다는 것을 의미하는 것은 아니라고 말했다. 젤렌스키는 러시아가 실제로 방아쇠를 당길 것인지 의심스러워했다.

"보세요," 블링컨이 말했다. "우리 중 누구도 그들이 그렇게 무모한 짓을 할 거라고 믿고 싶지 않지만, 우리는 이것을 매우 심각하게 받아들이고 있습니다." 그는 신중하게 덧붙였다. "확실한 것은 아니더라도 개연성이 높습니다."

"당신들은 준비해야 하고, 우리도 준비하고 있습니다," 블링컨이 말했다. 펜타곤의 암울한 계산에 따르면, 푸틴이 훨씬 더 크고 우세한 군사력으로 우크라이나를 침공한다면 우크라이나 영토는 빠르게 러시아에 함락될 것이었다.

"우리는 여러분 곁에 있을 것입니다," 블링컨이 덧붙였다. "앞으로 몇 달 동안 무슨 일이 일어나든 우리는 여러분과 함께할 것입니다. 우리는 이 일을 억제하기 위해 할 수 있는 모든 일을 할 것이며, 여러분을 지원하기 위해 할 수 있는 모든 일을 할 것입니다."

"알려주셔서 감사합니다," 젤렌스키가 말했다.

에릭 그린과 카렌 돈프리드는 젤렌스키의 비서실장 안드리 예르마크와 외무장관 드미트로 쿨레바와 정보를 공유하기 위해 모스크바에서 키이우로 날아갔다.

그들을 맞이한 우크라이나 측의 태도는 예의 바르지만 절제되어 있었다. 그린은 우크라이나 측의 의구심을 감지했고, 그들의 태도에서 "아, 네, 러시아가 우리를 노리고 있죠. 그건 알고 있습니다. 우리는 그런 현실 속에서 살고 있습니다. 그래서 뭐가 더 있나요?"라는 분위기를 느꼈다.

마침내 로이드 오스틴 국방장관이 경종을 울릴 차례였다. 68세의 오스틴은 퇴역한 육군 장군으로 미국 최초의 아프리카계 미국인 국방장관이었다. 그는 미국이 베트남에서 굴욕적으로 철수한 직후인 1975년에 웨스트포인트를 졸업했고, 40년 이상을 육군에서 복무했다―국방장관으로서는 비할 데 없는 실전 경험이었다.

그는 미국의 아프가니스탄과 이라크 전쟁에서 1성, 2성, 3성, 4성급 전투 사령관을 모두 지낸 유일한 국방장관이었다. 그는 군인 중의 군인이었고, 바이든과는 10년 넘게 알고 지냈다. 오바마 행정부 시절, 오스틴은 군에서 가장 중요한 승진 과정 중 하나인 합참의장 보좌관을 지냈고, 이후 미군 사령관으로 이라크로 파견되었다. 바이든의 장남인 고(故) 보 바이든 소령은 오스틴의 참모진에서 변호사로 일했으며, 두 사람은 돈독한 관계를 형성했다.

오스틴은 우크라이나 국방장관 올렉시 레즈니코프를 워싱턴에서 만나 우크라이나 국경을 따라 이루어지고 있는 러시아군의 최근 병력 이동을 검토했다.

젤렌스키와 마찬가지로 레즈니코프도 러시아가 실제로 침공할 것이라는 점에는 회의적이었다. 그는 오스틴에게 푸틴이 봄에도 같은 규모의 병력을 그들의 국경에 보낸 적이 있다고 상기시켰다.

"그래서 푸틴이 무엇을 얻었죠?" 레즈니코프가 말했다. "그는 바이든과 두 번의 전화 통화와 제네바에서의 정상회담을 얻었습니다." 우크라이나 국방장관은 푸틴이 단지 바이든과 나토로부터 더 많은 관심과 양보를 얻어내려는 것이라고 확신했다.

오스틴은 일주일에 몇 차례 오전 8시에 회의를 여는 전투 리듬을 수립했다. 펜타곤은 푸틴이 허세를 부리는 것이라 해도 침공에 대비해야 했다. 그들은 모호한 경고의 시기에 처해 있었다.

"이것이 주요 인사들과 대통령이 직면한 딜레마 중 하나였습니다," 콜린 칼 국방부 정책차관이 말했다. "푸틴이 최종 결정을 내리지 않은 상태라면, 우리가 의도치 않게 그를 자극해서 도발적인 행동을 하게 만들 수 있지 않을까요?"

이는 전형적인 외교정책 및 군사적 딜레마였다. 나쁜 일이 일어나는 것을 막으려다 의도치 않게 상대방의 적대적 행동을 유발하는 상황을 조성하여, 결국 그토록 피하려고 애썼던 바로 그 일을 초래하게 되는 상황 말이다.

칼은 매일의 회의를 옛날 TV 프로그램 〈할리우드 스퀘어(Hollywood Squares)〉에 비유했다. 가상 테이블 주변, 그가 보고 있는 대형 화면의 사각형들을 채우고 있는 것은 펜타곤의 고위 군사 및 민간 지도부와 전 세계에 있는 지휘관들이었다. ('할리우드 스퀘어'는 3x3 격자 형태로 9명의 유명인들이 각각의 사각형 공간에 앉아 있던 프로그램이다—옮긴이)

오스틴은 매 회의를 그들의 전반적인 목표인 "북극성(North Stars, 최우선 목표)"을 검토하며 시작했다: 우크라이나의 자체 방어 능력을 강화한다. 병력을 경계 태세로 준비시킨다. 우크라이나 분쟁이 다른 지역으로 확산되지 않도록 나토를 강화한다. 동맹국들의 단결을 유지하고 러시아와의 직접적인 충돌로 이어질 수 있는 조치들을 피한다. 만약 군사 충돌이 발생한다면, 그것이 제3차 세계대전으로 발전하는 것을 막는다.

16
해리스 부통령의 파리 회담

카말라 해리스 부통령은 에마뉘엘 마크롱 프랑스 대통령과 백악관의 관계를 회복하기 위해 파리를 방문했다. 마크롱은 미국이 호주와 핵추진 잠수함 계약을 체결하면서 프랑스가 호주와 맺었던 600억 달러 규모의 잠수함 계약을 빼앗아 간 이후 여전히 격분해 있었다. 마크롱은 강한 불쾌감의 표시로 주미 프랑스 대사를 소환했으며, 프랑스 외무장관은 공개적으로 "등에 칼을 맞았다"고 말했다.

바이든은 또한 부통령에게 두 번째 임무도 부여했다. 러시아의 전쟁 계획에 대한 미국의 최신 정보를 마크롱에게 브리핑하는 것이었다.

"마크롱에게 이 일이 일어날 것임을 분명히 전하세요," 바이든이 그녀에게 말했다. "우리에게는 계획이 필요하고 동맹의 단결이 필요합니다."

"우리는 러시아가 이 일을 실행할 것이라고 매우 확신합니다," 해리스 부통령은 11월 10일 엘리제궁에서 두 시간에 걸친 회담에서 프랑스의 마크롱 대통령에게 말했다.

마크롱은 푸틴이 실제로 침공할 것이라는 점에 회의적이었지만 위협 자체는 심각하게 받아들였다. 그의 참모들은 그에게 이렇게 말하고 있었다: 푸틴이 계획을 세우고, 허세를 부리고, 군대를 이동시키고 있다. 하지만 그것이 그가 실제로 실행에 옮길 것이라는 의미는 아니다.

우리가 이를 억제할 어떤 가능성이라도 갖기 위해서는 푸틴이 유럽이 적극적으로 대응할 것임을 알아야 한다고 해리스가 말했다.

미국의 정보당국의 분석은 푸틴의 사고방식을 보여준다고 그녀가 말했다. 푸틴은 유럽인들을 "약하다"고 본다. 그는 유럽이 갈등을 다루기를 원치 않고, 분열되어 있고, 미국의 리더십에 대한 신뢰가 없다고 믿는다. 푸틴은 유럽이 러시아의 우크라이나 침공을 "그저 받아들일 것"이라고 믿는다.

해리스는 마크롱에게 유럽의 대응을 주도해 달라고 호소했다. 푸틴이 프랑스를 다른 유럽 동맹국과는 다르게 본다고 그녀는 말했는데, 이는 프랑스가 범대서양 문제나 나토 문제에 있어 항상 미국과 입장을 같이 하지 않았기 때문이었다.

해리스는 다른 유럽 국가들을 동참시키고, 푸틴에게 만약 침공할 경우 NATO가 단결할 것이며 심각한 경제적 대가가 있을 것임을 보여주라고 촉구했다.

독일 총리 앙겔라 메르켈이 물러나면서 프랑스 대통령이 유럽의 다음 위대한 지도자가 되고자 — 유럽 의사 결정과 외교정책의 중심에 서는 강력한 인물이 되고자 — 열망한다는 것은 누구나 아는 사실이었다. 이는 솔깃한 기회였다.

마크롱은 그 책임을 받아들였다. 그는 프랑스군에 동유럽 동맹국들로 증원군을 보내라고 명령할 것이었다 — 루마니아에 스트라이커 여단을 파견하고 폴란드 주둔 병력을 증강하는 것이다.

"프랑스는 대가를 치르게 할 준비가 되어 있습니다." 마크롱은 해리스에게 확언했다. "저도 함께하겠습니다."

그는 또한 푸틴과 직접 대면할 것이었다.

동맹의 단결에 위험이 될 수 있는 국가가 있다면, 그것은 프랑스가 아니라고 마크롱은 단호하게 말했다. 그는 독일의 노르드스트림 2 파이프라인 프로젝트와 러시아산 석유와 가스에 대한 그들의 의존을 지적했다. 프랑스는 동맹 내 취약한 고리가 아니라고 그는 반복했다.

"만약 약한 고리가 있다면 그것은 독일일 것입니다." 마크롱이 말했다.

논의 내용은 심각했지만 분위기는 우호적이었다. 그날 저녁 프랑스 대통령은 부통령을 만찬으로 에스코트했고 그녀에게 주빈석이 제공되었다. 다음 날 해리스가 파리 평화 포럼에서 연설할 때 마크롱은 맨 앞줄에 앉아 있었다. 이는 미국과 프랑스가 분쟁, 심지어 격렬한 분쟁을 겪을 수 있지만, 두 나라는 여전히 굳건하고 헌신적인 동맹으로 남아 있음을 보여주는 강력한 공개적 신호였다.

해외 순방 시 부통령은 종종 보안 이메일에 설리번과 블링컨을 포함시켜 바이든 대통령에게 독자적인 보고서를 보내곤 했다. 파리를 떠나며 해리스는 마크롱과의 회담이 성공적이었다고 보고했다. "오커스(AUKUS) 잠수함 거래에 대해 남아 있는 앙금은 없었습니다." 프랑스 대통령은 그 문제를 아예 거론조차 하지 않았다. (AUKUS는 Australia, United Kingdom, United States의 앞 글자를 따서 만든 약자로 호주, 영국, 미국 3국 간의 안보 동맹을 말한다—옮긴이)

17
블링컨과 라브로프의
민스크 협정 논쟁

블링컨은 2021년 12월 2일에 열린 유럽안보협력기구(OSCE) 회의 참석을 위해 스웨덴 스톡홀름으로 날아갔다. OSCE는 지역 안보 협력을 위한 세계 최대 포럼으로서 기능하고 있었으며, 미국과 러시아도 회원국으로 참여하고 있었다.

그는 수년간 알고 지낸 러시아의 외무장관 세르게이 라브로프가 각국 국기가 늘어선 강당에서 각료이사회에 연설하는 모습을 지켜보았다. 그의 수석 보좌관인 네드 프라이스가 그의 옆에 앉아 있었다.

라브로프는 매우 똑똑해, 블링컨이 프라이스에게 말했다. "그는 대단한 논쟁가야. 특히 '그런 너희는 어떠냐'식의 논법(what-about-ism)'에 아주 능숙해서, 네가 어떤 주장을 하려고 하면 그는 '그럼 당신들이 이랬던 건 저랬던 건 어떻게 생각하나요?'라고 하지."

블링컨이 "세르게이"라고 부르는 라브로프는 6피트 2인치(약 188cm)의 키에 71세의 베테랑 외교관이자 소련 붕괴 이후 러시아에서 가장 오래 재임한 외무장관이었다. 푸틴이 2004년에 직접 그를 임명했다. 라브로프는 영어, 프랑스어, 싱할라어(Sinhalese, 스리랑카의 주요 공용어 중 하나-옮긴이)를 포함한 여러 언어를 유창하게 구사했으며, 10년 동안 유엔 주재 러시아 대사로 재직했다. 완벽하게 맞춘 정장과 그의 엄격하고 추궁하는 듯한 시선을 강조하는 가느다란 무테 안경을 쓴 라브로프는 푸틴의 취향에 맞게 세심하게 다듬어진 공적 이미지를 신중하게 유지했다. 그는 습관적으로 담배를 피웠고 상당히 교활한 면모를 보이기도 했다.

"OSCE는 오늘날 암울한 상태에 처해 있습니다." 라브로프가 OSCE 각료이사회에서 말했다. "이 기구는 유럽 연합과 NATO 내의 진영 논리에 따른 규율의 인질이 되었고 사소한 의제들에 치우쳐 있습니다."

"우리의 서방 파트너들은 국제법을 '규칙 기반 질서'로 대체하려 하고 있으며, 이는 그들이 자신들의 예외주의에 기초해 스스로 만들어가고 있는 것입니다." 라브로프가 말했다. "자유주의적 가치들이 주권국가의 내정에 대한 파렴치한 간섭의 도구로 이용되고 있습니다."

러시아의 비난은 블링컨에게 익숙했지만, 최대 10만 명에 달하는 러시아 군대가 우크라이나 국경에 집결해 있는 상황에서 "러시아가 피해자"라는 주장은 평소보다 더 터무니없어 보였다. 그렇지만 블링컨은 정당한 안보 우려나 실질적 협상의 실마리를 암시하는 어떤 것이든 놓치지 않으려고 주의 깊게 들었다.

"베를린 장벽의 붕괴는 냉전 종식과 두 체제 간의 투쟁의 중단을 의미했습니다." 라브로프는 극적으로 말을 이어갔다. "이제, 스스로를 '문명화된 민주주의'라고 자처하고 '권위주의 정권'을 봉쇄하는 것을 자신들의 사명으로 여기는 이들에 의해 새로운 장벽들이 세워지고 있습니다."

그는 이어서 나토가 러시아를 위협한다고 직접적으로 비난했다.

"동맹의 군사 인프라가 무책임하게 러시아 국경 가까이로 이동하고 있으며, 미사일 공격에 사용될 수 있는 미사일 방어 시스템이 루마니아와 폴란드에 배치되고 있습니다. 미국의 중거리 미사일은 당장이라도 유럽 영토에 나타날 수 있습니다." 블링컨은 이것이 사실이 아님을 알고 있었다.

"유럽은 침묵하고 있습니다. 우크라이나는 군사적으로 강화되고 있으며, 이는 우크라이나 정부가 민스크 협정을 무력화하려는 욕구를 부추기고"—민스크 협정은 2014년 푸틴의 침공 이후 러시아, 우크라이나, OSCE가 협상하여 처음 서명한 안보 협정—"분쟁이 무력으로 해결될 수 있다는 환상을 조장하고 있습니다." (민스크 협정은 2014년 9월과 2015년 2월에 체결된 휴전 협정으로 우크라이나 정부군과 친러시아 반군 간의 전투 중단을 목표로 했다-옮긴이)

민스크 협정은 2014년 이후 돈바스 지역에서 러시아와 우크라이나 간의 계속되는 군사 충돌을 막는 데 실패했다. 러시아와 우크라이나는 협정 실패에 대해 서로를 비난했다.

"2008년 4월 NATO 부쿠레슈티 정상회담에서 조지아와 우크라이나가 나토 회원국이 될 것이라는 결정은 유럽 안보 구조의 토대 바로 밑에 매설된 지뢰와 같았습니다." 라브로프가 말했다. "그 지뢰는 2008년 8월 미하일 사카슈빌리(2004년부터 2013년까지 당시 그루지야로 불렸던 조지아의 대통령이었던 정치인-옮긴이)가 나토 가입 전망에 도취되어 도박을 감행했을 때 이미 한 번 폭발했습니다. 그 도박은 조지아 자체에 심각한 결과를 초래하고 유럽의 안보 상황을 일촉즉발의 위기로 만들었습니다."

블링컨의 얼굴이 창백해졌다. 이는 러시아가 2008년 조지아가 나토 가입 추진을 막기 위해 성공적으로 조지아를 침공했음을 노골적으로 상기시키는 것이었다. 그리고 EU와 나토 가입을 향한 민주적 개혁 의제에 조지아를 올려놓았던 전 대통령 사카슈빌리는 지금 조지아의 감옥에서 쇠약해져 가고 있었다.

"제3국"—즉 미국을 의미—"은 나토 확장 문제에 대해 자신들의 입장을 표명할 권리가 없으며 불장난을 하고 있습니다." 라브로프는 경고했다. "저는 그들이 이를 모를 리 없다고 확신합니다."

블링컨의 차례가 되었을 때 그는 냉정하고 여유 있는 외교적 어조로 러시아의 침략에 대해 언급했다.

"크림반도의 무력 점거는 이 점령에 평화적으로 반대하는 크림 타타르족, 우크라이나계 주민, 그리고 다른 이들에 대한 끊임없는 탄압을 초래했습니다." 블링컨이 말했다. "그리고 어제 나토 외무장관 회의에서 제가 말했듯이, 우리는 러시아가 우크라이나에 대한 추가적인 중대한 공격을 계획하고 있다는 증거에 깊이 우려하고 있습니다. 따라서 우리는 러시아에 우크라이나의 주권과 영토 보전을 존중하고, 긴장을 완화하며, 최근의 병력 증강을 철회하고, 군대를 정상적인 평화 배치 상태로 복귀시키는 민스크 협정의 이행을 촉구합니다."

블링컨은 포럼 회의장 밖에서 라브로프를 따로 불러세워 비공개로 대화를 나눴다.

"토니," 러시아 외무장관이 말했다. "당신은 정말로 우리가 침공할 거라고 생각하나요? 이런 얘기를 정말 진심으로 하는 겁니까?"

"우리는 우크라이나를 침공할 계획이 없으며 키이우를 위협하려는 것도 아닙니다." 라브로프가 말했다.

그는 나토가 계속해서 러시아에 대한 안보 위협을 키워가고 있다고 말했다. 진짜 위협은 우크라이나가 아니라 러시아를 향하고 있다고 그가 주장했다.

"키이우는 우크라이나 내 러시아 국경 근처에 첨단 무기를 배치하고 있으며, 이 무기들은 불과 몇 분 만에 러시아 심장부를 타격할 수 있습니다." 그가 말했다.

"세르게이, 그건 사실이 아닙니다." 블링컨이 말했다. "그리고 당신도 그게 사실이 아님을 알고 있잖아요. 그러니 당신 부하들에게 잘못된 정보를 받고 있는 게 아니라면, 그게 사실이 아님을 분명히 알고 있을 겁니다." 젤렌스키 대통령은 러시아에게 우크라이나를 공격할 구실을 주지 않기 위해 국경 가까이에 무기를 배치하지 않으려 조심해 왔다.

라브로프는 이어 우크라이나 내에서 러시아계 주민과 러시아어 사용자들이 받고 있다는 박해로 대화를 슬쩍 돌렸다.

"내가 알기로는," 블링컨이 말했다. "우크라이나 내 러시아계 주민의 권리가 러시아 내 러시아계 주민의 권리보다 오히려 더 큽니다."

블링컨은 라브로프가 그 발언을 달가워하지 않는다는 것을 알 수 있었다. "토니," 라브로프는 비웃듯이 말했다. "당신은 그게 사실이 아니라는 걸 알고 있잖소."

그들은 민스크 협정을 놓고 공방을 주고받았다.

러시아가 민스크 프로세스에 대해 펼치는 전체 서사는 기본적으로 『이상한 나라의 앨리스』와 다름없다고 블링컨은 생각했다. 판타지였다. (『이상한 나라의 앨리스』는 환상적이고 비현실적인 세계를 묘사한 루이스 캐럴의 소설로, 여기서는 러시아의 주장이 현실적이지 않거나 그 자체로

비논리적이라는 의미로 사용-옮긴이)

블링컨은 바이든 대통령의 억지 메시지를 전달하며, 러시아가 우크라이나에 대해 추가적인 공격적인 행동을 취할 경우 미국과 동맹국들은 "과거에는 취하지 않았던 고강도 경제 조치를 포함한" 심각한 대가와 결과를 러시아에 부과할 것이라고 경고했다.

전략은 여전히 바이든 대통령을 최후의 카드로 남겨두는 것이었다. 라브로프는 러시아 나름의 위협으로 응수했다. "우크라이나를 미국의 지정학적 게임에 끌어들이는 것은," 그가 말했다. "가장 심각한 결과를 초래할 것입니다."

블링컨은 회의를 끝내면서 러시아 측 카운터파트가 푸틴의 전쟁 계획의 전체 규모를 완전히 알지 못하고 있다고 확신했다. 그는 라브로프가 푸틴이 신뢰하는 핵심 서클에서 얼마나 소외되어 있는지에 대해 일말의 동정심을 느꼈다.

"무엇보다도, 우리는 이것이"—침공 계획—"푸틴과 극소수의 사람들—셋에서 넷 정도—사이에서만 극비로 공유되었다는 꽤 확실한 정보를 가지고 있었다고 생각합니다," 블링컨이 말했다. "라브로프는 그 안에 포함되지 않았습니다."

"둘째," 블링컨이 말했다. "어느 정도는, 이런 회의에서 그의 발언들이 대부분 허세였지만, 우리가 전쟁 계획에 대해 그보다 더 많이 알고 있었을 가능성도 충분히 있습니다. 사실 저는 정말로 그랬다고 믿습니다."

그날 저녁 공식 만찬에서 57명의 외무장관과 국무장관들은 블링컨이 지금까지 본 것 중 가장 큰 식탁 중 하나에 둘러앉았다. 그는 우크라이나 외무장관 드미트로 쿨레바 옆에 앉았고, 그의 바로 맞은편에는 라브로프가 자리했다.

라브로프는 곧바로 2014년 사태의 원인에 대한 장광설을 늘어놓기 시작했다. 그는 미국과 다른 국가들이 우크라이나에서 쿠데타를 일으켜 합법적으로 선출된 대통령 빅토르 야누코비치를 축출했다고 주장했다.●

그 시기를 직접 경험했던 블링컨은 라브로프가 또다시 역사를 푸틴식 서사로 바꿔치기하려 하자 이를 바로잡아야겠다고 느꼈다.

"그런 일은 일어나지 않았습니다." 블링컨이 말을 가로막았다. "당신도 알고, 이 테이블에 있는 모든 사람이 알고 있습니다."

블링컨은 2014년에 실제로 일어났던 일들을 하나하나 설명했다.

라브로프는 동요하지 않고 민스크 프로세스를 거론했다.

블링컨이 다시 말을 가로막았다. "세르게이, 민스크 프로세스에 대해 이야기해 봅시다."

"여기"—블링컨은 손에 종이 한 장을 들고 있었다. "여기 민스크 프로세스에서 러시아가 이행해야 했던 요구 사항들이 있습니다."

"2015년 2월 15일 키이우 시간 자정 00시 00분부터 우크라이나 도네츠크와 루한스크의 특정 지역에서의 즉각적이고 완전한 휴전과 이의 엄격한 이행"

"당신들은 하지 않았습니다." 블링컨이 말했다.

● 2014년 사태는 "2차 마이단 혁명"으로 불리며, 야누코비치 대통령이 EU와의 연합 협정 서명을 거부하고 러시아와의 관계를 강화하기로 한 결정에 반발해 일어났다. 2014년 2월, 시위가 격화되면서 야누코비치 대통령이 권력에서 물러나고 러시아로 도주했다. 러시아의 관점에서는 이것이 서방이 지원한 불법적인 쿠데타였지만, 서방과 우크라이나의 새 정부는 이를 민주적 혁명으로 보았다(옮긴이).

"모든 중화기의 철수."

"하지 않았습니다." 블링컨이 말했다.

"OSCE의 감시 허용."

"하지 않았습니다." 블링컨이 말했다.

"모든 정치범의 전원 교환."

"하지 않았습니다."

"인도적 지원의 전달 보장"

"하지 않았습니다."

"전체 분쟁 지역에서 우크라이나 정부의 국경 통제권 회복"

"하지 않았습니다." 블링컨이 말했다. "더 말할 수도 있지만, 요점은 이해하셨을 겁니다."

라브로프는 허세와 뻔뻔한 부인, 그리고 거만한 태도로 응수했다. 하지만 그의 말은 설득력 있게 들렸다. 이런 대규모 회의에서 라브로프가 위험한 이유가 바로 그것이었다. 그는 쇼맨이었고, 그에게는 주의 깊게 귀 기울이는 청중이 있었다.

"그가 말할 때의 그 확신." 블링컨이 나중에 네드 프라이스에게 말했다. "만약 정보가 부족하거나 당시 상황에 관여하지 않았다면, 실제로 '아, 어쩌면 저게 맞을지도'라고 말할 수도 있을 거예요."

스톡홀름에 머무는 동안, 블링컨 국무장관은 우크라이나에 대한 미국의 경고를 전달하기 위해 스웨덴 정보당국자들과도 만났다. 이제 블링컨은 이 브리핑을 너무 여러 번 반복해서 완벽하게 숙지하고 있었다.

"우리는 푸틴 대통령이 우크라이나를 침공하려는 야망을 갖고 있다는 정보를 몇 주 전부터 입수해왔습니다." 블링컨이 말했다. "그는 명령만 내리면 우크라이나를 대규모로 침공할 수 있도록 병력을 동원해 배치하고 있습니다. 우리는 이것이 정확히 언제 일어날지 모르지만, 우리 정보 관계자들은 그가 비교적 가까운 시일 내에 침공을 감행할 태세를 갖출 것으로 확신하고 있습니다."

스웨덴 정보기관 책임자는 의아해했다. "우리는 그런 정보를 뒷받침할 만한 아무것도 보지 못했습니다. 그리고 우리가 긴밀한 관계를 유지하고 있다는 것을 아시겠지만, 당신들이 제기하는 우려를 시사하는 것은 아무것도 없습니다."

블링컨은 그들의 회의적인 태도를 이해했다. 푸틴의 계획은 논리적이지 않았고, 심지어 국무장관인 그조차도 여전히 의구심을 완전히 떨쳐내지 못하고 있었다.

"자, 보세요." 블링컨이 말했다. "우리는 여러분이 우리가 보고 있는 것을 보고 있는지, 그리고 우리가 가진 정보를 여러분도 가지고 있는지 확인할 필요가 있습니다."

"우리의 정보 관계자들은 뛰어난 평가 능력을 가지고 있습니다." 블링컨이 덧붙였다. "하지만 우리는 양국 정보기관들이 긴밀히 연결되어 동일한 정보를 다루고 있는지 확인할 필요가 있습니다."

외교의 일부가 은밀한 세일즈 활동이 되어 버렸다.

18
매디슨 애비뉴 마케팅 캠페인

"우리는 동맹국들을 끌어들여야 합니다. 혼자서는 이 일을 효과적으로 할 수 없기 때문입니다." 바이든은 대통령 일일 브리핑 중에 주요 참모들과 부통령에게 촉구했다. 러시아의 계획에 대해 경종을 울리려는 노력에도 불구하고 동맹국들은 미국의 경고와 정보 평가에 대해 여전히 깊은 회의감을 보였다.

"우리는 푸틴이 얼마나 뻔뻔하게 거짓말을 일삼는지 목격해왔습니다." 헤인스 국가정보국장이 말했다. "심지어 각국 정상들에게도요."

"그는 매우 일관되게 사람들을 속이고 있습니다." 헤인스가 덧붙였다. "서방 지도자들로서는 이런 행태를 받아들이기 어렵죠."

설리번과 그의 참모인 존 파이너는 정보 공유에 있어 더욱 극적인 접근법을 택할 것을 제안했다. 마치 매디슨 애비뉴 마케팅 캠페인(Madison Avenue marketing campaign)처럼 말이다. (이는 뉴욕의 유명 광고 거리인 매디슨 애비뉴에서 유래한 표현으로 매우 체계적이고 설득력 있는 홍보 전략을 의미한다-옮긴이)

은밀한 정보 공유는 설득력을 발휘하지 못했고, 러시아처럼 허위 정보 기술에 극도로 능숙한 적을 상대할 때는 더 위험했다. 이런 방식은 푸틴에게 세심하게 조작된 구실과 거짓말을 동원해 침공을 얼버무리고 여론을 분열시킬 기회를 제공할 뿐이었다. 러시아 언론들은 이미 우크라이나가 네오나치 국가이며, NATO가 우크라이나를 이용해 러시아를 위협하고 있다고 암시하는 선전 선동으로 가득 차 있었다. 동맹국들과 대중, 그리고 우크라이나인들 사이에 퍼진 의구심은 푸틴에게 책략을 펼칠 수 있는 귀중한 시간과 공간을 제공했다.

존 파이너는《워싱턴포스트》기자로서의 이전 경험을 바탕으로 이렇게 말했다. 누군가에게 비밀이나 심지어 극비 정보를 털어놓는 것은 강력하게 주의를 끄는 방법입니다.

"사람들은 보통 내부자들만 접근할 수 있는 이야기에 훨씬 더 관심을 보입니다." 그가 덧붙였다. 그는 러시아의 전쟁 계획에 관한 정보 일부를 기밀 해제하고 전략적으로 공유해야 한다고 제안했다. 요컨대 정보 공간을 장악하여 푸틴의 기습 효과를 상실하게 만들자는 전략이었다. (정보 공간 장악이란 미국이 선제적 정보 공개를 통해 국제 여론을 주도하고 러시아의 선전을 무력화하려는 전략을 의미-옮긴이)

처음에 정보당국은 이를 꺼려했고, 설리번의 표현에 따르면 미칠 정도로 신중한 태도를 보였다. 하지만 CIA 국장 번스와 그의 부국장, 그리고 국가정보국장 헤인스와 그녀의 부국장과 여러 차례 회의를 거친 후, 그들은 "전략적 등급 하향(strategic downgrade)"이라고 부르는 새로운 접근 방식을 개발했다.

그것은 불행한 명칭이었다. "등급 하향"이란 말은 그 정보가 어떻게든 가치가 떨어지는, 거의 헐값 수준의 정보라는 인상을 주었다. 하지만 실제로는 전혀 그렇지 않았다.

바이든은 헤인스에게 등급이 격하된 정보를 동맹국 및 파트너들과 매주 심지어 매일 공유하도록 지시했다. 이는 전례 없는 속도의 정보 공유였다. 헤인스는 북대서양이사회(North Atlantic Council, NATO의 최고의사결정기구-옮긴이)를 대상으로 브리핑하기 위해 여섯 번 이상 출장을 다녔다. 정보기관들은 정보를 신속하게 공유할 수 있는 기술도 구축했다. 이는 러시아에 초점을 맞춘 노골적이고 총력적인 정보 공유 작전이었다.

다음 단계는 공개적 경고였다.

2021년 12월 3일 《워싱턴포스트》의 헤드라인은 다음과 같았다. "러시아, 17만 5천 명 병력 동원한 우크라이나 대규모 군사 공세 계획, 미국 정보당국 경고." 신문 1면에는 러시아와 우크라이나의 대형 지도가 눈에 띄게 배치되었고, 그 위에 우크라이나 국경을 따라 러시아의 군사력 증강을 보여주는 위성 사진이 덧입혀져 있었다. 이는 국가안보회의(NSC)가 처음으로 정보를 등급 하향해 공개한 사례였다.

극비의 정부 위성 이미지를 사용하는 대신 NSC의 정보 프로그램 책임자인 마허 비타르는 상업용 위성 사진을 활용했다. 이 사진들은 러시아와 우크라이나 국경 근처 4개 지역에 집결한 7만 명의 러시아 군대 진형과 크림반도에 새로 도착한 탱크와 포병 부대를 정부의 위성 사진과 정확히 똑같이 보여주었다.

푸틴은 국경에 배치된 군대로 우크라이나를 침공할 계획이라는 추측을 계속 공개적으로 일축했다. 하지만 러시아가 병력을 철수한다는 징후는 거의 없었다. 기사에 따르면, 러시아의 전쟁 계획상 2021년 11월 9일에 포착된 7만 명의 병력이 빠르면 2022년 초까지 17만 5천 명으로 증가할 수 있으며, 이는 전 세계 동맹국들과 언론에 추가적인 병력 증강을 주시하라는 신호였다.

이는 쿠바 미사일 위기 때와 같은 시각적 폭로 방식을 의도한 것이었다. 1962년 애들레이 스티븐슨 유엔 대사가 쿠바에 미사일을 배치하지 않았다고 거짓말하는 소련을 폭로하기 위해 사용했던 극적인 시각적 프레젠테이션 방법과 유사했다. 수백만 명이 시청한 유엔 텔레비전 생중계 청문회에서 스티븐슨은 위성 사진을 이젤 위에 올려놓고 공개했다.

러시아는《워싱턴포스트》의 기사를 터무니없다고 일축하며 그곳의 군대는 일상적인 훈련을 위해 배치된 것이라고 주장했다.

하지만 백악관과 미국 정보기관 내부에서는 조용한 환호가 오갔다. 그들은 구시대적이고 경직된 정보 공유 절차에서 탈피하여 푸틴의 방식으로 푸틴을 이기기 위한 새로운 형태의 정보전 방식을 만들어냈다.

그러나 푸틴이 이미 사실이라고 알고 있는 것을 공개한다고 해서 그를 저지할 수는 없었다.

19
바이든의 푸틴에 대한 경고

"만약 이런 일을 벌인다면 러시아는 막대한 대가를 치르게 될 것입니다." 바이든 대통령은 2021년 12월 7일 오전 10시에 화상회의에서 푸틴에게 말했다. "우리가 반드시 그렇게 만들 것입니다."

푸틴은 러시아가 우크라이나를 침공할 어떠한 계획도 없다고 단호히 부인했다. 그는 나토의 동진 확대를 배제하는 안보 보장을 요구했다.

"우리에겐 팀이 있습니다." 바이든이 말했다. "그들이 문서를 준비했습니다. 우리는 당신과 논의할 준비가 되어 있습니다. 이 문서들은 단지 우크라이나뿐만 아니라 유럽 안보의 더 광범위한 문제들을 다룹니다." 바이든은 협상 가능한 러시아의 실질적인 안보 우려가 있는지, 아니면 이 모든 것이 단지 구실에 불과한 것인지 탐색하고 있었다.

"아시다시피, 당신이 요청한 사항 중에는 우리가 완전히 터무니없다고 생각하지 않는 것들도 있습니다." 바이든이 말했다. "예를 들어, 우크라이나 내에 장거리 무기 시스템을 배치하지 않는 것과 같은 것들 말입니다. 우리는 이런 문제들을 협상하고 논의할 수 있다고 생각합니다."

"당신은 나토 전투 병력이 우크라이나에 주둔하는 것을 우려한다고 말합니다. 우크라이나에 나토나 미국의 전투 병력을 배치할 계획은 **없습니다**." 바이든이 강조했다. "우리는 훈련 임무를 수행하고 있을 뿐입니다. 그것도 저 멀리 우크라이나 서부에서 진행되고 있으며, 당신의 국경 근처가 아니고 당신에게 위협이 되지 않습니다." 그가 덧붙였다.

영국 총리 보리스 존슨과의 대화에서처럼 푸틴은 미국이 나토의 추가 확대를 막고 문호 개방 정책을 폐기하기를 원했다. 다시 말해, 우크라이나가 결코 나토의 일원이 되지 않도록 보장해 달라는 것이었다.

푸틴의 요구는 극단적이었고, 그는 무기 배치와 같은 실질적인 안보 협정을 협상하는 데에는 관심이 없어 보였다.

그래서 바이든은 공유한 역사로 화제를 돌려, 푸틴에게 냉전 시기 미국과 소련이 세계 안보를 보장하는 데 특별한 책임이 있었다는 점을 상기시켰다. 그들의 전임자들은 양국 간의 직접적인 전쟁을 피해왔다고 덧붙였다.

설리번과 파이너가 통화를 함께 들었다.

파이너를 놀라게 한 것은 그가 항상 푸틴을 폭력배로 생각해왔는데, 바이든과의 대화에서 푸틴의 태도는 차분했다는 점이었다. 러시아가 피해를 입은 당사자이고, 미국과 유럽이 자신의 불만 사항을 해결해야 한다고 변호사처럼 조리 있게 주장하는 모습이었다.

"그의 태도는 강압적이지 않았습니다. 담담했습니다." 파이너가 말했다. "그는 소리치지도 않았고 거친 언어를 사용하지도 않았어요.

매우 사무적인 태도로 이야기했습니다."

얼마나 평범해 보였는지. "말투로 봐서는 이 중대한 순간에 어울리는 대화라고는 상상할 수 없었습니다." 파이너가 말했다. 미국 정보는 여전히 미국이 푸틴을 억제하기 위해 무엇을 하든 그가 결국 침공할 것이라고 설득력 있게 보여주고 있었다.

"푸틴이 일을 처리하는 방식, 그가 자신을 표현하는 방식 때문에 긴장감이 줄어들었어요." 파이너가 말했다. "하지만 동시에 그는 물러설 생각이 없었고, 외교적 출구에는 그다지 관심이 없으며, 대통령이 말한 내용을 아주 명확하게 들었다는 것은 매우 분명했습니다."

바이든은 통화를 마치고 침공이 임박했다고 확신했다. 외교적 출구는 푸틴에게 아무런 호소력이 없었다. 그는 전쟁의 길로 가고 있었다. 이상하게도, 그것은 푸틴이 말한 것보다 그가 말하지 않은 모든 것에서 비롯된 것이었다. 때로는 푸틴의 수사보다 그의 침묵 속에 더 많은 진실을 찾을 수 있었다.

1년 전 마라라고에서 트럼프 대통령과 인터뷰하던 중에 트럼프는 나에게 푸틴 대통령과의 관계에 대해 이야기했다.

"러시아와 잘 지내는 것은 좋은 일이지 나쁜 일이 아닙니다. 알겠죠? 특히 그들은 빌어먹을 핵탄두를 1,332개나 가지고 있으니까요." 트럼프가 말했다. "그리고 그것들은 작동합니다!"

"나보다 러시아에 더 강경한 사람은 없었습니다." 트럼프가 덧붙였다. "푸틴은 나를 존중합니다. 그리고 나도 푸틴을 존중합니다. 푸틴이 나를 좋아하는 것 같습니다. 나도 그를 좋아하는 것 같습니다."

"나는 정말 그를 좋아합니다." 트럼프가 결론지었다.

트럼프의 국가안보보좌관 로버트 오브라이언은 내게 다른 평가를 해준 적이 있었다. 나는 트럼프에게 말했다. "오브라이언은 러시아가 우크라이나나 조지아 같은 이웃 국가들을 침공한다면 우리가 러시아와 좋은 관계를 가질 수 없다고 말합니다."

"글쎄, 그 말은 마음에 안 드네요. 동의하지 않아요." 트럼프가 말했다. "하지만 보세요, 우리 덕분에 그들은 방금 우크라이나와 대규모 포로 교환을 했어요. 많은 일들이 일어나고 있어요, 밥. 많은 일들이요."

"내가 한 모든 일을 보세요." 트럼프가 선언했다. "오바마는 그들에게 베개를 보냈지만, 나는 그들에게 대전차 무기를 보냈어요."

오바마 대통령은 우크라이나에 1억 2천만 달러가 넘는 안보 지원을 제공했지만, 살상 무기는 보내기를 거부했다. 트럼프는 재블린 대전차 미사일을 포함한 미국의 살상 무기를 우크라이나에 판매하도록 승인한 최초의 대통령이었다.

20
"강대국은 허세를 부리지 않는다"

"나는 미군을 우크라이나에 보내지 않을 거야," 바이든은 대통령 집무실에서 설리번과 단둘이 앉아 있을 때 말했다. 이것은 그의 확고한 입장이었고, 넘어서는 안 될 레드라인이었다—미군 파병은 없다.

미군의 베트남 파병은 재앙으로 이어졌다. 아프가니스탄도 마찬가지였다. 바이든이 부통령 시절 3만 명의 병력 증파를 반대했지만 결국 실패했던 바로 그 문제였다.

그래서 바이든과 설리번은 정보당국의 수장들에게 의견을 묻기로 했다: 바이든이 미군 파병 가능성을 열어두어야 할까?

"정보당국은," 설리번이 보고했다. "정보기관이 대통령님께 글로 표현할 수 있는 가장 극단적인 표현으로, 정말 미쳤냐고 답한 것이나 다름없었습니다. 만약 우크라이나에 미군을 투입하겠다고 위협한다면, 푸틴은 물러서는 것이 아니라 더 빠르고 더 크게 나갈 것입니다." 푸틴은 미국이 병력을 배치할 준비를 마치기도 전에 움직일 것이었다.

CIA 국장 빌 번스는 이 평가에 강하게 동의했다. "번스의 견해는," 설리번이 말했다. "미국이 우크라이나를 방어하기 위해 군대를 보내겠다고 말하는 것은 침공을 저지하는 것이 아니라 오히려 앞당겼을 것이라는 겁니다. 푸틴은 우리가 병력을 동원하기 전에 움직이려 했을 테니까요."

번스는 또한 미국이 우크라이나에 지상군 투입을 거론하기 시작하면 많은 나라들이 깊이 우려할 것이므로, 우크라이나 지원을 위해 국가 연합을 구축하려는 미국의 노력을 복잡하게 만들 것이라고 말했다.

바이든은 기자로부터 이 질문을 받는 것이 시간문제라는 것을 알고 있었고, 설리번과 자신의 답변을 논의하고 싶어 했다.

수년 동안 바이든은 항상 "강대국은 허세를 부리지 않는다"고 말해 왔다. 설리번은 이 말을 여러 번 들었다. 바이든은 자신의 정책적 입장이 모호하지 않고 명확하기를 원했다.

다른 측면을 살펴보자고 설리번이 말했다. 허세를 부리는 것에 전략적 가치가 있을까? 허세가 통할 수 있을까? 예를 들어, 처칠은 항상 허세를 부렸다.

"대통령님께서는 칩이 많으니 허세를 부릴 충분한 여지가 있습니다," 설리번이 말했다. 포커와 마찬가지로, 미국은 군사력과 경제력의 우위로 가장 많은 칩을 가지고 있었다. "칩을 많이 가지고 있으면 몇 개를 잃더라도 게임에는 영향이 없습니다. 칩이 많다면, 그렇죠, 계속 허세를 부릴 수 있습니다."

설리번은 미군 개입 가능성을 불분명하게 남겨두는 것에 억제 효과가 있을 수 있다고 생각했다.

하지만 바이든은 허세는 들키든 들키지 않든 미국의 전반적인 신뢰도에 영향을 미칠 것이라고 말했다.

"모든 곳에 이해관계를 가진 대국이 여기서 허세를 부린다면," 바이든이 말했다. "그것은 예를 들어, 일본이 중국 문제와 관련해 우리를 바라보는 방식에도 영향을 미칠 거야." 신뢰성 훼손은 어느 한 상황에만 국한되지 않을 것이다.

바이든은 허세는 선택지에서 제외됐다고 말했다. 그는 미군을 보내지 않을 것임을 알고 있었기에 공개적으로 그렇게 말해야 한다고 생각했다.

설리번에게는 미국이 우크라이나에서 싸우기 위해 군대를 보내지 않을 것이라고 공개적으로 단호하게 밝힐지 말지가 51 대 49의 어려운 선택이었다. 설리번은 여전히 그들이 가진 많은 칩을 활용하는 쪽에 기울어 있었다. 허세는 국가안보 정책 도구 중 사용 가능한 수단이었다. 왜 시도하지 않겠는가?

바이든은 확고했다: 안 된다.

허세 문제는, 심지어 미군에 관한 것이라도, 대통령과 설리번 사이에 있어 가장 큰 전략적 이견이었다. 국가안보 위기나 어떤 문제가 발생했을 때, 대통령들은 종종, 심지어 일상적으로 공개적으로 이렇게 말했다: "모든 옵션이 테이블 위에 있습니다." 이런 입장은 강경하고 심지어 위협적으로 들렸다. 그것은 대통령들에게 훨씬 더 많은 유연성을 제공했다.

하지만 이는 설리번이 결정할 사안이 아니었다. 바이든은 명확성을 원했다.

12월 8일, 바이든이 푸틴과 긴장된 2시간의 보안 화상 통화를 한 다음 날, 바이든은 백악관 잔디밭을 가로질러 대통령 전용 헬기인 마린원으로 걸어가면서 기자들의 질문에 답했다.

"저는 매우 분명히 했습니다. 만약 그가 실제로 우크라이나를 침공한다면 심각한 결과가 있을 것입니다." 바이든이 푸틴과의 회담에 대해 말했다.

그런 다음 바이든은 기자들에게 설리번에게 비공개로 했던 말을 반복했다: 미군을 우크라이나에 보내지 않을 것이다.

"그것은 테이블 위에 없습니다." 바이든이 단호하게 말했다. "우리는 NATO 동맹국이 공격받을 경우 제5조에 따라 도덕적 의무와 법적 의무를 지닙니다. 이는 신성한 의무입니다. 하지만 그 의무는 우크라이나에는 해당되지 않습니다." 우크라이나는 NATO 회원국이 아니었다.

전쟁연구소(ISW)에서 러시아의 군사력 증강을 추적하고 있던 프레드 케이건은 믿을 수 없다는 듯 설리번에게 전화를 걸었다.

"미군 파병을 배제해서는 안 됩니다." 케이건이 말했다. 모호성이 억제력이 될 수 있다. 왜 가정적인 질문에 답을 하는가?

긴장된 외교·군사 관계에서 논의와 협상을 위해 모든 옵션을 열어두는 것은 표준 교리였다.

"우리도 정확히 같은 논의를 했습니다." 설리번이 말했다. "그리고 그건 정당한 의견입니다."

"문제는," 설리번이 말했다. "'미군을 보낼 것인가? 글쎄, 두고 봐야지'라고 여지를 남겨둔 채로 전쟁이 시작되면, 미군 파병 압력이 하늘을 찌를 것이고, 그때 가서 파병하지 않는 것은 사실상 그들이 가장 필요로 하는 순간에 그 나라를 저버리는 것과 같습니다."

"그래서 명확하게 하는 것이," 설리번이 덧붙였다. "무엇을 할 준비가 되어 있고 무엇을 하지 않을지를 미리 분명히 하면, '바이든이 헛스윙했다'에서 '와우, 바이든의 대응은 꽤 강력했다'로 평가가 바뀝니다."

국가안보 부보좌관인 존 파이너는 바이든이 그 질문에 그토록 직설적으로 답변한 것에 놀랐지만, 나중에 다른 이들에게 대통령이 올바른 결정을 했다고 생각한다고 말했다.

"저는 안도감을 느꼈고 그것이 올바른 일이었다고 생각했습니다," 파이너가 말했다. "그것은 우크라이나인들이 엄청난 지원을 받겠지만 자국 방어를 스스로 해야 한다는 것을 깨닫게 했습니다. 그들을 구하러 올 기병대는 없다는 것을요."

즉각 답변되지 않은 남은 의문은 이것이었다: "미군 파병은 없다"는 이 선언이 푸틴에게 세계에서 가장 크고 경험 많은 군사력과 직접적으로든 어떤 방식으로든 맞닥뜨리지 않을 것이라고 믿게 함으로써 그를 부추기거나 심지어 청신호를 보낸 것은 아닐까?

하지만 바이든은 설리번과 파이너에게 미국 무기를 우크라이나에 보낼 것이라고 말했다. 그는 우크라이나 군대가 스스로를 방어할 수 있도록 지원할 것이었다. 2014년 이후, 미국은 미군과 영국군의 전문 훈련을 포함해 25억 달러 이상의 안보 지원을 우크라이나에 제공해 왔다.

그러나 바이든은 보낼 용의가 있는 무기의 종류에는 선을 그었다. 너무 크거나 너무 강력한 무기는 보내지 않을 것이었다. 만약 러시아가 침공하고 우크라이나가 3일에서 5일 안에 함락된다면, 대통령은 최첨단 미국 군사 기술이 러시아의 손에 넘어가는 것을 원하지 않았다. 아프가니스탄에서 철수한 이후 아프간군에게 제공했던 미국제 무기와 장비를 휘두르는 탈레반의 모습은 여전히 뼈아픈 기억으로 남아 있었다.

트럼프 전 대통령은 12월에 자신의 전 국가안보보좌관이었던 켈로그 퇴역 육군 중장에게 전화를 걸었다.

푸틴이 들어갈 거라는 소문이 많이 돌고 있다고 트럼프가 말했다. "왜 그러려고 하는 거야?"

"솔직히 말씀드리자면, 대통령님," 켈로그가 말했다. "그건 그가 약함을 보고 있기 때문입니다. 그는 아프가니스탄에서 일어난 일 때문에 의사 결정에서 대통령이 약하다고 보고 있습니다."

"씨x 대참사였어," 트럼프가 바이든 행정부의 혼란스러운 철수를 언급하며 말했다. "정말 x됐어."

"그런 일은 실제로 다른 지도자들을 대담하게 만들 겁니다," 켈로그가 말했다. "그래 정말 x됐어," 트럼프가 말했다. "바이든이 우리를 엿 먹였어. 그는 약한 지도자야."

"그가 들어갈 거 같아?" 트럼프가 푸틴에 대해 물었다.

"아닙니다. 들어가지 않을 겁니다," 켈로그가 말했다. "저는 그에게 그럴 의도나 병력이 있다고 생각하지 않습니다. 그들은 그렇게 하기에는 아직 적절한 태세를 갖추지 못했습니다. 대대적인 노력이 필요할 겁니다." 켈로그는 러시아가 우크라이나를 침공할 준비가 충분히 되어 있지 않다고 확신했다.

"알았어, 알았어," 트럼프가 말했다.

21
러시아의 크림반도 침공

바이든은 12월 30일 델라웨어주 윌밍턴의 자택에서 푸틴과 다시 한 번 대결하기 위해 책상 위의 전화기를 집어 들었다. 격렬한 50분간의 통화는 두 사람 간의 가장 적대적인 대화 중 하나였다. 푸틴은 바이든이 위협하고 있는 경제 제재에 대해 분노했고, 그로 인해 미국과 러시아 간의 관계가 "완전히 단절"될 수 있다고 경고했다. 푸틴은 계속해서 우크라이나를 공격할 계획이 없다고 주장했으며, 러시아 영토 내에서는 자기 마음대로 군대를 이동시킬 수 있다고 말했다.

그는 미국과 나토가 러시아 국경 근처에 핵무기를 배치할 계획이라고 비난했다. 바이든은 푸틴에게 그런 계획은 없다고 확언했다. 대화는 너무 격해져서 어느 시점에서 푸틴이 위협적인 방식으로 핵전쟁의 위험을 제기했다. 바이든은 푸틴에게 핵전쟁에서는 "승리가 불가능하다"고 상기시키며 대응했다.

"그들이 2014년에 말아 먹었어," 바이든 대통령은 친한 친구에게 말했는데, 이는 오바마 행정부가 푸틴의 이전 우크라이나 침공에 부적절하게 대응한 것에 대한 그의 좌절감을 반영한 말이었다.

"그래서 우리가 지금 여기에 있는 거야. 우리가 x된 거야." 바이든이 말했다. "버락(오바마 대통령을 가리킴-옮긴이)은 푸틴을 전혀 진지하게 받아들이지 않았어."

2014년, 푸틴은 신속하고 치밀하게 계산된 방식으로 크림반도를 침공했다. 이른바 "리틀 그린 맨(Little green men)"—러시아군임을 식별할 수 없는 어떤 휘장도 없는 군인들—이 우크라이나 의회 건물을 무력으로 점거하고 러시아 국기를 게양했으며, 이른바 자결권이라는 명목으로 크림반도를 합병했다. 푸틴은 한 달도 채 되지 않아 크림반도와 돈바스 지역 일부를 장악했으며, 러시아가 받은 제재는 아주 미미했다. ['리틀 그린 맨'은 2014년 크림반도 침공 당시 국적 표시 없이 러시아 군복과 장비를 착용한 군인들을 지칭하는 용어로, 러시아의 은밀한 군사작전을 암시한다-옮긴이]

"알다시피 우리는 2014년에 푸틴이 그냥 걸어 들어가서 돈바스를 차지하게 내버려 두지 말았어야 했어. 우리는 아무것도 하지 않았어," 바이든이 말했다. "우리가 푸틴에게 계속해도 된다는 면허증을 준 셈이야!"

바이든은 매우 화가 나 있었는데, 이는 그가 공개석상에서 드러내기를 피하려는 모습이었다.

"그래, 나는 그의 x같은 면허증을 박탈할 거야!" 바이든이 말했다.

바이든의 친구는 푸틴이 다시는 그런 짓을 하지 못하도록 막으려는 대통령의 집착을 느낄 수 있었다. 그는 이 문제를 그냥 넘어가지 않을 것이었다. "우크라이나가 그의 대통령직의 전부입니다."

22
젤렌스키의 정치적·전략적 위기

2022년 1월 중순, 바이든은 번스를 우크라이나 대통령 젤렌스키와 비밀리에 만나도록 보냈다.

"젤렌스키에게 이 일이 일어날 것임을 확신시키게." 바이든이 말했다. 정보기관은 이제 러시아가 군사적으로 무엇을 시도하려는지 더욱 명확한 그림을 보여주고 있었다.

번스는 키이우에서 젤렌스키와 만났다.

"당신의 국가에 대한 대규모 침공이 있을 것입니다. 수도를 포함해서요." CIA 국장이 젤렌스키 대통령에게 말했다. "러시아 특수부대가 당신을 암살하려고 합니다. 그들은 당신 개인을 노리고 있습니다."

"러시아군은 벨라루스 국경을 바로 넘어 키이우를 점령하고, 당신의 정권을 참수한 뒤 친러시아 정부를 세우려 할 것입니다." 번스가 말했다. 그것이 러시아 공격의 핵심이었다.

러시아는 호스토멜을 점령할 계획이라고 번스는 계속했다. 호스토멜은 키이우 북서쪽에 위치한 주요 화물 공항이었다. 러시아는 그곳을 발판으로 공수부대를 투입하여 우크라이나 수도를 장악하려 했다.

우리가 입수한 정보에 따르면 이 일은 몇 주 내에 일어날 것이라고 번스가 말하며, 젤렌스키에게 개인 경호팀을 면밀히 점검하라고 조언했다. 또한 러시아가 우크라이나 정보기관에 침투했을 가능성에 대한 우려도 있었다.

"정보 제공에 감사합니다." 젤렌스키가 말했다. "하지만 제발 공개적으로는 이런 말을 그만해 주세요. 우리 경제에 해를 끼치고 있으니까요."

젤렌스키는 러시아가 4,400만 인구의 국가를 완전히 장악할 계획이라는 것을 여전히 의심했다. 미국은 가장 공격적이고 가능성이 가장 낮은 시나리오에 집중하고 있다고 젤렌스키가 말했다. 유럽의 지도자들은 그에게 미국의 예측이 과장되었다고 말했으며, 푸틴이 그들과의 사적인 대화에서도 그리고 공개적으로도 침공하지 않을 것이라고 강조했다고 전했다.

하지만 젤렌스키는 그럼에도 불구하고 침공이 임박했다는 CIA 국장의 경고를 진지하게 받아들이는 것처럼 보였다. 번스는 우크라이나 대통령이 군대의 전면 동원을 꺼리고 있다는 것을 알 수 있었는데, 푸틴이 이를 빌미로 삼아 우크라이나의 도발이라고 주장할 수 있기 때문이었다. 젤렌스키는 푸틴이 이렇게 주장할 것이라고 말했다: "보라, 우크라이나인들이 전쟁을 준비하고 있다. 우리는 단지 그들에게 대응하는 것뿐이다."

번스는 또한 우크라이나 정보기관이 매우 우수하며 우크라이나 국경에 집결한 대규모 러시아군을 면밀히 감시하고 있다고 믿었다.

번스는 이 대화가 감정적으로나 개인적으로 매우 진지했다고 느꼈다. 듣고는 있지만 완전히 믿지 않는, 상상조차 할 수 없는 정치적·전략적 위기에 직면한 젊은 우크라이나 지도자에게 이는 충격적인 소식이었다.

CIA 국장 번스와 국가정보국장 에이브릴 헤인스가 직면한 보다 새로운 도전 과제 중 하나는 푸틴의 위장 작전(false flag operations)이었다—러시아계 주민이 우크라이나인들에 의해 살해된 것처럼 보이게 하여 분쟁의 구실로 삼는 조작된 사건들이었다. 그들은 푸틴과 그 주변 인물들이 우크라이나 동부의 돈바스 지역에서 이러한 작전을 준비하고 있는 것을 포착했다.

번스, 헤인스, 그리고 설리번은 러시아를 견제하기 위해 일부 정보를 신중하게 기밀 해제하고 공유하는 방법에 대해 심도 있게 논의했다.

백악관에서 정보 프로그램 책임자인 마허 비타르는 러시아가 우크라이나 동부에서 폭발 사고를 연출하고 우크라이나에 책임을 전가할 계획이라는 정보 보고서를 검토했다. 러시아는 우크라이나 정부가 러시아계 주민을 살해했다고 주장한 뒤, 그들을 구출한다는 거짓 명분으로 우크라이나에 진입할 계획이었다. 러시아의 음모는 심지어 장례식에서 조문객 역할을 할 배우들을 고용하는 내용까지 포함하고 있었다.

러시아 언론은 또한 우크라이나의 인권 악화에 관한 기사들을 보도하고 있었으며, 우크라이나 지도자들을 폭력적인 군사 정권으로 묘사하고 있었다.

"너무 자세한 내용은 다루지 않겠습니다만," 펜타곤 대변인 존 커비는 1월 14일 공개 브리핑에서 말했다. "우리는 러시아가 잠재적 침공의 구실을 만들기 위해 이미 적극적으로 움직이고 있음을 나타내는 정보를 가지고 있습니다."

"우리는 이전에도 러시아로부터 이런 종류의 일을 봐왔습니다." 커비가 말했다. "그들의 필요에 맞는 실제 위기가 없을 때, 그들은 위기를 조작합니다."

23
"사소한 침공"은 괜찮은가?

2022년 1월 19일, 바이든은 다소 두서없는 기자회견에서 푸틴이 우크라이나에 "진입할" 가능성이 높다고 선언했다.

"푸틴 자신도 무엇을 할지 확신하고 있는지 저는 모르겠습니다," 바이든이 말했다. "제 추측으로는 그는 진입할 것입니다."

그리고 바이든의 여과 없는 솔직한 발언이 이어졌다.

"만약 러시아가 침공한다면 여러분은 러시아가 그 책임을 지게 되는 모습을 보게 될 것입니다. 그리고 그것은 그들이 어떤 행동을 하느냐에 달려 있습니다," 바이든이 말했다. "만약 사소한 침공이라면, 우리가 무엇을 해야 할지 말지에 대해 논쟁하게 될 것입니다. 하지만 그들이 국경에 집결한 병력으로 실제로 할 수 있는 일을 한다면, 그것은 러시아에 재앙이 될 것입니다."

"러시아군이 국경을 넘어 우크라이나 전투원들을 살해하는 등의 일이 발생한다면, 그것은 모든 것을 바꿔놓을 것이라고 생각합니다," 바이든이 말했다. "하지만 그것은 푸틴이 무엇을 하느냐에 달려 있으며, 그의 행동에 따라 우리가 나토 전선에서 어느 정도까지 완전한 결속을 이끌어낼 수 있을지도 결정됩니다."

그 발언은 그의 준비된 메모에는 없었다. 자신도 모르는 사이에 바이든은 미국이 우크라이나의 주권에 진지하게 전념한다는 생각을 완전히 훼손해버렸다. 그리고 대신 2014년처럼 러시아의 우크라이나 침공에 대한 미국과 동맹국의 대응이 논쟁과 분열로 방해받을 것이라는 생각에 힘을 실어 주었다. 이 실수는 바이든의 오랜 실언의 이력을 떠올리게 했다.

젤렌스키 대통령은 트윗으로 응답했다. "우리는 강대국들에게 사소한 침공도, 작은 국가도 없다는 것을 상기시키고 싶습니다. 사랑하는 사람을 잃는 것에 사소한 희생이나 작은 슬픔이란 없듯이 말입니다. 저는 이것을 위대한 국가의 대통령으로서 말합니다."

미국이 우크라이나에 대한 입장을 바꾸고 있었던 것일까? 바이든의 대본에 없는 발언은 동맹국들 사이에 혼란을 야기했고, 대통령이 러시아에 명확한 레드라인을 제시할 능력에 대한 불안감을 조성했다.

설리번은 나토 동부 전선의 9개국(폴란드, 발트 3국인 에스토니아, 라트비아, 리투아니아, 그리고 슬로바키아, 헝가리, 체코, 불가리아, 루마니아로 러시아와 국경을 공유하거나 러시아의 위협에 직접 노출된 국가들-옮긴이)과 일본의 파트너들과 전화 통화를 하며 피해를 수습하고 미국의 입장이 바뀌지 않았다는 것을 재확인했다.

바이든은 러시아 군대가 국경을 넘는다면 그것은 침공에 해당한다는 점을 명확히 할 수밖에 없었다.

"만약 이것을 저지할 1퍼센트의 가능성, 0.1퍼센트의 가능성이라도 있다면," 바이든이 블링컨에게 말했다. "그것은 시도할 가치가 있을 거야." 가서 러시아가 우리가 해결할 수 있는 실질적인 안보 우려를 가지고 있는지 확인해 보게. 바이든은 여전히 타협점을 찾고 있었다.

2022년 1월 21일, 제네바는 맑고 화창한 날이었지만 유난히 바람이 강했다. 제네바 호수는 하얀 물결이 소용돌이치고 있었다.

"오늘 호수를 보셨는지 모르겠지만 물결이 거칠게 일고 있습니다." 블링컨이 러시아 외무장관 라브로프에게 말했다. "우리의 임무는 어느 정도 평온을 회복할 수 있는지, 그리고 궁극적으로 재앙이 될 수 있는 일을 피할 수 있는지 알아보는 것입니다."

우리는 당신들이 우크라이나에 대한 전면적인 침공을 준비하고 있다고 확신합니다, 블링컨이 말했다. 당신들은 우리에게 안보 우려가 있다고 말합니다. 우리는 이러한 문제들에 대해 당신들과 협력할 준비가 되어 있습니다.

우크라이나는 러시아를 나토로부터 분리하는 완충지대였는데, 나토는 지난 30년 동안 십여 개 이상의 옛 소련 및 소련 동맹 공화국들을 포함하면서 확장되었다.

1991년 소련이 붕괴되고 해체되었을 때 소련의 마지막 지도자였던 미하일 고르바초프는 수년 후 미국이 "위험한 승자의 사고방식"을 가지고 있다고 말했다.

블링컨은 러시아가 러시아 국경이나 그 인근에 핵무기나 장거리 공격용 무기가 배치되는 것에 대해 정당한 우려를 가지고 있다고 믿었다. 블링컨은 분위기를 누그러뜨리고 잘난 체하거나 승자의 오만함이 보이는 것을 피하려 했다.

푸틴처럼, 라브로프도 항상 극적인 연출에 재능이 있었다. 그는 서방측 상대방을 공개적으로 모욕하거나 회의장을 박차고 나가는 것을 주저하지 않았다. 하지만 사적인 자리에서라면 블링컨은 라브로프가 그런 연기를 그만두기를 기대했다.

"이봐요, 지금은 우리만 있어요." 블링컨이 단둘이 있는 방에서 라브로프에게 말했다. "도대체 무슨 일이 벌어지고 있는 건가요? 정말로 무슨 일이 일어나고 있는지 말해봐요."

라브로프는 침묵했다.

"이게 실질적인 문제인가요? 다시 말해, 이게 러시아의 안보에 대한 실제 우려와 관련된 건가요? 만약 그렇다면, 우리는 그것에 대해 이야기할 수 있어요. 우리는 공격용 미사일 배치에 대해 이야기할 수 있어요. 당신들이 가진 진짜 안보 우려를 완화할 수 있는 안정화 메커니즘과 신뢰 구축 조치에 대해 이야기할 수 있습니다." 블링컨이 말했다.

"우리는 당신들에게 위협을 가하려는 게 아니에요." 블링컨이 그를 안심시켰다. "나토는 당신들에게 위협이 아닙니다. 그러니 만약 이것이, 아시다시피, 실질적인 문제라면 함께 해결책을 찾아봅시다."

"하지만 만약 이게 이념적인 문제라면, 만약 이게 우크라이나가 독립적이고 주권을 가진 국가로 존재할 수 없다는 확신에서 비롯된 것이라면, 만약 이게 우크라이나와 그 국민이 어머니 러시아에 속한다는 생각에 근거한 것이라면 논의할 것이 아무것도 없습니다."

라브로프는 어떠한 침공도 계획되어 있지 않다고 부인했다.

미국의 정보당국은 나중에 라브로프가 여전히 푸틴이 계획하고 있는 것을 완전히 알지 못하고 있다는 사실을 파악했다.

블링컨은 라브로프에게 거의 안쓰러울 정도였다. 그는 단순한 대변인이 되어 버린 것이다. 그렇게 고위직에 있고 오랜 경력을 가진 사람이 정보에서 배제되어 외교적 시도가 무의미하게 된 것은 슬픈 일이었다.

24
트럼프의 잭 니클라우스 전략

1월 말, 트럼프는 대선에 다시 도전할 생각을 주변에 내비치기 시작했다.

"잭 니클라우스는 다른 사람들이 무너질 때까지 그저 기회를 엿보며 기다리는 것으로 꽤 유명했지." 트럼프는 마라라고에서 린지 그레이엄 상원의원과 점심을 먹으며 그 전설적인 미국 골퍼를 언급하며 말했다. 트럼프는 바이든을 상대할 때도 이런 전략을 써야 한다고 말했다. "니클라우스가 토너먼트에서 뒤처졌을 때, 그는 항상 말하곤 했어, '뭘 어떻게 하겠나? 그냥 기회를 엿보며 기다리는 거지.'" 그렇게 해서 86년 마스터스에서 우승했잖아. 두 홀을 잘 치면 사람들이 무너지기 시작하거든." (골프 경기에서 상대 선수가 두 홀을 잘 치면 경쟁자들이 점점 압박을 느끼고 정신적으로나 신체적으로 무너지기 시작한다는 의미-옮긴이)

"그래." 트럼프는 말했다. "나도 그냥 주변에 머물면서 상황을 지켜볼 거야!"

25
해리스와 젤렌스키의
뮌헨 비밀 회동

우크라이나 국경을 따라 러시아 야전 병원이 눈에 띄게 건설되고 있었고, 혈액 보급품들이 더 많은 군사 장비와 예상 사망자들을 위한 이동식 시체 안치소와 함께 운반되어 왔다. 미국의 정보기관들은 푸틴의 우크라이나 침공 명령이 "몇 주, 며칠, 심지어 몇 시간" 내에도 내려질 수 있다고 백악관에 보고하고 있었다.

1979년 이란 인질 사태를 염두에 둔 설리번은 2월 11일 연단에 섰다. 당시 지미 카터 대통령 재임 중 미국인 53명이 444일간 억류된 바 있었다. 그는 차분하고 수용적인 태도로 모든 질문에 진지하게 답했다.

"우리는 키이우 주재 미국 대사관의 인원을 계속 축소하고 있습니다." 설리번이 말했다. "우크라이나에 체류 중인 모든 미국 시민은 즉시 출국하시기 바랍니다. 우크라이나에 있는 미국인이라면 누구든 가능한 한 빨리, 늦어도 24시간에서 48시간 이내에 출국해야 합니다."

"대통령은 지금 떠날 수 있음에도 떠나지 않기로 선택한 사람들을 구하러 우리 장병들을 전쟁 지역에 보내 그들의 생명을 위험에 빠뜨리지 않을 것입니다." 설리번이 말했다. 그들은 아프가니스탄의 재현을 원하지 않았다.

"우리는 우크라이나에서 전쟁을 하지 않을 것입니다." 설리번이 말했다. 미군은 "러시아와 전쟁을 하지 않을 것입니다."

프랑스의 에마뉘엘 마크롱 대통령은 거의 매일 푸틴에게 전화를 걸고 있었다. 그는 러시아 지도자를 이성적으로 설득할 수 있다고 확신했다. 마크롱은 푸틴과의 통화 전후로 바이든 대통령에게 전화를 걸었다.

"좋은 대화였다고 생각합니다." 마크롱은 바이든과의 한 통화에서 이렇게 말했다. 푸틴이 저에게 침공하지 않겠다고 약속했습니다, 마크롱이 전했다.

"대화를 나누고 계신다는 것 자체가 좋은 일입니다." 바이든이 말했다. 우리가 그를 단념시킬 수 있다고 생각하신다면, 저는 푸틴과 얼마든지 더 대화할 용의가 있습니다.

"하지만 개인적으로는," 바이든이 덧붙였다. "그가 이미 침공하기로 마음먹었다고 생각합니다."

합참의장 마크 밀리 장군과 로이드 오스틴 국방장관은 이것이 군사훈련이라는 러시아의 주장을 적극적으로 반박하고 있었다. 러시아군은 2021년 9월부터 우크라이나 국경에 집결해 있었다. "그렇게 오랜 기간 훈련하는 나라는 없습니다." 밀리가 말했다. "대체 그게 어떤 훈련이란 말입니까?"

2월 18일, 오스틴의 차량 행렬이 폴란드를 달리던 중 그는 러시아 국방장관 세르게이 쇼이구에게 전화를 걸었다. 미 국방장관은 해외에서 꽤 대규모의 차량 행렬과 함께 이동한다. 대통령의 차량 행렬만큼 크지는 않지만, 방문국에 따라 그에 버금가는 규모가 될 수도 있다.

"당신들이 뭘 하고 있는지 정확히 알고 있습니다." 오스틴이 쇼이구에게 말했다. "국경에 병력을 집결시켜 뭘 하려는지 다 보고 있습니다."

"그냥 훈련입니다," 쇼이구가 말했다. "단지 군사 훈련일 뿐입니다."

오스틴의 차량 행렬은 이미 다음 목적지에 도착했지만, 그가 통화를 마칠 수 있도록 시내를 계속 돌고 있었다.

"훈련이라면, 언제 끝날 예정인가요?" 오스틴이 다그쳤다.

쇼이구는 허세를 부리며 질문을 회피하려 했다.

"우리는 당신들이 뭘 하고 있는지 정확히 알고 있어요." 오스틴이 말을 끊으며 말했다. "하지 마세요."

다음 날, 오스틴은 발트 3국을 안심시키기 위해 리투아니아의 빌뉴스로 이동했다. 미국과 나토가 그들을 지원하고 방어할 것임을 확약하기 위해서였다. 에스토니아와 같이 소규모 군대를 가진 국가들은 우크라이나가 러시아에 넘어가면 자신들이 푸틴의 다음 목표가 될 것을 극도로 우려하고 있었다. 아무도 우크라이나가 러시아의 군사력에 맞서 오래 버틸 것이라고 예상하지 않았다.

오스틴 장관과 함께 여행하며 많은 회의에 참석했던 그의 최고 참모들은 공통된 주제를 보고했다. 트럼프 전 대통령이 4년 동안 "제5조 발동"을 놓고 위협적인 발언을 한 것이 많은 NATO 동맹국들로 하여금 정작 결정적인 순간에 미국이 정말 나서줄 것인지 의구심을 갖게 만들었다는 것이다. 회의실 안의 긴장감은 손에 잡힐 듯했다. (트럼프는 나토 회원국들이 GDP의 2%를 방위비로 지출하지 않으면 미국이 군사적 지원을 계속 제공하지 않을 수 있다는 입장을 여러 차례 밝혔다-옮긴이)

"결정적인 순간이 오면 우리가 여러분들을 지킬 것입니다." 오스틴이 에스토니아 국방장관 하노 페브쿠르에게 말했다. "여러분이 창문을 열면 바로 제트 연료 냄새를 맡을 수 있을 겁니다." 그만큼 미군이 신속하게 들어올 것이라는 의미였다.

183센티미터가 넘는 키에 113킬로그램의 위풍당당한 체구를 가진 오스틴은 차분하고 담담한 어조로 단호한 보장을 전달했다. "우리는 여기에 있을 것입니다." 그가 말했다. "우리는 제5조를 지킬 것입니다."

"사람들은 긴장하고 불안할 때 좋은 결정을 내리지 못합니다." 오스틴은 나중에 참모들에게 말했다. "만약 푸틴이 이 일을 감행한다면, 제2차 세계대전 종전 이후 유럽에서 가장 큰 지상전이 될 수도 있습니다." 그들은 나토의 동부 경계선에서 긴장 완화가 필요했다.

마지막 외교적 억제 노력으로, 바이든 대통령은 2022년 2월 19일 뮌헨안보회의를 위해 카말라 해리스 부통령을 독일로 보냈다. 그는 최고위급에서 미국을 대표하기를 원했고 부통령이 참석하는 것이 전통이었다. 바이든도 부통령 시절 참석했었고, 심지어 트럼프 행정부도 이 전통을 이어 갔다.

이번에는 해리스 차례였다.

바이든은 그녀가 젤렌스키에게 지금이 러시아가 우크라이나를 침공하기 며칠 전, 어쩌면 몇 시간 전일 수도 있다는 것을 확신시켜야 한다고 말했다. 정보는 명확해졌다. 젤렌스키는 이것이 현실임을 받아들여야 했다.

해리스에게는 상황 수습 임무도 주어졌다. 바이든이 "사소한 침공"이라는 뼈아픈 실언을 한 이후, 그녀는 우크라이나 주권에 대한 미국과 나토의 단합된 지지를 보여줄 필요가 있었다.

"냉전 종식 이후 이 포럼이 이렇게 심각한 상황에서 열린 적은 없었습니다." 해리스 부통령이 뮌헨의 바이에리셔 호프 호텔에서 세계 지도자들에게 연설했다. "오늘, 우리가 잘 알고 있듯이, 유럽 안보의 기반이 우크라이나에서 직접적인 위협을 받고 있습니다."

부통령 재임 중 가장 뛰어난 연설로 널리 평가받는 이 연설에서, 해리스는 우크라이나와 나토 제5조, 그리고 평화에 대한 미국의 의지를 성공적으로 보여주었다. 푸틴에게 직접 경고하는 바이든의 전형적인 접근 방식과는 달리, 그녀는 러시아가 "무지와 결백(ignorance and innocence)"을 주장하는 것을 공개적으로 비판했다. (러시아의 "무지와 결백" 호소는 우크라이나 위기를 조장해 놓고도 관련 책임을 부인하고 마치 아무 일도 아니라는 듯 위선적으로 '모르는 척'하며 '결백을 주장'하는 행태를 말함-옮긴이)

"우리가 줄곧 목격해 왔듯이, 러시아의 침략에는 플레이북이 있습니다." 그녀가 말했다. "우리는 러시아가 허위 정보, 거짓말, 그리고 선전을 퍼뜨리는 것을 보고 있습니다."

"우리는 이 도발 없는 침공에 공모하고 방조하는 이들을 표적으로 삼을 것입니다." 그녀가 경고했다. "오해하지 마십시오."

그리고 그녀는 세계와 나토에서의 미국 리더십 역할에 대한 바이든-해리스의 관점과 트럼프 행정부의 고립주의적인 미국 우선주의(America First) 접근법 사이에 뚜렷한 차이를 보였다.

"2년 전 이 회의의 주제는 서방의 지속력에 의문을 제기했습니다," 그녀가 말했다. "범대서양 공동체가 그 결속력, 영향력, 매력을 잃고 있는지 여부가 논의되었습니다."

"그래서 저는 회의론자들과 우리를 시험하려는 사람들에게 답하겠습니다. 오늘, 미국과 우리의 동맹국들, 그리고 우리의 파트너들은 그 어느 때보다 더욱 단결되어 있습니다. 오늘, 우리의 목적은 명확합니다."

"우리의 힘을 과소평가해서는 안 됩니다," 그녀가 말했다. "우리가 항상 보여왔듯이, 무언가를 무너뜨리는 것보다 무언가를 세우는 데에 훨씬 더 많은 힘이 필요합니다."

연설을 마친 후, 해리스 부통령은 바이에리셔 호프 건너편에 있는 코메르츠방크의 별실에서 의자를 빼어 젤렌스키 우크라이나 대통령과 마주 앉았다. 그녀의 국가안보보좌관인 필립 고든이 그녀 옆에 앉았다. 젤렌스키는 그의 수석 참모인 안드리 예르마크와 국방장관 올렉시 레즈니코프를 대동했다.

독일은 코로나19 방역 지침을 시행 중이었다. 그래서 해리스와 고든은 마스크를 착용했다. 그들은 우크라이나 측과 악수하지 않았다. 이것이 젤렌스키를 불쾌하게 만들었다. 마치 그가 꾸지람을 받게 될 것 같은 느낌이었다. 같은 팀이어야 할 양측이 대치하고 있는 모습이었다.

"러시아가 언제든지 당신의 나라를 침공할 가능성을 심각하게 받아들일 필요가 있습니다." 해리스가 그에게 단호하게 말했다.

그녀의 태도와 의사소통 방식은 지나치게 대립적이라는 비판을 자주 받았다. 이는 캘리포니아에서 검사와 법무장관으로 일했던 수년간의 경험이 거의 그녀의 DNA에 각인된 특성이었다.

"우리는 그들이 침공할 거라고 생각하지 않습니다." 젤렌스키가 반박했다. "네, 그들은 우리를 위협하고 있습니다. 우리를 괴롭히고 있어요. 그게 그들이 하는 일입니다."

해리스는 최신 병력 수치를 읽기 시작했다.

"러시아는 이 작전에 20만 명의 병력을 투입했으며, 그중 약 4만 명이 벨라루스에 있습니다."

"벨라루스에 있는 병력은 1만 명도 채 안 됩니다." 레즈니코프 국방장관이 끼어들었다.

"그것은 우리 정보와 전혀 일치하지 않습니다," 해리스가 말했다.

"벨라루스인들은 협조하지 않을 것입니다." 레즈니코프가 말했다. "그들은 전투에 참여하지 않을 것입니다."

해리스의 국가안보보좌관인 필 고든은 그에게 미국의 정보가 정확하다고 말했다. 이것은 미국의 분석이나 애매한 평가가 아니었다. 이것은 가공되지 않은 원시 데이터였다. 위성 사진이었다. 고든은 우크라이나 측이 러시아의 위협을 부정함으로써 대체 누구를 속이려는 건지 이해할 수 없었다.

"보세요," 해리스가 젤렌스키에게 말했다. "우리 팀이 더 구체적인 정보를 공유할 것이지만, 우리는 당신에게 당신들의 숫자가 틀렸다고 말하고 있어요. 당신은 정말로 잠재적으로 임박한 침공에 직면해 있습니다."

젤렌스키는 계속 부인했다. 해리스의 말은 점점 더 검사처럼 들렸다. 그들은 계속해서 공방을 주고받았다. 젤렌스키는 자신이 국경 상황을 심각하게 받아들이고 있다고 거듭 강조했다.

"우리는 무슨 일이 일어나고 있는지 분명히 이해하고 있습니다," 젤렌스키가 말했다. "이곳은 우리의 땅입니다. 우리가 원하는 것은 오직 평화뿐입니다. 우리나라에 평화를 되찾고 싶습니다." 우크라이나 동부의 전투를 끝내는 것이었다.

이 대화에서 작용한 심리적 역학은 젤렌스키가 러시아의 전면 침공이 일어날 것이라는 신호를 보내고 싶지 않았다는 점이었다. 그것이 우크라이나 경제 붕괴와 잠재적으로 정부 붕괴라는 자기충족적 예언을 만들어 낼 수 있기 때문이었다.

마침내 젤렌스키는 해리스의 눈을 똑바로 바라보며 말했다. "제가 무엇을 하기를 원하십니까?"

그들 사이의 침묵이 어색하게 길어졌다.

"그게 당신들에게 무엇을 가져다주죠?" 젤렌스키가 말했다. "제가 이 대화에서 그것을 인정한다면 제재를 부과하실 건가요? 러시아 선박의 항구 입항을 차단하실 건가요? 우리에게 스팅어와 재블린 미사일, 전투기를 주실 건가요?"

해리스는 미국이 아직 러시아에 제재를 부과하지 않을 것이라고 말했다. "처벌은 범죄가 일어난 후에야 가능합니다."

우크라이나 측에게 그것은 변명처럼 들렸다. 러시아는 2014년부터 돈바스 지역에서 우크라이나인들을 상대로 "범죄를 저지르고 있었다."

레즈니코프는 궁금해했다. 미국은 우크라이나가 무엇을 해야 한다고 생각하는 걸까? 항복하라는 것인가? 푸틴이 전면 침공을 감행하면 승리할 수 없다는 것을 인정하라는 것인가? 더 많은 크렘린의 요구에 굴복하라는 것인가? 러시아가 또다시 위반할 더 많은 평화 협정에 서명하라는 것인가?

"당신이 붙잡히거나 살해되거나 통치할 수 없게 될 경우를 대비해 승계 계획을 마련하는 것을 고려해보세요." 해리스가 제안했다. 붙잡히거나 살해되지 않도록 탈출 계획을 세우세요. 가능하다면 우크라이나 군대를 더 동원하세요. 지속적인 국정 운영을 위한 계획을 세우세요.

"하지만 이런 일이 일어나지 않는 척한다면 올바른 결정을 내릴 수 없어요." 해리스가 그에게 촉구했다. "만약 그들이 이 일을 감행한다면 그들은 키이우로 올 겁니다."

"우리는 당신과 함께합니다." 그녀가 어조를 누그러뜨리려 노력하며 덧붙였다. 그녀는 그에게 러시아가 대가를 치르게 될 것이라고 확약했다. 하지만 해리스는 젤렌스키를 바라보며 미국이 충분히 했는지에 대해 의문을 품지 않을 수 없었다.

회의가 끝난 후 고든은 부통령을 돌아보며 말했다. "그들이 탈출 계획도 없고 피신할 곳도 마련하지 않았다는 건 미친 짓이에요." 젤렌스키는 자신이 키이우에 머무를 것이라는 점을 분명히 했다.

우리는 그를 다시는 보지 못할 수도 있어요, 해리스가 답했다.

26
도네츠크와 루한스크 합병 선언

2월 21일 월요일, 푸틴 대통령은 러시아가 전쟁의 길로 나섰음을 공식적으로 선언했다. 크렘린에서 텔레비전으로 생중계된 장시간의 러시아 안보위원회 회의에서, 푸틴은 최고위급 관료들에게 우크라이나 동부의 러시아 지원을 받는 두 분리주의 지역인 도네츠크와 루한스크의 독립 승인 여부에 대해 공격적으로 의견을 물었다.

러시아 지도자는 거대한 흰 기둥들로 둘러싸인 타원형 방의 책상에 홀로 앉아, 최소 30피트(약 9미터) 떨어진 부실한 의자에 불안정하게 걸터앉은 측근들과 마주했다. 푸틴은 그들을 한 명씩 연단으로 불러 의견을 밝히게 했고, 조바심이 난 듯 손가락으로 책상을 두드리고 있었다.

라브로프 외무장관, 드미트리 메드베데프 전 러시아 대통령, 니콜라이 파트루셰프 안보회의 서기, 그리고 비아체슬라프 볼로딘 두마(Duma, 러시아 의회 하원-옮긴이) 의장은 푸틴이 듣고자 하는 지지 의사를 충실히 표명했다.

대외정보국장 세르게이 나리시킨은 머뭇거리며 준비해 온 대사를 더듬었다. 푸틴의 턱이 굳어졌다. "분명하게 말하라," 나리시킨이 몸을 비틀며 불편해하자 푸틴이 노골적인 즐거움을 띠며 명령했다.

나리시킨은 대통령이 원하는 말을 찾으려고 다시 시도했다. "저는 승인하자는 제안을 지지할 것입니다—"

"지지할 것인가, 아니면 지지하는가?" 푸틴이 쏘아붙였다. 이제는 눈에 띄게 짜증 난 모습이었다. "분명하게 말하라, 세르게이."

"저는 그 제안을 지지합니다 …" 나리시킨이 할 수 있는 한 최대한의 단호함을 담아 말했지만 굴욕감을 숨길 수 없었다.

"그냥 예 아니면 아니오로 말하라." 푸틴이 차갑게 말했다.

"예, 저는 도네츠크와 루한스크 인민공화국을 러시아 연방에 가입시키자는 제안을 지지합니다." 나리시킨이 말했다.

푸틴은 고개를 저으며 웃었다. "그것은 우리가 이야기하고 있는 것이 아닙니다. 우리는 그들의 독립을 승인할지 여부를 논의하고 있습니다."

나리시킨의 손이 떨렸고, 그는 거의 간청하듯 푸틴을 바라보았다. 푸틴은 책상 위의 마이크 쪽으로 몸을 앞으로 기울이고 있었고, 마치 자신이 이 상황을 대단히 즐기고 있다는 듯 두 손을 앞에서 깍지 끼고 있었다.

"예," 나리시킨이 말했다. "저는 그들의 독립을 승인하는 제안을 지지합니다."

"자리로 돌아가도 된다." 푸틴이 무시하는 듯 말하고는 의자에 편안하게 몸을 뒤로 기댔다.

바이든 대통령은 즉시 도네츠크와 루한스크에서의 모든 경제 활동을 차단하는 행정명령을 내렸다. 독일은 러시아와의 110억 달러 규모의 노드 스트림 2 가스 파이프라인 프로젝트가 진행되지 않을 것이라고 발표했다.

러시아군은 국경에 전술적 위치를 잡았다. 우크라이나 동부의 러시아가 지원하는 분리주의자들은 우크라이나 민간인들을 강제로 그들의 집에서 떠나도록 했고, 우크라이나 남성들과 소년들을 러시아군으로 강제 징집하기 시작했다.

"이건 천재적이에요," 트럼프는 다음 날인 2월 22일, 마라라고에서 진행된 보수 라디오 쇼 인터뷰에서 푸틴이 특정 우크라이나 지역들을 독립국으로 선언한 조치를 칭찬하며 말했다.

"그래서 푸틴은 이제 '독립했다'고 말하고 있어요, 우크라이나의 큰 부분이요. 저는 '얼마나 영리한가?'라고 말했죠. 그리고 그는 들어가서 평화유지군 역할을 할 겁니다. 그게 가장 강력한 평화군이죠. 우리도 우리 남부 국경에서 그걸 사용할 수 있을 겁니다. 제가 본 것 중 가장 강력한 평화 세력입니다. 제가 지금까지 본 것 중 가장 많은 군용 전차들이 있었어요. 그들은 평화를 확실히 유지할 겁니다. 아니, 그런데 생각해보세요. 여기 아주 약삭빠른 사람이 있어요. 저는 그를 아주 잘 알아요. 아주, 아주 잘 알죠," 트럼프는 신이 나서 말했다.

"저는 그가 항상 우크라이나를 원했다는 걸 알고 있었습니다." 트럼프가 말했다. "예전에 그와 이 문제에 대해 이야기하곤 했습니다. 저는 '당신은 그걸 할 수 없어요. 당신은 그렇게 하지 않을 겁니다'라고 말했습니다. 하지만 저는 그가 우크라이나를 원한다는 걸 알 수 있었습니다."

27
2022년 2월 24일 새벽: 러시아의 우크라이나 침공

2월 23일 오전 9시 15분, 설리번은 웨스트윙에 있는 자신의 사무실에서 우크라이나 회의를 진행하고 있을 때 문이 열리고 CIA 국장 빌 번스가 종이 한 장을 들고 들어왔다.

CIA 국장이 회의에 불쑥 들어온 적은 한 번도 없었다.

"안녕하세요, 빌," 설리번이 말했다.

번스는 마치 방 안에 누가 있는지 확인하려는 듯이 주위를 둘러보았다. 그는 대통령 집무실로 가는 중이라고 말했다.

"시작됐나요?" 유럽 담당 수석 국장인 아만다 슬로트가 번스에게 물었다. 그들은 모두 푸틴이 러시아군에게 침공 명령을 내렸다는 신호를 바짝 긴장한 채 기다리고 있었다.

"시작됐습니다." 번스가 말했다.

2월 24일 목요일, 모스크바의 일출 전에 푸틴이 텔레비전에 등장했다. 그는 크렘린에서 러시아 국기들을 양옆에 두고 책상에 홀로 앉아 있었다.

"저는 우크라이나에서 특별 군사 작전(special military operation)을

실시하기로 결정했습니다." 푸틴이 말했다.

"우리를 방해하려는 자는 누구든지," 푸틴이 이어 말했다. "그리고 더 나아가 우리나라와 우리 국민에게 위협을 가하려는 자는 러시아의 대응이 즉각적일 것임을 알아야 합니다. 그리고 그것은 당신들이 역사상 한 번도 겪어본 적 없는 결과로 이어질 것입니다."

"러시아는 여전히 가장 강력한 핵보유국 중 하나입니다," 그가 위협했다.

수도인 키이우와 두 번째로 큰 도시인 하르키우에서 천둥 같은 폭발음이 보고되었다. 우크라이나 내무부는 러시아군이 남부 오데사에 상륙했고 국경을 넘고 있다고 밝혔다. 아직 해가 뜨지 않은 시각이었다.

젤렌스키 대통령의 차량 행렬은 어두운 키이우 거리를 질주했으며, 반대 방향으로 피난하는 사람들로 가득 찬 차들을 지나쳤다. 밖은 여전히 어두웠다. 그는 자신의 아이들을 향해, 우크라이나의 모든 아이들을 향해 날아오는 로켓들을 생각하며, 러시아의 엄청난 공격 규모를 파악하려고 애썼다. 그가 생각할 수 있는 것은 오직 엄청난 규모의 죽음뿐이었다.

젤렌스키의 전화가 울렸다. 국가의 경찰과 국경 수비대를 감독하는 데니스 모나스티르스키 내무장관이었다.

러시아군은 어디에서 오고 있나요? 젤렌스키가 물었다. 어느 방향입니까? 북쪽, 동쪽, 아니면 남쪽인가요? 그는 푸틴이 우크라이나를 침공하기 위해 정확히 어떤 축선을 선택했는지 알고 싶었다.

"모든 방향에서입니다." 모나스티르스키가 말했다.

독일의 대외정보기관 BND의 수장인 브루노 칼은 침공이 일어난 아침에 키이우에 있었다. 러시아의 첫 미사일이 발사되기 직전까지, 그는 미국과 영국의 모든 정보 평가에도 불구하고 침공이 일어나지 않을 것이라고 확신하고 있었다.

독일의 라이벌인 폴란드인들은 러시아의 침공이 시작되자 BND 수장이 자신의 비행기를 탈 수 없게 되어 특수부대에 의해 우크라이나에서 육로로 탈출해야 했던 이야기를 즐겨 했다.

모스크바보다 8시간 늦은 워싱턴 D.C.에서는 2월 23일 저녁 9시 30분이 조금 지난 시각이었다. 바이든의 주요 참모들이 상황실에 모였다. 대통령은 관저에서 보안 전화로 연결되어 있었다.

밀리 합참의장과 오스틴 국방장관은 푸틴이 175,000명에서 190,000명 사이의 병력을 갖춘 123개의 러시아 대대 전술 그룹(battalion tactical groups)을 동원했다고 말했다. (대대 전술 그룹이란 러시아군의 주요 전술 단위로 보병, 기갑, 포병, 의료 지원 등 다양한 자산 요소가 통합된 자급자족형 전투 단위를 말한다-옮긴이). 러시아군은 여러 축선을 따라 침공하고 있었다: 북쪽의 벨라루스, 동쪽의 러시아 점령 지역 돈바스, 그리고 남쪽의 크림반도를 통해서. 키이우를 향해 직접 진격하는 두 개 라인의 러시아 군대가 있었는데, 그들의 목표는 우크라이나 정부를 참수하고 자신들의 정부를 세우는 것이었다.

일부 펜타곤 평가에서는 키이우가 첫 72시간에서 96시간 내에 함락될 것이라고 예측했다. 다른 정보 평가들은 몇 주가 걸릴 것이라고 예상했다. 러시아는 모든 측정 가능한 측면에서 훨씬 우수한 군사력을 보유하고 있었다.

바이든은 오스틴과 밀리에게 이미 유럽에 주둔 중인 미국의 지상군과 공군을 에스토니아, 라트비아, 리투아니아, 폴란드, 그리고 루마니아로—우크라이나 국경 근처—이동시킬 권한을 부여했는데, 이는 미국이 NATO 영토를 한 치도 빠짐없이 방어할 것임을 푸틴에게 상기시키기 위한 것이었다.

트럼프는 그날 저녁 플로리다에서 열린 모금 행사에서 푸틴에 대해 "꽤 똑똑하다"고 말했으며, 침공을 전직 대통령으로서가 아니라 부동산 거래처럼 평가했다.

"그는 2달러어치의 제재를 받고 한 나라를 점령했습니다." 트럼프가 말했다. "정말 광활하고 거대한 지역, 많은 사람들이 있는 훌륭한 땅으로 그냥 걸어 들어갔어요."

키이우의 대통령 관저에서, 젤렌스키는 자신이 가장 잘하는 것—소통—에 집중했다. 그는 먼저 자신의 가장 강력한 지지자 중 한 명인 영국 총리 보리스 존슨에게 전화를 걸었다.

"우리는 싸울 겁니다, 보리스," 젤렌스키가 그에게 말했다. "우리는 포기하지 않을 겁니다."

젤렌스키는 또한 푸틴의 침공을 막기 위해 그를 개인적으로 설득하려고 집중적으로 관여해 왔던 프랑스 대통령 에마뉘엘 마크롱에게도 전화를 했다.

"에마뉘엘, 당신이 푸틴과 대화하는 것이 매우 중요합니다," 젤렌스키가 말했다. "우리는 유럽 지도자들과 바이든이 힘을 합칠 수 있다고 확신합니다. 만약 그들이 그에게 전화해서 멈추라고 말한다면, 그는 멈출 것입니다. 그는 들을 것입니다."

"젤렌스키 대통령과 통화하고 싶네." 바이든이 설리번과 존 파이너에게 말했다. 워싱턴은 이제 늦은 저녁 시간이었다. 바이든은 젤렌스키의 신변 안전을 매우 걱정하고 있었다.

"제가 당신을 위해 무엇을 해줄 수 있을까요? 어떻게 도와줄 수 있을까요?" 바이든이 젤렌스키에게 물었다.

"세계의 지도자들을 모아주세요." 젤렌스키가 말했다. "그들에게 우크라이나를 지지해 달라고 요청해주세요."

함께 통화를 듣고 있던 설리번과 파이너는 젤렌스키가 두려워하고 있다는 것을 알 수 있었다. 평소 바이든과의 전화 통화에서 보여줬던 우크라이나 대통령의 호방한 수사는 사라졌다.

"우리는 당신과 함께할 것입니다." 바이든 대통령이 말했다. "필요한 것이 있으면 언제든지 우리에게 말씀해 주세요." 그는 젤렌스키를 대피시키고 폴란드에 우크라이나 임시 망명 정부를 수립하는 데 도움을 주겠다고 제안했다.

젤렌스키는 거절했다. 그는 남기로 했다. 그는 바이든에게 우크라이나 주변에 비행금지구역을 설정해달라고 요청했다. 우리는 하늘을 폐쇄해야 한다고 젤렌스키가 말했다. 우크라이나는 공중에서 집중 폭격을 받고 있었다.

바이든은 거절했다. 비행금지구역을 시행하면 미국이나 나토의 전투기가 러시아 항공기를 격추해야 하는데, 이는 바이든에게는 불가능한 확전이었다.

"제가 언제 다시 당신과 통화할 수 있을지 모르겠습니다," 젤렌스키가 통화 마지막에 말했다.

그 말이 공중에 맴도는 듯했다.

"언제든 저와 대화하고 싶으시면, 제가 여기 있습니다," 바이든 대통령이 젤렌스키를 안심시켰다.

몇 시간 후, 오전 11시 20분경, 젤렌스키는 키이우에서 영상으로 국민들에게 연설하며, 돌격 소총을 원하는 사람은 누구든지 도시 곳곳에 설치된 배급센터에서 받을 수 있다고 말했다. 소셜 미디어를 통해 공유된 강렬한 영상들은 우크라이나의 많은 이들이 생애 처음으로 총을 집어 드는 모습을 보여주었다. 러시아 여단이 키이우를 향해 진격해 오자, 우크라이나인들은 거리로 나와 다가오는 군대를 향해 "꺼져"라고 소리치며 떠나라고 외쳤다. 다른 이들은 우크라이나군이 러시아 목표물을 찾을 수 있도록 도왔다.

흑해의 작은 우크라이나 전초기지인 스네이크 섬(Snake Island)에서, 두 척의 러시아 군함이 그곳에 주둔하고 있던 13명의 우크라이나 국경 수비대에게 항복을 요구했다. 한 수비대원이 송신기를 들고 "러시아 군함, 씨x 꺼져버려"라고 응답했다. 러시아는 스네이크 섬을 점령했지만, 우크라이나인들의 저항 정신은 전 세계 언론 매체에 보도되며 우크라이나 저항의 상징이 되었다.

그날 오후 젤렌스키와 그의 팀이 우크라이나를 탈출했다는 소문이 퍼졌다. 그래서 젤렌스키는 비서실장 안드리 예르마크를 포함한 자신의 참모진과 함께 키이우 중심부를 걷는 영상을 촬영했다.

"우리는 모두 여기에 있습니다." 젤렌스키가 선언했다. "우리의 독립과 국가를 지키고 있으며, 앞으로도 그럴 것입니다. 우리의 여성 전사들에게 영광을! 우크라이나에 영광을!"

이를 지켜보며 합참의장인 마크 밀리 장군은 "젤렌스키는 전파를 다루는 데 대가였고, 지금도 여전히 대가입니다"라고 말했다.

CIA 국장 번스 또한 젤렌스키의 리더십에 감명받았다. "처음 48~72시간 동안 그는 자리를 지켰습니다. 그는 러시아가 가할 수 있는 가장 강력한 타격을 받았습니다. 그는 여전히 굳건히 서 있었고, 온 국민이 그와 함께하도록 이끌었다고 생각합니다."

전쟁 초기에, 미국 정보기관의 예측대로 러시아군은 키이우에서 10마일(약 16킬로미터)도 채 떨어지지 않은 곳에 있는 대형 화물 비행장인 호스토멜 공항을 점령하려고 시도했다. 세계에서 가장 큰 항공기인 므리야(Mriya)가 호스토멜에 격납되어 있었다.

이 공항은 러시아군에게 엄청난 전략적 가치를 지니고 있었다. 러시아군은 이를 공중 수송로로 활용해 장갑차와 공수대대를 가득 실은 대형 Il-76 군용 수송기를 착륙시켜 키이우를 장악할 계획이었다. 이미 러시아군은 착륙 준비를 마친 수많은 Il-76 수송기를 공중에서 대기시켜 놓은 상태였다.

우크라이나군은 전투 준비가 가장 잘 된 여단들을 동부 전선으로 보내는 전술적 실수를 범했다. 하지만 공항 공격은 러시아의 계획대로 진행되지 않았다. 우크라이나군은 러시아군이 증원 병력을 투입하기도 전에 공항 내부의 러시아군을 포위했다. 이것이 전쟁의 첫 번째 대규모 전투였다.

우크라이나군은 러시아가 항공기를 착륙시킬 수 없을 정도로 격렬하게 반격했다. 러시아는 결국 공항을 장악했지만, 우크라이나군이 폭격과 포격으로 공항에 막대한 피해를 입혀 러시아는 이곳을 재보급 기지로 사용할 수 없었다.

"군사 이론은 트레이닝복과 사냥용 소총을 든 평범한 사람들은 고려하지 않습니다."(러시아의 군사 계획이 우크라이나의 전국민적 저항 의지를 고려하지 못했다는 의미-옮긴이) 이른바 철의 장군으로 불리는 우크라이나군 총사령관 발레리 잘루즈니 장군이 말했다.

첫 번째 공세에서 러시아군은 체르노빌 원자력 발전소도 장악했지만, 또다시 치명적인 실수를 저질러 탱크와 장갑차를 몰고 가장 방사능 오염이 심한 지역인 "붉은 숲(Red Forest)"을 통과했다. 체르노빌 직원들은 러시아군이 방사능 먼지를 흡입하는 것은 자살행위나 다름없다고 말하는 것을 들었다고 전했다. (체르노빌 원자력 발전소는 1986년에 발생한 대규모 원전 사고로 유명한데, 원전 근처 지역은 오랫동안 거주가 금지된 상태였다-옮긴이)

번스는 정보를 통해 "러시아 침공의 선봉은 벨라루스에서 곧장 남쪽으로 우크라이나를 향할 것이며, 교통 체증이 없다면 2시간 30분 거리다. 목표는 키이우를 신속하게 공격하는 것이었다. 정권을 찬수하려는 것이었다"는 것을 파악하고 있었다.

또 다른 놀라운 사실은 러시아 헬리콥터 조종사들이 야간 비행을 꺼린다는 것이었는데, 야간은 미국 조종사들에게 핵심 시간대였다. 낮에 비행하는 그들은 스스로를 우크라이나군의 사격에 쉬운 표적으로 만들었다. 우크라이나군은 또한 어둠의 엄호를 이용해 러시아군을 밀어내기 위한 복잡한 지상 작전을 수행하고 있었다.

침공 5일째인 2월 28일, 15,000명의 러시아군, 탱크, 보급 트럭,

무기 및 포병으로 구성된 40마일(약 64킬로미터) 길이의 차량 행렬이 거대한 교통 체증에 발목이 잡혀 있었다—이는 명백한 러시아의 전술적 실수였다.

"우크라이나군이 한 일은 로켓 과학이 아니었습니다." 번스가 말했다. "그들은 꽤 체계적으로 차량 행렬의 첫 번째와 마지막 차량을 제거했고, 그다음 연료 트럭들을 차례로 노렸습니다. 금세 러시아군은 꼼짝 못하게 되었습니다."

러시아의 탱크들은 진흙에 갇혀 연료가 떨어졌으며, 일부는 우크라이나인들이 도로 표지판을 바꿔놓는 바람에 키이우에서 벗어나 엉뚱한 방향으로 가버렸다. 한 우크라이나 저격수는 멈춰 선 차량들 앞으로 나섰던 러시아 소장을 사살했다.

러시아군 차량 행렬은 식량과 물을 고작 사흘 치만 가져왔다. 불에 타 파괴된 러시아 탱크와 차량을 촬영한 영상에는 병사들이 승리 축하를 예상하고 퍼레이드용 제복을 가져온 모습도 드러났다.

"그들은 벨라루스에서 키이우까지 쉽게 진격할 수 있을 거라 생각했고, 모두 퍼레이드를 준비하고 있었어요." 우크라이나 주미 대사 옥사나 마카로바가 벨라루스에서 그녀의 고향인 보르젤로 향하는 러시아군 행렬을 지켜보며 말했다.

"러시아의 군사 작전이 얼마나 무능한지 완전히 드러났어요." 번스가 상황이 전개되는 것을 지켜보며 평가했다. "이런 일이 일어난 부분적인 이유는 의사 결정권이 너무 소수에게 집중되어 있기 때문입니다. 러시아 군부에서 고위 장성과 국방장관 아래 계급에 있는 사람들은 사실상 작전이 진행되면서 그때그때 상황을 따라잡고 있었습니다."

"부대 지휘관들은 자신들의 목표가 무엇인지 제대로 이해하지 못했습니다." 번스가 말했다. "그들의 병참과 지휘 체계는 완전히 망가져 있었습니다."

러시아 군대는 미군과는 달리 매우 철저한 상명하달식 체계였다. 야전급 장교나 하급 장교들에게는 주도권이 거의 없었다. 그래서 러시아군은 상황에 적응하고 즉흥적으로 대처하기보다는 본부의 지시를 기다려야 했다.

번스는 러시아군이 군사 교리에 따라 당연한 행동을 할 것으로 예상했었다.

"우리는 그들이 미군이 했을 법한 일을 정확히 할 것이라고 예상했습니다. 그러니까 처음 24시간 동안 지휘통제 시스템을 파괴하고 방공 시스템을 무력화시키는 것이죠. 하지만 그들은 그렇게 하지 않았습니다."

CIA 국장은 정보 분석가들과 상의했다. 왜 러시아는 당연한 조치를 취하지 않았을까? 그 이유 중 일부는 오만 때문이었다. "그들은 우크라이나가 그냥 굴복할 것이라고 너무나 확신했습니다. 왜 이 모든 시스템을 파괴하고 나중에 다시 재건해야 하겠습니까?"

키이우 전투는 5주도 채 지속되지 않았다. 푸틴이 아닌 러시아 국방부가 수도에서 러시아군을 철수시킨다고 발표했다. 최소 35,000명의 러시아 병력이 실패한 키이우 진격에 참여했다. NATO의 계산에 따르면 최소 10,000명의 러시아군이 전사했다.

우크라이나인들은 세계에서 두 번째로 강력한 군대를 후퇴시켰으며, 무시무시한 전투력을 지닌 군대라는 러시아의 이미지를 산산조각 내버렸다.

펜타곤에서 오스틴 국방장관은 지속적으로 우크라이나 전장 상황을 평가하고 있었다.

"내 생각에 그는 막판까지도 [침공] 최종 결정을 내리지 않았던 것 같아." 오스틴이 푸틴에 대해 측근 참모들에게 말했다. "그의 군대는 마땅히 준비되어 있어야 했던 수준만큼 준비되어 있지 않았던 거지."

"병사들은 전투에서 정확히 그들이 훈련받은 대로 행동할 것입니다. 그리고 만약 그들이 지휘관을 믿는다면, 그들이 지휘관을 신뢰한다면, 그들은 모든 기대를 뛰어넘을 것입니다. 그렇지 않다면 일을 제대로 해내기가 어려워집니다." 오스틴이 말했다.

러시아군이 키이우 전투에서 철수했을 때, 그들이 지나간 자리에는 끔찍한 전쟁 범죄의 증거들이 남아 있었다. 수백 명의 민간인이 묻힌 집단 무덤, 고문으로 훼손된 시신들, 그리고 성폭력을 당한 이들이 발견되었다.

미국 정보는 러시아가 점령한 우크라이나 도시와 마을에 강제수용소를 만들어 러시아의 지배에 굴복하지 않을 민간인들을 "색출하려고" 계획했음을 보여주었다.

국가안보회의 내에서 설리번, 파이너, 그리고 그들의 참모진은 지금까지 일어난 모든 일을 되돌아보았다.

"우리는 한 가지를 완벽하게 맞췄습니다. 그것은 그들이 무엇을 할 것인지, 어디서 할 것인지, 그리고 언제 할 것인지였습니다." 국가안보회의 전략기획국장 알렉스 빅이 말했다.

"그 외의 모든 것은 우리가 틀렸습니다." 그가 말했다. "우리는 유럽의 대응을 과소평가했습니다." 몇 달 동안 미국은 유럽 파트너들을 마치 무거운 썰매를 가파른 언덕 위로 끌어올리듯이 억지로 끌고 가는 것처럼 느껴졌었다. 하지만 러시아가 침공한 후 유럽 국가들은 신속하고 단호하게 행동했다.

"우리는 우크라이나인들의 결의를 심각하게 과소평가했고, 러시아 군대를 과대평가했습니다." 빅이 결론지었다. "이 세 가지 모두 우리에게 유리하게 작용했습니다." 그가 말했다. "우리는 우리가 할 수 있는 최고의 전략을 실행했습니다." 존 파이너가 말했다. "하지만 결과를 보면 기분이 좋을 수가 없습니다. 여전히 끔찍한 전쟁입니다."

28
"내가 왜 푸틴을 그렇게 미워하지?"

덥수룩한 회색 머리의 극우 전략가이자 트럼프의 오랜 고문인 스티브 배넌은 러시아와 우크라이나 사이에서 벌어지는 일을 열광적으로 지켜보고 있었다.

"푸틴은 '워크(woke)'하지 않아요." 배넌이 자신의 팟캐스트 〈워룸(War Room)〉에서 말했다. "이건 구식 오리지널 갱스터 방식으로 갈 겁니다." (woke는 사회 정의와 진보적 가치를 추구하는 문화적 각성을 뜻하는 미국 정치 용어-옮긴이)

"우크라이나는," 배넌이 말했다, "일종의 개념일 뿐입니다. 국가도 아니에요."

러시아가 침공하자마자 배넌은 대통령이 미국 남부 국경보다 우크라이나 국경 보호에 더 관심이 있다고 주장하며 바이든의 탄핵을 촉구했다. "그는 탄핵당할 거예요. 우리가 그를 탄핵할 거예요!"

"헌터 바이든은 사업 파트너들과 거기 있나요? 우크라이나 국기를 들고 앉아 있나요? 헌터는 어디에 있나요? 자신의 미술관에 있나요? 또 스트리퍼들과 있나요? 또 크랙(코카인을 가공하여 만든 매우 중독성이 강한 불법 약물-옮긴이)을 피우고 있나요?" 배넌이 야유했다.

〈폭스 뉴스〉 진행자 터커 칼슨도 문화 전쟁을 부추기며 미국인들에게 푸틴에 대한 비판을 재고해보라고 촉구하고 있었다. 그는 러시아 지도자의 잔혹한 영토 정복 시도를 우크라이나와의 단순한 "국경 분쟁"으로 포장했다. 그는 시청자들에게 스스로에게 물어보라고 말했다: "내가 왜 푸틴을 그렇게 미워하지? 푸틴이 나를 인종차별주의자라고 부른 적이 있나? 그가 자기와 의견이 다르다고 나를 해고하겠다고 위협한 적이 있나? 그가 기독교를 말살하려고 하나?"

29
핀란드와 스웨덴의 NATO 가입

"저 씨x 푸틴." 바이든 대통령은 집무실에서 참모들에게 격분하며 말했다. 그는 러시아 대통령에 대해 불같이 화가 나 있었다. "우리가 지금까지 해온 일들을 하지 않았다면 어떻게 됐을지 상상이나 할 수 있겠어? 하느님 맙소사!" 그가 소리쳤다.

"내 말은 그가 에스토니아를 공격했을 것이고, 발트 3국을 공격했을 것이란 거야. 그는 지금 자신이 직면한 저항 때문에 지구상에서 가장 놀란 사람일 거야. 그는 자신의 생존을 위해 싸우고 있어." 바이든이 말했다.

바이든은 러시아가 "우크라이나를 집어삼키려는" 시도에 대해 매일 보고받는 보고서와 이미지들에 혐오감을 느꼈다.

"푸틴은 악이야. 우리는 악의 화신을 상대하고 있는 거야." 바이든이 거의 종교적인 열정으로 말했다.

바이든은 푸틴이 러시아 역사에서 위대한 강대국의 지도자로 — 중국 시진핑 주석이나 미국 대통령과 동등한 지위의 세계적 지도자로 — 보이고 기억되고자 하는 욕망에 사로잡혀 있다고 말했다.

그건 "환상"이라고 바이든이 말했다. "우리는 그를 막아야 해."

푸틴은 우크라이나에서 멈추지 않을 것이라고 바이든은 확신했다. 우크라이나 전쟁은 이제 자유와 자유를 사랑하는 전 세계 국가들을 위한 싸움이 되었다.

러시아는 전쟁 개시 몇 시간과 며칠 동안 충격적인 무능함을 드러냈으며, 러시아군이 막강하고 뛰어난 전투력을 지녔다는 신화를 산산조각 냈다.

우크라이나는 다윗과 골리앗의 전투를 벌여 모두의 예상을 뒤엎고 러시아를 막아냈다. 하지만 바이든에게 전달된 미국 정보기관의 보고서는 푸틴이 시간과 러시아 군대의 규모가 자신에게 유리하다고 믿고 있음을 보여주었다.

바이든 대통령은 푸틴의 침공이 러시아에 엄청난 전략적 실패가 되도록 만들고 싶다고 말했다. 그는 푸틴에게 명확하고 확실한 타격을 가하길 원했다.

대통령은 어느 날 늦은 저녁, 러시아와 우크라이나에 대한 국가안보 전문가들을 백악관 관저로 불러 아이디어를 집중적으로 토론했다.

논의를 주도한 설리번과 파이너는 푸틴이 침공한 것은 적어도 부분적으로는 우크라이나라는 한 나라를 나토에서 배제시키고, 나토 동맹이 무너지고 있고, 약하며, 분열되고, 취약하다는 것을 보여줌으로써 다른 국가들의 가입 열망을 단념시키기 위한 것이라고 지적했다.

만약 그들이 NATO 동맹에 더 많은 국가를 추가한다면 어떨까? 푸틴이 원했던 것과 정반대의 결과 말이다. 만약 이것이 제대로 이루어질 수 있다면, 푸틴에게는 엄청난 전략적 타격이 될 뿐만 아니라 나토의 단결을 보여주는 강력한 공개적 선언이 될 터였다.

핀란드와 스웨덴은 역사적으로 군사적 비동맹을 외교정책의 핵심 원칙으로 유지해 왔지만, 러시아의 침공은 분명히 그들을 동요시켰다.

파이너는 핀란드와 스웨덴의 여론조사가 러시아의 우크라이나 침공이 나토 가입에 대한 새로운 관심을 불러일으켰음을 보여준다고 지적했다. 핀란드는 1917년에 러시아로부터 독립을 선언했으며, 러시아와 832마일(1,340킬로미터)에 이르는 국경을 공유하고 있다. 만약 핀란드가 나토에 가입한다면?

침공 이전의 여론조사에서는 핀란드 인구의 약 25퍼센트만이 나토 가입을 지지하는 것으로 나타났다. 새로운 여론조사는 놀랍게도 76퍼센트의 핀란드인이 지지하고 있음을 보여주었다. 그리고 스웨덴은 처음으로 나토 가입 찬성 비율이 51퍼센트에 달했다고 발표했는데, 이는 침공 이전인 1월의 42퍼센트에서 상승한 수치였다. 정치인들이 진지하게 받아들여야 할 변화라고 파이너가 말했다.

특히 핀란드인들에게 우크라이나인들의 싸움은 섬뜩하게 익숙한 것이었다. 러시아는 제2차 세계대전 중인 1939년에 핀란드를 침공했다. 엄청난 수적 열세에도 불구하고 핀란드인들은 후에 '겨울 전쟁'으로 알려진 싸움에서 소련의 점령을 막아냈지만, 동부 지방인 카렐리아의 10퍼센트 지역을 잃었고, 이 지역은 오늘날까지도 여전히 러시아의 일부로 남아 있다.

바이든은 기회를 보았다. 두 북유럽 국가는 발전된 경제와 잘 갖춰진 군대를 보유한 강력한 민주주의 국가였다. 핀란드는 전시 병력이 28만 명에 달했다. 스웨덴은 약 4만 6천 명으로 훨씬 작지만, 푸틴이 2014년에 크림반도를 침공한 이후 군사력에 대한 투자를 늘려왔다.

핀란드가 나토에 가입한다면 모스크바와 마주한 나토의 국경선은 사실상 두 배로 늘어날 것이고, 발트해에서 동맹에 전략적 우위를 제공하게 될 것이다. 스웨덴 역시 발트해에서 러시아와 해상 국경을 접하고 있다.

"사실상 러시아에게 엿 먹으라는 셈이죠," 파이너가 말했다.

국가안보회의 유럽 담당 수석 국장인 아만다 슬롯은 바이든에게 사울리 니니스퇴 핀란드 대통령과 만나 푸틴에 대한 니니스퇴의 의견을 들어볼 것을 촉구했다.

"핀란드인들은 유럽에서 그 누구보다 푸틴을 더 면밀히 지켜보고 있습니다," 슬롯이 말했다. "니니스퇴는 정말 오랫동안 러시아를 관찰해 온 인물입니다." 니니스퇴는 푸틴과 여러 차례 대화를 나눈 적이 있었다. "두 나라는 어업 분쟁을 비롯해 해결해야 할 다른 문제들이 있습니다," 슬롯이 덧붙였다.

"이 문제를 타진해보고 무엇이 가능한지 알아봅시다." 바이든이 말했다.

3월 4일, 푸틴의 침공 10일 후, 바이든 대통령은 핀란드의 나토 가입 방안에 대해 논의하기 위해 백악관에서 니니스퇴 핀란드 대통령을 만났다.

니니스퇴는 자신이 푸틴을 오랫동안 알고 지냈다고 말했다. 그는 때때로 푸틴과 함께 하키를 했지만, 푸틴은 한 번도 진 적이 없었다.

바이든은 이 과정을 수월하게 만들기 위해 미국이 도울 일이 있다면 알려달라고 말했다.

니니스퇴는 핀란드가 나토 가입 의사를 발표하는 시점과 실제로 동맹에 가입하여 제5조 보호를 받게 되는 시점 사이의 시간 간격에 대해 우려하고 있다고 말했다. 그 간격이 너무 길고 불확실하여 잠재적으로 핀란드를 취약하게 만들 수 있었다. 푸틴이 그 공백기를 이용해 핀란드가 결정을 번복하도록 강요하려 할 수도 있었다. 니니스퇴는 핀란드가 제2의 우크라이나가 되는 것을 원하지 않았다.

바이든은 설리번과 파이너에게 그 기간 동안 위험을 관리할 수 있는 방안들을 검토하라고 지시했다. 핀란드와 스웨덴과의 합동 훈련 속도를 높일 수 있을까? 러시아가 어떤 시도도 하지 못하도록 어떤 강력한 선언적 메시지를 보낼 수 있을까? 어떤 안전 보장을 제공할 수 있을까?

"러시아가 할 수 있는 일은 많지 않습니다." 파이너가 설리번에게 말했다. "러시아의 전투력과 역량의 약 50~60퍼센트가 남쪽 우크라이나에 투입되어 있습니다. 러시아가 실제로 가장 감당하기 어려운 것은 어떤 형태로든 또 다른 전선이 생기는 것입니다."

드미트리 메드베데프 러시아 안보회의 부의장은 스웨덴과 핀란드가 나토에 가입할 경우, 러시아는 폴란드와 리투아니아 사이에 끼어있는 러시아 월경지인 칼리닌그라드에 핵무기와 극초음속 미사일을 배치할 것이라고 경고했다.

"발트해 지역의 비핵지대 지위에 대한 논의는 더 이상 있을 수 없습니다. 균형을 회복해야 합니다." 메드베데프가 말했다.

5월 초, 스웨덴은 미국, 영국 및 다른 나토 국가들로부터 안전 보장을 받았다고 공개적으로 확인했다.

"러시아가 분명히 알아야 할 것은, 만약 그들이 위협했던 대로 스웨덴에 대해 어떤 종류의 부정적인 행동을 취한다면, 미국은 그것을 아무런 대응 없이 그냥 일어나도록 내버려 두지 않을 것입니다." 스웨덴의 앤 린데 외무장관이 워싱턴에서 블링컨과의 회담 후 스웨덴 TV에 출연해 말했다.

나토 회원국인 노르웨이, 덴마크, 아이슬란드는 러시아의 보복이 있을 경우 지원을 제공하겠다고 약속하는 공동성명을 발표했다. "핀란드나 스웨덴이 나토 회원국의 자격을 얻기 이전에 자국 영토에 대한 침략의 희생자가 된다면, 우리는 필요한 모든 수단을 동원해 핀란드와 스웨덴을 지원할 것입니다."

영국의 보리스 존슨 총리는 안보 보장 제안을 훨씬 더 공개적으로 했다. 그는 스웨덴과 핀란드 양국을 방문하여 상호 안보 협정에 서명했는데, 이 협정은 어느 한 나라가 공격이나 재난에 직면할 경우 군사적 수단을 포함할 수도 있는 다양한 방법으로 서로를 지원한다는 내용을 담고 있었다.

서명 후 헬싱키 대통령궁에서 열린 기자회견에서 니니스퇴는 핀란드가 나토에 가입할 경우 러시아의 보복에 대해 질문을 받았다.

"만약 그런 일이 일어난다면 제 대답은 이렇습니다. 당신이 이 사태를 초래했습니다. 거울을 보십시오," 니니스퇴는 그의 오랜 친구인 푸틴을 겨냥해 말했다.

5월 12일, 핀란드의 니니스퇴 대통령과 산나 마린 총리가 핀란드가 공식적으로 나토 가입을 추진할 것이라고 발표했을 때, 크렘린은 즉시 핀란드가 자국 영토를 러시아와의 새로운 군사적 대결 전선으로 만들고 있다고 비난했다.

"러시아는 자국의 국가안보에 대한 위협을 중단시키기 위해 군사·기술적 성격과 다른 성격의 보복 조치를 취할 수밖에 없을 것"이라고 러시아 외무부가 경고했다. "헬싱키는 그러한 행동에 대한 책임과 결과를 인식해야 합니다."

이틀 후, 니니스퇴는 푸틴에게 전화를 걸어 이 소식을 직접 전했다. 핀란드가 나토에 가입한다는 것이었다. 푸틴은 차분했고, 놀라울 정도로 그의 반대 의사는 절제되어 있었다.

푸틴은 그것은 실수이며, 핀란드는 어떤 위협도 받고 있지 않다고 말했다고 니니스퇴가 전했다.

시계처럼 정확하게, 스웨덴이 이어서 나토 가입 의사를 공개적으로 발표하며 73년 동안 유지해 온 군사적 비동맹 정책을 깨뜨렸다.

같은 날, 나토는 발트해 지역에서 가장 큰 규모의 군사 훈련 중 하나를 시작했다. 10개국에서 온 약 15,000명의 병력이 참가했는데, 8개 NATO 회원국과 스웨덴 및 핀란드가 포함되었다. "고슴도치"라는 이름의 이 훈련은 러시아의 가장 가까운 군사 기지에서 40마일(약 64킬로미터) 떨어진 에스토니아에서 실시되었으며, 에스토니아에 대한 러시아의 공격 상황을 시뮬레이션하여 푸틴에게 극적으로 도전장을 내밀었다.

한편, 유럽 북부에서 발칸반도에 이르기까지 유럽 전역에서 나토 훈련이 본격화되었다. 폴란드에서는 18,000명의 병력이, 북마케도니아에서는 헬리콥터 훈련이, 리투아니아에서는 독일 레오파드 2 탱크를 포함한 3,000명의 연합군과 1,000대의 차량이 투입되었다.

푸틴에게 보내는 메시지는 명확했다.

핀란드는 2023년 4월 4일, 제5조 보호 조항과 함께 공식적으로 나토 회원국이 되었으며, 이로써 러시아와 나토의 국경선이 832마일 (1,339킬로미터) 늘어났다. 이는 핀란드의 외교 및 안보 정책에 있어서 중대한 변화였다.

터키와 헝가리는 처음에 스웨덴의 나토 가입을 저지했지만, 2024년 3월 7일 스웨덴도 마침내 정식 회원국이 되었다.

30
"캐디들도 푸틴을 없애고 싶어 하네요"

침공 이후 어느 주말, 사우스캐롤라이나 출신 공화당 상원의원 린지 그레이엄은 트럼프와 골프를 치고 저녁 식사를 하기 위해 마라라고에 있었다.

"마라라고에 가는 것은 북한에 가는 것과 약간 비슷합니다." 그레이엄이 말했다. "트럼프가 들어올 때마다 모두가 일어서서 박수를 칩니다."

"그래서 내가 그의 뒤를 따라 들어가니 기립박수를 받았어요!" 그레이엄이 말했다. 그는 그것이 푸틴에 대한 자신의 발언 때문이라고 생각했다. "나는 푸틴을 제거하라고 말해왔습니다. 그를 죽여야 한다면 죽이라고요." 그가 말했다.

3월 4일 〈폭스 뉴스〉와의 인터뷰에서 그레이엄은 러시아인들이 푸틴 대통령을 암살해야 한다고 주장했다. 이어서 그는 소셜 미디어에 글을 올렸다. "이 상황이 끝나는 유일한 방법은 러시아 내부의 누군가가 이 자를 제거하는 것입니다. 그렇게 한다면 당신의 나라와—그리고 전 세계에—큰 공헌을 하게 될 것입니다." 그레이엄이 말했다.

그 발언은 잠깐 동안 격렬한 논란을 일으켰다. 백악관 대변인 젠

사키는 서둘러 "이는 미국 정부의 입장이 아닙니다"라고 명확히 했다.

크렘린의 대변인 드미트리 페스코프는 그레이엄이 제정신이 아니라고 시사하며 반박했다. "불행하게도, 이처럼 극도로 긴장된 분위기 속에서 러시아 혐오증이 히스테리처럼 확산되고 있습니다. 요즘에는 모든 사람이 냉정함을 유지하지 못하고 있는데, 정신이 온전한지라고 할까요, 많은 사람이 이성을 잃고 있습니다."

그레이엄은 마라라고에서 다른 사람들에게 자신의 발언을 대수롭지 않게 말했다. "뭐 그리 대단한 말을 한 것도 아닌데요," 그레이엄이 말했다. "독일인들이 히틀러를 제거했다면 더 나았을 것이라는 점을 누가 의심하겠습니까?"

그날 저녁 식사 자리에서 트럼프와 그레이엄은 푸틴이 우크라이나에서 핵무기를 사용할 위협에 대해 이야기했다.

"우리는 그가 그런 짓을 하고도 빠져나가도록 내버려 둘 수는 없어," 트럼프가 말했다. "우리는 더 큰 군대를 가지고 있어. 우리에게는 치명적인 잠수함들이 있어. 나라면 잠수함들이 러시아 해안을 따라 오가게 해서 우리가 지켜보고 있다는 메시지를 보낼 거야."

"왜 우리가 개입할 수 없나?" 트럼프가 그레이엄에게 물었다. "왜 비행기들이 날도록 내버려 두는 거지?" 그레이엄은 트럼프가 왜 미국이 러시아 비행기들의 우크라이나 영공 진입을 막기 위해 비행금지구역을 설정하지 않았는지 궁금해하고 있다는 것을 깨달았다.

젤렌스키는 바이든에게 "하늘을 닫아달라"고 간청하고 있었다. 그러나 바이든은 거듭 거절했다. 그는 미군이나 나토군이 러시아 비행기를 격추해야 하는 상황을 원치 않았다. 그것은 너무 빠르게 제3차 세계대전으로 확대될 수 있었기 때문이다.

"모두가 러시아가 일주일 정도 안에 우크라이나를 휩쓸고 어떤 식으로든 평화협정을 맺으면 끝날 거라고 생각했었죠." 그레이엄이 말했다. "하지만 우크라이나인들은 호랑이처럼 싸우고 있어요. 젤렌스키는 우리 시대의 처칠이 되었고, 러시아는 엄청난 곤경에 빠져 있습니다. 그들은 실제로 패배할 수도 있습니다. 우리가 공중에서 더 잘 지원할 수 있다면 러시아는 실제로 이 군사적 교전에서 패배할 수도 있습니다."

다음 날 아침, 그레이엄은 이제 일주일에 다섯 번 골프를 치는 트럼프와 함께 9홀을 플레이했다. 몇몇 캐디들이 다가와 사진을 찍자고 요청했는데, 트럼프가 아니라 그레이엄과 함께 찍으려 했다.

"캐디들도 푸틴을 없애고 싶어 하네요." 그레이엄이 트럼프에게 농담을 던졌다. 하지만 전 대통령은 더 이상 주의를 기울이지 않았다. 그는 캐디들에게 시선을 고정한 채, 마치 푸틴에게 강경한 태도를 취하는 것이 인기가 있다는 사실을 갑자기 깨달은 것처럼 보였다.

3월 5일, 뉴올리언스에서 공화당 고액 기부자들과 함께한 모금 행사에서 트럼프는 미국이 F-22 전투기에 중국 국기를 붙이고 "러시아를 개박살 내야" 한다고 제안했다.

"그리고 나서 우리는 중국이 한 거야, 우리가 한 게 아니야, 중국이 했다고 말하면, 그들끼리 싸우기 시작할 거고 우리는 그냥 뒤로 물러나서 구경하면 되는 거죠." 그가 거의 신이 난 듯이 말했다.

청중들이 웃음을 터뜨렸다.

31
NATO의 근본적인 철학적 전환

폴란드에서 우크라이나를 위한 인도적 지원 물품이 담긴 거대한 상자들에 둘러싸인 가운데, 로이드 오스틴 국방장관은 이 전쟁에 대한 미국의 목표에 관해 질문을 받았다.

"우리는 러시아가 우크라이나를 침공하면서 저지른 것과 같은 일을 할 수 없을 정도로 약화되기를 원합니다," 오스틴이 말했으며, 러시아는 "솔직히 말해서 이미 많은 군사적 능력과 많은 병력을 잃었습니다"라고 덧붙였다.

이는 미국의 목표가 단순히 우크라이나의 방어를 돕는 것을 넘어 변화했다는 신호였다. 이제 바이든은 러시아가 유럽을 위협할 수 있는 능력을 결정적으로 꺾어버리길 원했다.

이틀 후인 4월 26일, 오스틴은 독일 람슈타인 공군기지에서 우크라이나 방위 연락 그룹 회의를 소집했다. 40개국의 국방장관들은 우크라이나에 제공해야 할 지원, 훈련 및 조언에 대해 논의했다. 나토의 참여는 어떤 모습이어야 할까?

우크라이나 국방장관 올렉시 레즈니코프는 이 회의에서 활력을 얻었고, 젤렌스키에게 나토의 우크라이나 접근 방식에 "근본적인 철학적 전환"이 일어났다고 보고했다. 나토 가입은 고려 대상이 아니었지만, 동맹국들은 마치 한 팀인 것처럼 우크라이나군에 나토의 무기, 훈련 및 정보를 제공하기로 약속했다.

    우크라이나를 침공함으로써 푸틴은 자신이 두려워하던 바로 그 일을 대규모로 가속화했다. 우크라이나는 세계에서 가장 강력한 군사 동맹의 지원을 받는, 고도로 유능한 나토 표준의 전투력을 갖춘 국가가 될 것이었다.

32
바이든 가족의 상실과 아픔

그해 봄 어느 날 저녁, 바이든은 백악관에서 친구와 저녁 식사를 하고 있을 때 헌터 바이든이 불쑥 들어와서 의자를 끌어당겨 식탁에 앉았다. 영부인 질 바이든은 외출 중이었다.

헌터는 대화에 끼어들며 왜 자신이 중간선거 결과로 가장 많은 것을 잃을 사람인지에 대해 말하기 시작했다.

공화당이 하원과 상원을 모두 장악하게 된다면, 그들은 계속해서 자신의 모든 것을 조사하려 할 것이라고 했다.

헌터는 자신의 개인적 위기에 대해 계속 떠들어 댔다.

바이든 대통령은 의자에 몸을 기대고 눈을 감은 채 한숨을 쉬었다. 그 상태는 마치 깊은 생각에 잠긴 듯 한동안 지속되었다.

"우리 중 누구도 헌터가 그에게 미치는 타격과 부담의 무게를 정말로 가늠하기 어렵습니다." 그의 친구가 나중에 말했다.

저녁 식사 후 바이든은 친구에게 백악관 관저를 구경시켰다.

"내 손주들이 백악관에 와서 자는 곳을 보여주고 싶어," 바이든은 관저 뒤쪽에 있는 침실로 들어가며 말했다.

서랍장 위에는 여러 액자 사진들이 어지럽게 놓여 있었는데, 사진 속에는 다양한 나이와 인생의 여러 시기에 찍힌 바이든 가족이 웃고 포옹하는 모습이 담겨 있었다. 맨 끝에는 정장에 넥타이를 맨 젊은 남자의 사진이 있었다. 바이든은 그 사진을 집어 들어 친구에게 보여주었다. "이분이 내 아버지야"라고 바이든이 말했다. "정말 훌륭한 분이셨어."

그는 특유의 스토리텔링 모드로 들어갔다. "내가 어렸을 때 한번은 밤에 나가려고 하는데 아버지가 내게 말씀하셨어. 조이, 나가지 마라. 내가 너를 뉴욕시에 있는 고급 레스토랑에 데려갈 거야. 매트르 디(불어로 고급 레스토랑에서 손님을 맞이하고 자리를 배정하는 책임자-옮긴이)를 대하는 방법을 가르쳐 주마."

그 친구는 바이든의 아버지가 사실 매트르 디를 어떻게 대해야 하는지 전혀 몰랐을 가능성이 높지만, 아들이 그런 것을 배우는 게 중요하다고 여겼을 것으로 생각했다.

대통령은 지갑을 꺼내 사진 한 장을 꺼냈다.

"내 딸이야," 바이든은 눈물이 맺히기 시작하며 말했다. 그것은 1972년 자동차 사고로 첫 번째 부인 닐리아 헌터 바이든과 함께 사망한 나오미 바이든의 사진이었다. 닐리아는 사고 전에 세 자녀와 함께 크리스마스트리를 사기 위해 쇼핑을 나갔었다. 두 아들 헌터와 보는 살아남았다. 바이든은 다음 달 상원의원으로 선서했다.

바이든은 아마 천 번은 보았을 사진들을 집어 들었다 내려놓으며 감정에 사로잡힌 듯했다. 친구는 그 모습에서 뭔가 일상적이고 익숙한 것을 느꼈다. 바이든은 편안한 잠자리 동화를 들려주듯 과거와 가족에 대해 계속 이야기했다.

33
트럼프의 재출마와
공화당의 입장

뉴욕시 인근에 있는 트럼프의 골프클럽인 베드민스터에서 바람 부는 날 골프를 치던 중, 린지 그레이엄 상원의원은 트럼프에게 대통령 선거에 다시 출마하라고 권유했다. 그린에는 그들과 함께 트럼프 시절 증권거래위원회(Securities and Exchange Commission) 위원장을 지낸 제이 클레이튼이 있었다.

"출마할 거야." 트럼프가 그들에게 말했다. 그는 추대받을 필요가 없으며, 원할 때 언제든 경선에 뛰어들 것이라고 했다. 트럼프는 "90퍼센트는 결정된 상태"라고 덧붙였다. 그것은 사업적인 결정이기도 하다고 그는 말했다. 재정 상태와 보유 부동산을 고려해야 했다. 후보가 되었을 때와 그렇지 않을 때 각각 무엇을 할 수 있는지 따져봐야 했다.

"당신이 대통령으로서 했던 일과 저들이 지금 하고 있는 일을 비교하면 당신이 이길 가능성이 높습니다." 그레이엄이 말했다. "만약 공화당원들에게 트럼프가 다시 출마해야 하는지, 아니면 새로운 인물이 필요한 시점인지 물어본다면, 현재 60대 40 정도입니다."

"만약 다시 출마해서 승리한다면, 1월 6일이 당신의 묘비명이 되지 않을 겁니다." 그레이엄이 말했다. "만약 출마하지 않는다면, 시간은 계속 흘러갑니다." 다음 공화당 후보는 당신과 개인적으로 차별화하려고 노력할 것입니다: "트럼프의 정책은 좋아하지만 트럼프 개인은 좋아하지 않습니다."

"만약 출마해서 이긴다면, 그것은 미국 정치 역사상 가장 위대한 제2막이 될 것입니다," 그레이엄이 말했다. "그러면 4년 동안 자신의 유산을 다시 쓰고 트럼피즘을 더 지속 가능한 운동으로 만들 수 있습니다. 다음 세대에 물려줄 수 있는 무언가가 되는 것입니다."

트럼프의 관심이 그레이엄에게 집중되는 듯했다. 그는 그 말을 매우 마음에 들어 했다. 잠시 후 트럼프가 물었다. "그게 무슨 뜻이지?"

"정치에서 제2막을 얻기는 쉽지 않습니다, 대통령님," 그레이엄이 말했다. "만약 제2막을 얻게 된다면, 잘 활용하십시오."

그레이엄은 트럼프가 큰 그림을 그리기를 원했다. 이민, 사회보장제도 개혁, 에너지 문제에서 국가를 통합시키라고 그는 말했다.

하지만 트럼프는 2020년 대선 결과를 계속 들추고 싶어 했고, 여전히 자신이 패배했다는 사실을 받아들이지 않았다.

"대통령님, 2020년에 대해 계속 이야기하길 원하는 20퍼센트의 사람들만으로는 당신이 당선될 수 없습니다." 그레이엄이 말했다.

트럼프는 그 말을 믿지 않았다.

"공화당원들은 2020년에서 넘어설 준비가 되어 있습니다. 약속드립니다," 그레이엄이 간청했다. 트럼프가 매일 밤 잠자리에 들 때 정말로 선거를 도둑맞았다고 믿고 있는 걸까? 그레이엄은 확신할 수 없었다. 하지만 그것은 트럼프가 절대로 포기하지 않을 서사였다.

"그들은 당신이 다시 출마하기를 원합니다. 그들은 당신이 좋은 대통령이었다고 생각합니다." 그레이엄이 말했다. "하지만 당신이 이길 수 없다고 믿는다면, 그들은 당신을 버릴 것입니다.

"지금 공화당원들에게는 승리가 그 무엇보다 중요합니다." 그레이엄이 덧붙였다.

동료들과의 대화를 통해 그레이엄은 자신이 공화당을 매우 정확하게 파악하고 있다고 확신했다. "공화당 예비선거에서 50퍼센트의 사람들이 트럼프를 절벽 끝까지 따라갈 것입니다. 20퍼센트는 그를 절벽에서 밀어버리고 싶어 합니다. 그리고 30퍼센트는 그저 바람이 어디로 부는지 지켜보고 있습니다."

"당신은 그들에게 당신이 이길 수 있다는 것을 확신시켜야 합니다. 그리고 이긴다는 것은 2020년이 아니라 2024년을 의미합니다." 그레이엄이 마무리했다. 트럼프는 아마 한참 전부터 그레이엄의 말에 관심을 두지 않는 듯했다.

며칠 후 그레이엄은 트럼프에게 전화를 걸어 이스라엘 정부가 해산되었다고 알렸다. "[야이르] 라피드가 새 총리가 될 겁니다. 10월에 선거를 치를 예정이고 비비 네타냐후가 복귀할 가능성은 40퍼센트입니다." 그레이엄이 말했다. 이는 이스라엘이 3년 동안 치르는 다섯 번째 선거였다. 트럼프는 네타냐후가 바이든에게 전화해 2020년 선거 승리를 축하했다는 사실에 여전히 분노하고 있었다.

"비비(네타냐후의 애칭)는 아마도 당신에게 전화해서 지지 표명을 받으려고 할 겁니다." 그레이엄이 말했다. "그냥 관여하지 마세요. 그런 일에 엮일 필요가 없습니다."

"나는 오늘 연설에서 2020년 선거를 단 두 번만 언급했어!" 트럼프는 마치 그것이 대단한 자제력을 보여준 것처럼 말했다.

5월, 의회는 190억 달러의 군사 지원이 포함된 400억 달러 규모의 우크라이나 긴급 지원 패키지를 통과시켰다. 린지 그레이엄을 포함한 많은 공화당 의원들은 바이든 행정부와 펜타곤이 군사 지원을 "지지부진하게 처리하고" 있다고 비난했다.

러시아는 3만 명의 병력을 잃었다. 하지만 우크라이나는 끝없이 밀려오는 듯한 러시아 군대를 저지하기 위해 더 많은 무기가 절실히 필요했다.

"그들은 포병전을 벌이고 있는데 화력이 10대 1로 열세입니다!" 그레이엄이 말했다. "잠깐이라도 방심하면 박살날 겁니다."

"보통 전쟁에서 이기는 방법은 상대방의 인력이 고갈되거나, 돈이 떨어지거나, 무기가 바닥나는 것입니다." 그레이엄이 말했다. "그럼 누가 먼저 사람, 돈, 무기가 바닥날까요?"

당연히 우크라이나라고 그레이엄이 주장했다.

"만약 우리가 앞으로 5~6개월을 견뎌내고 유럽이 실제로 러시아 가스와 석유에서 벗어나기 시작한다면, 푸틴은 큰 곤경에 처할 것입니다." 그레이엄이 말했다. "왜냐하면 그것이 그를 지탱하는 유일한 것이기 때문입니다."

"우리가 계속해서 무기를 공급하고 경제를 지원하는 한, 이것은 소모전입니다, 그렇죠?"

지원 법안은 하원 공화당 의원 다수의 지지를 받아 378 대 57로 통과되었지만, 트럼프는 우크라이나에 수십억 달러를 보내는 민주당을 맹비난했다.

"민주당은 우크라이나에 400억 달러를 또 보내고 있는데, 정작 미국의 부모들은 자녀들에게 먹일 것조차 구하기 어려워하고 있습니다." 트럼프가 말했다. 그는 미국의 분유 부족 사태에 대해 "아무도 이야기하지 않고 있다"고 주장했다.

"공화당 내에는 항상 고립주의적인 목소리가 있어 왔습니다." 상원 공화당 원내대표인 미치 매코널이 말했다. "문제가 되지 않을 것입니다."

34

숄츠 총리의 고뇌와
역사의 무게

2022년 6월 말, 토니 블링컨 국무장관은 독일 바이에른 알프스에 둘러싸인 아름다운 궁전 같은 리조트인 슐로스 엘마우의 바에서 올라프 숄츠 독일 총리 옆에 앉았다. 두 사람은 하루 종일 이어진 G7 회의를 마치고 휴식을 취하고 있었다. G7은 미국, 프랑스, 독일, 영국, 이탈리아, 캐나다, 일본 등 선진 민주주의 국가들로 구성된 비공식적이지만 강력한 영향력을 가진 그룹이다.

술을 마시며 더 깊고 사적인 우려를 나눌 수 있는 기회였다.

총리님이 해내신 일은 정말 대단합니다. 블링컨이 총리에게 말했다. 독일이 우크라이나 방어는 물론 유럽에서 자국의 입장을 재정립하는 데 이렇게 강력한 주도적 역할을 하도록 움직인 것 말입니다. 숄츠는 전체 예산이 대폭 삭감되는 와중에도 독일이 국방 예산을 3퍼센트 증액할 것이라고 발표한 바 있었다.

블링컨은 이것이 제2차 세계대전 이후 독일의 반군국주의에서 벗어나는 역사적인 변화라고 언급했다.

"저는 이에 대해 강한 확신을 가지고 있습니다." 숄츠가 말했다. "하지만 동시에 우려도 됩니다."

"무슨 뜻이신가요, 총리님?" 블링컨이 물었다.

"사람들은 지금 이것에 박수를 보내고 있습니다." 숄츠가 말했다. "하지만 몇 년 후 우리가 이 약속을 이행해서 독일이 다시 한번 유럽의 주도적인 군사 강국이 되었을 때 사람들이 어떻게 느낄지는 확신할 수 없습니다. 사람들이 그것을 좋아할지 그리 확실하지 않습니다."

총리는 설명했다. "저는 역사의 무게를 의식하고 있기 때문에 이것은 쉽지 않습니다. 그리고 독일이—유럽 국가로서 깊이 뿌리내린—그 정체성을 유지하는 것이 매우 중요한데, 사람들이 이에 대해 그다지 열광적이지 않을 수 있습니다."

"총리님이 이 문제를 역사적 맥락에서 바라보시는 점이 존경스럽습니다," 블링컨이 말했다. "제 관점에서 말씀드리면, 총리님은 옳고 중요한 일을 하고 계십니다. 왜냐하면 실제로 평화를 유지하고 또 다른 세계적 대참사를 막는 가장 좋은 방법은 질서를 유지하는 데 지도적 역할을 할 수 있는 국가들이 그 역할을 하는 것이기 때문입니다. 그리고 총리님이 이끄는 독일이 그 역할을 하고 있습니다."

그러나 블링컨은 그 결정이 총리에게 무거운 부담이 되고 있음을 알 수 있었다. 한 국가의 역사를 냉정하게 직시하는 것은 앞으로 나아가는 데 핵심적이다. 그리고 그것은 아마 그 어떤 나라보다도 독일에게 어려운 일이었다.

몇 달 후, 블링컨은 독일 외무장관 아날레나 베어보크와의 대화에서 이 순간을 떠올렸다. 베어보크는 녹색당 지도자로 독일 의회에서 가장 열성적이고 목소리 높여 우크라이나를 지지하는 인물 중 한 명이었다.

블링컨은 독일이 우크라이나에 레오파드 2 전차를 제공하거나, 최소한 제3국이 전차를 이송하는 것을 허용하도록 하기 위한 노력의 일환으로 베어보크와 정기적으로 대화를 나누고 있었다.

독일제 62톤 전차는 거대한 포탑과 포신을 갖추고 있었다. 이 전차가 움직일 때 문자 그대로 땅이 흔들렸다. 이들은 강력한 전쟁 무기이자 지상전의 주축이었으며, 심리적으로나 물리적으로나 전력과 전투 의지를 가늠하는 핵심 척도였다. 적들은 이 전차가 움직일 때 주목한다. 레오파드 2는 약 300마일(483킬로미터)의 주행 거리를 가지고 있으며, 특수 야간 투시 기능과 레이저 거리 측정기가 장착되어 있어 우크라이나군이 움직이는 표적을 더 잘 타격할 수 있게 해줄 것이다.

우크라이나는 점점 증가하는 러시아의 포병 화력에 맞서 방어하고 반격하는 데 도움이 될 전차를 요청해 왔다.

중요한 점은 12개 이상의 유럽 국가들이 레오파드 2 전차를 사용하고 있다는 것이다. 가용성, 준비 태세, 군수 지원 및 정비 체계가 이미 유럽에 구축되어 있었다. 하지만 모든 종류의 무기와 마찬가지로, 이를 구매한 국가들이 그것을 다른 국가에 제공하려면 제조국의 허가를 받아야 한다. 독일의 승인이 있으면 유럽 동맹국들은 우크라이나에 전차, 훈련 또는 예비 부품을 제공할 수 있을 것이다.

베어보크는 블링컨에게 독일 정부 내에서 레오파드 2 전차의 제공을 옹호하고 있다고 말했다.

"하지만 총리는 그다지 열의가 없어요." 그녀가 말했다. "그는 우리 회의 중 하나에서 '독일 전차들이 유럽을 휩쓸고 지나가는 모습을 상상할 수 있나요? 사람들이 그것에 어떻게 반응할 것 같나요?'라고 말했어요." 이는 제1차 세계대전과 제2차 세계대전에서 독일의 침략을 생생하게 상기시키는 것이었다.

"보세요," 블링컨이 말했다. "이해합니다. 정말로 이해합니다." 그는 베어보크에게 알프스의 그 바에서 이전에 숄츠와 나눈 대화를 들려주었다.

블링컨은 숄츠가 우크라이나에 전차를 제공하고 싶지 않아서가 아니라고 믿었다. 그것은 정말로 무시할 수 없는 역사의 무게와 이미지 때문이었다.

"그는 이것이 독일에 대해 사람들에게 어떤 메시지를 전할지에 대해 매우, 매우 걱정했습니다," 블링컨이 말했다.

미국은 무엇을 할 것인가? 베어보크가 블링컨에게 물었다. 에이브럼스를 제공할 것인가?

미국의 M1 에이브럼스 전차는 아프가니스탄과 이라크 전쟁에서 미군이 전투에 사용해온 미국산 주력 전투 전차이다.

"보세요, 우리 군은 이것을 전혀 다른 문제로 보고 있다고 생각합니다," 블링컨이 말했다. "왜냐하면 당신들이 가진 전차는 우크라이나가 즉시 사용할 수 있는 것이니까요. 에이브럼스는 완전히 다른 시스템이에요. 우크라이나가 그것을 운용하는 훈련을 받는 데 시간이 걸릴 겁니다. 정비하기도 더 어렵고요. 그래서 저는 두 전차가 동등하다고 생각하지 않습니다."

"솔직히 이 문제에 대해 총리를 설득할 수 있을지 모르겠습니다," 베어보크가 말했다.

펜타곤 역시 긴 준비 시간과 어려운 물류 문제를 고려하여 우크라이나에 에이브럼스를 제공하는 것에 반대하고 있었다.

"에이브럼스 전차는 매우 복잡한 장비입니다," 콜린 칼 국방차관이 2023년 1월 기자들에게 말했다. "우크라이나가 수리할 수 없고, 유지할 수 없으며, 장기적으로 감당할 수 없는 시스템을 제공해서는 안 됩니다. 도움이 되지 않기 때문입니다."

젤렌스키 대통령은 다보스 정상회담에 화상으로 참석하여 지연과 과도한 고민에 대해 불만을 토로했다. 우크라이나에는 전차가 필요했다. 그는 지금 당장 행동하라고 긴급히 촉구했다. "자유세계가 생각하는 데 사용하는 시간을 테러 국가는 사람을 죽이는 데 사용합니다." 그가 말했다.

얼마 후, 바이든 대통령은 백악관 집무실의 레졸루트 데스크에 앉아 숄츠에게 전화를 걸었다. 그는 블링컨과 설리번이 대화를 들을 수 있도록 독일 총리와의 통화를 스피커폰으로 전환했다.

인사와 일상적인 안부 교환 후 숄츠는 본론으로 들어갔다.

"에이브럼스를 제공할 겁니까?" 숄츠가 물었다.

바이든은 그럴 계획이 없는 이유를 반복했다. 궁극적으로 그것은 이치에 맞지 않았다. 준비 기간이 길고, 우크라이나인들이 미국 전차를 사용하도록 훈련시키는 데 시간이 걸릴 것이며, 정비와 보급이 어려울 것이고, 전장에서 그들에게 즉시 도움이 되지 않을 것이었다.

"하지만 당신들의 전차는 지금 그들에게 정말로 유용할 겁니다." 바이든이 말했다. "그들에게 전차를 제공할 수 있을까요?"

"음, 그럼 당신들의 전차는 어떤가요?" 숄츠가 되물었다.

블링컨과 설리번은 두 정상이 주고받는 대화를 듣고 있었다.

"조, 당신이 이 문제에 나서지 않으면 저로서는 이 일을 하기가 매우 힘듭니다." 숄츠가 말했다. 그는 독일 전차가 다시 한번 유럽을 가로지르는 모습이 어떻게 비춰질지 그 이미지에 시달리고 있었다. "제가 이 일을 할 수 있을 것 같지 않습니다." 그가 말했다.

"알겠습니다." 바이든이 말했다. "당신의 말을 이해합니다. 하지만 이 문제에 대해 계속 대화해 봅시다. 우리가 합의에 도달하는 것이 매우 중요하다고 생각합니다. 우리 팀들이 후속 협의를 진행하도록 하겠습니다."

바이든은 통화를 끝내고 설리번과 블링컨을 바라보았다. "여기서 막다른 길에 부딪힌 것 같군," 바이든이 말했다. "막다른 벽이야."

"대통령님, 실제로 이 난제를 해결할 방법이 있다고 생각합니다." 블링컨이 말했다. "우크라이나군이 아마도 이번 반격전에서 당장 활용할 수 있을 만큼 제때에 에이브럼스를 제공할 수 없다는 대통령님의 말씀은 100퍼센트 옳습니다. 하지만 어차피 우리가 결국 제공하게 될 것이라면—우크라이나의 미래 전력에 대해 논의해 왔고, 그들에게는 강력한 지상 방어력이 필요하니까요—지금 제공하겠다고 발표하면 어떨까요? 우리 전차가 1년 후에나 도착하더라도 독일이 자국 전차를 제공할 수 있는 명분을 주는 것이죠."

"우리가 발표만 하면," 블링컨이 덧붙였다, "그것이 숄츠에게 필요한 것을 줄 수 있을 겁니다." 정치적 명분은 대부분의 경우에서처럼 이번 결정에서도 중요한 요소였다.

"좋은 생각이야," 바이든이 말했다. "그렇게 추진합시다."

블링컨과 국무부는 비공식 채널을 통해 독일 측에 이 제안을 타진했다. 독일의 응답은 이러했다. "좋습니다, 우리가 하겠습니다. 미국이 원칙적으로 에이브럼스를 제공하기로 약속하면, 우리는 더 가까운 시일 내에 레오파드를 제공하기로 약속하겠습니다."

이후 2023년 1월 25일, 루즈벨트룸에서 바이든 대통령은 미국이 "세계에서 가장 성능이 뛰어난 전차"인 에이브럼스 전차 31대를 우크라이나에 보낼 것이라고 발표했다. "러시아에 대한 공격 위협은 없습니다." 바이든이 말했다. "만약 러시아군이 그들이 있어야 할 곳인 러시아로 돌아간다면, 이 전쟁은 오늘 끝날 것입니다."

35

푸틴의 굴욕적 패배:
핵전쟁의 위기와 바이든의 딜레마

2022년 9월 말, 제이크 설리번은 백악관 웨스트윙에 있는 자신의 책상에 홀로 앉아 최고 기밀 민감 구획 정보(Top Secret Sensitive Compartmented Information, SCI)를 넘겨보고 있었다. 이 정보는 미국 정보기관이 전 세계, 특히 러시아와 같은 국가들 내부에 얼마나 깊숙이 침투해 있는지를 보여주었다.

설리번은 눈앞에 놓인 새로운 정보를 두려움에 사로잡힌 채 응시했다.

미국 정보기관들은 크렘린 내부의 매우 민감하고 신뢰할 만한 새로운 대화 내용을 보고하고 있었는데, 이는 러시아 대통령 블라디미르 푸틴이 러시아-우크라이나 전쟁에서 전술 핵무기 사용을 심각하게 고려하고 있음을 보여주는 것이었다.

정보기관들의 보고에 따르면, 푸틴은 최근 러시아의 전장에서의 패배로 점점 더 절박해지는 징후를 보이고 있었다.

미국과 유럽으로부터 대규모 무기를 지원받은 우크라이나군은 북동부 지역에서 막 놀라운 반격을 감행했다. 그들은 놀라운 속도로 러시아 방어선을 돌파하고 러시아 국경에서 불과 35마일(56.3킬로미터) 떨어진 하르키우 전역의 도시와 마을에서 러시아군을 몰아냈다.

미국 정보기관은 이것이 푸틴에게 굴욕적인 패배라고 보고했다. 러시아 병사들은 훔친 자전거를 타거나 현지 주민으로 위장하는 등 가능한 모든 방법을 동원해 도주했다. 일부 지역에서는 최대 70킬로미터(43마일)에 달하는 러시아의 요새화된 방어선이 무너지고 1,000제곱마일 이상의 영토가 상실되면서 모스크바에 충격파를 보냈다. 우크라이나군은 5일 만에 러시아군이 전체 작전 기간 동안 점령했던 것보다 더 많은 영토를 탈환했다.

이제 하르키우에 우크라이나 국기가 휘날리는 가운데, 우크라이나군은 드니프로 강 서안에 위치한 헤르손 시를 해방시키기 위해 남쪽으로 방향을 전환했다.

푸틴은 헤르손에 약 3만 명의 병력을 주둔시키고 있었다. 정보기관들은 러시아군이 헤르손에서 우크라이나군에 의해 포위된다면, 푸틴이 이러한 재앙적인 전장에서의 패배를 피하기 위해 전술 핵무기 사용을 명령할 가능성이 50퍼센트라고 평가했다.

헤르손은 모스크바에게 전략적으로 엄청나게 중요한 지역이었다. 헤르손을 장악하면 러시아는 크림반도로 이어지는 육상 통로를 확보하고 드니프로 강의 담수 공급원에도 접근할 수 있었다. 우크라이나는 2014년 러시아가 크림반도를 강제로 점령한 이후 이 물줄기가 크림반도로 흘러가는 것을 차단했다.

CIA 국장 번스는 정보 분석 결과 푸틴의 장군 중 일부가 마침내 그에게 강 건너편의 더 방어하기 쉬운 위치로 철수할 것을 권고하고 있었다고 보고했다.

하지만 헤르손이 함락된다면, "러시아군이 무너지고 크림반도에 대한 푸틴의 지배력이 위협받을 가능성을 충분히 상상할 수 있습니다." 번스가 말했다.

러시아의 핵 교리에 따르면, 재앙적인 전장 패배 가능성이나 러시아에 대한 실존적 위협은 푸틴에게 핵무기 사용을 허용할 수 있다—이는 제2차 세계대전 중 미군이 일본에 핵폭탄을 투하한 1945년 이후 첫 사용이 될 것이었다.

"크림반도 문제는요," 번스가 보고했다. "여러 측면에서 그것은 푸틴에게 실존적인 문제입니다. 왜냐하면 만약 그가 크림반도를 잃는다면, 그의 눈에는 러시아 대통령으로서의 그의 존재 이유 전체가 도전받게 될 것이기 때문입니다."

9월 21일, 푸틴은 30만 명의 러시아군을 동원하고 헤르손을 포함한 우크라이나의 4개 주를 병합하여 이들을 러시아의 일부로 선언하겠다고 발표했다.

"만약 우리나라의 영토 보전이 위협받는다면, 우리는 의심의 여지 없이 러시아와 우리 국민을 보호하기 위해 가능한 모든 수단을 사용할 것입니다—이것은 허세가 아닙니다," 푸틴은 연설에서 경고했다.

설리번이 읽은 정보 보고서들은 "최고급"으로 평가되었는데, 이는 최고의 출처와 방법을 통해 얻은 것이라는 의미였다. 이는 2022년 2월 전쟁 발발 이후 푸틴의 의도에 관해 가장 우려스럽고 극도로 불안하게 만드는 평가였다.

국가정보국장 에이브릴 헤인스는 푸틴이 시험 삼아 핵무기 사용의 봉인을 깨뜨릴 가능성에 대해 그 어느 때보다도 크게 우려하고 있었다. 헤인스는 러시아 체제 내부에서 **상당수**(enough)의 인물들이 이에 대해 논의하고 있음을 시사하는 **충분한**(enough) 데이터가 들어오고 있다고 보고했다.

다른 우려스러운 징후 중에는 푸틴이 전쟁에서 전술 핵무기의 사용 명령을 더 쉽게 내릴 수 있도록 작전 통제를 완화했다는 정보가 있었다.

바이든 대통령은 설리번에게 지시했다. "모든 채널을 통해 러시아와 연락을 취하라." 그가 말했다. "우리가 대응으로 무엇을 할지 그들에게 알려라." 그는 직접적인 위협이 되지 않으면서도 위협적인 언어를 찾으라고 말했다. 너무 강경하면 우리가 피하려고 하는 바로 그 반응을 촉발할 수도 있었다.

바이든은 충분히 많은 의도치 않은 실수들을 봐왔고, 아무리 위력이 작더라도 어떠한 핵무기 사용도 원치 않았다.

제2차 세계대전 이후 완전한 핵무기 억지력이 강대국 간 평화와 안정을 유지해왔다. 어떤 형태의 핵무기 사용이라도 이 취약한 규범을 깨뜨리고 통제하기 매우 어려운 예측 불가능한 확전 사다리를 촉발할 수 있다고 설리번은 계산했다. 바이든 대통령 재임 기간 동안 다른 어떤 일이 일어나든, 이는 저주받은 유산으로 역사에 남을 실패가 될 것이었다.

둘째로, 바이든은 설리번에게 "빌을 보내 그의 카운터파트와 대화하게 하자"고 말했다. 여기서 빌은 CIA 국장 빌 번스를 의미했는데, 그는 모든 주요 러시아 인물들, 특히 푸틴을 잘 알고 있었다.

"우리는 채널을 열어야 해," 바이든이 말했다. "우크라이나 협상을 위해서가 아니라 미국과 러시아가 대재앙을 피하기 위해서야."

그런 다음 대통령은 푸틴과 직접 소통했다. 그는 푸틴에게 메시지를 보내 이 문제의 심각성과 러시아가 핵무기를 사용할 경우 초래될 "재앙적인 결과"를 강조했다.

메시지에는 "우리의 우려 사항에 대해 당신 측 인사와 더 자세히 논의할 사람을 보내고 싶습니다"라는 내용도 담겼다. 대통령은 빌 번스를 지명했다.

푸틴은 바이든에게 응답하며 대외정보국 국장 나리시킨을 번스와 만나도록 보내겠다고 말했다.

9월 30일, 푸틴은 모스크바의 크렘린 대궁전에서 합병 지역 서명식을 열고, "우리가 보유한 모든 힘과 수단을 동원해" 이 땅들을 보호하겠다고 약속했다.

"키이우 당국과 서방에 있는 그들의 진정한 주인들은 내 말을 듣고 기억하기를 바랍니다," 푸틴이 말했다. "루한스크와 도네츠크, 헤르손과 자포리자에 사는 사람들은 우리 국민이 됩니다. 영원히."

"미국은 세계에서 핵무기를 두 번이나 사용한 유일한 국가입니다." 푸틴이 덧붙였다. "일본의 히로시마와 나가사키를 파괴하고 선례를 남겼습니다."

다음 주인 10월 6일, 바이든은 뉴욕에 있는 제임스 머독의 자택에서 열린 비공개 모금 행사에서 직설적인 경고를 전했다. 제임스는 전 세계에 출판 제국을 세운 뉴스 코프와 폭스의 창립자 루퍼트 머독의 더 진보적 성향의 차남이다.

"우리는 케네디와 쿠바 미사일 위기 이후로 아마겟돈의 전망에 직면한 적이 없습니다." 바이든이 말했다. "제가 꽤 잘 아는 사람이 있는데, 그의 이름은 블라디미르 푸틴입니다. 저는 그와 상당한 시간을 보냈습니다. 그가 전술 핵무기나 핵무기 또는 생물학적 무기나 화학무기 사용 가능성에 대해 이야기할 때, 그는 농담하는 것이 아닙니다."

"우리는 몇 가지 정말 어려운 결정들을 내려야 합니다." 바이든이 덧붙였다. "우리는 푸틴의 출구가 무엇인지 알아내려고 노력하고 있습니다."

펜타곤 3층 외곽 E-Ring에서 로이드 오스틴 국방장관은 최측근 보좌관인 콜린 칼에게 지시해 준비한 세심하게 다듬어진 발언 요점들을 내려다보았다.

오스틴은 공개 브리핑이나 인터뷰에서 웅변적이거나 명쾌한 화술로 유명한 인물은 아니었다. 그의 어색한 공개 발표 방식 때문에 행정부의 대변인 역할에서는 밀려났지만, 사적인 대화에서는 진정성과 진지함으로 특별한 무게감을 지니고 있었다. 오스틴은 우크라이나 전쟁이 제3차 세계대전으로 번지는 것을 절대적으로 막겠다는 바이든 대통령의 결연한 의지를 알고 있었고, 자신 역시 그 결의를 공유하고 있었다.

푸틴은 자신의 군대가 우크라이나에서 전격적인 승리를 거둘 것으로 예상했다 — 침공 후 며칠 안에 뱀의 머리를 잘라내고 그 자리에 새로운 러시아의 머리를 앉히는 것이었다. 하지만 그는 처참하게 실패했다. 오스틴은 푸틴이 구상하는 새로운 승리 전략은 단순히 서방의 우크라이나 지원보다 더 오래 버티는 것이라고 판단했다.

그는 정보를 통해 러시아군의 사기가 극도로 저하되었고, 보급에 어려움을 겪고 있으며, 지휘부는 와해되어 있음을 알 수 있었다. 러시아군은 속수무책으로 무너지고 있었다.

푸틴은 우크라이나군의 진격을 막기 위해 전술 핵무기를 사용할 만큼 절박했을까?

칼은 『반지의 제왕』에서 간달프가 지팡이를 땅에 내리치며 "넌 지나갈 수 없다"고 외치는 장면을 떠올렸다. 푸틴이 우크라이나 남부에서 전술 핵무기 12개를 사용해 헤르손으로, 그리고 궁극적으로는 크림반도로 돌진하는 우크라이나군을 완전히 괴멸시키는 그런 식의 시나리오가 가능할까?

오스틴은 이제 강경파이자 푸틴의 측근인 러시아 국방장관 세르게이 쇼이구와 통화할 준비를 하고 있었다. 2월 러시아의 우크라이나 침공 이후, 오스틴은 쇼이구와 단 한 번, 2022년 5월에 통화했다. 냉전 시절에도 군 당국자들은 비공식 채널을 통해 소통했지만, 러시아 국방장관은 연락조차 닿지 않았고 좌절스러울 정도로 폐쇄적이었다.

키가 작고 굳은 표정의 쇼이구는 30년 동안 푸틴을 알고 함께 일해온 푸틴의 가장 충성스러운 핵심 측근 중 한 명이었다. 2012년, 푸틴은 쇼이구를 국방장관으로 임명했고, 쇼이구는 러시아의 2014년 크림반도 병합을 계획하는 데 기여했다. 국방장관 첫해에 그는 지휘관들에게 매일 병영에서 러시아 국가를 부르며 하루를 시작하도록 지시했다. 푸틴과 러시아에 대한 찬양과 충성은 결코 느슨해지지 않았다. 쇼이구는 엄격하고 충직하며 복종적인 전형적인 러시아 관료였다.

러시아 언론에는 수년간 푸틴과 쇼이구가 똑같은 복장을 하고 시베리아 오지에서 사냥하고, 낚시하고, 식사하고, 캠핑하는 사진들이 넘쳐났다. 기묘한 한 쌍이었다.

10월 21일 금요일, 오스틴은 마침내 쇼이구와 연락이 닿았다.

"우리는 당신들이 우크라이나에서 전술 핵무기 사용을 고려하고 있다는 것을 알고 있습니다." 오스틴은 깊은 바리톤 목소리로 단도직입적으로 말했다. "그것에 대해 몇 가지 말씀드리겠습니다."

"첫째," 그가 말했다. "누구에게든 어떤 규모로든 핵무기를 사용하는 것은 미국과 세계가 세상을 바꾸는 사건으로 볼 것입니다. 우리가 간과할 수 있거나 세계가 묵과할 수 있는 핵무기 규모란 없습니다."

"어디에서든 핵무기를 사용하는 것은 미국의 사활적 국익과 연관돼 있습니다." 오스틴이 말했다. "왜냐고요? 우리는 핵보유국이 비핵보유국에 대해 아무런 제재 없이 핵무기를 사용하는 세계에서 살 수 없기 때문입니다. 우리는 그런 세계에서 살 수 없습니다. 따라서 당신은 우크라이나가 우리보다 당신들에게 더 중요하다고 믿을지 모르지만, 이 상황에서 이 사안은 당신들에게 중요한 만큼 우리에게도 똑같이 중요합니다."

"핵무기의 크기가 얼마나 작은지는 중요하지 않을 것입니다." 오스틴이 말했다.

쇼이구는 그저 듣기만 했다. 훈장으로 장식된 소련식 제복을 입은 장군으로 내세워졌지만, 쇼이구는 푸틴이 그를 국방장관으로 임명하기 전까지 군 복무 경험이 전혀 없었다.

"만약 그렇게 한다면," 오스틴이 말했다. "그것은 75년 만에 전 세계 어디에서든 처음으로 사용되는 핵무기가 될 것이며, 당신들이 통제할 수 없고 우리가 통제할 수 없는 사태를 촉발할 수 있습니다."

"우리 지도자들과 당신들의 지도자들은 핵전쟁은 결코 승리할 수 없으며 결코 벌어져서는 안 된다고 반복해서 말해왔습니다. 이것은 당신들과 우리 모두에게 실존적 위협이 되는 대결의 길로 이끌수 있습니다. 그 미끄러운 경사로에 발을 들이지 마십시오," 오스틴이 말했다.

오스틴은 다음 요점으로 넘어갔다. "만약 당신들이 그렇게 한다면, 우리가 우크라이나에서 지금까지 유지해 온 모든 제약들이 재고될 것입니다." 그가 말했다. "우리는 특정 행동을 하지 않도록 주의를 기울여 왔습니다. 우리가 우크라이나에 제공하지 않은 특정 물자들이 있습니다. 우리가 그들에게 제공한 물자의 사용 방식에 특정 제한을 두었고, 우리는 당신들의 군대에 맞서 직접 개입하지 않았습니다. 그런데 만약 당신이 그렇게 한다면, 이 모든 제약들, 우리가 스스로에게 부과한 모든 제약들이 재고될 것입니다."

직접적인 보복의 메시지가 이보다 더 극명하게 제시될 수 없었다.

오스틴은 마지막 요점을 전했다. "당신들이 친구라고 생각하거나 눈감아주고 있다고 여기는 세계의 모든 국가들이 이 시나리오에서는 모두 러시아에 등을 돌릴 것입니다. 중국, 인도, 터키, 이스라엘 모두 말입니다," 그가 말했다. "이는 당신들 러시아인들이 충분히 가늠할 수 없을 정도로 세계 무대에서 러시아를 고립시킬 것입니다."

"저는 위협받는 것을 좋아하지 않습니다," 쇼이구가 응수했다.

"장관님," 오스틴은 화를 내는 기색 없이 직설적으로 말했다. "저는 세계 역사상 가장 강력한 군대의 지도자입니다. 저는 위협하지 않습니다."

펜타곤에서는 합참의장인 마크 밀리 장군이 러시아 측 카운터파트인 발레리 게라시모프 장군과 보안 전화 통화를 했다.

"게라시모프 장군님," 밀리가 말을 꺼냈다. "귀국의 일부 정치 지도자들이 핵 위협을 하며 핵무기 사용에 대해 언급하고 있습니다. 이로 인해 많은 이들이 우려하고 있어, 제가 확인하고 싶습니다. 어떤 조건에서 핵무기를 사용하실 것인가요?"

밀리는 단도직입적이었다. 그는 게라시모프를 수년간 알고 지낸 사이였다. 밀리가 있는 방에는 정보기관 관계자들이 함께 통화 내용을 듣고 있었다.

"이미 어떤 조건인지 알고 계실 텐데요," 게라시모프가 답했다. "우리 교범과 교리를 가지고 계시니까요." 그는 해당 페이지 번호까지 언급했다.

"음, 감사합니다." 밀리가 말했다. "제 앞에 지금 교범이 없습니다. 어떤 조건에서 핵무기를 사용할 것인지 직접 말씀해 주시기 바랍니다."

그는 러시아 장군으로부터 직접 듣기를 원했다.

"좋습니다," 게라시모프가 대답했다. "그런데 그건 공개된 내용입니다. 그 조건들을 찾아볼 수 있습니다." 하지만 그는 러시아의 핵 교리를 설명했다.

"러시아에 대한 공격이 체제의 안정성을 위협하는 경우," 게라시모프가 말했다. "첫 번째 조건입니다." 밀리는 이것이 러시아 정부나 푸틴 자신에 대한 위협으로 해석될 수 있다는 것을 알았다.

"둘째," 게라시모프가 말했다. "외국 세력이 대량살상무기 즉 화학, 생물학 또는 핵무기로 러시아를 공격하는 경우입니다."

"셋째," 게라시모프가 이어 말했다. "러시아가 재앙적인 전장 패배를 당할 경우 전술 핵무기를 사용할 권리를 보유합니다."

"이것들이 우리의 핵무기 사용 조건들입니다," 그가 덧붙였다.

"음, 좋습니다," 밀리가 말했다. "그 조건들 중 어느 것도 충족되지 않을 것이므로 핵무기를 사용하지 않으실 것이라고 생각합니다. 아무도 대량살상무기로 당신들을 공격하지 않을 것입니다. 아무도 체제 전복을 시도하지 않고 있습니다. 그리고 제가 전장을 분석한 바에 따르면, 당신들이 군대 전체를 잃는 것과 같은 재앙적인 패배를 겪지는 않을 것이라고 생각합니다. 그래서 …"

밀리는 만족했다. 게라시모프가 러시아의 핵 교리에 명시된 조건들을 전달했고 그것을 동의했다. 적어도 그 부분에서는 아무것도 변하지 않았다.

"좋습니다," 밀리가 말했다. "당신이 말한 내용을 우리 정부에 전달하겠습니다."

"알겠습니다. 감사합니다," 게라시모프가 대답했다.

백악관에서는 제이크 설리번과 존 파이너가 정신없이 바쁘게 움직였다. 정보 평가의 핵심 부분은 러시아가 전술 핵무기를 사용할 확률이 50퍼센트라는 것이었다. 평가는 약 5퍼센트 가능성에서 10퍼센트 가능성으로, 그리고 이제는 동전 던지기 수준으로 올라갔다. 파이너는 속이 뒤틀리는 불길한 예감을 느꼈다.

설리번은 종종 정보에서, 특히 숫자와 관련해 "잘못된 정확성(false precision)"이 있다고 느꼈지만, 50퍼센트 평가는 무시할 수 없었다. 이러한 정보 평가 이전에도, 그는 전쟁 중 어느 순간에 푸틴이 핵 사용에 의지할 것이라는 우려를 품고 있었다.

"이를 대수롭지 않게 여기는 사람들은 모두 근본적으로 어떤 면에서 순진한 것입니다." 설리번이 말했다. 아프가니스탄 철수 이후 바이든 행정부는 정말 나쁜 일이 발생할 가능성에 대비하는 데 극도로 집중하고 있었다.

우크라이나 전쟁이 시작된 지 불과 3개월 만인 5월에 설리번은 전쟁에서 발생할 가능성은 낮지만 파급력이 큰 사건들, 특히 러시아의 핵무기 사용에 대해 분석하고 대비하기 위한 타이거 팀(tiger team, 긴급하거나 중요한 문제 해결을 위해 특별히 구성된 전문가 집단-옮긴이)을 구성했다. 타이거 팀은 핵 대응 옵션에 대한 플레이북을 만들어냈다. 갑자기 이 플레이북은 더 이상 추상적인 것이 아니라 실행해야 할 것이 되었다.

극비리에 설리번은 펜타곤에서 오스틴, 마크 밀리 의장, 그리고 그들의 핵 전문가들로 구성된 팀들과 만나 다양한 가능한 핵 시나리오를 구상하고 분석했다. 수, 대응 수, 푸틴이 핵무기를 사용할 경우 발동될 다양한 군사적 대응 옵션들.

오스틴과 밀리는 설리번에게 군사적 관점에서 어떻게 게임처럼 시뮬레이션하고 있는지 보여주었다. 푸틴이 전술 핵무기를 사용한다. 그것이 첫 번째 수다. 두 번째 수로 미국이 대응한다. 그러면 러시아가 차례를 이어받는다. 그다음 미국이 다시 대응하고, 본격적인 확전이 시작된다. 이것은 전형적인 워게임이었지만 무섭도록 현실적이었다.

각각의 "차례"마다 오스틴과 밀리는 대통령을 위해 점점 강도가 높아지는 순서로 그의 선택지들을 준비했다. 그들은 설리번과 함께 각 옵션이 러시아의 예상 반응에 어떻게 대응하는지 검토했다.

"그래서 이것은 대통령에게 매우 복잡한 선택 알고리즘이 됩니다," 설리번이 말했다. 단 한 번의 핵폭발만으로도 가능한 가장 높은 수준의 벼랑 끝 대치를 촉발할 수 있었다.

설리번, 오스틴, 밀리는 대통령이 어떻게 대응할지에 대한 지침을 얻기 위해 각각의 옵션을 극도로 세밀하게 바이든과 논의했다. 바이든은 어떤 시점에서도 최종 결정을 미리 내려 특정 대응 방식에 자신이 얽매이지 않도록 했다. 대신 그는 재량권을 유지했다―선택의 여지를 열어둔 것이다.

바이든은 사적으로 푸틴이 우크라이나 전장에서 전술 핵무기를 사용하더라도 미국은 핵무기로 대응하지 않을 것이라고 말한 바 있다.

"나는 우크라이나 전장에서 핵무기가 사용되더라도 핵으로 대응하지 않을 것"이라고 바이든은 참모들에게 말했다. 그러나 현실은―그리고 그 방에 있던 모든 사람이 알고 있었던 것은―일단 확전이 시작되면 핵무기는 언제나 하나의 가능성이라는 것이었다. 핵무기는 그들의 모든 논의에 존재하는 소리 없는 그림자였다.

대응 옵션은 아무도 죽이지 않는 경고성 발포부터 재래식 무기를 사용한 러시아 영토 내 미국의 군사 공격까지 다양했는데, 이것 역시 대통령에게는 악몽 같은 시나리오였다. 바이든과 설리번은 어떤 수준에서든 미군과 러시아군 간의 무력 충돌은 너무 쉽게 제3차 세계대전으로 이어질 수 있다고 믿었다. 그것은 무섭도록 분명했다. 그들은 완전히 새로운 세상에 들어서 있었다.

"좋은" 선택지는 없었다. 미국과 러시아가 직접 충돌하는 상황에서, 미국의 공식 정책은 미국이 핵 공격이나 실존적 위협에 대응하기 위해서만 핵무기를 사용한다는 것이었다.

핵 사용이 시작되면 제3차 세계대전으로의 확전 위험이 극도로 높아지게 되고 출구 찾기는 점점 더 어려워질 것이다.

푸틴이 다음에 무엇을 할지에 대한 징후나 단서는 무엇이었는가? 이 위협은 얼마나 실제적이었는가? 바이든의 국가안보회의와 국무부는 미국 정보기관이 침공 5개월 전에 극도로 상세한 푸틴의 우크라이나 침공 계획을 입수한 이후로 두 개의 모순된 세계에서 살아가는 데 익숙해져 있었다. 그가 정확히 언제 침공할지는 분명하지 않았지만, 모든 증거는 침공이 임박했음을 가리키고 있었다. 국가안보팀은 이런 세계 속에서 살며 푸틴을 저지하기 위해 노력했다.

다른 세계에서는, 푸틴의 계획이 너무 비합리적이고 자멸적으로 보여서 러시아 지도자가 실제로 실행에 옮길 수는 없을 것 같았다.

하지만 푸틴은 침공했고, 글로벌 위기를 촉발했다.

이제 설리번과 대통령은 다시 한번 불확실성과 의심의 세계에 갇히게 되었다. 푸틴이 또 다른 비합리적이고 자멸적인 행동을 취할 것인가?

"우리는 푸틴보다 한발 앞서야 합니다." 설리번은 자신의 국가안보회의 참모들에게 여러 차례 지시했다. "반드시 그래야만 합니다."

그는 참모들에게 질문했다. 우리가 가진 경제적 선택지는 무엇인가? 우리가 가진 외교적 선택지는 무엇인가? 미국은 군사적으로 무엇을 해야 하는가? 군사적 행동을 취해야 하는가, 아닌가? 만약 군사적 행동을 취한다면, 어디에서 할 것인가? 우크라이나 내에서? 러시아 내에서? 점령된 우크라이나 지역 내에서?

하지만 예측 불가능한 침략자로서 푸틴은 우위를 점하고 있었다. 전능한 러시아 독재자로서 그는 러시아의 행동과 레드라인을 결정하는 사람이었다.

설리번은 푸틴의 생각을 읽으려고 노력하며 자문했다. "나 블라디미르 푸틴은 어떻게 치욕스러운 패배를 피할 것인가?"

푸틴은 무엇을 계획하고 있었을까?

"재앙적인 전장 패배를 막기 위해 전술 핵무기 사용을 명령하는 것은 그가 할 준비가 되어 있는 일"이라고 설리번은 믿었다.

"그는 핵무기를 사용하여 우리를 분쟁에 직접 끌어들이는 것에 대해 우려하고 있습니다," 설리번이 말했다. "하지만 어느 시점에서는 그는 우리가 무엇을 생각하고 어떻게 행동할지 신경 쓰지 않을 것입니다."

우크라이나를 러시아의 일부로 만드는 것은 푸틴에게 절대적인 집착이 되었다.

존 파이너 국가안보 부보좌관에게 실제로 핵무기를 사용한다는 세계를 바꿀 사건이 "동전 던지기"에 달려 있다는 생각은 상상을 초월했으며, 그 함의는 우크라이나 전쟁을 훨씬 넘어설 것이었다. 단 한 발의 전술 핵무기가 폭발해도 제2차 세계대전 이후 구축된, 핵무기를 다시는 사용하지 않는다는 전제에 기반한 세계 질서가 파괴될 것이었다.

펜타곤은 5000 시리즈라 불리는 핵무기 사용에 대한 일련의 비상 전쟁 계획을 가지고 있었다. 예를 들어, OPLAN 5027은 북한의 핵무기 사용에 대응하기 위해 미국과 한국이 수립한 계획을 다루고 있었다. 러시아가 먼저 미국을 공격할 경우에 대비한 철저한 비상 계획이 존재했다. 이제 국가안보회의와 펜타곤은 핵전쟁에 대비한 비상 계획을 업데이트하고 조율하기 위해 회의를 하고 있었는데, 파이너는 이것이 냉전 시대나 반세기 이상 전인 1962년 쿠바 미사일 위기 당시 그의 전임자들이 했던 것과 같은 방식임을 깨달았다.

파이너는 또한 차관급 수준에서 매우 은밀하고 매우 소규모의 일련의 회의를 운영하는 임무를 맡았는데, 미국의 핵심 유럽 동맹국인 유로 쿼드(Euro Quad)―독일, 프랑스, 영국―와 함께 다양한 시나리오에 대비한 동맹 차원의 비상 계획을 수립하기 위한 것이었다. (유로 쿼드라는 표현은 미국의 유럽 주요 동맹국들, 즉 독일, 프랑스, 영국 간의 협력을 강조하기 위해 저자가 사용한 표현으로 보인다-옮긴이)

파이너가 말했다. "침공 자체와 마찬가지로, 우리는 이것이 효과가 없을 가능성에도 준비되어 있어야 합니다." 푸틴이 전술 핵무기를 사용하는 것을 저지하려는 노력이 실패할 가능성은 충분히 있었다.

러시아는 2022년 당시 약 2,000개의 전술 핵무기를 보유하고 있었는데, 이는 미국 보유량의 10배에 달하는 수치였다. 러시아 전술 핵무기의 폭발력은 0.3킬로톤, 즉 1킬로톤의 일부에서 50킬로톤 이상까지 다양했다. (kiloton은 핵무기의 폭발력을 측정하는 단위로 TNT 1,000톤의 폭발력과 동등한 에너지를 의미한다. 0.3 킬로톤은 1킬로톤의 30퍼센트에 해당하는 폭발력을 가진다-옮긴이) 이는 오늘날 핵무기가 한 사람이 운반할 수 있을 만큼 작은 탄두 형태일 수도 있고, 잠수함이나 폭격기 또는 대륙간탄도미사일(ICBM)을 통해 발사해야 할 정도로 클 수도 있다는 의미이다.

푸틴의 핵무기고는 그에게 다양한 규모의 핵 공격을 할 수 있는 엄청난 수의 선택지를 제공했다. 그는 단일 저위력 "전술" 핵무기를 사용하거나 다수의 핵무기로 공격할 수 있었다.

1945년 트루먼 대통령은 제2차 세계대전을 종식시키기 위해 역사상 유일한 원자폭탄 사용을 명령했다. 히로시마에는 15킬로톤의 원자폭탄이, 나가사키에는 21킬로톤의 폭탄이 투하되었다.

 도상 훈련(tabletop exercise, 실제 행동 없이 토론과 시뮬레이션으로 진행하는 훈련-옮긴이)에서 연습된 시나리오에는 푸틴이 우크라이나로 하여금 영토를 포기하도록 위협하기 위해 흑해 상공에서 핵실험 폭발을 명령하는 경우나, 우크라이나 군사 기지에 전술 핵무기를 사용해 방사능 오염으로 그 주변 지역을 수년간 거주 불가능하게 만드는 경우가 포함되어 있었다.

오스틴 국방장관의 수석 전략 고문이자 오른팔인 콜린 칼은 10월 23일 일요일 매우 이른 시간에 집에서 파자마 차림으로 아이들과 함께 있을 때, 러시아로부터 오스틴과 쇼이구 간의 두 번째 통화 요청이 들어왔다. 이는 오스틴이 쇼이구에게 경고를 한 지 불과 36시간 후의 일이었다.

 이상한 일이라고 칼은 생각했다. 무슨 일이 벌어지고 있는 거지?

 오스틴 장관의 발언 요지를 작성하는 모든 직원들은 집에 있었다. 사무실에는 아무도 없었지만 러시아 측은 필사적으로 전화를 걸고 있었다.

 칼은 자신의 집에 SCIF ― 극비 정보를 다루기 위한 민감 구획 정보 시설 ― 로 개조된 방으로 들어가 통화의 긴급성을 설명할 만한 정보가 밤사이에 들어왔는지 확인했다. 정보 채널에는 특별히 눈에 띄는 것은 없었다.

칼은 휴대전화로 러시아 소식통들이 소셜 미디어와 텔레그램 — 보안 메시징 앱 — 을 통해 우크라이나가 더티 폭탄을 사용할 계획을 세우고 있다는 주장을 퍼뜨리고 있는 것을 발견했다.

더티 폭탄은 폭발물에 방사성 물질을 섞은 것으로 유해한 방사선을 퍼뜨리지만 핵 연쇄 반응이나 원자 폭발은 일으키지 않는다. 더티 폭탄은 그 지역을 거주 불가능하게 만들기 때문에 여전히 극도로 심각한 위협이다.

러시아가 영국, 프랑스, 터키의 국방장관들에게도 전화를 걸고 있다는 보고가 들어오기 시작했다.

"세상에," 칼은 생각했다. "러시아가 우크라이나에 대한 핵무기 사용의 명분으로 우크라이나에서 가짜 더티 폭탄 사건을 조작하려는 거야."

"정말 악몽 같은 시나리오네."

이것은 러시아의 전형적인 수법이라고 칼은 생각했다. 전쟁 내내 러시아가 해온 짓이 무엇인가? 위장 작전을 만들고 확전의 명분을 조작하려 시도해왔다. 그에게 확증은 없었다. 그저 직감일 뿐이었다.

칼은 오스틴을 위한 발언 요지를 서둘러 정리했다.

"우크라이나가 더티 폭탄 사용을 고려하고 있다는 정보를 우리가 모두 갖고 있습니다." 쇼이구는 오스틴과 통화가 연결되자마자 급하게 말했다. "만약 그들이 그런 짓을 한다면 우리는 그것을 핵 테러 행위로 간주할 것이며, 대응할 수밖에 없을 것입니다." 빙고, 칼이 속으로

생각했다.

"우리는 당신 말을 믿지 않습니다." 오스틴이 단호하게 말했다. "우리는 이에 대한 어떤 징후도 보지 못하고 있고, 세계는 이 속임수를 꿰뚫어 볼 것입니다."

"이것은 우리에게 당신들이 핵무기 사용의 구실을 만들려는 시도로 보입니다." 오스틴은 경고로 가득 찬 중저음의 목소리로 말했다. "그리고 만약 당신들이 그렇게 한다면 그에 따른 모든 결과를 감수해야 할 것입니다."

보통은 차분하게 말하는 로이드 오스틴이 다시 한번 강력하게 대통령의 억지 메시지를 전달했다. "그러지 마십시오."

"이해했습니다." 쇼이구가 말했다. "우리는 우리의 정보를 당신 그리고 세계와 공유할 것입니다."

제이크 설리번은 젤렌스키의 수석 보좌관인 안드리 예르마크에게 전화를 걸어 즉시 국제원자력기구(IAEA)를 우크라이나의 핵 시설로 초청하라고 말했다. 핵 시설들을 개방하여 사찰을 받으라고 했다.

IAEA 사찰단은 신속히 도착했고 더티 폭탄 제조 준비에 대한 어떤 증거도 발견하지 못했다.

백악관과 펜타곤은 모든 통신 라인을 동원하여 중국, 인도, 이스라엘, 터키—러시아와 우호적이면서 푸틴과도 통화를 하고 있는 국가들—에게 연락했다. 누구도 우크라이나에서 핵무기를 사용해서는 안 된다. 푸틴에게 그 신호를 보내라.

이 국가들은 그렇게 했다.

12시간도 채 되지 않아 그들은 러시아의 음모를 폭로한 것으로 보였다.

"러시아가 전술 핵무기를 사용한다면 그것은 너무나도 심각한 실수가 될 것입니다." 바이든 대통령은 10월 26일 기자들에게 말하면서 이 문제를 직접적으로 거론했다.

에이브릴 헤인스 국가정보국장은 바이든 대통령에게 정보기관의 평가에 따르면 중국의 시진핑 주석이 푸틴에 대해 가장 큰 영향력을 행사할 수 있으며, 핵무기에 관한 푸틴의 생각에 영향을 미칠 최적의 위치에 있다고 보고했다.

바이든은 시진핑에게 전화를 걸어 러시아가 우크라이나에서 핵무기를 사용하지 못하도록 저지할 필요성을 강조했다. 만약 푸틴이 핵 사용의 금기를 깨뜨린다면, 그것은 세계적으로 엄청난 사건이 될 것이라고 말했다.

시진핑 주석은 동의했다. 그는 푸틴에게 그런 행동을 하지 말라고 경고할 것이었다. 시진핑은 심지어 공개적으로도 그렇게 했다. "핵전쟁은 결코 일어나서는 안 됩니다." 시진핑 주석은 2022년 11월 4일 베이징에서 말했다. 그는 각국이 핵무기 사용이나 핵무기 사용 위협에 반대할 것을 촉구했다.

푸틴이 핵무기를 사용하지 않도록 만든 또 다른 결정적인 요소는 러시아군에 재앙적인 붕괴가 없었다는 점이었다. 우크라이나는 천천히 점진적으로 움직였고, 러시아군은 드니프로 강을 건너 안전하게 헤르손에서 철수했다. 그제야 미국 정보기관은 핵 위협에 대한 평가를 수정했다.

푸틴은 당분간 핵 카드를 보류했다.

"그것은 아마도 전쟁 전체에서 가장 간담이 서늘했던 순간이었을 것입니다." 칼이 말했다.

그 후 바이든 대통령은 러시아가 메시지를 받았는지 확인하고자 했다.

터키 앙카라에서, CIA 국장 번스는 2022년 11월 14일 러시아 대외정보국장인 세르게이 나리시킨과 4시간 동안 비밀 회담을 가졌다. 이는 마치 존 르 카레(John le Carré)의 스파이 소설에서 나올 법한 장면이었다. (존 르 카레는 냉전 시대 스파이 소설의 대가로 CIA와 KGB와 같은 정보기관들의 은밀한 첩보전을 리얼하게 그려낸 영국 작가다-옮긴이)

그들이 자리에 앉자 러시아는 두 사람 간의 회담 사실을 유출했다. 이는 또 다른 힘겨루기였다.

번스는 나리시킨과 마주 앉았다. 그들은 20년 동안 적대자로서 서로를 알고 지냈다. 번스는 거의 즉각적으로 나리시킨이 "전쟁을 끝내기 위한 미국의 새로운 평화 계획"에 대해 이야기하고 싶어 한다는 것을 알아차렸다.

"들어보세요," 번스가 말했다. "당신이 워싱턴에서 무엇을 읽고 있든지 간에 우리는 우크라이나 없이는 협상하지 않을 것입니다." 바이든은 그 점에 대해 단호했다. "그리고 제가 여기 온 이유는 핵무기 사용의 심각한 위험에 관해 이야기하기 위해서입니다."

번스는 나리시킨에게 러시아가 전술 핵무기를 사용하고 핵 금기를 깨뜨릴 경우 어떤 "재앙적 결과"가 있을지 상세히 설명했다.

"러시아는 끔찍하게 고립되고 국제적 추방자가 될 뿐만 아니라," 번스가 경고했다. "우리가 러시아군에 가할 피해 측면에서도 매우 실질적인 결과가 있을 것입니다."

나리시킨은 그런 일을 할 의도나 계획이 전혀 없다고 거듭 맹세했다. 그는 푸틴을 대신해 말하고 있다고 했다.

번스는 바이든 대통령에게 러시아가 메시지를 받았다고 확신한다고 보고했다.

바이든 대통령은 진정한 진퇴양난의 상황에 직면했다.

러시아-우크라이나 전쟁은 미국과 세계에 근본적인 딜레마를 제시하고 있다고 바이든 대통령은 자신의 국가안보보좌관에게 말했다.

"만약 우리가 러시아를 우크라이나에서 완전히 몰아내는 데 성공하지 못한다면, 우리는 푸틴이 어느 정도 무사히 넘어가도록 허용한 셈이 될 거야," 바이든이 말했다. 하지만 "만약 우리가 우크라이나에서 러시아를 완전히 몰아내는 데 성공한다면, 우리는 핵무기 사용 가능성이 매우 커지는 상황에 직면할 거야. 왜냐하면 푸틴이 전술 핵무기의 금기를 깨뜨리지 않은 채 우크라이나에서 완전히 패퇴당하도록 놔두지 않을 것이기 때문이야. 그래서 우리는 진퇴양난에 빠져 있어. 너무 성공하면 핵무기고, 너무 적게 성공하면 불확실한 교착 상태가 무기한 지속되는 거지."

총사령관은 이렇게 결론지었다. "그것이 우리가 지금 보고 있고 헤쳐 나가려고 노력하는 전략적 상황이야."

바이든은 사례와 경험을 통해 세계가 강대국 간 전쟁의 참화와 재앙으로부터 보호받지 못한다는 것을 인정하고 있었다. 명시적으로 표현하지는 않았지만, 모든 행동과 정책에 관통하는 목표는 푸틴이 전장에서의 교착 상태라는 제한적 좌절을 받아들이게 하거나, 더 좋게는 푸틴이 스스로 패배하게 만드는 방법을 찾는 것이었다.

36
트럼프의
세 번째 대통령 출마 선언

트럼프 전 대통령은 중간선거를 자신의 정치적 재기를 공고히 할 기회로 보았다. 그는 자신의 부정선거 주장을 지지한 후보들에게는 보상을 주고, 그렇지 않은 이들에게는 응징을 가할 생각이었다. [중간선거는 대통령의 국정 운영에 대한 중간 평가의 성격을 지닌다. 임기 2년인 하원 전체 의석(435석)과 임기 6년인 상원(총 100석)의 약 3분의 1이 선출된다–옮긴이]

그러나 중간선거 결과는 공화당이나 트럼프가 기대했던 레드웨이브(red wave, 공화당의 압승–옮긴이)와는 거리가 멀었다. 공화당은 2022년 11월 16일 가까스로 하원을 탈환했지만, 민주당은 상원의 다수당 지위를 지켜냈다.

트럼프는 이 결과에 격분했다. 그가 지원한 후보들 다수가 참패했기 때문이다. 주지사 선거에서 그가 지지한 펜실베이니아, 메릴랜드, 미시간 후보들이 모두 패배했다. 애리조나에서도 그가 밀었던 캐리 레이크가 주지사 선거에서 패배했는데, 그녀는 아무런 근거 없이 선거가 조작되었다고 주장했다. 상원 선거에서도 트럼프가 총애한 세 차례 올 아메리칸에 선정되고 1982년 하이스먼 트로피를 수상한 전설적인 미식축구 선수 출신인 허셜 워커가 조지아에서, 메흐멧 오즈가 펜실베이니아에서 각각 낙선했다.

트럼프는 오즈를 지지한 결정에 대해 아내 멜라니아를 탓했다. "그녀의 최선의 결정은 아니었다"라고 말하며, 자신만 빼고 모두에게 책임을 돌렸다.

출구조사에 따르면 전 대통령은 유권자의 단 39퍼센트에게만 호의적인 평가를 받았는데, 이는 바이든의 41퍼센트 지지율보다 낮은 수치였다. 또한 유권자의 약 3분의 1이 자신들의 투표가 트럼프에 대한 반대 메시지라고 말했다. 트럼프의 지지를 받은 후보들은 예상보다 저조한 성적을 거둔 반면, 그의 지지를 받지 않은 후보들은 무려 7포인트 이상의 큰 격차로 예상보다 좋은 성적을 거두었다.

트럼프는 자신의 소셜 미디어 플랫폼 트루스 소셜에 이렇게 썼다. "어제의 선거가 어떤 면에서는 다소 실망스러웠지만, 내 개인적 관점에서는 아주 큰 승리였습니다 ─ 본선에서 219번의 **승리**와 16번의 패배 ─ 이보다 더 잘한 사람이 있었는가?"

하지만 이번 결과는 대체로 트럼프에 대한 국민 심판으로 여겨졌다.

"당신은 중도 성향의 여성들에게 문제가 있어요." 린지 그레이엄이 전 대통령에게 말했다. "지구가 평평하고 우리가 달에 가지 않았다고 생각하는 사람들, 그들은 이미 당신 편입니다. 그들은 내버려 두세요."

그레이엄은 트럼프가 2020년 선거 문제를 계속 들추는 것에서 벗어나 실질적인 정책 이슈에 다시 집중하고, 2024년을 바이든에 대한 국민 심판으로 만들어야 한다고 믿었다.

그레이엄은 트럼프에게 이렇게 주장해야 한다고 말했다.

"내가 책임지고 있었을 때, 우리는 안전한 국경을 가지고 있었습니다. 그런데 지금 상황을 보십시오. 내가 책임자였을 때, 집을 담보로 잡지 않고도 차에 기름을 가득 채울 수가 있었습니다. 내가 책임자였을 때, 러시아와 중국은 통제되고 있었습니다. 내가 책임자였을 때, 이란은 약했습니다. 내가 책임자였을 때, 탈레반은 아프가니스탄을 장악하지 못했습니다"라고 그레이엄이 말했다. "계속 이런 식으로 해야 합니다."

"대통령님, 바이든을 비판하는 것만으로는 충분하지 않습니다. 당신은 이렇게도 말해야 합니다: **내가 해결할 수 있습니다.**"

"아무도 2020년 선거 따위는 신경 쓰지 않습니다." 그레이엄이 말했다.

하지만 트럼프는 신경 썼다.

일주일 후, 트럼프는 자신의 세 번째 대통령 선거 출마를 발표할 준비가 되어 있었다. 그는 이번 발표를 "미국 역사상 가장 중요한 연설"이라고 칭하며 "**영원히** 기억될 것"이라고 말했다.

공화당원들은 트럼프에게 발표를 연기하라고 촉구했다. 참고 기다려라. 중간선거 패배 후 공화당이 재정비할 시간을 주라. 그는 듣지 않았다.

"우리는 쇠퇴하는 국가입니다," 트럼프는 2022년 11월 15일 마라라고의 호화로운 연회장에 모인 적은 수의 청중 앞에서 말했다. "미국의 부활은 바로 지금 시작됩니다." 그는 자신의 대통령 재임 기간을 "황금기"라고 표현했다. 하지만 2021년 1월 트럼프가 백악관을 떠날 때 그는 역대 어느 대통령 중 최저 지지율을 기록했다.

트럼프는 자신에 대한 민사 및 형사 조사들이 산적한 가운데 대통령 선거 캠페인을 시작하고 있었다. 여기에는 1월 6일 그의 행동과 퇴임 후 마라라고에 기밀문서를 불법 보유한 것에 대한 법무부 조사도 포함되어 있었다.

"이 조작되고 부패한 시스템에 진정으로 맞서려는 사람은 극소수만이 이해할 수 있는 불의 폭풍에 직면하게 될 것입니다." 트럼프는 한 시간 동안 진행된 연설에서, 마치 다시 대통령에 출마하기로 한 결정이 큰 개인적 희생인 것처럼 말했다.

백악관에서는 트럼프의 발표에 대해 엇갈린 반응을 보였다. 참모진의 중론은 트럼프가 끝났다는 것이었다. 하지만 바이든 대통령과 해리스 부통령은 이에 동의하지 않았다. 도널드 트럼프는 상식을 무시했다. 실격 사유가 되어야 할 모든 것들이 오히려 그의 추종자들에게는 더 큰 매력으로 작용하는 것 같았다. 공화당 지도부는 트럼프가 가진 유권자 기반을 직시하고 곧 다시 그에게 줄을 설 것이었다. 해리스는 트럼프의 발표를 깊이 우려했다.

"이번 선거는 엄청나게 중대합니다." 해리스는 자신의 국가안보 보좌관들에게 말했다. "아마도 우리나라가 지금까지 치른 선거 중 가장 중대한 선거일 것입니다." 부통령은 트럼프를 한 번 선출한 것은 많은 불확실성 속에서 저지른 큰 실수였지만, 그가 행한 모든 일을 목격한 후에도 그를 다시 선출한다면 이는 "미국 민주주의의 조종(弔鐘)"이 될 수 있다고 믿었다.

"부통령님과 대통령님은 앞으로 무엇을 해야 하는지 그 막중함을 절감하고 계십니다." 해리스의 국가안보 부보좌관인 레베카 리스너가 말했다.

37
젤렌스키의 미 의회 연설

제이크 설리번은 종종 자신을 "우크라이나 군대의 병참 장교"라고 표현했다. 그 자신도 이 아이러니를 충분히 인식하고 있었다.

그의 아버지는 철저한 평화주의자였으며, 베트남 전쟁 당시 양심적 병역 거부자였다. 그는 신부가 되기 위해 공부했으나 중도에 그만두었고, 현재는 샌프란시스코에서 예수회 자원봉사자로 활동하며 위탁 보호 연령을 넘어 독립했지만, 여전히 도움이 필요한 청소년들을 지원하고 있었다.

어린 시절, 설리번은 물총이나 비디오 게임을 가지는 것이 허용되지 않았다.

이제 그는 전쟁을 관리하고 있었다. 미국의 살상 무기를 우크라이나에 보내며, 우크라이나 생존의 중심에 서 있었다. 백악관에서는 아프가니스탄과 이라크 전쟁에 참전했던 조 다 실바 육군 대령이 국가안보회의 소속으로 우크라이나 무기 보급선을 책임지고 있었다.

우크라이나의 대담한 반격 작전에 대한 낙관론 이후인 11월, 우크라이나군은 다가오는 혹독한 겨울 동안 현재 지역을 사수하기 위해 방어적 태세를 취했다. 다 실바는 설리번에게 우크라이나가 심각한 방공 문제를 겪고 있으며 포탄도 고갈되고 있다고 보고했다.

2022년 10월 이후, 러시아는 다가오는 겨울 동안 우크라이나인들에게 빛, 열, 물을 끊어버리려는 의도적인 작전으로 우크라이나 전력망을 폭격해왔다. 기온은 곧 화씨 영하 5도(섭씨 약 영하 21도)까지 떨어질 예정이었다. 도시들은 어둠 속에 잠겼고 수백만 명의 우크라이나인들이 전기 없이 지내고 있었다.

바이든 대통령은 젤렌스키에게 러시아의 무차별 미사일 공격을 방어하는 데 도움이 될 최첨단 지대공 미사일 시스템인 NASAM(National Advanced Surface-to-Air Missile) 두 세트를 우크라이나로 긴급히 보내고 있다고 말했다.

NASAM은 백악관, 국회의사당, 펜타곤의 영공을 보호하는 데 사용되는 최고의 방공 시스템이다. 각 NASAM 포대는 2,300만 달러에 달하며 10피트(약 3미터) 길이의 미사일을 발사한다. 도착한 지 일주일 만에 NASAM은 그 가치를 증명했다. 젤렌스키는 러시아가 이란제 샤헤드 드론과 미사일 10대를 발사했고 NASAM이 10대 모두를 격추했다고 밝혔다.

러시아의 탄도 미사일을 방어하기 위해 미국은 세계에서 가장 첨단 장거리 방공 시스템 중 하나인 패트리엇을 보냈다. 패트리엇은 1991년 걸프전에서 미국이 이스라엘과 사우디아라비아를 보호하기 위해 처음 사용했다. 각 패트리엇 포대는 4억 달러에 달하고, 여기에 개당 400만 달러인 미사일 150발에 드는 6억 9천만 달러가 추가된다. 비싸지만 전장에서는 값을 매길 수 없을 정도로 귀중하다.

패트리엇은 우크라이나군에게 게임 체인저가 되었다. 음속의 몇 배로 이동하는 러시아의 킨잘 극초음속 미사일을 지속적으로 격추시켰다. 푸틴은 킨잘이 "파괴 불가능하다"고 공개적으로 자랑한 바 있었다.

12월 21일, 젤렌스키 대통령은 미 의회에서 연설하기 위해 비밀리에 워싱턴을 방문했다. 폴란드로 그를 픽업하러 온 미군 737 C-40 수송기의 승무원조차 누구를 태우고 돌아가는지 사전에 알지 못했다.

특유의 올리브색 스웨트셔츠를 입은 젤렌스키는 "모든 미국인"에게 감사를 표하고 우크라이나에 대한 지속적인 지원을 간절히 호소했다. 때로는 진지하고 단호하게, 때로는 유머를 섞어가며 젤렌스키는 자신의 가장 강력한 무기인 탁월한 소통 능력을 다시 한번 보여주었다.

"우리는 포병 화력이 있습니다. 네, 감사합니다. 있긴 있습니다. 충분합니까? 솔직히 말씀드리면, 그렇지 않습니다." 젤렌스키가 말하자 청중으로부터 웃음이 터져 나왔다.

그는 기립박수를 받았다.

설리번과 다 실바가 해결해야 했던 시급한 무기 문제는 우크라이나의 155mm 포탄 공급의 지속 가능성이었다. 탄약의 안정적인 공급을 유지하는 것은 우크라이나가 전투에서 버티고 러시아를 밀어내는 데 필수적이었다.

36피트(약 11미터) 길이의 거대한 곡사포는 우크라이나 방어의 주축이 되었고, 전장에서 성공적이고 다재다능한 무기로 활약했다. 대포와 박격포의 중간 형태인 곡사포는 155mm 포탄을 발사했는데, 이 거대한 포탄은 폭 6인치(15센티미터), 길이 2피트(61센티미터)에 각각 100파운드(45킬로그램)의 무게를 지녔다. 이 곡사포는 최대 15

마일(24킬로미터)의 사거리와 시간당 40발의 연속 발사 능력을 갖추고 있어, 지상군이 위험에 노출되지 않으면서도 원거리에서 적의 목표물을 타격할 수 있는 매우 귀중한 무기였다. 그러나 우크라이나는 155mm 포탄을 놀라운 속도로 소진시키고 있었고 포탄이 바닥날 위험에 처해 있었다.

155mm 포탄 부족은 전쟁의 향방을 가늠할 핵심 지표 중 하나가 될 것이라고 설리번은 깨달았다. 다 실바에 따르면, 우크라이나는 제2차 세계대전 이후 군대가 직면한 가장 혹독한 군사 환경이었다. 우크라이나와 러시아는 이제 전면적인 포격전을 벌이면서 참호전의 수렁에 빠져 있었다. 전선은 거의 움직이지 않고 있었다.

2023년 1월 말, 마크 밀리 장군은 국가안보 고위급 위원회(Principals Committee) 회의에서 암울한 현황을 보고했다. [Principals Committee는 미국 국가안보회의 내의 공식 기구로서 국무장관, 국방장관, 재무장관, 국가안보보좌관 등 내각급 고위 인사들로 구성된 회의체를 말한다-옮긴이]

"우크라이나가 방어선을 유지하고, 반격을 실행하며, 획득한 지역을 지키기 위해서는 2월 1일부터 6월 1일 사이에 155mm 포탄 70만 발이 필요할 것입니다." 밀리가 말했다. 그것은 엄청난 수량이었다.

우크라이나는 한 달에 약 10만 발, 하루에 약 3,000발의 포탄을 소진하고 있었고, 미국은 이 수요를 맞출 충분한 비축량을 갖고 있지 않았다.

설리번, 파이너, 블링컨은 155mm 포탄을 찾기 위해 전 세계를 샅샅이 뒤졌지만, 그들의 가장 큰 공여국인 유럽 동맹국들도 미국만큼이나 바닥난 상태였다. 이 전쟁은 미국과 유럽이 기본적인 무기 생산과 비축에서 얼마나 뒤처져 있는지를 여실히 드러냈다.

"주목받지 않으려는 국가들을 찾아보세요," 설리번은 다 실바 대령에게 지시했다. 우크라이나에 직접 기부하기는 원하지 않지만, 대신 미국에게는 판매할 의향이 있을지도 모르는 국가들을 찾으라는 것이었다—미국이 우크라이나에 전달할 목적으로.

바이든 대통령이 어떤 세계 지도자와 통화 일정이 잡히면, 다 실바는 그 통화에 무기나 포탄 요청을 슬쩍 끼워 넣으려 했다.

한국은 무엇을 가지고 있을까? 남아프리카공화국은? 이집트는? 키프로스는? 에콰도르는?

펜타곤은 한국과 협정을 체결하여 우크라이나를 위한 155mm 포탄 50만 발 이상을 확보했다. 하지만 전장에서 늘어나는 부족분을 채우기에는 결코 충분하지 않았다.

다 실바는 2023년 2월 중순부터 4월 10일까지 155mm 포탄 부족분을 메우는 데 초점을 맞춘 범부처 회의를 매일 진행했다.

"부족분이 얼마나 되나요?" 설리번이 매일 물었다. 마치 세계 지리 게임에서 참가자들에게 질문을 퍼붓는 퀴즈쇼 진행자처럼 국가 이름들을 쏟아냈다. 아직 시도하지 않은 곳은 어디인가? 어느 나라가 아직 약속을 이행하지 않았는가? 어느 나라의 재고가 확인된 바로는 소진되지 않았는가?

펜타곤 관계자들은 우크라이나 측에 포병에 지나치게 의존하지 말 것을 거의 절박하게 촉구하고 있었다.

"덜 발사하고, 더 정확하게 조준하고, 탄약을 바닥내지 말고, 기동해야 한다"가 그들의 메시지였다.

매일 펜타곤과 조율하고 있던 다 실바는 강하게 반박했다.

"그들은 포탄을 낭비하고 있는 것이 아닙니다." 다 실바가 말했다. "그들은 필요한 전술적 역학을 달성하기 위해 최선을 다해 사용하고 있습니다." 러시아군은 평방킬로미터 단위로 서로 맞물린 지역에 수천 개에서 수만 개의 지뢰를 설치했다. 이러한 죽음의 함정들은 우크라이나군의 악몽을 가중시킬 뿐이었다.

"우회로"는 없었다. 우크라이나 공병들은 지뢰를 찾아 제거하기 위해 땅을 한 평방피트씩 조심스럽게 찔러가며 탐색해야 했다.

"공병 여섯 명이 다리를 잃었습니다." 제35여단의 한 우크라이나 공병이 CBS 뉴스에 말했다. 이 모든 과정은 매우 신중한 지뢰 제거 작업을 필요로 했고, 이는 우크라이나의 반격 계획을 심각하게 지연시키기 시작했다.

설리번은 오스틴 국방장관과 펜타곤의 관계자들에게 155mm 포탄 생산을 가속화하도록 압박했다. 미국은 미래의 대규모 포병전을 상정하지 않았기 때문에 비축량이 제한적이었다. 미국의 생산 일정은 대신 핵무기, 대형 항공모함, F-16 전투기, 탄도 미사일, 방공 시스템과 같은 첨단 무기에 초점을 맞추고 있었다. 설리번은 국방 산업 기반을 155mm 포탄 대량 생산에도 집중해야 한다고 분명히 했다.

국가안보보좌관은 거의 매일 155mm 포탄을 찾는 데 30분씩 할애하고 있었다. 충분한 포탄을 찾지 못한다면 어렵고 도덕적으로 복잡한 선택에 직면하게 될 것이 분명해지고 있었다. 집속탄(cluster munitions)을 보내거나, 아니면 우크라이나를 무방비 상태로 내버려두거나 둘 중 하나였다.

38
F-16 전투기의
우크라이나 전쟁 투입

독일 뮌헨에서 블링컨 국무장관은 안전한 통신을 위해 통신팀이 그의 호텔 스위트룸에 설치한 작은 흰색 텐트 형태의 구조물 안으로 들어갔다. 도청 방지를 위해 방해 신호로 음악이 거꾸로 재생되고 있었다.

"한동안 들으면 미칠 것 같아요," 블링컨이 그 소리에 대해 말했다. 하지만 기술자들은 그것이 그가 하는 말을 가려서 도청을 거의 불가능하게 만든다고 했다.

국무장관은 헤드셋을 착용하고 대통령, 오스틴, 밀리, 설리번과의 최고 기밀 통화에 연결되었다.

유럽 파트너들이 우크라이나에 미국의 주력 전투기인 F-16을 제공하는 데 상당한 관심을 보이고 있다고 블링컨이 보고했다. 그는 뮌헨 안보 회의 참석차 독일에 있었으며, 미국의 승인 여부와 언제 진행할 것인지에 대해 동맹국들로부터 여러 문의를 받고 있었다. 젤렌스키는 1년 동안 F-16을 요청해왔다.

F-16은 미국에서 개발된 단발 엔진의 초음속 다목적 전투기로, 우크라이나에 최첨단 공격 및 방어 항공 능력을 제공할 것이다. F-16

은 미국 기술이기 때문에, 다른 국가들이 우크라이나 같은 제3국에 이를 제공하려면 미국의 승인을 얻어야 한다.

지금까지 바이든 대통령은 승인을 보류해왔다. 그의 주된 우려는 NATO를 러시아와의 전쟁에 끌어들이거나 푸틴이 핵무기를 사용하도록 자극할 수 있는 확전이었다.

블링컨은 이에 대한 확실한 기준은 없다고 생각했다.

그는 전화 저편에서 상대방의 주저함을 느낄 수 있었다.

"우리는 반격에 집중해야 합니다." 오스틴이 말했다. "반격 기간 동안 우크라이나 조종사들을 훈련시키거나 F-16을 제공할 수 없기 때문에, 반격 작전에서 F-16은 우크라이나에 아무런 도움이 되지 않을 것입니다." 너무 오래 걸릴 것이라는 의미였다.

펜타곤의 입장은 일관되게 F-16이 당장은 필요하지 않다는 것이었다. 우크라이나 조종사들이 비행기를 조종하는 데 필요한 전문 훈련을 받아야 할 뿐만 아니라, 매뉴얼, 조종 장치 등 비행기와 관련된 모든 것이 영어로 되어 있어 집중적인 영어 교육도 필요했기 때문에, F-16은 단기적으로 전장에 영향을 미치지 못할 것이었다.

블링컨은 매우 타당한 논리라고 생각했다.

"보세요," 블링컨이 말했다. "공군의 현대화는 우크라이나 전력 증강에 있어 필수적인 요소인데, 결국은 우리가 해야 할 일입니다. 그럼 지금 시작하는 게 어떨까요?"

"긴 준비 기간이 필요할 것입니다," 그가 덧붙였다. "하지만 이것으로 우크라이나의 요구사항을 충족시킬 수 있고, 우리도 본격적으로 시작할 수 있습니다. 그렇지 않나요? 그리고 이는 우리가 장기전을 각오하고 있다는 메시지를 보낼 것입니다."

"토니," 바이든 대통령이 말했다. "자네를 사랑하지만 그런 일은 일어나지 않을 거야."

"세스나는 어떤가요?" 블링컨이 농담을 했다.

대통령이 웃었다.

블링컨은 물러서지 않았다. 바이든과 20년 동안 대화를 나눈 경험을 통해, 블링컨은 대통령이 "우리는 그것을 하지 않을 거야"라고 단호하게 말하면서도 여전히 경청하고 열린 마음을 유지하고 있다는 것을 알고 있었다.

"훈련이라도 시작하는 게 어떨까요?" 블링컨이 말했다. "훈련에는 긴 준비 시간이 필요하니까요. 그리고 나중에 F-16에 대한 결정을 내리실 수 있습니다."

블링컨은 정책 논쟁을 해결하는 바이든의 결혼 상담사 식 접근법을 따라 하고 있었다. 절충안을 선호하는 방식이다. 바이든이 모호한 태도를 취하며 어려운 결정을 미루는 것은 드문 일이 아니었다.

"대통령에 대해 알아야 할 중요한 점은," 블링컨이 나중에 다른 사람들에게 말했다. "그가 토론이나 우호적인 논쟁에서 종종 어떤 것에 단호히 찬성하거나 단호히 반대하는 것처럼 보이는 확고한 입장을 표명한다는 것입니다."

"사실 그가 정말로 하려는 것은 대화 상대를 압박하는 것입니다," 블링컨이 말했다. "그를 잘 모르는 사람들은 '아, 잊어버려, 그는 그것을 하지 않을 거야'라고 결론짓습니다. 하지만 저는 그와 많은 시간을 함께 보냈기 때문에, 그가 실제로는 정말 강경하게 반대하면서 그 아이디어의 견고함을 시험하려는 것임을 알고 있습니다."

좋아, 훈련부터 시작하지, 바이든이 마침내 말했다.

39
"나는 여러분의 복수입니다"

미국의 최고위 제복 군인인 마크 밀리 합참의장은 바이든 대통령 취임 초기부터 메릭 갈랜드 법무장관과의 면담을 성사시키기 위해 오랜 기간 공을 들여왔다.

매우 법률가답고 신중한 성격의 갈랜드는 이를 숙고하는 데 시간을 들였지만 마침내 동의했고, 법무부는 점심 식사를 주선했다.

합참의장이 법무부에서 법무장관을 직접 만나는 것은 전례가 없는 것은 아니더라도 매우 이례적인 일이었다. 이 일에 관여한 법무부의 한 고위 변호사는 이것이 미국 역사상 처음 있는 일이라고 생각했다.

밀리 장군은 이를 갈랜드가 소속된 국가안보회의의 자문역으로서 자신의 일상적인 업무의 일부로 생각했다. 그는 자신의 참모들에게 모든 내각 구성원들을 만나 "수평을 맞추는 것(level bubbles)"이 자신의 책임이라고 말했는데, 이는 정확한 사격을 위해 포열의 모든 화기를 수평으로 정렬하는 보병 용어다.

트럼프가 국가에 위험한 인물이라고 깊이 확신한 밀리는 갈랜드에게 국내 위협 상황을 조사하도록 촉구했다. 그는 특히 극우 민병대

단체들에 대해 우려했는데, 그들 중 다수가 2021년 1월 6일에 의사당을 공격했고 여전히 연방 정부에 대한 폭력 위협을 가하고 있었다.

"현재 우리 사회에는 대규모 민병대 운동이 존재합니다." 밀리가 전했다. "그리고 적절히 대처하지 않으면 폭력으로 이어질 수 있는 분노와 불안이 급증하고 있습니다. 내전 수준이나 그런 정도까지는 가지 않겠지만 국내 폭력 사태로 발전할 가능성이 있습니다."

갈랜드를 압박한 것은 밀리만이 아니었다. 트럼프와 1월 6일 폭동을 둘러싸고 수많은 혐의와 조사 방향들이 소용돌이치고 있어서 전직 대통령에 대한 독립적인 수사는 거의 불가피한 상황이었다.

2022년 11월 18일, 갈랜드 법무장관은 트럼프에 대한 독립적인 수사가 있을 것이라고 발표했다.

갈랜드는 전직 법무부 경력 검사인 잭 스미스를 특별검사로 임명하여 2021년 1월 6일 폭동에 대한 수사를 감독하고 진행하도록 했다. 트럼프 대통령의 부추김을 받아 폭도들은 2020년 대통령 선거 결과를 뒤집으려는 시도로 의사당을 습격했다. 잭 스미스는 또한 트럼프가 플로리다의 마라라고 클럽과 저택에 보관한 기밀문서와 다른 대통령 기록물 취급에 대해서도 수사하도록 임명되었다.

"최근의 전개 상황을 고려하여," 갈랜드가 말했다. "전직 대통령이 차기 선거에서 대통령 후보로 출마하겠다고 발표했고 현직 대통령[바이든] 역시 출마 의사를 밝힌 만큼, 저는 특별검사를 임명하는 것이 공익에 부합한다고 결론을 내렸습니다."

트럼프는 2023년 3월 4일, 영향력 있는 대규모 보수 단체인 보수정치행동회의(Conservative Political Action Conference, CPAC)에서 1시간 42분 동안 연설했다. 이 단체는 1974년에 설립되었으며, 당시 캘리포니아 주지사였던 로널드 레이건이 창립 기조연설을 했다.

"오늘," 트럼프가 말했다. "나는 여러분의 전사입니다. 나는 여러분의 정의입니다. 그리고 부당하게 대우받고 배신당한 이들에게, 나는 여러분의 복수입니다."

이것은 트럼프의 2024년 대선 캠페인의 중요하고 핵심적인 주제였으며, 부당한 대우를 받거나 소외되었다고 느끼는 사람들을 위해 되갚아주겠다는 약속이었다.

이틀 후인 2023년 3월 6일 월요일, 나는 워싱턴 D.C.의 윌라드 호텔에서 열린 리셉션에 참석했다.

"우리 얘기 좀 해야겠습니다." 내가 다가가자 밀리 장군이 말했다.

밀리는 제복을 입지 않고 세련된 짙은 색 스포츠 코트와 체크무늬 셔츠를 입고 있었다. 그는 막 샤워를 마친 듯한 모습이었고 편안해 보였지만, 넓은 가슴을 당당히 펴고 육군 장군다운 꼿꼿한 자세로 서 있었다.

밀리는 여전히 트럼프를 걱정하고 있었다.

"도널드 트럼프만큼 이 나라에 위험한 사람은 없었습니다." 밀리가 말했다. "당신은 알고 계십니까, 이 사람이 어떤 사람인지 보이십니까? 제가 전에 당신과 이야기했을 때 —『위기(Peril)』 집필을 위해— 어렴풋이 알았지만, 이제는 알겠습니다. 이제는 확실히 알겠습니다." (『위기』는 밥 우드워드와 로버트 코스타가 공동 저술하여 2021년 9월에 출간한 책으로, 도널드 트럼프 전 대통령의 임기 말과 조 바이든 대통령으로

의 전환기인 2020년 대선과 그 이후의 사건들을 다루고 있다-옮긴이)

밀리는 내가 로버트 코스타와 공저한 책 『위기』에서 트럼프의 정신적 안정성과 핵무기 통제에 관한 자신의 우려를 나에게 털어놓은 바 있다.

밀리와 나는 계속 대화를 나눴는데, 이는 붐비는 방 한가운데서도 매우 사적인 대화가 가능하다는 것을 보여주었다.

"우리는 그를 막아야 합니다!" 밀리가 말했다. "당신들이 그를 막아야 합니다!" 그가 말한 "당신들"은 언론 전체를 가리키는 말이었다. "그는 역대 가장 위험한 인물입니다. 제가 당신과 그의 정신적 쇠퇴 등에 대해 얘기했을 때는 의심만 했었지만, 이제는 그가 완전한 파시스트라는 것을 깨달았습니다. 그는 이 나라에 가장 위험한 인물입니다."

그의 눈은 전직 국방장관 윌리엄 코언이 이끄는 글로벌 비즈니스 컨설팅 회사인 코언 그룹의 초청객 200명으로 가득 찬 방 안을 빠르게 둘러보았다. 코언과 전직 국방장관 제임스 매티스가 리셉션에서 연설했다.

"뼛속까지 파시스트입니다!" 밀리가 나에게 다시 강조했다.

나는 그의 걱정이 얼마나 강렬했는지 결코 잊지 못할 것이다.

6월, 트럼프는 소셜 미디어를 통해 자신이 마라라고에서 기밀문서를 부적절하게 다룬 혐의로 기소되었다고 발표했는데, 이로써 그는 연방 형사 기소에 직면한 최초의 전직 대통령이 되었다. "부패한 바이든 행정부가 내 변호사들에게 내가 기소되었다고 알렸는데, 이것은 분명히 박스 사기극(Box Hoax)과 관련된 것으로 보입니다." 트럼프는

트루스 소셜에서 말했다. "나는 **무죄한 사람**입니다."•

그의 전직 법무장관인 빌 바는 〈폭스 뉴스〉에서 솔직한 평가를 내놓았다. "그는 끝장입니다." 바는 혐의의 절반만 사실로 입증되어도 그렇다고 말했다. "그는 여기서 피해자가 아닙니다. 그가 그 문서들을 보유할 권리가 있다고 생각한 것은 전적으로 잘못된 것입니다. 그 문서들은 이 나라가 가진 가장 민감한 비밀들 중 일부입니다."

바이든 대통령도 2023년 6월 여러 모금 행사에 참석하며 재선 캠페인에 박차를 가하고 있었다. 실리콘밸리의 기술 중심지에는 거액의 자금력을 가진 중요한 기부자들로 넘쳐났다. 6월 19일 마이크로소프트의 최고 기술 책임자인 케빈 스콧이 로스가토스에 있는 자택에서 주최한 첫 번째 모금 행사에는 38명의 손님이 참석했으며, 그중에는 실리콘밸리에서 가장 헌신적인 민주당 기부자들이 포함되어 있었다. 이 행사는 바이든의 재선 기금으로 270만 달러를 모금했다. 그러나 참석자들은 바이든이 "끔찍하게 형편없었다"고 말했다. 마치 방 안을 돌아다니며 여성 손님들에게 "당신의 눈이 정말 아름답군요"라고 말하는 "87세의 치매에 걸린 할아버지 같았다"고 했다.

80세였던 바이든은 그날 일찍 워싱턴에서 비행기로 도착했다. 한 기부자는 그가 아마도 매우 일찍 일어났을 것이라고 인정하면서도

● 트럼프는 기밀문서가 담긴 상자들과 관련된 사건을 "Boxes Hoax(박스 사기극)"라고 부른다. 2022년 8월 FBI가 마라라고를 수색한 결과 화장실, 연회장, 침실 등에서 100개 이상의 기밀 표시 문서가 담긴 상자들을 발견했다. 특별검사 잭 스미스는 이를 근거로 트럼프를 기밀문서 불법 보관 혐의로 기소했으나, 트럼프는 이를 정치적 모함이라고 주장하고 있다(옮긴이).

피곤해 보였다고 말했다. "그는 빨리 앉고 싶어 했고, 미리 준비된 질문 두 개만 받았습니다." 그는 답변이 인쇄된 메모 카드를 몇 장 들고 있었지만, 그럼에도 불구하고 요점에서 벗어나는 것처럼 보였다.

같은 날, 벤처캐피탈리스트이자 전직 주 감사관이며 테슬라의 거액 투자자인 스티브 웨스틀리와 그의 아내 애니타 유가 주최한 두 번째 훨씬 더 큰 모금 행사에서, 참석자들은 바이든 대통령에 대해 거의 정반대의 경험을 했다고 전했다. "그는 에너지가 넘쳤어요," 주최자가 다른 사람들에게 말했다. "그는 두 시간 동안 앉으려 하지 않았어요." 그 모금 행사에는 약 170명이 참석했다.

바이든의 행사 참석 모습은, 특히 모금 행사에서, 6월 내내 우려스러운 쇠퇴 징후를 계속해서 보여주었다.

뉴욕시 포시즌스 호텔에서 열린 행사에서 바이든은 "재향군인(veteran)"이라는 단어를 떠올리지 못했다. 당황한 그는 참석한 소규모 기부자 그룹에게 군 복무를 한 사람을 지칭하는 적절한 단어를 찾는 것을 도와달라고 요청했다. 한 참석자가 도와주었고 바이든은 그것을 사용했다—"재향군인." 그룹 참석자들은 놀랐고 불안감을 느꼈다.

그리고 2023년 6월 27일 메릴랜드주 체비 체이스에 있는 자선가 수지와 마이클 겔먼의 집에서 약 20명이 참석한 가운데 열린 소규모 "대통령과의 만남" 모금 행사 후, 참석자들은 바이든과의 대화가 "고통스러웠다"고 묘사했다.

"그는 문장을 한 번도 완성하지 못했어요," 리버티스 저널 재단의 공동 창립자이자 회장인 빌 라이히블룸이 말했다. 그는 아내와 루마니아 주재 전 미국 대사였던 장인과 함께 참석했다. "그는 무언가에 대해 이야기를 시작했다가 다른 곳으로 건너뛰곤 했어요. 그는 똑같은 이야기를 정확히 같은 방식으로 세 번이나 반복했고, 이야기가 너무 두서없이 흘러갔어요 … 충격적이었어요."

"솔직히 말해서, 제 인상은," 라이히블룸이 말했다. "때때로 우리가 존재하지 않는 것처럼 느껴졌다는 것입니다." 그는 그저 머릿속에 떠오르는 대로 두서없이 이야기를 늘어놓고 있었어요." 바이든은 라이히블룸에게 "아무 의미 없는" 이야기를 하고 또 하는 연로한 조부모나 부모 같아 보였다.

많은 사람이 그것이 바이든에게 단지 "안 좋은 밤(bad night)"이었는지 궁금해했다.

나는 이러한 모금 행사들이 바이든의 쇠퇴를 보여주는 초기 징후로서 갖는 중요성을 1년 후인 2024년 6월에야 알게 되었다.

40

155mm 포탄 부족과
집속탄의 사용

2023년 6월 11일, 조 다 실바 대령은 설리번에게 우크라이나의 심각한 탄약 보유 상황에 대한 최신 정보를 제공했다.

"그들은 매일 엄청난 양의 포탄을 소모하고 있습니다," 다 실바가 말했다. "우리가 예상했던 것의 약 두 배입니다." 우크라이나군은 하루에 "1만 발 이상"의 155mm 포탄을 사용하고 있었다. 설리번의 눈이 커졌다. "그럼, 언제 고갈될까요?"

"아마도 7월 말쯤이 될 겁니다," 다 실바가 말했다. 6주 후였다.

다 실바는 암울한 표정으로 설리번을 바라보았다. 그들은 둘 다 포탄이 없는 포병전이 우크라이나의 종말을 의미할 것임을 알고 있었다.

이것은 다 실바에게 세 번째 전쟁이었다. 그는 이라크 전쟁에서 38개월을 복무했다. 그는 이라크와 아프가니스탄에서 미국의 접근 방식의 결함을 목격했고, 푸틴의 무자비한 영토 정복 시도에 맞서 우크라이나가 자국을 방어하도록 돕는 것이 자신이 미군에서 21년 동안 참여했던 일 중 가장 순수한 대의라고 강하게 느꼈다.

다 실바의 93세 아버지는 고등학교 관리인이었던 포르투갈 이민자로 아프가니스탄과 이라크에서의 미국 전쟁에 항상 회의적이었다.

"조," 그는 아들에게 말했다. "나는 우리가 거기서 도대체 뭘 하고 있는지 모르겠다."

그러나 우크라이나 전쟁에 관해서 그의 아버지가 말했다. "러시아가 이런 짓을 해서는 안 됐어. 우리가 그 사람들을 돕고 있다니 기쁘구나."

정치적 분열에도 불구하고, 다 실바는 미국인들이 옳고 그름에 대한 타고난 이해력을 가지고 있다고 느꼈다. 대부분의 미국인들은, 공화당, 민주당, 무소속 할 것 없이, 이 전쟁이 정당한 대의라고 느꼈다.

펜타곤은 전 세계에서 곡사포에서 발사할 수 있는 155mm 포탄 중 유의미한 물량이 남아 있는 것은 미국이 보유한 집속탄뿐이라고 확인했다.

123개 국가에서 비인도적이고 무차별적이라는 이유로 금지된 집속탄은 목표물 상공에서 폭발하여 축구장 두 개 넓이의 면적에 수십 개 이상의 소폭탄을 방출한다. 이 치명적인 개별 소폭탄들은 폭발하면서 금속 파편을 사방으로 날린다. 폭발하지 않은 것들은 시한폭탄이 되어 땅에 남아 있다가, 민간인이나 아이들이 옛 전쟁터의 들판에서 그것들을 발견하거나 건드릴 때 수개월, 수년, 심지어 수십 년 후에 폭발하는 경우가 많다. 베트남에서 진행된 연구에 따르면 집속탄이 일반 탄약보다 8배나 더 많은 사상자를 발생시킨 것으로 나타났다. 집속탄은 전쟁의 추악한 임시 방편 중 하나다.

바이든 대통령은 집속탄 사용을 매우 꺼린다는 점을 분명히 했다. 그의 참모들이 우크라이나의 집속탄 요청을 제기했을 때 그는 "최후의 수단"이라고 말했다.

이제 그것이 최후의 수단이 되었다.

우크라이나에 다른 많은 무기를 제공하는 것을 꺼려 왔던 펜타곤은 미국의 집속탄[이중목적 개량 재래식 탄약(Dual-Purpose Improved Conventional Munitions)]이 전장에서 우크라이나의 살상 효율성을 효과적으로 두 배로 높일 것이라고 말했다. 미국은 1.3퍼센트의 더 낮은 불발률을 가진 DPICM 41만 3천 발과 2.35퍼센트의 불발률을 가진 집속탄 80만 발 남짓을 대규모로 비축하고 있었다.

러시아는 이미 우크라이나에서 30퍼센트에서 40퍼센트에 이르는 천문학적으로 높은 불발률을 가진 집속탄을 적극적으로 사용하고 있었다.

집속탄에 대한 반대는 인권 측면에서 제기되었지만, 설리번과 파이너가 보기에 러시아가 계속 진격하여 우크라이나 점령지에서 추가적인 잔학 행위를 저지르도록 방치하는 것보다 더 노골적인 인권 침해 행위는 떠올리기 어려웠다.

마리우폴에서는 2,400명이 넘는 우크라이나 민간인들이 사망했다. 부차에서는 450명 이상의 민간인이 학살당했는데, 처형의 명백한 증거가 있었다. 손이 등 뒤로 묶인 채, 머리에 총상을 입거나 목이 잘린 상태로 발견되었다. 이르핀에서는 290명 이상의 민간인 시신이 발견되었는데─많은 이들이 러시아의 무차별 포격이나 처형에 의한 것이었다. 붐비는 도심 지역에 대한 미사일 공격은 하루 중 가장 붐비는 시간대에 이루어졌다.

푸틴은 또한 마리우폴, 헤르손, 하르키우와 같은 점령 지역에서 최소 6,000명의 우크라이나 어린이를 대규모로 납치하여 러시아 가정에 입양시킨 것에 대해서도 책임이 있다.

미국 정보기관의 한 평가는 이를 직설적으로 표현했다: 만약 집속탄이 제공되지 않는다면 러시아군이 사용 가능한 포탄에서 5대 1 또는 10대 1의 우위를 점하게 될 것이며, 이는 치명적인 격차가 될 것이다. 이것이 시사하는 바는 우크라이나가 전쟁에서 패배할 뿐만 아니라 대학살이 될 것이라는 점이었다.

6월 29일의 대통령 일일 브리핑에서 모든 핵심 인사들이 한목소리를 냈다. 오스틴과 밀리는 바이든에게 권고했다: 집속탄을 보내야 합니다.

오스틴과 밀리는 이라크 전쟁 당시 미군이 집속탄을 사용했을 때 지휘 부대에 있었다. 그들은 전장에서 집속탄을 대체할 더 나은 대안이 존재하지 않는다고 주장했다.

설리번과 파이너는 집속탄 금지 국제 협약에 서명한 동맹국들로부터 만약 바이든이 집속탄 제공을 추진하더라도 동맹 단결에는 전혀 지장이 없을 것이라는 명시적인 확약을 받았다고 말했다.

정보 책임자들인 헤인스 국가정보국장과 번스 CIA 국장은 집속탄을 보내는 것이 러시아에게 중대한 확전으로 간주되지 않을 것이라고 조언했다. 러시아는 더 위험한 집속탄을 더 높은 비율로 사용하고 있었다. 그들이 이를 레드라인으로 선언하는 것은 우스꽝스러울 것이었다.

제공에 동의한다, 바이든이 말했다.

"어떻게 내가 집속탄 사용의 주요 공개 옹호자가 되었을까?" 설리번은 나중에 다 실바에게 이렇게 말했다. "내 인생에서 그런 일을 할 거라고는 생각도 못 했어. 조 다 실바, 그건 네 잘못이야." 그는 농담조로 말했다. "네가 나를 그렇게 하도록 만들었다는 걸 너도 알잖아."

설리번은 이것이 전쟁의 지저분하고 바람직하지 않은 필요악 중 하나로, 어렵고 결코 명확한 답이 없는 도덕적 선택을 강요한다는 것을 이해했다.

41
프리고진의 반란

푸틴의 개인 요리사였다가 민간 군사 계약자가 된 예브게니 프리고진은 러시아 군대의 무능함과 무질서에 공개적으로 분노를 표출했다.

건장한 체격에 대머리인 프리고진은 러시아 깡패 역할에 딱 맞는 전형적인 외모를 가지고 있었다. 그는 전쟁 기간 동안 소셜 미디어를 통해 우크라이나에서 싸우는 크렘린의 동기에 의문을 제기했다.

"전쟁은 러시아 시민들을 우리의 품으로 돌아오게 하거나, 우크라이나를 비무장화하거나 탈나치화(de-nazify)하기 위해 필요한 것이 아니었다"고 프리고진이 말했다. "전쟁은 단지 한 무리의 짐승들이 영광에 도취해 우쭐대기 위해 필요한 것이었다."

그는 또한 러시아의 쇼이구 국방장관과 노골적인 공개 불화를 벌이고 있었다. 그는 쇼이구가 자신의 바그너 군대—정예 용병들과 수천 명의 러시아 죄수들로 구성된 혼성 부대—에게 우크라이나에서 탄약을 제대로 공급하지 않아 러시아를 위해 싸우던 바그너 부대를 고기 분쇄기(meat grinder) 속으로 밀어 넣었다고 비난했다.

"우리에게 탄약을 주지 않는 그 쓰레기들은 지옥에서 자신들의 내장을 먹게 될 것이다." 프리고진이 비웃으며 말했다.

우크라이나의 동부 도시 바흐무트를 두고 벌어진 몇 달간의 전투에서, 프리고진은 바그너가 2만 명 이상의 병력을 잃었다고 밝혔다. 그는 밤에 군복을 입은 수십 구의 시체들 사이를 걷고 있는 동영상을 게시했다. "이들은 오늘 죽은 바그너 소속 젊은이들입니다," 프리고진이 말했다. "그들의 피는 아직 따뜻합니다!"

그런 다음 러시아 국방부 지도자들을 향해 독설을 퍼부으며 카메라를 향해 소리쳤다: "쇼이구, 게라시모프, 씨x 탄약은 어디 있냐고?"

참다못한 프리고진은 2023년 6월 23일 금요일, 우크라이나에 있는 그의 군대를 돌려세워 모스크바로 "정의를 위한 행진"을 명령했다. 이는 극적인 대결이었다.

탱크 행렬이 우크라이나에서 천천히 빠져나와 러시아의 수도를 향해 진격하면서 전 세계의 이목을 사로잡았다. 이란은 자국의 뉴스 채널을 통해 분 단위로 중계했으며, 이란의 대통령 에브라힘 라이시는 걱정스러운 마음으로 푸틴 대통령에게 전화를 걸었다.

"우리의 단결을 분열시키는 행동들은 우리 국가와 국민의 등에 비수를 꽂는 것입니다," 푸틴은 그날 전국에 방송된 연설에서 노골적인 독기를 드러내며 말했다.

24시간도 채 되지 않아, 모스크바에서 125마일(201킬로미터) 떨어진 곳에서 프리고진은 벨라루스 대통령 알렉산드르 루카셴코와 협상을 타결했다며 물러나겠다고 발표했다.

두 달 후, 프리고진은 모스크바 북쪽에서 비행기 추락 사고로 사망했다.

"프리고진을 죽이는 것과 같은, 그가 해왔던 종류의 행동들을 취하면서," 국가정보국장 에이브릴 헤인스는 푸틴을 관찰하며 이렇게 보고했다. "그는 권력감을 느낍니다. 그는 통제권을 가지고 있고, 이를 실행했으며, 그것이 그의 심리의 일부입니다."

9월, 러시아에서 열린 경제 회의에서 푸틴은 이렇게 말했다. "트럼프 씨는 우크라이나 위기를 포함한 모든 시급한 문제들을 며칠 내에 해결하겠다고 말합니다. 우리는 이에 대해 기쁘게 느낄 수밖에 없습니다." 그는 트럼프에게 쌓여가는 형사 사건들—현재 총 91건의 중범죄 혐의—을 정치적 박해라고 지칭했다. "오늘날의 상황에서, 지금 일어나고 있는 일은 내 생각에 우리에게 좋은 일입니다," 푸틴이 덧붙였다. "왜냐하면 이는 미국 정치 체제의 썩어빠진 모습을 보여주기 때문입니다. 미국은 다른 나라에 민주주의를 가르치는 척할 수 없습니다."

NBC 방송의 크리스틴 웰커와의 〈밋 더 프레스(Meet the Press)〉 인터뷰에서 푸틴의 발언에 대해 질문을 받았을 때, 트럼프는 우쭐대며 말했다. "그가 그렇게 말한 것이 마음에 듭니다. 왜냐하면 그것은 내가 하는 말이 옳다는 의미이기 때문입니다."

"저는 그를 방으로 데려올 것이고, 젤렌스키도 방으로 데려와서 합의를 만들어낼 것입니다," 트럼프가 말했다. 웰커가 구체적인 내용을 묻자 트럼프가 덧붙였다. "제가 정확하게 말하면, 제 모든 협상 카드를 잃게 됩니다. 제 말은, 정확히 무엇을 할 것인지 실제로 말할 수 없다는 것입니다. 하지만 저는 푸틴에게 어떤 것들을 말할 것이고, 젤렌스키에게도 어떤 것들을 말할 것입니다." 트럼프가 전쟁을 해결할 방법에 대한 구체적인 아이디어를 가지고 있는지는 분명하지 않았다.

"저는 그와 정말 잘 지냅니다," 트럼프가 푸틴에 대해 말했다. "그리고 그것은 나쁜 것이 아니라 좋은 것입니다."

42
2023년 10월 7일: 하마스의 야만적 침공

이스라엘 총리 베냐민 "비비" 네타냐후의 최측근 조언자이자 흔히 비비의 브레인으로 불리는 론 더머는 2023년 10월 7일 토요일, 유대교 명절인 심하트 토라(Simchat Torah)가 시작되는 날 예루살렘 자택에서 가족과 함께 있었다. 그날 아침 6시 30분경, 그의 휴대전화가 윙윙거리고 윙윙거리고 윙윙거리고 윙윙거리기 시작했다. 이스라엘을 향해 발사되는 모든 로켓과 그것이 어디에 떨어질지 알려주는 정교한 앱인 적색경보 시스템이 미친 듯이 울려대고 있었다.

그는 휴대전화 화면에 빠르게 번쩍이는 알림들을 점점 커지는 불안감으로 지켜보았다. 3,000발의 로켓이 이스라엘을 향해 일제히 발사되었다. 이스라엘 남부 가자지구를 통제하고 있는 팔레스타인 무장 단체 하마스가 대규모 기습 공격을 시작한 것이었다.

안식일은 유대인들에게 휴식의 날이었지만, 더머가 텔레비전을 켜고 이스라엘 남부 주요 도로를 따라 하마스 무장대원들을 가득 태운 흰색 픽업트럭들이 달리는 것을 보았을 때, 그는 즉시 차에 올라타 네타냐후를 만나기 위해 텔아비브로 달렸다.

더머가 이스라엘의 펜타곤에 해당하는 키리야(Kirya)에 도착해 지하 벙커 깊숙이 내려갔을 때, 하마스 무장 대원들은 발견하는 이스라엘인이라면 누구든 학살하기 시작했다.

"이건 전쟁이야." 네타냐후가 더머에게 말했다. 이 말은 나라 전체에 울려 퍼졌다.

중동 담당 국가안보회의 조정관인 50세의 브렛 맥거크는 2023년 10월 7일 워싱턴 D.C. 시간으로 자정 직후 백악관 상황실로부터 이스라엘에 대한 로켓 공격 소식을 전달받았다. 이스라엘 시간대는 워싱턴보다 7시간 앞서 있었다.

맥거크는 대수롭지 않게 생각했다. 로켓 경보는 이스라엘에서 흔한 일이었다.

잠시 후, 새벽 12시 17분, 그의 휴대전화에 주미 이스라엘 대사이자 전 이스라엘 국방군 장군인 마이클 헤르조그로부터 문자 메시지가 왔다: "하마스가 방금 이스라엘을 향해 대규모 로켓 공격을 감행했습니다. 이것은 전쟁입니다."

이어서 이스라엘의 국가안보보좌관인 차히 하네그비로부터 메시지가 왔다: "지금 일어나고 있는 것은 이스라엘에 대한 공격입니다. 조직적인 공격입니다!"

그리고 헤르조그로부터 업데이트가 왔다: "그들은 국경을 넘는 침투를 포함한 기습 공격을 감행했습니다. 이는 아무런 도발 없이 감행된 대규모 공격으로 대응 없이 넘어갈 수 없습니다. 우리는 미국의 강력한 공개적 규탄과 명확한 지지가 필요합니다."

맥거크는 새벽 1시 12분에 답장을 보냈다: "우리는 당신들과 함께합니다."

그는 그날 밤 내내 깨어 있었다.

침공의 초기 몇 시간은 혼란과 혼돈의 연속이었지만, 시간이 지나면서 전모가 드러났고, 그것은 상상할 수 없는 공포였다. 가자지구의 하마스 무장 세력이 이스라엘 남부 국경을 넘어 쳐들어온 것이었다. 그들은 검문소의 차단벽을 부수고, 통신탑을 무너뜨리고, 방심하고 있던 이스라엘 군사 지휘소를 공격했다. 그런 다음 픽업트럭, 밴, 지프, 오토바이, 심지어 패러글라이더를 이용해 3,000명의 하마스 무장 세력이 키부츠 공동체로 몰려 들어가, 집을 불태우고 유아용 침대와 이층 침대에 있던 어린이와 아기를 포함한 가족 전체를 학살했다. 많은 사람들이 여전히 잠옷을 입고 있었다. 어떤 이들은 아침 식사를 하려고 앉아 있었다. 하마스는 이스라엘인들을 총살하고, 참수하고, 시신을 불태우고, 사지를 절단하고 산 채로 불태워 죽였다.

또 다른 하마스 테러리스트 50명은 가자 국경에서 약 3마일 떨어진 이스라엘 레임의 음악 축제를 습격했다. 하마스 무장 대원들로 가득 찬 지프와 밴들이 축제 참가자들을 향해 총격을 가했고, 숨을 곳이 거의 없는 탁 트인 사막에서 그들을 포위했다. 무장 대원들은 도망치거나 나무나 관목 사이에 숨어 있던 젊은 남녀들을 하나씩 겨냥해 쏴 죽였다.

하마스 무장 세력은 또한 여성들을 나무에 묶어 놓고 강간하는 등 잔혹한 성폭력을 저질렀다. 음악 축제에서 응급 구조원으로 활동했던 라미 다비디안은 나중에 셰릴 샌드버그의 다큐멘터리 〈침묵 전의 비명(Screams Before Silence)〉에서 이렇게 회상했다. "저는 여기 모든 나무마다 손이 뒤로 묶인 소녀들을 보았어요. 누군가 그들을 살해하고 강간하고 학대했어요. 그들의 다리는 벌어져 있었어요 … 그들은 나무판자, 쇠막대 같은 온갖 물건을 그들의 은밀한 부위에 삽입했어요. 30명이 넘는 소녀들이 여기서 살해되고 강간당했습니다."

다큐멘터리에서 인터뷰한 또 다른 축제 참가자인 라즈 코언은 친구 쇼함과 함께 숨어 있었다. "내 옆에 있던 쇼함이 말했어요. '그가 그녀를 칼로 찌르고 있어. 그녀를 도살하고 있어' … 나는 보고 싶지 않았어요 … 다시 봤을 때 그녀는 이미 죽어 있었고, 그는 여전히 그 짓을 하고 있었어요. 그는 그녀를 도살한 후에도 여전히 그녀를 강간하고 있었어요."

나중에, 하마스 대원들은 그들이 살해한 22세의 독일계 이스라엘 국적의 여성 샤니 로우크의 시신을 픽업트럭에 싣고 가자 시내를 행진했다. 그녀는 속옷만 입고 있었다. 무장 세력들은 "알라후 아크바르" 즉 신은 위대하다는 의미의 구호를 외치며 그녀의 시신에 침을 뱉었다.

10월 7일 저녁, 텔아비브의 지하 깊은 곳에서 비비 네타냐후 총리와 론 더머는 이스라엘 안보 및 군사 지도부와 만났다. 그 시각 이스라엘 남부에서는 기습 공격이 계속되면서 지역 공동체들을 유린하고 있었다.

매시간 보고되는 참상은 점점 더 악화되었다. 사망자 수 보고는 수백 명씩 증가하고 있었다.

우리가 상황을 통제하고 있습니까? 네타냐후는 안보 내각을 추궁했다. 그는 그날 아침 6시 30분에야 공격이 진행되면서 통보받았다.

조기 경보 신호가 처음 울린 것은 오전 3시경이었지만, 총리에게 보고할 정도로 격상되지 않았다. 이는 엄청난 정보 및 군사적 실패였다.

"왜 총리를 깨우지 않았습니까?" 더머가 물었다. 아무도 제대로 된 답변을 하지 못했다.

네타냐후는 전개되는 상황에 매의 눈처럼 예리한 집중력을 유지했다: 이스라엘 방위군이 공격받고 있는 지역사회로 가고 있는가? 하마스가 가자 외곽을 넘어 이스라엘 깊숙이 침투했는가? 또 다른 공격이 오고 있는가? 우리는 무엇을 할 준비가 되어 있는가? 외교적으로 우리가 무엇을 해야 하는가?

바이든 대통령은 설리번, 블링컨, 오스틴, 번스를 포함한 국가안보팀과 전화 회의를 소집했다. 그들은 이스라엘에서 전개되고 있는 모든 상황에 대한 최신 정보를 제공했다.

바이든은 가능한 한 빨리 네타냐후와 통화하고 싶다고 말했다. "일어난 일과 하마스에 대해 가장 강력한 규탄이 있어야 합니다," 바이든이 말했다.

그날 늦은 시간 전화 통화에서, 네타냐후는 바이든에게 하마스와의 전쟁에서 "이스라엘이 승리할 것"이라고 말했다. 그의 관심은 하마스의 공격이 아니라 앞으로 닥칠지 모르는 일에 집중되어 있었다.

"당신은 헤즈볼라에게 개입하지 말라는 메시지를 전하기 시작해야 합니다." 네타냐후가 바이든에게 말했다. "헤즈볼라는 미국으로부터 메시지를 받아야 합니다: 이 전쟁에 개입하지 마라. 이 전쟁에 개입하지 마라. 이 전쟁에서 벗어나 있으라." (헤즈볼라는 레바논의 시아파 무장 정파이자 정치 조직으로 1982년 이스라엘의 레바논 침공 이후 이란의

지원을 받아 설립되었다-옮긴이)

충격이 가시지 않은 듯한 목소리의 네타냐후는 이란의 지원을 받는 레바논의 강력한 무장 단체인 헤즈볼라가 북쪽에서 이스라엘을 공격할까 봐 걱정하고 있었다.

"이 자들은 우리가 약하다고 생각합니다." 네타냐후가 말했다. "그리고 중동에서는 약하면 로드킬 당합니다."

"우리는 당신과 함께합니다." 바이든이 네타냐후에게 말하며 미국과 이스라엘 군사 및 정보기관 간의 긴밀한 협력이 계속될 것이라고 그를 안심시켰다.

네타냐후는 그 후 제이크 설리번에게 직접 전화를 걸었다.

국가안보보좌관은 프랑스 남부의 작은 어촌 마을에서 아내 매기 굿랜더와 몇몇 친한 친구들과 함께 짧은 휴가를 시작하려던 참에 하마스의 공격 소식을 전달받았다. 이제 그는 워싱턴으로 돌아갈 예정이었다.

"제이크, 우리는 당신이 무엇보다도 헤즈볼라를 위협해 주길 원합니다." 네타냐후가 그에게 간청했다. "그것이 우리가 당신에게 필요로 하는 것입니다. 우리는 당신이 그들에게 말해 주길 바랍니다. 만약 그들이 우리를 건드리면, 그건 당신들을 건드리는 것이라고요."

헤즈볼라는 수만 명의 병력과 15만 개 이상의 미사일과 로켓을 보유하여 세계의 어떤 비국가 단체 중에서도 최대의 전투 병력을 가지고 있었다.

설리번은 네타냐후의 어조에서 이것이 이스라엘에게 생존의 문제임을 알 수 있었다―가장 극심한 취약성을 드러낸 순간이었다. 네타냐후는 마치 자신의 나라를 정말로 잃을 수도 있다고 믿는 것처럼 들렸다. 헤즈볼라가 올 수도 있고, 이란이 올 수도 있으며, 모두가 한꺼번에 몰려들어 이스라엘을 파괴하려 할 수도 있었다.

이스라엘 억제력의 초석은 이스라엘이 그토록 자랑하던 군사력과 정교한 정보력이었다. 그런데 그 개념은 방금 산산조각이 났다.

백악관에서 브렛 맥거크는 이스라엘에 또 다른 공격이 다가오고 있는지 확인하기 위해 정보 보고서를 자세히 살펴보고 있었다. 그는 또한 이스라엘 현장에서 올라오는 보고도 모니터링하고 있었다.

"우리는 상황을 통제하고 있습니다. 그들을 모두 제압했습니다." 이스라엘이 하마스 무장 세력에 대해 말했다.

몇 시간 후, 맥거크는 그들이 그러지 못했다는 것을 알게 되었다. "아직도 천 명의 하마스 대원들이 이스라엘 안에 있습니다!"

그것은 진정한 전쟁의 안개였다. 하마스의 잔혹함의 규모는 며칠이 지날 때까지 완전히 드러나지 않았다. ('fog of war'는 19세기 프로이센의 군사 이론가 클라우제비츠가 처음 사용한 말로, 전투 중 정보의 불확실성, 혼란, 상황 파악의 어려움을 비유적으로 표현한 것-옮긴이)

그날 오후 백악관 국빈 식당의 연단에서, 바이든 대통령은 블링컨 장관이 옆에 선 가운데 이란과 레바논의 헤즈볼라와 같은 이란의 대리 세력들에게 경고를 전했다.

"오늘, 이스라엘 국민은 테러 단체 하마스에 의한 조직적인 공격을 받고 있습니다." 바이든이 말했다.

"이 비극의 순간에, 저는 그들과 세계, 그리고 어디에 있든 테러리스트들에게 미국은 이스라엘과 함께 한다는 것을 말하고 싶습니다. 우리는 언제나 이스라엘의 뒤를 든든하게 지켜줄 것입니다."

바이든은 덧붙여 말했다. "제가 할 수 있는 한 가장 분명하게 말씀드립니다. 지금은 이스라엘에 적대적인 어떤 세력도 이러한 공격을 악용해 이득을 취하려 해서는 안 되는 순간입니다. 세계가 지켜보고 있습니다."

이스라엘인들이 상황을 장악하는 데 3일이 걸렸다.

"우리는 여러 날 동안 사망자 수를 계속 집계했습니다." 더머가 말했다. "시신들이 도처에 널려 있었기 때문에 그 숫자는 10일 동안 계속 늘어났습니다."

전체적으로, 하마스는 1,200명 이상의 이스라엘인을 살해하고 240명 이상의 인질을 국경 넘어 가자지구의 지하 터널로 끌고 갔다.

이는 홀로코스트 이후 유대인 역사상 가장 치명적인 공격이었다.

론 더머는 어떻게 이런 공격이 바로 그들의 코앞에서 일어날 수 있었는지에 대해 머리를 쥐어짰다.

10월 6일, 공격 하루 전, 이스라엘의 정보 평가는 가자지구의 하마스가 억제되고 있다는 것이었다. 하마스는 이스라엘에 맞설 만큼 강하지 않았다.

이스라엘은 하마스가 예루살렘에 로켓을 발사한 이후 2021년 5월에 하마스와 큰 교전을 벌였다. 당시 이스라엘은 하마스의 핵심 역량의 상당 부분을 파괴했다고 믿었다. "10월 6일에," 더머가 말했다. "나는 [하마스가] 2년 전에 크게 혼쭐이 났다고 믿었어요." 그들은 싸울 생각이 없었다.

네타냐후는 또한 가자지구 주민들이 이스라엘에서 일할 수 있도록 이스라엘의 정책을 변경했다. 노동 허가를 받은 가자지구 주민들의 수는 점진적으로 증가하여 10월 7일까지 약 2만 명으로 늘어났다. 이렇게 늘어난 노동자들은 이스라엘 경제에 도움이 되었을 뿐만 아니라 가자지구의 경제도 상당히 개선시키고 있었다.

이스라엘 정보기관은 하마스가 이제 가자지구 주민들이 계속해서 이스라엘에서 일할 수 있도록 평화를 유지할 동기가 있다고 평가했다. 폭력 사태가 발생하면 국경 통행이 중단될 것이기 때문이었다.

"사람들이 내린 평가는 하마스가 이스라엘과 전쟁을 벌일 의사가 없다는 것이었습니다." 더머가 말했다.

하마스는 또한 지난 2년간 이스라엘이 가자지구의 더 작은 테러 조직이자 이란의 직접적인 하위 조직인 팔레스타인 이슬람 지하드와 벌인 몇 차례의 "소규모" 충돌에도 참여하지 않았다. 이슬람 지하드는 이스라엘을 향해 로켓을 발사했고 이스라엘은 일부 무장 세력 지도자들을 제거하는 것으로 보복했다. 하마스는 개입하지 않았다.

이스라엘의 정보 분석가들은 이를 하마스가 전쟁을 원하지 않는다는 또 다른 신호로 해석했다. 하지만 10월 7일 이후의 평가는, 하마스가 팔레스타인 이슬람 지하드 대원들도 참여한 기습 공격을 준비하기 위해 조용히 있었다는 것이었다.

"네타냐후는 하마스가 우리를 파괴하는 데 전념하고 있다는 것을 알고 있습니다." 더머가 말했다. "그는 그들이 우리를 죽이려는 의지와 그들의 능력에 대해 전혀 의심하지 않습니다. 다만 실제로 이런 규모의 공격 계획을 갖고 있으리라고는 생각하지 못했을 뿐입니다." 10

월 7일 공격의 규모가 무엇보다도 가장 큰 충격이었다.

몇 달 후, 이스라엘의 정보 평가에 따르면 10월 6일 당시 다음 날 있을 이스라엘에 대한 공격 계획을 알고 있던 하마스 지도자는 단 세 명뿐이었다. 하마스는 이 계획을 극소수만 아는 상태로 유지함으로써 이스라엘 정보기관의 눈을 피했다. 약 3,000명의 무장대원 대부분은 대규모 공격이 시작되기 직전 순간에야 이것이 또 다른 훈련이 아니라는 것을 알게 되었다.

또 다른 엄청난 실책으로, 이스라엘의 정보기관들은 자신들이 10월 7일 공격 거의 1년 전부터 하마스의 공격 계획을 입수해 놓고 있었다는 사실을 뒤늦게 알게 되었다.

"우리 지휘 체계 내에서 누가 그것을 보았거나 읽었는지 모르겠습니다." 헤르조그 대사가 말했다. "하지만 아무도 그것을 믿지 않았습니다."

"모두가 하마스는 이스라엘에 맞설 만큼 강하지 않다고 말했어요. 그들은 그런 일을 감히 하지 못할 것이라고요," 헤르조그가 말했다. "이제 우리는 우리 정보기관이 공격 약 1년 전에 하마스의 전체 계획을 입수했었다는 것을 알고 있습니다."

"그것은 하마스의 전체 계획을 담고 있었습니다," 헤르조그가 말했다. "로켓과 모든 것을 동원한 대규모 국경을 넘는 공격 ─ 군사 기지들과 모든 키부츠, 그리고 국경 근처의 민간인 거주 마을과 도시를 공격하는 계획이었습니다. 매우 치밀한 계획이었고, 그들은 실제로 연습했습니다. 훈련을 거듭했습니다."

이스라엘은 이 정보에 대응하지 못했고, 그 결과 침공이 시작되었을 때 국경 근처에 충분한 병력을 배치하지 못했다. 이스라엘군의 고위 관리는 나중에 단 15분의 사전 경고만 있었어도 10월 7일 하마스의 공격에 대한 이스라엘의 방어 능력에 엄청난 차이를 만들었을 것이라고 말했다.

그 대신 이스라엘은 완벽하게 기습을 당했다.

사망자 수가 여전히 집계되고 있는 가운데, 네타냐후 총리와 이스라엘 안보 내각은 하마스가 한 번도 경험하지 못한 군사적 대응을 계획하기 시작했다. 네타냐후는 하마스의 지도자들을 제거하고 가자지구에 대한 그들의 통제를 영구적으로 해체하기 위해 "가자지구에서 하마스에 대한 결정적인 승리"를 원했다.

이스라엘에게 실존적 위협은 다음과 같다고 더머가 말했다. "만약 우리가 10월 7일에 우리에게 그런 짓을 한 조직을 완전히 제거하지 않는다면, 그것은 국가의 미래 전체를 위태롭게 할 것입니다. 왜냐하면 이스라엘 주변을 맴돌고 있는 모든 독수리들이 지켜보면서 '우리도 처벌받지 않고 빠져나갈 수 있구나'라고 생각할 것이기 때문입니다."

"단지 강하게 타격하는 것으로는 충분하지 않습니다," 더머가 덧붙였다. "그들의 능력을 고갈시키는 것만으로는 충분하지 않습니다. 이스라엘과 같이 억제력에 의존하는 국가, 즉 적들이 이러한 공격을 감행하지 못하도록 억제하는 데 의존하는 국가는 이 지역의 모든 적들에게 보여줘야 합니다. 이런 유형의 공격을 하면 절대 살아남지 못한다는 것을."

10월 7일은 이스라엘인들에게 실존적 불안을 건드렸다고 헤르조그 대사는 믿었다. 그는 이번 하마스 공격 50년 전인 1973년 욤 키푸르 전쟁에서 상병으로 전투에 참여했었다.

"이번 전쟁은 1973년 전쟁이 결코 건드리지 못한 방식으로 이스라엘인들에게 실존적 문제를 건드렸다고 생각합니다." 헤르조그가 10월 7일에 대해 말했다. 그때는 이스라엘 군대가 이집트와 시리아 군대와 싸웠습니다. 그 전쟁의 휴전은 결국 이집트가 이스라엘을 국가로 인정한 최초의 아랍 국가가 되는 캠프 데이비드 협정으로 이어졌다.

이제 이스라엘은 전혀 다른 침략 세력과 싸우고 있었다. 바로 이스라엘의 파괴에 혈안이 된 테러 조직 하마스였다.

"이 위협을 제거하지 않는다면, 우리는 정상적인 삶을 살 수 없습니다." 헤르조그가 말했다. "하마스는 지난 10년 동안 이란의 대리 세력이 되었고, 우리가 하마스를 물리치지 않는다면 이 악의 축은 더욱 대담해질 것입니다."

하마스는 수천 마일 떨어져 있는 것이 아니라 이스라엘인들에게는 물리적으로도 심리적으로도 바로 이웃에 있었다.

10월 7일 하마스의 이스라엘 공격 규모는 미국 정보기관들에게도 충격적이었다.

에이브릴 헤인스 국가정보국장은 보고서들을 면밀히 검토했다. 10월 7일 이전에 이스라엘과 하마스 사이의 긴장이 고조되는 징후들이 있었다. 미국 정보기관들은 하마스가 과거에 해왔던 것과 유사한, 더 제한적인 공격 가능성이 증가하고 있다고 경고했었다. 그러나 10월 7일의 대규모 공격은 전혀 예상치 못한 일이었다. "의심의 여지 없이 놀라운 일이었습니다." 헤인스가 보고했다.

10월 7일까지의 정보에서 헤인스의 눈에 띈 것은 가자지구 팔레스타인인들의 하마스에 대한 항의 시위 보고였다. "꽤 이례적인 일이었어요," 헤인스가 생각에 잠겨 말했다. 가자지구에서 하마스의 정치적 지지가 흔들리기 시작했다는 조짐들이 있었다.

미국 정보기관은 이스라엘 북쪽 레바논을 통제하고 있는 무장 조직인 헤즈볼라에 더 집중하고 있었다.

"여러 측면에서, 우리는 이 기간 동안 하마스보다도 헤즈볼라와의 긴장 고조를 더 주시하고 있었습니다," 헤인스가 보고했다.

미국의 정보에 따르면 헤즈볼라는 "비교적 안정적인 위치에 있으면서도 성장하고 있었다." 시리아로 파견되었던 헤즈볼라의 정예 전투원들 중 상당수가 레바논으로 돌아왔다. 헤즈볼라는 또한 첨단 재래식 무기를 비축하고 있었다.

"우리는 나스랄라가 이스라엘과 전면적인 확전을 벌일 입장에 있다고 보지 않습니다," 헤인스가 헤즈볼라의 지도자 하산 나스랄라를 언급하며 말했다. "하지만 10월 7일까지의 과정에서, 그는 자신의 영역에 대해 더욱 자신감을 가지게 되었고 이스라엘을 압박하고 있었습니다. 그리고 이스라엘도 맞대응하고 있었습니다."

이제, 대규모 하마스 공격의 여파 속에서 헤인스는 미국 정보기관들을 전면 가동시켰다. 이스라엘이 다른 국경에서 벌어지는 일을 파악할 수 있도록 도우라고 그녀가 지시했다. 헤즈볼라, 이란, 예멘의 후티 반군, 이라크와 시리아의 이란 계열 민병대들이 주변을 에워싸고 있었다. (예멘의 후티는 무장 시아파 반군 단체로 예멘 내전의 주요 세력 중 하나이다. 후티는 이란의 지원을 받는 것으로 알려져 있다–옮긴이)

43
지중해 미 항공모함의 전략적 이동

10월 7일 다음 날, 제이크 설리번은 이 지역의 긴장 완화를 위해 억제 조치나 억제력을 상징하는 수단을 찾고 있었다. 미국 항공모함보다 더 좋은 억제력은 없었다.

설리번은 오스틴 장관의 민간 외교정책 고문이자 비서실장인 켈리 맥스먼에게 전화를 걸어 물었다. "우크라이나 목적으로 지중해에 항공모함 전단이 있지 않나요?" 설리번은 그 항공모함이 우크라이나를 위해 별다른 일을 하고 있지 않았기 때문에 거의 잊고 있었다. "포드 항모를 재배치합시다. 오스틴이 어떻게 생각하는지 알아보죠."

오스틴은 동의했고 항공모함, 유도 미사일 순양함과 구축함을 포함한 USS 제럴드 포드 항모타격단을 동부 지중해로 이동하도록 지시했다. 이스라엘에 더 가깝게. 설리번은 또한 바이든의 승인을 구했다.

"우리에게 딱 맞는 전략이군." 바이든이 함대 이동에 대해 말했다. 그는 공개적인 위협을 하거나 레드라인을 선언할 필요가 없었다. 메시지는 명확해야 했다. "요란을 떨 필요가 없어. 그냥 이동만 시키면 돼." 바이든은 미국이나 자신에게 위험한 책임을 지우지 않으면서도 억제력을 발휘할 수 있다는 점에 기뻐했다. 위험 없는 보상이었다.

44
카타르의 인질 협상 중재

토니 블링컨 국무장관은 카타르 정부의 수장인 무함마드 빈 압둘라흐만 알 타니 총리 겸 외무장관에게 전화를 걸었다. 그는 미국에서는 짧게 MBAR로 알려져 있었다.

"미국인 인질들이 있습니다." 블링컨은 MBAR에게 긴급히 말했다. "인질들이 있고, 그중에 **미국인들**이 있습니다. 이것은 우리에게 판도를 바꾸는 일입니다." 그가 강조하며 말했다.

하마스는 33명의 아이들과 12명의 미국인을 포함해 240명이 넘는 인질을 붙잡고 있었다.

MBAR은 이해한다고 말했다.

페르시아만에 위치한 작지만 부유한 토후국(emirates)인 카타르는 중동의 현실 정치에서 그 규모를 넘어서는 영향력을 행사했다. 세계 최대 규모의 천연가스 매장량을 보유한 카타르는 세계에서 1인당 소득이 가장 높았으며, 연간 GDP는 약 2,500억 달러에 달했다. (토후국 또는 에미리트는 아랍 국가에서 왕이나 통치자인 "에미르"가 다스리는 지역 또는 국가를 의미-옮긴이)

43세의 카타르 지도자인 에미르 셰이크 타밈 빈 하마드 알 타니는 영국의 명문 학교인 해로우와 왕립군사학교 샌드허스트에서 교육을 받았으며, 이란과 긴밀한 관계를 유지하고 이스라엘을 그토록 잔혹하게 공격한 하마스와 같은 논란 많은 정치-무장 단체를 재정적으로 지원하면서도 카타르와 서방과의 관계를 변화시켰다. 에미르는 이 지역에서 가장 영리한 정치인 중 한 명으로 평가받고 있다.

에미르는 2021년 아프가니스탄 정부가 붕괴되었을 때 미국이 자국민을 대피시키는 것을 도왔으며, 이로 인해 바이든 대통령은 카타르를 "주요 비나토 동맹국"으로 지정했다.

"우리는 하마스와 연락 채널이 있습니다." 며칠 후 MBAR은 제이크 설리번과의 통화에서 말했다. 그는 에미르의 가장 신뢰받는 고문이었다. 그는 2016년부터 외무장관을 역임했고, 2023년 3월에 에미르가 그에게 총리직도 맡겼다.

"당신은 내 팀과 함께 일할 셀(cell)을 만들어야 합니다." MBAR이 설리번에게 말했다. 이는 인질 구출에 전념할 미국인과 이스라엘인으로 구성된 핵심 그룹을 의미했다.

설리번은 인질들이 바이든 대통령과 미국 정책에 얼마나 중요한지 알고 있었기에, 협상 채널을 열 수 있는 기회에 즉시 달려들었다.

설리번은 MBAR에게 셀을 구성하고 이스라엘과 연결시키겠다고 말했다. 설리번은 CIA 국장 빌 번스, 국가안보회의(NSC) 중동 담당 조정관 브렛 맥거크, NSC 법률 자문관 조시 겔처와 함께 자신의 셀을 구축했다.

이스라엘은 모사드의 수장인 데이비드 바르네아를 선택했다.

설리번은 에미르 알 타니와 MBAR 총리가 인질들을 안전하게 구출하는 데 핵심 인물이라는 것을 알고 있었다. 에미르는 수도 도하에서 수년간 하마스의 정치 지도부를 수용했고, 가자지구의 하마스에 수억 달러 규모의 원조를 제공했다. 이스라엘 총리 비비 네타냐후는 심지어 그것이 가자지구에서 하마스를 억제하고 안정시킬 것이라는 근거로 카타르의 원조를 승인했었다.

네타냐후에게 있어 가자지구에서 억제된 하마스 지도부는 그가 선호하는 상황이었는데, 이는 이스라엘이 팔레스타인과 두 국가 해법을 협상해야 한다는 압력을 크게 덜어주기 때문이었다. 하마스를 정당한 통치 주체로 인정하라는 압박은 없었다. 이를 두고 종종 테러 단체 하마스에 대해 "조용한 상태를 돈으로 사는 것(Buying Quiet)"이라고 불렀다. 이제 비비의 전략이 재앙적 실패였다는 것이 분명해졌다. 이는 놀라운 위선처럼 들렸다. 하지만 보호를 돈으로 사는 것은 중동 지도자들의 삶의 방식이었다.

카타르는 하마스와 채널을 가지고 있다고 설리번은 바이든 대통령에게 보고하면서, 자신이 구상한 셀과 자신과 MBAR이 추진하기 시작한 계획을 설명했다.

"무슨 말인가?" 바이든이 말했다. "내가 인질들을 구출할 거야. 그게 내 일이야. 자네는 자네가 원하는 대로 할 수 있지만, 나는 에미르에게 전화해야 하고, 시시에게 전화해야 하고, 그리고 비비에게도 전화해야 해." 바이든은 이집트의 압델 파타 엘시시 대통령을 언급한 것이었다.

"인질들을 집으로 데려올 책임이 누구에게 있는가?" 바이든은 자신의 국가안보보좌관에게 요점을 강조했다. "내가 책임진다."

바이든은 설리번에게 셀을 진행하도록 승인했다.

"좋아," 바이든이 말했다. "자네가 원하는 대로 구성하게. 하지만 내가 책임감을 느끼고 있고, 결국 내가 성과를 내야 한다는 점을 명심하게."

인질들은 대부분의 지도자들, 특히 바이든에게 있어 가장 큰 심적 부담이었다. 인질들을 무사히 구출하는 것은 승리가 될 것이지만, 실패한다면 대통령직에 영구적인 오점을 남길 수 있었다.

45
헤즈볼라는 이스라엘 국경을
넘을 것인가?

바이든 대통령은 이스라엘 총리 네타냐후와의 통화를 스피커폰으로 연결했다. 고위 참모들이 대통령 집무실의 레졸루트 데스크 주위에 모여 있었다. 2023년 10월 11일 오전 9시 55분, 가자지구에서 온 하마스 테러리스트 3,000명이 이스라엘 남부 국경을 뚫고 들어와 약 1,200명의 이스라엘인을 학살한 지 나흘째 되는 날이었다.

네타냐후는 바이든에게 이스라엘 북부 국경의 레바논 남부에서 활동하는 이란의 지원을 받는 거대 테러 조직 헤즈볼라에 대한 이스라엘의 선제공격을 미국이 전적으로 지지할 것이라는 명백한 확약을 구하고 있었다.

그는 헤즈볼라가 곧 이스라엘을 공격할 것이라는 확실한 첩보를 입수했다고 주장했다. 헤즈볼라가 보유한 15만 발 이상의 로켓은 남부 하마스의 무기량을 압도했다.

네타냐후는 헤즈볼라의 모든 미사일 기지와 군사 시설을 전면 기습 공격으로 선제 타격하기를 원했다.

"그들이 당신의 도시들을 향해 발사하기 전에 정말로 그 모든 로켓들을 제거할 수 있다고 생각하나요?" 바이든이 네타냐후에게 말했다. "그리고 만약 그들이 그런 규모로 당신의 도시들을 향해 발사한다면, 정말로 그것들을 방어할 방공 능력이 있다고 생각합니까? 지금이 이스라엘이 그런 상황을 일으켜 자국민을 위험에 빠뜨릴 때입니까?"

바이든은 계속해서 말했다. "이것은 매우 빠르게 통제 불능 상황으로 이어질 것이며, 이스라엘 인구의 전부는 아니더라도 대부분을 위험에 노출시킬 것입니다. 그들 모두가 로켓의 사정거리 안에 있습니다."

대통령은 헤즈볼라의 로켓이 이스라엘의 모든 구석에 도달할 수 있다는 정보를 가지고 있었다. 남북으로 단지 290마일, 동서로는 가장 넓은 지점이 85마일에 불과한 이스라엘은 뉴저지주 정도의 크기(경상북도와 대구를 합친 정도-옮긴이)다.

"헤즈볼라에 상당한 타격을 입힐 수 있다는 것은 의심할 여지가 없습니다." 바이든이 말했다. "하지만 그들이 당신과 당신의 도시들, 그리고 당신의 국민에게 입힐 피해는 엄청날 것입니다."

"그들의 무기고는 거대하며 사실상 이스라엘의 모든 주요 도시에 도달할 수 있는 능력을 갖추고 있습니다." 바이든이 말했다.

"나는 방금 합참의장과 이야기했습니다. 방금 내 정보 관계자들 모두와 이야기했습니다. 방금 내 군사 담당자들과 이야기했습니다." 바이든이 말했다. "당신들이 지금 생각하고 있는 것은 먹히지 않을 것입니다."

대통령은 덧붙였다. "이봐요, 우리 모두 이것이 더 큰 지역 전쟁으로 확대되는 것을 원치 않는다는 데 동의하지 않습니까? 그렇게 되면 재앙이 될 겁니다."

"물론입니다. 조," 비비가 말했다. "그게 바로 우리가 원하지 않는 것입니다. 하지만 우리에겐 선택의 여지가 없으며, 이렇게 하면 전쟁이 단축될 것입니다. 이렇게 하면 전쟁이 단축될 것입니다."

바이든은 이스라엘-헤즈볼라 전쟁이 이스라엘-이란 전쟁으로 폭발할 가능성이 높다는 것을 알고 있었다. 헤즈볼라는 기본적으로 2000년 이스라엘의 레바논 남부 점령을 종식시키는 데 기여한 레바논 성직자인 하산 나스랄라 사무총장과 이란의 최고 지도자 알리 하메네이가 공동으로 이끄는 연합체였다. 이란은 중동에서 가장 큰 군사력을 보유하고 있었다.

감청 자료에 따르면 나스랄라와 하메네이는 수시로 음모를 꾸미고 있었다. 둘 다 이스라엘을 국가로서 제거하겠다는 확고한 의지를 공개적으로 표명해왔다. 지금까지 이란은 대리 세력들을 통해 이스라엘을 공격해왔지만, 헤즈볼라를 괴멸시키려는 대대적인 시도는 이란이 무시할 수 없는 일이었다.

"보세요," 바이든이 말했다. "10월 7일의 끔찍한 하마스 공격과 관련한 우리의 목표 중 하나는 이것을 가자지구에 국한시키고 더 큰 지역 전쟁으로 확대되지 않도록 하는 것입니다. 당신이 지금 하려는 일은 지역 전쟁을 불가피하게 만들 것입니다."

하마스가 저지른 일 이후에 지역 전쟁이 없을 것이라고 말할 수는 없지만, 바이든이 말했다. "당신이 이 공격을 감행한다면 틀림없이 전쟁이 일어날 것입니다. 그러니 여기서 시간을 좀 갖도록 합시다."

"그리고 우리는 함께하지 않습니다." 바이든이 덧붙였다.

의심의 여지가 없도록, 대통령은 자신의 요점을 반복했다. "우리, 미국은 그 분쟁에 함께하지 않습니다. 따라서 당신이 헤즈볼라에 대해 선제적으로 전쟁을 시작한다면 우리의 지원을 기대해서는 안 됩니다."

"만약 그들이 당신을 공격한다면," 바이든이 말했다. "만약 그들이 이스라엘을 공격한다면, 미국은 언제나 이스라엘의 안보를 위해 나설 것입니다."

"하지만 당신이 이런 식으로 선제 전쟁을 시작한다면 우리는 지지하지 않습니다." 바이든이 말했다.

미국 정보기관들은 10월 7일 하마스의 참혹한 공격 이후 이스라엘-레바논 국경을 면밀히 감시해왔다. 이스라엘은 가자지구의 테러 조직인 하마스가 남부에서 그랬던 것처럼 헤즈볼라가 북부 국경을 넘어 쏟아져 들어올 것을 우려하여 방어를 강화하기 위해 군대를 보냈다. 이스라엘의 증원에 대응하여, 헤즈볼라도 자체 병력을 더 증원하고 일부 정예 부대를 국경 가까이로 이동시켰다. 양측이 서로를 노려보며 아주 사소한 도발이라도 찾고 있어 분위기는 극도로 긴장되어 있었다.

"첫째로, 우리는 당신과 같은 방식으로 상황을 보지 않습니다." 바이든이 말했다. "우리는 전쟁이 불가피하다고 생각하지 않습니다."

둘째로, 바이든은 말했다, 지금은 군부에 의해 전쟁으로 떠밀려서는 안 되는 순간입니다.

이스라엘 국방장관 요아브 갈란트는 선제공격을 강력히 주장하며 전투 의욕에 넘쳐 있었다. 이스라엘 방위군 참모총장 헤르치 할레비는 이스라엘이 군사 계획을 완벽하게 수립했으며, 극비 정보원들과 수집 방법들이 그들에게 특별한 작전 기회를 제공했다고 믿었다.

이스라엘 장군들은 하마스와 헤즈볼라가 동맹을 맺고 함께 일하고 있으며, 10월 7일 공격이 이스라엘을 파괴하기 위한 더 크고 조율된 종합 계획의 일부라고 우려했다. 먼저, 하마스가 10월 7일에 공격을 감행해 이스라엘의 주의를 남쪽으로 분산시킨 다음, 헤즈볼라가 북쪽에서 파괴적인 공격을 감행한다는 것이었다.

바이든은 네타냐후와 통화하기 전에 자신의 주요 참모들로부터 브리핑을 받았다. 그는 헤즈볼라가 이스라엘을 공격한다는 것을 뒷받침할 만한 정보를 본 적이 있냐고 물었다. 빌 번스 CIA 국장, 에이브릴 헤인스 국가정보국장, CQ 브라운 합참의장의 만장일치 답변은 "없다"였다. (이 대화의 시기는 2023년 10월 11일로, 마크 밀리는 2023년 9월 30일에 합참의장직에서 퇴임했고 CQ 브라운이 2023년 10월 1일에 취임했다-옮긴이)

바이든은 비비에게 자신의 주장을 계속했다.

"민주주의 국가에서 선출된 정치 지도자가 있는 이유가 있습니다." 바이든이 말했다. "우리는 물론 군부의 조언을 받아들여야 하지만, 결정은 당신의 몫입니다. 그리고 단지 군부가 가야 한다고 말한다고 해서, 그것이 결정을 내리는 책임에서 당신을 벗어나게 해주는 것은 아닙니다."

거의 15년 전, 바이든이 오바마 대통령의 부통령이었을 때, 그는 아프가니스탄 전쟁에 3만 명의 추가 병력을 투입하라고 오바마를 설득하려는 군부의 압력에 열정적으로 맞섰지만 성공하지 못했다. 너무 격분한 바이든은 당시 "군부는 나한테 개수작 부리지 못한다"고 선언했는데, 이 발언은 훗날 미국 국방기관 상당수의 불신을 초래했다.

군부와 군사적 조언에 대한 의구심은 바이든이 대통령으로서 취하는 접근 방식의 일부였다.

셋째, 바이든은 네타냐후에게 조언했다. "잠시 숨을 고르세요. 우리 팀들이 함께 협력해서 우리가 실제로 어떤 상황에 처해 있는지 파악한 다음에, 서두르지 않고 신중한 판단을 내릴 수 있습니다."

마지막으로 바이든이 말했다. 당신이 이 전쟁을 시작하면, 저는 중동 전역에 사람들이 있습니다.

전체적으로 중동에는 45,000명의 미군과 민간 계약업자들이 주둔하고 있었는데, 이들도 즉시 표적이 될 것이었다.

"조건이 아직 갖춰지지 않았습니다." 바이든이 네타냐후에게 말했다. "미군은 아직 준비되지 않았습니다. 저는 제 사람들을 보호해야 합니다. 저도 여기에 직접적인 이해관계가 걸려 있습니다. 당신과 제가 이 사태의 본질이 무엇인지 완전히 파악하기 전에 당신이 우리 사람들을 위험에 빠뜨릴 수 있는 일을 하는 것을 원치 않습니다."

네타냐후는 자신의 내각이 이제 헤즈볼라에 대한 선제공격을 논의하기 위해 소집될 것이라고 말했다.

"우리는 이에 대해 계속 논의할 것입니다." 네타냐후가 말했다. "우리는 이스라엘의 이익에 따라 결정을 내릴 것이며, 이것이 우리가 진행하지 않겠다는 의미는 아닙니다."

네타냐후와 바이든은 40년 동안 서로를 알고 지냈으며, 두 사람이 젊었던 시절 워싱턴에서 처음 만났다. 당시 바이든은 갓 선출된 상원의원이었고, 네타냐후는 1980년대 워싱턴 주재 이스라엘 대사관의 부대사였다. 그들의 관계는 부침이 있었고, 최근 몇 년간은 좋지 않을 때가 더 많았다. 하지만 네타냐후는 최근의 회고록에서 다른 이스라엘과 미국의 적대자들을 겨냥한 적지 않은 앙갚음의 순간들 속에서도 바이든을 28번이나 언급하며 이례적으로 따뜻함과 장난기를 보였다.

네타냐후는 바이든이 특별히 고맙게 느껴질 정도로 솔직했다고 썼다. "당신은 여기에 친구가 많지 않아요, 친구." 그는 바이든이 자신을 부통령 관저로 초대한 후 자신에게 했던 말을 회상했다. "내가 당신이 가진 유일한 친구니까 필요할 때 나에게 전화하세요."

이제 두 사람의 관계는 수년간 곪아온 불신으로 정의되고 있었다. 그 불신은 너무 깊어서 신뢰가 가장 필요한 시기에 동맹에 균열을 일으킬 수도 있었다.

국가안전보장회의의 중동 전문가인 브렛 맥거크는 대통령의 최측근 참모 중 한 명으로 레졸루트 데스크 앞에 앉아 있었다. 맥거크는 조지 W. 부시, 버락 오바마, 도널드 트럼프, 그리고 지금의 바이든까지 네 번의 공화당과 민주당 정권에 걸쳐 긴박한 위기 상황들을 관리해 왔다. 그는 바이든 행정부의 고위직 중에서 유일하게 20년 전 가장 보수적인 연방대법관 중 한 명인 윌리엄 렌퀴스트 대법원장 밑에서 법률보조원(clerk)을 지낸 인물이었다.

그는 중립적이고 초당파적인 참모로 여겨졌으며, 바이든을 제외하면 그 누구보다도 많은 경험을 가지고 있었다.

맥거크가 보기에 "이것은 전형적인 전쟁의 안개 위기였고, 세미나에서 가르칠 수 있을 정도였다." 위험은 알려지지 않은 것 ― 헤즈볼라가 무엇을 하려는지 혹은 하지 않으려는지 ― 과 10월 7일 공격 이후 형성된 군사적 모멘텀에 있었다. 평소보다 덜 공격적인 네타냐후의 어조를 듣고, 맥거크는 네타냐후가 대통령에게 자신과 군 지도부를 벼랑 끝에서 물러서도록 도와주기를 바라고 있다고 믿었다.

바이든은 10월 11일 통화에서 마지막으로 이렇게 말했다: "이러지 마십시오. 당신은 저를 알고 있고, 우리는 오랫동안 서로를 알고 지냈습니다. 이것은 실수입니다. 이 길로 가지 마십시오."

"말씀 잘 들었습니다." 네타냐후가 말했다. "아주 분명하게 말씀해 주셨습니다. 하지만 저도 분명히 말씀드리겠습니다. 우리는 우리 스스로 결정을 내릴 것입니다. 이 대화가 우리의 결정에 영향을 주겠지만, 결정을 좌우하지는 않을 것입니다."

바이든 대통령은 지난 1년 반 동안 우크라이나가 러시아의 침략에 맞서도록 수십억 달러 상당의 미국 무기를 지원해왔다. 그는 미군이 우크라이나에서 전투에 참여하지 **않을 것**임을 거듭 강조해 왔다. 이제 중동에서의 전쟁이 몇 시간 안에 시작될 수도 있었고, 이번에는 미국이 전쟁에 끌려 들어갈 수도 있었다.

불길한 예감이 그 자리에 있던 참모들 사이에 감돌았다. 그들은 모두 바이든이 네타냐후에게 막대한 전략적, 정치적 영향력을 가지고 있다는 것을 알고 있었다. 미국은 이스라엘의 가장 큰 군사 원조 제공국이었다. 하지만 동시에 그들은 스스로가 방관자에 불과하다고 느꼈다. 미국이 이스라엘과 아무리 가까워도, 이스라엘이 자국의 사활적 국익이라고 믿는 행동을 궁극적으로 막을 수 있는 말이나 행동은 거의 없었다.

블링컨 장관은 외교의 핵심 진리 중 하나를 상기하게 되었다. 아무리 가까운 동맹국이라 하더라도, 각 국가는 궁극적으로 자국만의 결정을 내린다는 것을.

블링컨은 30년간 국가안보 업무를 수행하면서 느껴본 적 없는 전 지구적 취약성을 느꼈다. 만약 이스라엘이 공격을 감행한다면, 그것은 전 세계를 뒤흔들 전쟁으로 이어질 수 있었다.

"우리는 어쩔 수 없이 그렇게 해야 할지도 모릅니다." 네타냐후가 마침내 바이든에게 말했다. "우리는 어쩔 수 없이 그렇게 해야 할지도 모릅니다."

오전 10시 35분에 바이든은 최악의 상황에 대비하기 위해 핵심 각료들을 보안 전화로 다시 소집했다. 분위기는 무서운 불확실성으로 가득했다. 오스틴 장관은 브뤼셀에서 열린 국방장관 회의에서 급히 빠져나와 나토 본부의 작은 기밀 공간인 17호실에서 통화에 참여했다.

    바이든과 네타냐후의 대화에서 직접 언급되지는 않았지만, 대통령과 그의 국가안보팀이 분명하게 이해한 것은 네타냐후와 그의 군사 지도자들이 하마스의 기습 공격으로 개인적으로, 직업적으로, 그리고 국가적으로 처참한 타격을 입었다는 사실이었다. 그들은 이스라엘을 안전하게 지키지 못했고, 이스라엘 국민에게 "다시는 일어나지 않을 것(never again)"이라는 가장 기본적인 약속을 지키지 못했다. 그리고 헤즈볼라에 대한 성공적인 선제공격은 힘의 감각을 회복시키고 절실히 필요한 승리를 안겨줄 수 있었다.

    오전 10시 40분, 대통령이 핵심 관료들과 통화를 시작한 지 5분 만에 비비의 오른팔이며 최고 보좌관이자 분신 같은 존재인 론 더머가 백악관 상황실로 전화했다는 소식이 대통령 집무실로 전해졌다. 그는 제이크 설리번과 즉시 통화하기를 요청하고 있었다.

    대통령 집무실에서 나온 설리번은 이스라엘 내각 회의에서 잠시 빠져나온 더머의 전화를 받았다.

    "논의의 방향이 선제공격 쪽으로 기울고 있습니다." 더머가 말했다. "우리 군부 전체가 공격하라고 압박하고 있습니다." 더머는 바이든 대통령이 네타냐후에게 공격하지 말라고 압박한 것에 대해 극도의 불만을 표현했다.

바이든의 주장을 재차 강조하며, 설리번은 더머에게 이것이 바로 민간 지도부와 정치 지도부의 진정한 역할이라고 상기시켰다. 순간의 군사적 이익을 넘어 더 넓은 관점을 갖는 것 말이다.

평소 차분하고 안정적인 어조를 유지하는 설리번이 목소리를 높였다. "당신들이 하려고 하는 것은 위험합니다. 비이성적입니다." 당신들의 이익에도, 미국의 이익에도 부합하지 않습니다. "당신들의 이익이 무엇인지는 당신들이 결정하겠지만, 그 위험은 엄청납니다." 그가 말했다.

설리번은 계속해서 말했다. "우리는 이것이 이스라엘에 좋다고 생각하지 않으며, 근본적으로 우리에게도 좋지 않다는 것을 알고 있습니다 … 진행하지 마십시오." 그가 덧붙였다. "대통령은 이 문제에 대해 매우 진지하셨습니다."

오전 11시 13분, 설리번은 대통령 집무실로 돌아가 바이든, 블링컨, 맥거크에게 자신이 더머에게 한 말을 신속하게 보고했다. 그는 집무실을 나와 복도를 따라 자신의 사무실로 향했다.

3분 후인 오전 11시 16분, 더머는 헤즈볼라 문제로 설리번에게 다시 전화를 걸었다. 설리번은 맥거크가 들을 수 있도록 스피커폰 버튼을 눌렀다. 이제 이스라엘과는 거의 상시 연결된 상태였다.

"이봐요, 우리는 그저 여러분에게 투명하게 알려드리는 겁니다." 더머가 말했다. "그들이 공격을 시작했습니다. 북쪽에서 패러글라이더들이 오고 있습니다. 그중 한 명이 방금 착륙해서 10월 7일 공격으로 사망한 사람의 장례식에서 총격을 가했습니다. 우리는 공격을 개시할 것입니다. 그리고 말씀드리지만, 여러분도 만반의 대비를 해야 합니다."

더머는 헤즈볼라의 드론들이 북쪽 국경을 넘어오고 있으며, 공습 사이렌이 울리고 있다는 보고도 받고 있다고 말했다.

"저는 단지 우리에게 선택의 여지가 없다는 것을 알려드리는 것뿐입니다," 더머가 말했다. "우리는 공격을 개시할 것입니다." 이스라엘 항공기들은 무장한 채 공격 준비가 되어 있었다.

그는 30분 내에 공격을 개시할 것이라고 말했다.

중동의 대규모 전쟁이 일촉즉발의 상황이었다.

"젠장," 맥거크는 생각했다. "어쩌면 헤즈볼라가 정말 패러글라이더 공격을 감행했을지도 모른다." 하마스는 10월 7일에 패러글라이더를 사용한 바 있었다.

하지만 그들은 이를 확인해줄 정보가 없었다.

맥거크는 설리번을 떠나 백악관 옆 행정부 건물의 326호에 있는 자신의 책상으로 달려갔다. 그곳은 그가 공화당 부시 행정부 시절에도 사용했던 바로 그 사무실이었다. 그는 센트콤(Centcom) 사령관 에릭 쿠릴라에게 전화를 걸었다. (센트콤은 United States Central Command의 약어로 미국 중부사령부를 뜻하며 중동, 아프리카, 아시아 일부 지역을 포함한 광범위한 지역의 군사 작전을 담당한다-옮긴이)

"저기, 우리 J2가 말하기로는 패러글라이더는 없대," 쿠릴라는 군의 정보 부서를 언급하며 말했다. "그런 징후는 전혀 없어. 유령이야."

"이스라엘은 항상 이런 식이지," 맥거크는 생각했다. "그들은 항상 '우리가 정보를 입수했어! 곧 보게 될 거야, 보게 될 거야'라고 주장하지. 하지만 거의 50퍼센트는 그 소위 정보라는 게 실제로 나타나지 않아."

맥거크는 대통령 집무실로 다시 달려갔고, 가는 길에 존 파이너 국가안보 부보좌관에게서 여분의 넥타이를 빌렸다.

맥거크가 쿠릴라와 통화하는 동안, 설리번과 블링컨은 국가안보 보좌관 사무실에서 헤인스 국가정보국장, 번스 CIA 국장, 오스틴 국방장관, 그리고 CQ 브라운 합참의장에게 보안 회선으로 전화를 걸었다.

"우리가 이런 것들을 보고 있나요?" 설리번이 그들에게 물었다.

아니오, 아무것도 없습니다. 정보기관과 군 지도자들이 말했다. 설리번은 오전 11시 31분에 번스와 이 평가를 다시 확인했다. 여전히 아무것도 없다고 번스가 단호하게 말했다.

하지만 그들은 소셜 미디어와 주류 언론이 드론과 사이렌 보도로 가득 차 있는 것을 볼 수 있었다. 수백만 명의 이스라엘 사람들이 대피소를 찾아 황급히 대피하고 있었다.

설리번은 더머에게 전화를 걸어 이스라엘 내각 회의에서 그를 급히 불러냈다.

미국 정보기관들은 그런 것들을 전혀 보지 못하고 있다고 설리번이 말했다. "사실, 아무것도 없습니다." 소셜 미디어 보도들은 전혀 확인되지 않았다. 이스라엘은 소셜 미디어를 근거로 결정을 내릴 수는 없었다. 내각으로 돌아가서 그것이 오보라고 전하라.

설리번은 이어 더머의 비서실장에게 전화를 걸어 더머에게 보낼 메모를 구술했다. 더머는 이미 내각 회의로 돌아가 네타냐후 옆에 앉아 있었다.

"제이크가 론에게: 당신의 정보는 잘못된 것입니다. 당신은 전쟁의 안개 속에서 결정을 내리고 있습니다. 속도를 늦추세요."

동시에, 맥거크는 헤즈볼라의 강력한 후원자인 이란으로부터 메시지를 받았는데, 이는 미국이 이란 혁명수비대(IRGC)와 가지고 있는 백채널을 통해 전달되었다. 이 통신은 신뢰할 수 있는 노르웨이 중개자를 통해 이루어졌다.

이란의 메시지는 다음과 같았다: "우리는 충돌을 원하지 않습니다. 무슨 일이 벌어지고 있든 우리는 충돌을 원하지 않습니다."

맥거크는 이란이 정직한지 확실히 알 수는 없지만, 이 메시지는 미국 정보기관의 평가와 일치한다고 말했다.

"이 상황을 진정시킵시다," 맥거크가 말했다.

행동을 취할 수 있는 시간이 점점 줄어들고 있었다.

블링컨 장관은 이를 믿을 수 없었다. 이스라엘은 "완전히 잘못된 정보에 기초해서 30분 후면 선제공격을, 그들 생각에는 예방적 공격을 개시할 참이었습니다." 그가 말했다.

오후 1시에 더머는 대통령 집무실에 있던 설리번에게 전화를 걸었다.

이스라엘 내각이 레바논에 대한 군사 행동을 반대하기로 투표했다고 더머가 말했다.

안도감과 함께 설리번은 대통령에게 보고했다. 선제공격은 없을 것이다.

이스라엘 방위군(IDF)은 북부 국경에서의 드론, 패러글라이더 및 기타 공격에 관한 정보는 거짓이었다고 공식 발표했다. 실제로는 아무 일도 일어나지 않았다.

"오류가 있었고, 현재 조사 중입니다," IDF 대변인 다니엘 하가리 해군 소장이 말했다. "요점은 국민 여러분께 안심하시라고 말씀드리고 싶습니다. 현재 북부 지역에서 어떠한 중대한 안보 사태도 발생하지 않았습니다."

이스라엘 사람들이 북부 국경 근처에서 보았다고 보고한 "드론"은 실제로는 새들이었던 것으로 밝혀졌다.

블링컨은 충격을 받은 채 다른 사람들에게 말했다. "정말 아찔한 순간이었습니다. 잘못된 정보 때문에 이 분쟁이 크게 확대될 수 있었다니." 이스라엘은 새 몇 마리 때문에 헤즈볼라와 전쟁을 벌일 뻔했다. 거의 믿기 힘든 일이었지만, 그는 그 자리에 있었고 이를 목격했다.

나중에 더머는 설리번에게 말했다. "음, 총리와 저는 이 일을 결코 지지하지 않았습니다. 군부가 주도하고 있었죠. 그러니까 기본적으로 이건 좋은 결과입니다."

바이든은 여전히 걱정스러워했다. "이 사람들은 제대로 생각하고 있지 않아." 그가 맥거크에게 말했다. "내가 그곳에 가야겠어." 대통령은 한창 전쟁 중인 이스라엘로 날아가 네타냐후와 그의 전시 내각을 직접 만나길 원했다.

제이크 설리번은 자신과 바이든, 그리고 다른 이들도 이와 같은 날을 경험해본 적이 없었을 것이라고 생각했다. 만약 이스라엘이 먼저 헤즈볼라를 공격했다면, 상황은 빠르게 확대되어 중동을 전쟁으로 몰아넣을 수 있었을 것이다. 그들은 5시간 12분 동안—그날 아침 7시 48분부터 오후 1시까지—벼랑 끝에서 살았다. 숨 막힐 정도의 빠른 속도로 재앙을 향해 다가갔다가 멀어지고, 확신에 찬 말을 듣고는 그것이 사라지는 것을 지켜보았다.

그날 저녁 제이크 설리번은 마침내 결혼한 지 8년 된 아내 매기 굿랜더가 있는 집으로 돌아갔다. 그녀는 전직 해군 정보 장교이자 현직 법무부 선임 변호사였다.

내 직업 생활 전체에서, 어쩌면 내 인생 전체에서 가장 스트레스가 많았던 날이었다고 그는 그녀에게 말했다. 그는 동맹 관리가 이렇게 위태롭고 위험으로 가득 차 있을 거라고 생각해 본 적이 없었다. 스트레스가 그를 갉아먹고 있었다. 그는 제대로 먹지 못했고, 분명히 잠도 제대로 자지 못하고 있었다.

"우리는 중동에서 전면전 발발 일보 직전까지 갔었어," 그가 아내에게 말했다. "기본적으로 이스라엘이 헤즈볼라가 곧 공격할 것이라 믿고 자신들이 선제공격해야 한다고 생각했기 때문이었지."

이토록 위태로운 순간에 이스라엘의 이런 취약한 모습을 목격한 것은 정신이 번쩍 들게 하면서도 상황을 명확히 보게 만들었다. "마치 벌거벗은 임금님처럼 무방비로 노출되어 있다는 그들의 느낌이 너무나 생생하고 깊이 와닿았어. 아주 적나라했어. 그들의 마음속에 가장 깊게 자리 잡은 것은, '우리 국가가 지금 실존적 위기에 처해 있는가? 이것이 모든 것이 우리에게 무너져 내리는 순간인가?'였어."

그날 오후 플로리다주 웨스트 팜비치에서 열린 유세 연설에서 트럼프는 헤즈볼라를 "매우 똑똑하다"고 칭했고, 이스라엘 국방장관 요아브 갈란트를 "멍청한 녀석"이라고 불렀다.

"이 얼간이 말을 들었다면, 북쪽으로부터 공격이 있었을 겁니다," 트럼프가 말했다.

백악관은 전직 대통령에 대한 이례적인 대응으로 트럼프의 발언이 "위험하고 정신 나간 소리"라고 비판했다.

토니 블링컨 국무장관(왼쪽)과 바이든 대통령(가운데 왼쪽)이 2021년 6월 16일 스위스 제네바에서 러시아 대통령 푸틴(가운데 오른쪽), 세르게이 라브로프 외무장관(오른쪽)과 회동했다. "왜 아프가니스탄에서 철수했습니까?" 유도 검은 띠의 고수인 푸틴이 바이든의 평정심을 흔들기 위해 물었다. "당신들은 왜 떠났나요?" 바이든이 맞받아쳤다. 이는 1989년 10년간의 점령 끝에 소련이 아프가니스탄에서 당혹스럽게 철수한 것을 언급한 것이었다.

"푸틴이 우리나라를 존중하길 바랍니다. 그렇죠?" 트럼프는 2016년 인터뷰에서 내게 말했다. "그는 나에 대해 아주 좋은 말을 했습니다. 트럼프는 뛰어나고, 트럼프는 새로운 지도자가 될 것이고, 그런 말들을 했습니다. 그런데 얼간이들 중 일부는 '당신은 푸틴과 선을 그어야 한다'고 말합니다. 나는 말했죠, 내가 왜 그와 선을 그어야 하나요?" 2018년 헬싱키 정상회담에서 트럼프는 푸틴을 강력하게 옹호하고 러시아가 2016년 선거에 개입했다는 미국 정보기관들의 결론을 일축하는 것처럼 보였다.

"제이크 설리번은 거의 로펌 같아요." 합참의장 마크 밀리 장군이 바이든의 국가안보보좌관이자 없어서는 안 될 참모에 대해 말했다. "그는 읽을거리를 잔뜩 안겨줍니다. 제이크와 함께 일하면 일주일 내내 숙제를 받게 됩니다. 그리고 그건 좋은 일이고, 그 자료들은 보통 1~2인치 두께의 바인더들이에요."

CIA 국장 빌 번스는 러시아 대통령 블라디미르 푸틴에 대한 바이든 대통령의 수석 전문가였다. 번스는 2005년부터 2008년까지 모스크바 주재 미국 대사를 역임했고, 푸틴을 잘 알고 있었다. 바이든은 2021년 11월 2일 번스를 모스크바로 보내 푸틴에게 메시지를 전달하게 했다: 당신이 우크라이나를 침공할 계획이라는 것을 우리는 알고 있다. 만약 당신이 그렇게 한다면, 우리는 강력하게 대응할 것이다. CIA 국장은 바이든 대통령이 푸틴에게 보내는 비밀 서한을 휴대하고 갔다.

토니 블링컨 국무장관은 러시아 외무장관 세르게이 라브로프에게 우크라이나 문제에서 전쟁이 아니라 외교를 선택하라고 압박했다. "토니," 라브로프가 2021년 12월 비웃으며 말했다. "정말로 우리가 침공할 것이라고 생각하나요? 이런 얘기를 진심으로 하는 건가요?" 블링컨은 여러 차례 회의를 마친 후 라브로프가 푸틴의 전쟁 계획의 전모를 완전히 알지 못하고 있다는 확신을 갖게 되었다. 그는 라브로프가 푸틴의 신임에서 얼마나 멀리 소외되어 있는지에 대해 약간의 동정심을 느꼈다.

"마라라고에 가는 것은 북한에 가는 것과 약간 비슷합니다." 사우스캐롤라이나 출신 공화당 상원의원 린지 그레이엄이 말했다. "트럼프가 들어올 때마다 모든 사람이 일어서서 박수를 칩니다." 트럼프와 자주 골프를 쳤던 그레이엄은 전직 대통령에게 이렇게 말했다: "만약 당신이 출마해서 이긴다면, 그것은 미국 정치 역사상 가장 위대한 제2막이 될 것입니다. 그러면 당신은 4년 동안 당신의 유산을 다시 쓰고 트럼프주의를 더 지속 가능한 운동으로 만들 수 있습니다. 그것은 다음 세대에 물려줄 수 있는 무언가가 됩니다."

"만약 당신이 우크라이나를 침공한다면 러시아는 막대한 대가를 치르게 될 것입니다." 바이든 대통령이 2021년 12월 7일 상황실에서 진행된 화상회의에서 러시아 대통령 블라디미르 푸틴에게 경고했다. "우리는 반드시 그렇게 만들 것입니다." 푸틴은 러시아가 우크라이나를 침공할 어떠한 계획도 없다고 부인했다. 바이든은 침공이 다가오고 있다는 확신을 갖고 통화를 마쳤다.

2022년 2월 21일. 푸틴 대통령은 우크라이나 동부의 두 지역인 도네츠크와 루한스크의 독립을 승인하는 문제에 대해 자신의 안보회의 구성원들에게 공격적으로 의견을 물었다. 그는 전쟁을 위한 공개적인 명분을 쌓고 있었다. "분명하게 말하라." 푸틴은 대외정보국 국장 세르게이 나리시킨이 준비된 대사를 더듬거리자 명령했다.

"세계의 지도자들을 모아주세요." 우크라이나 대통령 볼로디미르 젤렌스키가 러시아군이 침공했을 때 바이든 대통령에게 전화로 말했다. "그들에게 우크라이나를 지원해달라고 요청해주세요." 2022년 2월 24일, 푸틴 대통령은 제2차 세계대전 이후 가장 노골적인 영토 정복 시도를 시작했다. "우리는 당신과 함께할 것입니다." 바이든은 젤렌스키에게 약속했다. "필요한 것이 있으면 언제라도 우리에게 말해주세요." 2024년 6월 기준으로, 미국은 우크라이나에 군사 지원만으로도 약 512억 달러를 제공했다.

"우리는 [러시아인들이] 미국 군대가 했을 것과 정확히 같은 일을 할 것으로 예상했습니다." CIA 국장 빌 번스는 러시아의 우크라이나 침공에 대해 말했다. "즉, 처음 24시간 동안 지휘통제 시스템을 무력화하고 방공 시스템을 파괴하는 것입니다. 그들은 그렇게 하지 않았습니다." 침공 5일째인 2022년 2월 28일, 15,000명의 러시아 군대, 탱크, 보급 트럭으로 이루어진 40마일 길이의 군사 행렬이 대규모 교통 정체에 갇혀버렸다.

"우리는 당신이 우크라이나에서 전술 핵무기 사용을 고려하고 있다는 것을 알고 있습니다." 국방장관 로이드 오스틴은 2022년 10월 21일, 푸틴의 최측근 참모 중 한 명인 러시아 국방장관 세르게이 쇼이구와의 전화 통화에서 이렇게 말했다. 쇼이구는 위협받는 것을 달갑게 여기지 않는다고 말했다. "장관님," 오스틴은 분노의 기색 하나 없이 단호하게 말했다. "저는 세계 역사상 가장 강력한 군대의 지도자입니다. 저는 위협하지 않습니다."

러시아 대통령 블라디미르 푸틴이 시베리아 황야에서 휴가 중 러시아 국방장관 세르게이 쇼이구에게 버섯을 보여주고 있다. 러시아의 2014년 크림반도 병합과 2022년 우크라이나 침공 계획을 도운 쇼이구는 30년 동안 푸틴의 핵심 측근이었다. 이는 이상하고 위험한 조합이었다. 쇼이구는 강경파이면서, 충실하고, 푸틴에게 완전히 복종하는 전형적인 러시아 관료였다.

우크라이나 군인들이 전선에서 장갑차로 후퇴하던 중 러시아의 집속탄 공격으로 부상당했다. 우크라이나는 제2차 세계대전 이후 군대에게 가장 도전적인 군사 환경이었다. 우크라이나와 러시아가 참호전에 빠진 가운데 전면적인 포격전이 벌어졌다. 전선은 거의 움직이지 않았다.

대포와 박격포 사이의 중간인 곡사포가 우크라이나 방어의 주력이 되었고, 155mm 포탄에 의존하고 있었다. 2023년 6월 11일, 조 다 실바 대령은 국가안보보좌관 제이크 설리번에게 우크라이나군이 하루에 "10,000발 이상"의 포탄을 소모하고 있으며, 7월 말까지 포탄이 고갈될 위험이 있다고 경고했다. 지구상에 남아있는, 곡사포에서 발사할 수 있는 155mm 포탄의 유일한 상당한 재고는 집속탄이었는데, 이는 비인도적이고 무차별적이라는 이유로 123개국에서 금지된 것이었다. 바이든 대통령은 이를 보내라는 명령을 내렸다. 러시아는 이미 집속탄을 사용하고 있었다.

"오늘, 이스라엘 국민은 테러 조직 하마스가 주도한 공격을 받고 있습니다." 바이든 대통령은 2023년 10월 7일 백악관 국빈 만찬실에서 토니 블링컨 국무장관이 배석한 가운데 이같이 밝혔다. "이 비극의 순간에 저는 이스라엘 국민에게, 그리고 전 세계와 모든 곳의 테러리스트들에게 분명히 말씀드립니다. 미국은 이스라엘과 함께합니다. 우리는 결코 이스라엘을 저버리지 않을 것입니다." 바이든이 말했다. 미국은 75년 전 이스라엘 건국 선포 불과 11분 만에 이스라엘을 국가로 승인한 첫 번째 나라였다.

카타르의 에미르 셰이크 타밈 빈 하마드 알 타니(43세)는 2023년 10월 7일 이스라엘을 그토록 잔혹하게 공격한 무장단체 하마스가 인질들을 석방하도록 하는 데 핵심적인 역할을 했다. 에미르는 수년간 도하에 하마스 정치 지도부를 받아들였으며, 가자지구의 하마스에 수억 달러의 지원금을 제공해 왔다. 카타르는 하마스와 소통 채널을 가지고 있었다. 2023년 10월 13일 도하에서 에미르는 블링컨 국무장관에게 "그들은 인질 일부를 석방할 준비가 되어 있습니다"라고 전했다.

바이든 대통령은 2023년 10월 18일 이스라엘에 도착했다. 이는 약 1,200명의 목숨을 앗아간 하마스의 공격 11일 후이자 네타냐후와 이스라엘 내각이 레바논 헤즈볼라에 대한 선제공격을 하지 못하도록 막은 지 일주일 후였다. 바이든은 왼손에 에비에이터 선글라스를 늘어뜨린 채 비행기 계단을 내려와 곧바로 네타냐후를 포옹했다. 몇 달 후인 2024년 봄, 바이든은 사석에서 네타냐후를 "나쁜 x 같은 놈" 그리고 "거짓말쟁이"라고 부르게 된다.

"하마스를 어떻게 공격할 계획인가요?" 텔아비브에서 지하 벙커를 겸한 회의실에서 바이든 대통령이 이스라엘 총리 비비 네타냐후에게 물었다. 우리는 그들을 제거하고 싶습니다. 네타냐후가 말했다. 그들 모두를요. 글쎄요, 바이든이 말했다. "아시다시피, 우리도 이라크와 아프가니스탄 같은 곳에서 같은 접근법을 취했지만, 이데올로기를 지우는 것은 우리에게도 어려웠습니다. 때로는 그들을 공격하는 방식 때문에 오히려 전사들을 만들어내기도 합니다."

토니 블링컨 국무장관은 이스라엘 총리 네타냐후와 내각에 가자지구로 인도적 지원을 보낼 것을 촉구했다. "단 한 방울도, 단 한 온스도, 그 어떤 것도 사람들을 돕기 위해 가자로 들어가서는 안 됩니다." 네타냐후가 말했다. "전문가들을 보내면 어떻겠습니까?" 그가 제안했다. "총리님." 블링컨이 좌절감을 드러내며 말했다. "전문가를 먹고 마실 수는 없습니다. 그곳 사람들에게는 식량과 물이 필요합니다." 거의 9시간에 걸친 협상 끝에, 네타냐후는 마침내 최소한의 원조만 허용하는 것에 동의했다.

"비비, 당신에겐 전략이 없습니다. 전략이 없어요." 바이든 대통령이 2024년 4월 4일 이스라엘 총리 네타냐후에게 말했다. "그건 사실이 아닙니다, 조." 네타냐후가 말했다. "우리는 하마스를 해체하고 있습니다 … 우리는 라파를 정리해야 합니다. 그러면 끝납니다. 3주면 됩니다." 바이든은 이것이 사실이 아님을 알고 있었습니다. 네타냐후는 때때로 마치 전 세계가, 유엔이, 모든 사람이 이스라엘에 등을 돌린 것처럼 억울해하는 목소리로 말했다. 그는 이스라엘 군사 작전으로 3,900만 톤의 잔해가 발생한 가자지구의 인도주의적 상황이 그렇게 심각한지에 대해 이의를 제기했다. 2024년 4월 중순까지 3만 명 이상의 팔레스타인인이 사망했고, 8만 채의 집이 파괴되었다. 국제 구호 기관들은 50만 명의 팔레스타인인이 기아에 직면해 있다고 보고했다.

2024년 2월 22일, 라파에서 이스라엘 공습 이후 파괴된 자신들의 집에 있는 팔레스타인 가족.

중동 조정관 브렛 맥거크는 2024년 4월 13일 이란이 이스라엘을 향해 110발의 미사일을 발사했을 때 바이든 대통령, 제이크 설리번 국가안보보좌관과 함께 백악관 상황실에 있었다. 그들은 대형 스크린에서 노란 줄무늬로 화면을 가로지르며 움직이는 미사일들을 지켜보았는데, 마치 오래된 1980년대 영화나 컴퓨터 게임을 연상시켰다. 맥거크는 조지 W. 부시부터 버락 오바마, 도널드 트럼프를 거쳐 현재 바이든까지 공화당과 민주당 4개 행정부를 거치며 극도로 긴장된 위기 상황들을 관리해왔지만, 이 순간은 그의 인생에서 가장 긴박한 순간 중 하나였다.

퇴역 중장 키스 켈로그는 트럼프의 2024년 대선 캠페인을 "100퍼센트" 지지하고 있었다. 켈로그는 여전히 전 대통령과 수시로 통화하고, 우크라이나 및 중동 전쟁에 대해 조언을 제공하고, 심지어 2024년 3월 이스라엘 방문 중에는 벤야민 네타냐후 총리를 비밀리에 만나기도 했다. "바이든과 네타냐후는 사실상 그 어떤 것에 대해서도 견해가 같지 않습니다." 켈로그가 트럼프에게 말했다.

콜린 칼은 바이든의 부통령 시절 그의 국가안보보좌관을 역임했고(2014~2017년), 이후 로이드 오스틴 국방장관의 수석 정책보좌관을 지냈다(2021~2023년 7월). 그는 당시 네타냐후를 대했던 바이든의 전략이 현재에도 그대로 이어지고 있음을 알 수 있었다. "바이든은 우리가 기본적으로 크게 포옹하고 작게 때리는 방식을 확고히 신봉했습니다. 즉 공개적으로는 이스라엘을 포옹하고, 막후에서는 강하게 압박하는 방식이죠." 칼이 다른 사람들에게 말했다. "저는 바이든이 네타냐후를 신뢰한다고 믿지 않습니다. 그가 네타냐후를 개인적으로 좋아한다고도 믿지 않습니다."

CIA를 포함한 모든 미국 정보기관을 총괄하는 국가정보국장 에이브릴 헤인스는 2024년 러시아가 우크라이나 전쟁으로 약화되었지만, 그로 인해 푸틴이 더욱 위험해졌다고 보고했다. "미국과 러시아가 전 세계 핵무기의 90% 이상을 보유하고 있습니다." 헤인스가 보고했다. "그 정도 수준의 핵무기 비축량을 보유한 국가가 스스로 몰락하고 있다고 느끼는 상황은 결코 바람직하지 않습니다."

"만약 내가 유죄 판결을 받으면 오히려 선거에서 더 유리할 거라고 사람들이 말하고 있어." 뉴욕에서 진행 중인 입막음 돈 재판 중에 트럼프가 그의 전 변호사 팀 팔라토레에게 전화로 말했다. "하지만 팀," 트럼프가 말했다. "나는 유죄 판결을 받고 싶지 않아." 2024년 5월 30일, 트럼프는 34개의 업무 기록 위조 혐의 모두에 대해 유죄 판결을 받았고, 미국 전직 대통령으로서는 처음으로 중범죄자가 되었다.

"그가 그 문장 끝에 무슨 말을 했는지 정말 모르겠습니다." 남부 국경에 대한 질문에서 바이든 대통령의 시간이 끝난 후 트럼프 전 대통령이 말했다. "그도 자신이 무슨 말을 했는지 모를 거라고 생각합니다." 바이든은 질문을 받는 동안 눈을 감았는데, 마치 기억해내고 집중하고 생각을 완성하기 위해 자신만의 내적 싸움을 벌이고 있는 것 같았다. 이는 자신의 권위를 되살리려는 고군분투를 보여주는 슬프고 충격적인 모습이었다. 토론이 채 끝나기도 전에 민주당은 81세 바이든의 재선 경쟁 적합성을 둘러싸고 완전한 공황 상태에 빠졌다.

"엎드려! 엎드려!" 7월 13일 토요일, 펜실베이니아 버틀러에서 열린 집회 도중 단독 총격범 토마스 매튜 크룩스가 인근 건물 옥상에서 발포했을 때 비밀경호국 요원들이 트럼프를 향해 외쳤다. 트럼프는 연단 뒤로 재빨리 손과 무릎을 대고 엎드렸다. 피가 그의 귀를 적시고 뺨을 타고 흘러내렸다. 비밀경호국 요원들이 전 대통령을 둘러싸고 그를 급히 무대 밖으로 대피시키려 했다. "잠깐, 잠깐." 트럼프가 버텼다. 그는 주먹을 공중으로 치켜들며 군중을 향해 입 모양으로 외쳤다: "싸워라, 싸워라, 싸워라." 군중들은 환호와 함성을 터뜨렸다: "USA, USA, USA."

2024년 7월 21일 일요일, 바이든 대통령은 재선 도전을 포기한다는 서한을 발표하며 카말라 해리스 부통령을 그를 대신할 민주당 후보로 지지했다. 해리스는 강력한 모멘텀과 민주당의 지지, 그리고 어느 정도의 안도감 등을 업고 대선 레이스에 뛰어들었다. 그녀는 유죄 판결을 받은 중범죄자와 맞붙는 전직 검사의 이미지로 부각되었다. 7월 30일 격전지인 조지아주에서 열린 유세에서 해리스는 자신과의 토론 여부를 결정하지 못하는 트럼프를 도발했다. "글쎄요, 도널드, 토론 무대에서 만나는 것을 다시 생각해보시길 바랍니다." 그녀가 말했다. "왜냐하면 속담에도 있듯이, 할 말이 있으면 내 면전에서 하라고 하잖아요."

46
이스라엘의 가자 공격을
둘러싼 논쟁

토니 블링컨 국무장관은 10월 12일 목요일 아침 이스라엘에 도착하자마자 네타냐후를 만나러 갔다. 백악관이 이스라엘로부터 무언가를 얻어내려 할 때는 두 가지 방식이 있었다. 국무장관이 직접 가서 비비를 압박해서 얻어내거나, 아니면 대통령이 그에게 전화를 거는 것이었다. 하지만 종종 두 방법 모두 통하지 않았다.

매우 이례적인 조치로, 비비는 블링컨을 곧바로 이스라엘 국방부 내에 있는 자신의 전쟁 지휘실로 데려갔다. 그곳은 그가 최종 결단을 내리는 심장부였다. 비비는 블링컨에게 가자지구에 대한 군사 대응을 계획하고 있던 이스라엘의 핵심 정치 및 군사 지도부를 소개했다.

"우리에게는 세 가지가 필요합니다: 탄약, 탄약, 그리고 탄약입니다." 비비가 선언했다. 블링컨은 비비의 첫 번째 관심사가 탄약이었다는 것에 놀라지 않았다.

10월 7일 공격의 참혹한 영상과 적나라한 사진들이 배경 스크린에서 재생되고 있었다. 검게 탄 시신들과 불에 탄 아기들. 눈을 떼기 어려웠다.

"우리가 당신들 곁에 있습니다." 블링컨이 비비와 그의 안보 내각에게 말했다. "우리가 당신들 곁에 있습니다. 우리는 당신들을 지원할 것입니다. 우리는 이미 채널을 구축했고 물자 전달 방법을 논의해왔습니다. 그 작업은 이미 진행 중입니다." 그가 반복했다. "우리는 당신들 편입니다."

미국은 이미 아이언돔 재보급을 위한 탄약과 요격미사일을 공급하고 있었다. 아이언돔은 이스라엘의 방공 시스템으로, 최대 40마일(64킬로미터) 떨어진 곳에서 발사된 로켓과 포탄을 요격한다. 이스라엘을 위한 미국의 첨단 무기를 실은 첫 수송기가 이틀 전 이스라엘 남부의 네바팀 공군기지에 도착했다.

미국은 중동 유일의 민주주의 국가인 이스라엘에 매년 30억 달러 이상의 군사 지원을 제공하며, 펜타곤은 이스라엘 전역의 약 6개 장소에 무기와 탄약을 비축해두고 있다. 이러한 비축분은 이미 우크라이나에 155mm 포탄을 제공하기 위해 일부 사용되었다. 블링컨은 이스라엘을 위한 추가 지원이 진행 중이라고 말했다.

블링컨은 당면한 문제로 화제를 돌리며 물었다. "이스라엘은 가자지구의 민간인들에 대해 어떻게 할 계획인가요?"

하마스가 여전히 통제하고 있는 가자지구는 세계에서 가장 인구밀도가 높은 곳 중 하나이다. 이집트, 이스라엘, 그리고 지중해로 둘러싸인 가자지구에는 230만 명의 인구가 18평방마일(약 47평방킬로미터)의 고립된 지역에 빽빽이 들어차 있다. 가자 시티는 뉴욕시보다도 인구 밀도가 높다. [원문에는 18평방마일로 되어 있으나, 이는 가자 시티의 면적이고, 230만 명이 거주하는 가자지구 전체 면적은 141평방마일(365평방킬로미터)이다-옮긴이]

블링컨은 이 방 안에 있는 비비의 측근 대부분이 네타냐후의 다른 버전들이라는 것을 알고 있었다. 갈란트는 매파이고 정치적이지만 더 유연했다. 이스라엘 국방군 참모총장 헤르치 할레비도 매파이지만 합리적이었다. 그러나 깊은 트라우마를 겪은 이스라엘 지도부가 얼마나 합리적일 수 있을까?

네타냐후는 블링컨의 질문에 대한 답변을 이미 준비해 두었다. "인도주의적 통로를 설치합시다." 비비가 말했다. "우리는 그들 모두를 이집트로 보내고 거기에 머무르게 할 것입니다."

블링컨은 충격을 받았다. 처음부터 미국과 이스라엘이 이 상황을 같은 방식으로 보지 않을 것이라는 점이 고통스럽게도 분명했다. 가자지구의 모든 팔레스타인 사람들을 그냥 이집트로 밀어내자고? 그게 계획이었단 말인가? 블링컨은 거의 10년 동안 이집트 지도자였던 시시 대통령이 격분할 것임을 알고 있었다. 그는 수십만 명의, 어쩌면 백만 명에 이를 수 있는 팔레스타인 난민을 원하지도, 받아들이지도 않을 것이다.

블링컨은 즉시 팔레스타인 사람들을 그들의 땅에서 쫓아낸 오랜 역사를 떠올렸다. 1948년 아랍-이스라엘 전쟁 중 팔레스타인 사람들을 대규모로 강제 이주시킨 나크바는 아랍 지도자들에게는 중대한 역사적 범죄이자 팔레스타인 사람들의 기억 속에 가장 큰 상실로 여겨졌다. 나크바는 재앙을 뜻하는 아랍어 단어였다.

"그것에 대해 우려가 있을 수 있지만 다른 사람들과 대화해 봅시다." 블링컨이 이스라엘 지도자들에게 말했다. 그는 앞으로 며칠 동안 아랍 세계 전역의 지도자들과 만날 예정이었다.

"가자지구에 민간인이 없다면 인도주의적 위기도 없을 것입니다." 더머가 말했다. "한 사람—시시—가 가로막을 수는 없습니다."

이집트의 시시 대통령은 라파 국경 검문소—이집트와 가자지구의 유일한 통과 지점—를 개방하여 팔레스타인 사람들이 이집트로 들어오게 하는 것을 거부하고 있었다. 시시는 네타냐후의 속셈을 알고 있었다. 이집트가 국경을 열면 그는 팔레스타인인들을 밀어낸 다음 그들이 다시는 돌아오지 못하게 할 작정이었다. 실제로 이스라엘은 이전에도 그랬었다. 1948년과 1967년 이스라엘과의 전쟁 이후 요르단, 레바논, 시리아로 피신한 팔레스타인 난민들과 그들의 수백만 명의 후손들은 고향으로 돌아갈 수 없었다. 이스라엘의 입장은 명확했다: 팔레스타인 난민의 모든 재정착은 이스라엘 국경 밖에서 이루어져야 한다는 것이었다. 귀환권은 모든 평화 협상에서 주요 장애물 중 하나였다.

"이집트 국경 검문소가 열리지 않은 상황에서, 그 사이에는 어떻게 할 것인가요? 생필품을 들여올 방법을 찾아야 합니다." 블링컨이 말했다.

더머는 단호했다. "인질이 잡혀 있는 한 이스라엘은 그것을 지지하지 않을 것입니다."

"식량과 물에 대해 무언가 조치를 취해야 합니다," 블링컨이 말했다.

"인질들이 잡혀 있는 한 우리는 지금 당장 아무것도 하지 않을 것입니다," 더머는 네타냐후가 분명히 밝혔던 마지노선을 고수하며 반복했다.

비비는 말을 하지 않을 때는 더머와 쪽지를 주고받거나 그의 안보 내각 구성원들과 블링컨이 오가는 발언에 대해 어떻게 반응하는지 살피기 위해 주위를 둘러보고 있었다. 그는 끊임없이 회의실의 분위기를 살피고 있다는 느낌이었다.

"전 세계는 하마스가 ISIS라는 사실을 분명히 알아야 합니다." 비비가 말했다. 이라크와 시리아의 이슬람 국가(ISIS, Islamic State in Iraq and Syria)는 대량 학살, 인종 청소, 강간, 살인, 노예화 및 기타 전쟁 범죄로 알려져 있었다. "ISIS는 정치 조직이 없습니다. 알카에다는 정치 조직이 없습니다. 하마스는 ISIS와 같습니다."

"그들이 여기서 민간인들에게 한 짓을 보면," 비비가 주장했다. "아기들을 살해하고, 여성들을 살해하는 것. 이것은 ISIS 수준의 잔혹한 행위이며, 전 세계는 이를 ISIS와 같이 봐야 합니다."

"우리는 이 문제에 대해 논의하고 숙고해야 합니다." 블링컨이 말했다. "우리가 보기에 팔레스타인인들에 대한 인도적 지원과 민간인 보호는 도덕적 의무입니다. 하지만 설령 이에 동의하지 않더라도, 그것은 전략적으로도 반드시 필요한 일입니다."

블링컨은 10월 7일이 이 지역을 뒤흔든 지진 같은 사건이라는 것을 알고 있었다. 부분적으로는 이스라엘의 전면적인 군사 대응이 어떤 모습일지 알았기 때문이다. 그것은 지역 전체를 완전히 불안정하게 만들 것이었다.

하마스가 가자에서 국경 너머 이스라엘을 향해 여전히 로켓을 발사하고 있었기 때문에, 블링컨은 텔아비브에 하룻밤을 묵을 수 없어서 비행기로 45분 거리인 요르단의 암만으로 날아갔다.

다음 날 아침, 10월 13일, 블링컨은 압둘라 2세 국왕을 만나러 갔다.

61세의 압둘라는 1999년에 왕위에 올랐으며 요르단 내 하마스 세력을 차단했다. 하마스 관계자들을 카타르로 추방하고 암만에 있는 그들의 사무실을 폐쇄한 것이다. 요르단에는 200만 명이 넘는 팔레스타인 난민들이 거주하고 있었다.

"우리는 이스라엘에게 그렇게 하지 말라고 말했습니다," 압둘라 국왕이 말했다. "우리는 그들에게 하마스에 가까이 가지 말라고 했습니다. 하마스는 무슬림 형제단입니다."

무슬림 형제단은 아랍 세계에서 가장 오래된 정치적 이슬람주의 조직이자 오늘날 가장 극단적인 테러 단체들 일부의 모체이다. 이집트에서 설립된 이 조직의 폭력적 분파들은 가자지구의 하마스와 팔레스타인 이슬람 지하드를 포함해 다양한 형태와 이념으로 발전해왔다.

"하마스는 패배해야 합니다," 압둘라 국왕이 블링컨에게 말했다. "우리는 공개적으로 말하지는 않겠지만," 그가 분명히 했다. "우리는 하마스가 패배하는 것을 지지하며, 이스라엘이 하마스를 패배시켜야 한다고 생각합니다."

"그들은 애초에 하마스와 한 배를 타서는 안 되었습니다. 그들은 실제로 팔레스타인 자치정부를 상대하고 그들과 협력했어야 합니다." 팔레스타인 자치정부는 서안지구의 통치 기구였다.

"이스라엘은 수년 동안 하마스를 지원해 왔습니다," 국왕이 말했다. 수천만 달러가 이스라엘이 알고도 묵인하여 하마스로 흘러 들어갔는데, 이는 그 돈이 삶을 개선하고 가자지구를 안정화하는 데 도움이 된다는 주장에 근거한 것이었다.

그것은 생존의 모순과 위험 중 하나였다. 편의적이지만 원칙을 저버리는 일이었다.

몇 시간 후, 블링컨은 도하에서 카타르의 지도자인 에미르 셰이크 타밈 빈 하마드 알 타니를 만났고, 한편 하마스 정치 지도부는 가까운 곳에 있는 그들의 정치 사무실에서 일하고 있었다.

에미르는 블링컨에게 말했다. "우리는 하마스에게 아무도 그러한 행동을 받아들이지 않는다고 설명했습니다. 아무도 그들이 한 짓을 받아들이지 않습니다. 너희에게 남은 친구는 아무도 없다. 우리가 미국인들과 이스라엘인들에게 뭐라고 말하길 기대하는가?"

에미르는 블링컨을 로열 블루 커튼과 두꺼운 카펫이 깔린 호화로운 방으로 초대했다. 그가 신임하는 정치 고문인 MBAR―카타르의 총리이자 외무장관인 무함마드 빈 압둘라흐만 알 타니―이 그들과 함께했다.

두 사람 모두 전통 의상인 긴 흰색 로브와 샌들 차림이었다. 블링컨은 미국 외교관의 유니폼인 검은색 정장에 넥타이 차림이었다.

에미르 알 타니는 도하에 있는 하마스 지도자들이 10월 7일 공격을 사전에 알고 있었는지 여부는 분명하지 않다고 말했다.

"신와르가 단독으로 이 일을 저질렀을 수도 있습니다." 에미르가 말했다. "하지만 그들이 알고 있으면서도 아무에게도 알리고 싶어 하지 않았을 가능성도 있습니다." 가자지구의 하마스 수장인 야히야 신와르는 10월 7일 공격의 주모자로 의심받고 있었다. 팔레스타인인인 신와르는 과거 이스라엘에서 22년 동안 수감되어 있었으며, 그곳에서 생명을 구한 뇌종양 제거 수술을 받았다. 그는 2011년 포로 교환으로 석방되었고, 10월 7일 이후 목격되지 않았지만, 이스라엘은 그가 가자지구 지하에 있는 하마스의 터널 네트워크에 숨어 있다고 의심하고 있었다.

"대통령을 대신해 두 가지를 말씀드리겠습니다." 블링컨이 에미르에게 말했다. "지금 당신들은 인질들을 위해 하마스와 거래하고 있습니다. 우리는 인질 석방 협상을 위한 채널을 갖는 가치를 인정합니다." 블링컨이 전했다. "하지만 이 일이 끝나면 하마스와 평소처럼 거래를 계속할 수는 없습니다. 그건 안 됩니다."

"이해합니다. 그런 일은 없을 겁니다," 에미르가 말했다. "저는 더 이상 그것이 필요하지 않습니다. 저는 미국과의 관계에 장애물을 만들고 싶지 않습니다. 지금은 당신들이 유용하다고 여기기 때문에 채널을 열어두겠습니다. 미국과의 관계는 저희에게 매우 중요합니다.

블링컨은 놀랐다. 그는 하마스 지도부를 위한 안전한 피난처를 제거하는 것이 시간을 두고 노력해야 할 사안이며, 심지어 싸워야 할 수도 있다고 생각했었다.

그러나 에미르는 직접적으로 말하지는 않으면서도, 이 일이 끝날 때 당신들이 우리에게 와서 하마스를 제거하라고 한다면, 자신들이 하마스를 제거할 것이라는 점을 암시하는 것 같았다.

"하마스는 우리에게 인질 일부를 석방할 것이라고 말했습니다," 에미르가 계속했다. "그들이 일부를 데리고 있고, 팔레스타인 이슬람 지하드가 다른 인질들을 데리고 있습니다."

블링컨은 다시 놀랐다. 이것은 하마스가 인질들을 석방할 것이라는 첫 번째 징후였다.

"그들은 일부 인질들을 석방할 준비가 되어 있습니다," 에미르가 계속했다. "하지만 인질들이 나갈 수 있도록 인도주의적 통로가 필요합니다."

"그들이 이동하고 인질들의 안전한 통과를 확보하려면 두세 시간의 휴전이 필요합니다," 그가 덧붙였다. "그들은 그렇게 할 준비가 되어 있습니다."

"물론 그들은 아마 무언가를 원할 것입니다. 하지만 그들은 의지를 보여주었습니다."

이스라엘은 가자지구에서 공격적인 폭격 작전을 시작했다. 전면적인 폭격에 이어 더 많은 폭격이 이어졌다. 블링컨이 가는 곳마다 TV에서는 알자지라나 아랍 매체들이 가자지구에서 늘어나는 민간인 사망자 수와 폐허로 변한 건물들을 보도하고 있었다. 하마스는 인질들을 이동시키고 인도하기 위해 이스라엘에게 공격을 잠시 중단해달라고 요청하고 있었다.

"이스라엘의 누군가와 연락을 취하려고 노력했지만, 제 말을 들어줄 사람을 찾을 수 없었습니다." MBAR이 말했다.

"제가 즉시 이스라엘 측에 연락해서 즉시 휴전을 추진하겠습니다." 블링컨이 카타르인들에게 말했다. "그 결정은 정치적 차원에서 내려질 것이며, 제가 그 일을 위해 노력하겠습니다."

비행기로 돌아가는 길에, 블링컨은 다소 감명받은 상태였다. 카타르인들은 10월 7일 이후 불과 6일 만에 인질 협상을 위한 토대를 마련했다. 그것은 놀라운 일이었다.

바레인으로 향하는 비행기 안에서, 블링컨은 이스라엘에 있는 론 더머에게 전화했다.

"하마스는 이 문제에 대해 논의할 준비가 되어 있습니다." 블링컨이 긴급하게 말했다. "미국인 인질들이 있습니다. 이스라엘인 인질들이 있습니다. 우리는 이 일을 진행시켜야 합니다."

그런 다음 그는 바이든과 설리번에게 전화했다. 하마스가 인질들을 석방할 준비가 되어 있다. 그들은 신속하게 CIA 국장 번스가 주도하는 특별팀을 가동시켰다.

바레인을 들른 후, 블링컨과 그의 지친 직원들은 사우디아라비아의 리야드에서 밤을 보냈다. 그곳은 하루 동안 그들이 방문한 네 번째 국가였다.

다음 날 아침, 10월 14일, 블링컨은 48세의 사우디 외무장관인 파이살 빈 파르한 알 사우드 왕자와 만났다.

"비비는 더 잘 알았어야 했습니다." 왕자가 말했다. "모두가 그들에게 하마스와 그런 짓을 하지 말라고 했습니다. 우리가 그에게 말했습니다. 그는 어쨌든 더 잘 알았어야 했습니다. 하지만 우리는 절대로 그렇게 하지 말라고 그에게 말했습니다."

"하마스는 무슬림 형제단입니다." 왕자가 덧붙였다.

블링컨은 이런 말을 많이 들었다. 모든 아랍 지도자들이 자국에서 문제를 일으키는 하마스와 유사한 조직들을 상대해 본 경험이 있다는 것을 블링컨은 깨달았다. 이것이 요르단 국왕, 카타르 에미르, 바레인 왕세자, 사우디, 이집트 그리고 이 모든 지도자들이 이 문제에 그토록 관심을 가지는 이유였다. 테러 단체들은 이스라엘만 제거하려는 것이 아니라 다른 지도자들도 전복시키고 싶어 했다.

"우리는 이스라엘의 군사 작전이 우리 모두의 안보에 미칠 영향에 대해 우려하고 있습니다." 왕자가 말했다. "하마스 이후에 오는 것이 더 나쁠 수 있습니다."

"당신도 다에시(Daesh)를 아시죠." 그가 말했다. 다에시는 ISIS를 가리키는 그들의 용어였다. "다에시는 알카에다보다 더 나빴습니다."

블링컨은 분쟁 이후 가자지구 재건을 위한 사우디의 지원에 대해 물었다.

"우리는 비비의 난장판을 치우는 데 돈을 내지 않을 것입니다." 왕자가 말했다. "이스라엘이 이 모든 것을 파괴한다면, 우리는 그것을 재건하는 데 돈을 내지 않을 것입니다."

사우디 왕자는 재건에 투자했다가 분쟁이 재발해서 재건한 것들이 파괴될까 봐 우려했다. 이스라엘이 어떻게 대응하는지가 중요하다고 블링컨이 말했다. 이것은 그와 바이든 대통령이 공개적으로 강조해 온 것이었다.

다음으로 블링컨은 아랍에미리트(UAE)로 날아가 셰이크 무함마드 빈 자이드 알 나흐얀 대통령을 만났다. MBZ로 알려진 그는 왕실의 수장이자 전 UAE 공군 장군이었다.

"하마스는 제거되어야 합니다." 62세의 MBZ가 말했다. "우리는 이스라엘이 하마스를 파괴할 수 있는 여지를 제공할 수 있지만, 이스라엘도 우리에게 여지를 주어야 합니다. 인도적 지원을 들여보내십시오. 민간인 살상을 방지하기 위한 안전 구역을 설정하십시오. 서안지구에서 정착민 폭력을 통제하십시오."

그 요청에는 휴전이 가자지구의 파괴 장면에 분노한 자국 시민들을 달래는 데 도움이 될 것이라는 뜻이 암묵적으로 담겨 있었다.

MBZ가 이스라엘에 한 분명하고 공정한 요청―우리에게 여지를 주면 우리도 당신들에게 여지를 주겠다―은 블링컨의 마음에 남았다. 아랍 지도자들은 이스라엘이 하마스에 대해 필요한 일을 할 수 있도록 여지를 제공할 준비가 되어 있었지만, 이스라엘 역시 가자지구에 인도적 지원을 위한 여지를 만들어야 했다. 그는 나중에 비비와의 대화에서 사용하기 위해 그것을 마음에 새겨 두었다.

이스라엘이 하마스에게 비공식적으로 재정 지원을 하고 있었다고 MBZ가 덧붙였다. "우리는 이스라엘에게 하마스와 그런 일을 하지 말라고 경고했습니다. 그들은 무슬림 형제단입니다."

사우디아라비아와는 달리 아랍에미리트는 트럼프 행정부의 아브라함 협정에 따라 이스라엘과 외교 관계를 정상화했다.

출발하기 전, 블링컨 장관과 그의 직원들은 아브라함 패밀리 하우스(Abrahamic Family House)를 둘러보았다. 이곳은 모스크, 교회, 유대교 회당 세 건물이 한 부지에 세워진 다종교 복합단지로 세속적 방문자 파빌리온이 함께 지어졌다. 에미리트 측은 이곳이 공존의 길, 이 지역 평화를 위한 길을 상징한다고 블링컨에게 말했다.

블링컨은 그날 밤 리야드로 다시 날아갔는데, 사우디 총리인 무함마드 빈 살만 왕세자 MBS가 잠정적으로 만남에 동의했기 때문이었다.

2018년, 사우디 출신의 미국 거주 언론인이자 반체제 인사인 자말 카쇼기가 터키에 있는 사우디 영사관에서 잔인하게 살해당했다. 그의 시신은 뼈 톱으로 토막 내어졌다. CIA는 나중에 MBS가 암살을 지시했다고 결론지었다. 그 이후로 미국과의 관계는 특히 긴장된 상태였다. 바이든 대통령은 사우디아라비아를 "파리아(pariah)"라고 불렀다. ('파리아'는 사회에서 외면받거나 배척당하는 사람이나 집단을 의미한다. 바이든이 사우디를 국제 사회에서 고립시키거나 배척하겠다는 외교적 입장을 표명한 것-옮긴이)

블링컨은 MBS를 이 지역에서 그저 상대해야만 하는 인물로 여겼다. 왕세자는 권력을 완전히 장악하고 있었고, 또한 그는 유일한 당근―이스라엘이 원하는 유일한 것―을 가지고 있었는데, 그것은 중동에서 가장 큰 국가인 사우디아라비아와의 관계 정상화였다.

장관과 그의 직원들은 외교 지구에 있는 래디슨 블루 호텔에 체크인했고, 그날 밤늦게 또는 다음 날 아침 일찍 MBS가 회담에 대해 연락을 할 테니 준비하고 있으라는 말을 들었다.

블링컨과 그의 직원들에게는 고된 며칠이었다. 그들은 아침에 일어나면 자신이 어느 나라에 있는지 헷갈릴 정도였다. 하지만 그들은 전화기 옆에서 기다렸다.

MBS는 그들을 깨워 있게 하며 10월 15일 오전 7시까지 계속 기다리게 했다. 블링컨은 이런 일이 자신에게만 일어나는 일이 아님을 알고 있었다. 온갖 사람들에게 일어나는 일이었다. 사우디 사람들은 낮보다 저녁이 시원하기 때문에 야행성 생활을 했지만 MBS는 극단적이었다.

블링컨에게 "MBS는 그저 버릇없는 아이일 뿐이었다."

마침내 그들이 만났을 때, MBS가 블링컨에게 말했다. 보세요, 저는 단지 10월 7일로 인해 생긴 문제들이 사라지길 원합니다.

사우디아라비아와 이스라엘은 10월 7일 하마스 공격 이전부터 관계 정상화를 추진해 왔다. 이는 사우디아라비아의 석유 수출 의존도를 낮추고 국가를 미래의 경제와 사회로 변모시키기 위해 고안된 그의 야심 찬 "사우디 비전 2030" 계획의 일부였다.

저는 그 비전으로 꼭 돌아가고 싶지만, 가자지구가 평온해져야 합니다, MBS가 말했다. 정상화가 끝난 것은 아닙니다. 당연히 지금 당장은 그 일을 추진할 수 없습니다. 그들은 막 전쟁을 시작하려 하고 있습니다. 하지만 저는 언젠가는 그곳으로 돌아가고 싶습니다.

이스라엘로 돌아가기 전, 블링컨은 이집트 대통령 시시를 만나기 위해 카이로로 우회했다.

시시는 블링컨의 직원들을 내보내어 자신과 장관만 남게 했다. 시시에게는 한 가지 목표가 있었다―1979년 캠프 데이비드 협정에서 지미 카터 대통령이 중재한 이스라엘과의 평화를 유지하는 것.

톰 설리번 수석 부보좌관, 데릭 숄렛 고문, 매튜 밀러 국무부 대변인을 포함한 블링컨 팀은 이집트 외무장관 사메 슈크리와 정보국장 압바스 카멜을 만나러 갔다. 시시 자신을 제외하고, 카멜은 이집트에서 가장 강력한 인물로, 사실상 시시를 위해 나라의 절반을 운영하고 있었다.

카멜은 미국인들에게 가자지구 지하의 하마스 터널이 얼마나 깊고 광범위한지에 대한 평가를 제공했다. 하마스는 가자지구에 단단히 뿌리내리고 있어서 그들을 제거하는 것은 매우 어려울 것이라고 그는 설명했다.

"이스라엘은 한꺼번에 들어가서는 안 됩니다. 물러서서 그들이 튀어나오길 기다렸다가 목을 쳐버리세요," 카멜이 말했다.

그가 농담하는 것이 아니었다는 것을 미국인들은 깨달았다.

47
가자지구에 대한
인도적 지원 충돌

블링컨은 10월 16일 오전 텔아비브에 다시 착륙했다. 바이든의 첫 번째 과제는 이스라엘 정부를 설득해 이미 이스라엘의 폭격으로 황폐화된 가자지구에 인도적 지원이 들어갈 수 있도록 물꼬를 일단 트는 것이었다.

블링컨은 이것이 이스라엘에게 큰 요구가 될 것임을 알고 있었다. 민간인들에게 식량과 물을 공급하는 것은 논란의 여지가 없어야 마땅하다. 하지만 전쟁에서는 모든 것이 지렛대로 활용될 수 있는 무기였다.

국무장관은 예루살렘의 총리 집무실에서 네타냐후, 더머 그리고 몇몇 다른 이스라엘 핵심 관료들과 함께했다.

"인도적 지원이 들어갈 수 있도록 허락해 주셔야 합니다." 블링컨이 말했다. 네타냐후는 격렬히 반발하며 이를 거부했다. 완전히 거부했다. "이스라엘 국민은 우리가 하마스를 완전히 파괴하지 않은 상태에서 이 나치들에게 원조를 제공하는 것을 용납하지 않을 것입니다," 그가 말했다.

"이것은 원조를 받지 못하면 굶주리고 죽게 될 무고한 남녀와 아이들을 위한 것입니다." 블링컨이 말했다. "이 원조를 들여보내는 것은 옳은 일일 뿐만 아니라 당신들의 이익에도 부합합니다."

"우리가 지난번에 당신을 만난 이후 우리는 이 지역 여러 곳을 방문했습니다." 블링컨이 덧붙였다. "당신들의 친구들과 친구는 아니지만 당신들에게 적대적이지도 않은 사람들을 만났습니다. 그리고 우리가 반복해서 들은 한 가지는 그들이 당신들이 하고 있는 일을 지지한다는 것입니다. 그들은 하마스 격퇴를 지지합니다. 그들 모두가 지금 공개적으로 말할 수는 없지만, 당신들이 그렇게 하는 것을 지지합니다. 그들은 안정을 원합니다. 이들 국가 모두 하마스를 싫어합니다."

"하지만 당신의 친구 중 한 명이 이렇게 말했습니다: 이스라엘은 우리에게 여지를 주어야 우리도 그들에게 여지를 줄 수 있습니다." 블링컨은 아랍에미리트 대통령 셰이크 무함마드가 자신에게 했던 말을 반복하며 말했다.

"아니요, 절대로 안 됩니다." 네타냐후가 말했다.

바이든 대통령은 앞으로 며칠 내에 이스라엘을 방문할 계획이었다. 블링컨은 아직 대통령이 오지 않을 것이라고 위협하지 않았다. 그는 그 카드를 아껴두고 싶었기에 한 단계 수위를 낮췄다. "대통령께서 이곳에 오실 거라는 건 아시잖아요. 우리는 그분이 오시기 전에 당신이 인도적 지원을 들여보내는 것을 허용한다고 말할 수 있어야 합니다."

"그것은 큰 실수가 될 거라는 걸 당신도 알잖아요." 네타냐후가 짜증스럽게 말했다. "이 나라는 공격을 받았습니다. 대통령의 방문이 팔레스타인인들을 돕기 위한 방문으로 보여서는 안 됩니다. 그는 이스라엘과 함께 서기 위해 여기에 오시는 겁니다. 팔레스타인인들을 돕기 위한 방문이 되어서는 안 됩니다."

그들 모두는 회의가 아무런 진전을 보이지 않고 있다는 것을 알 수 있었다. 비비는 앉아서 계속 협상하기를 원했지만, 블링컨은 재정비한 후 오후에 다시 모이자고 제안했다.

블링컨은 이스라엘 국방장관 요아브 갈란트를 만나러 갔다. 10월 7일로부터 이틀 후 갈란트는 이렇게 말했다. "저는 가자지구에 대한 완전한 봉쇄를 명령했습니다. 전기도, 식량도, 연료도 없을 것입니다. 모든 것이 차단됩니다. 우리는 인간 짐승들과 싸우고 있으며, 그에 맞게 행동하고 있습니다."

"이 작전이 어떻게 진행될 것이라고 평가하시나요?" 블링컨은 가자지구에 대한 전면적인 군사 공격 계획을 언급하며 물었다. "대가는 무엇이 될까요? 사상자는 얼마나 될까요? 얼마나 오래 지속될까요?"

갈란트는 말했다. "저에게는 임무가 있고 그것을 완수할 것입니다. 대가는 중요하지 않습니다 ― 우리 쪽이든, 그들 쪽이든."

블링컨은 뼛 속까지 오싹함을 느꼈다. 갈란트는 이렇게 말하고 있었다: 얼마나 많은 사람이 죽든 상관없다. 나는 하마스를 박멸해야 하는 임무가 있고, 얼마나 많은 팔레스타인 사람이 죽든 상관없다. 얼마나 많은 이스라엘 사람이 죽든 상관없다. 나는 내 임무를 완수할 것이다.

맙소사, 블링컨은 생각했다. 그것이 바로 이스라엘인들의 심리 상태였다.

오후 5시, 텔아비브의 군사 본부인 키리아에서 블링컨은 네타냐후와 그의 안보 내각을 대상으로 발언할 기회를 얻었다.

블링컨은 인도적 지원을 허용하도록 다시 한번 압박했다. 라파 국경 검문소를 통한 접근로를 개방하라고 주장했다. 인도적 지원 허용으로 우리를 도와주면, 우리가 당신들을 도울 수 있다.

"보세요," 블링컨이 말했다. "당신들은 그것이 옳은 일이라는 우리의 생각에 동의하지 않을 수도 있습니다. 우리는 그것이 옳고 도덕적으로 필수적인 일이라고 믿습니다. 하지만 그것은 또한 당신들의 전략적 이익에도 깊이 부합합니다. 왜냐하면 만약 당신들이 하마스를 처리할 시간과 공간을 원한다면, 그런데 당신들이 무고한 남녀와 아이들에게 그들이 필요로 하는 것을 제공하지 않는다면, 그 공간은 매우 빠르게 닫혀버릴 것입니다."

"단 한 방울도, 단 한 온스도, 그 어떤 것도 가자지구에 들어가 사람들을 도와서는 안 됩니다." 네타냐후는 동요하지 않고 계속 말했다. "이것은 제 개인적인 생각이 아닙니다." 그가 덧붙였다. "이것은 제 연립 정부만의 입장도 아닙니다. 그들이 인질을 붙잡고 있고 우리 국민을 학살했는데, 가자지구의 팔레스타인인들에게 지원을 제공한다는 생각은 이 나라의 누구도 받아들일 수 없는 일입니다."

"팔레스타인 사람들입니다." 블링컨이 말했다. "하마스가 아닙니다. 이들은 10월 7일과 아무 관련이 없는 남녀와 아이들입니다."

"다시 말하지만, 우리의 관점에서 볼 때 이것은 올바르고 도덕적으로 필수적인 일입니다," 블링컨이 반복했다. "만약 당신들이 하마스를 처리하기 위한 시간과 공간을 원한다면, 그런데 절박하게 도움이 필요한 사람들에게 당신들이 지원을 제공하지 않는다면, 그 시간과 공간은 거의 즉시 닫히게 될 것입니다. 그러니 당신들의 안보를 지키고 스스로를 방어하기 위해 당신들이 필요하다고 생각하는 일을 하려면 이것을 해야 합니다."

그들은 두 시간 동안 계속해서 의견을 주고받았다.

"대통령이 이틀 후에 여기 오실 거라는 걸 아시죠," 블링컨이 말했다. 그는 그날 아침 텔아비브 공항에서 대통령의 선발대와 비스트—대통령의 매끈하고 중무장한 검은색 캐딜락—를 실은 비행기가 활주로 옆에서 대기하고 있는 것을 보았다. 이 방문 계획은 이스라엘 언론에 유출되었지만 공식적으로 발표되지는 않은 상태였다.

"가자지구에 지원을 허용하겠다는 원칙적인 합의가 없다면, 저는 그 발표를 할 수 없습니다." 블링컨이 말했다.

갑자기 아이언돔이 발사되었다는 경보가 울렸다. 이스라엘 사람들이 모두 일어섰고, 미국인들도 그들을 따라 함께 계단을 내려가 안전한 벙커로 향했다. 그들이 상황이 끝나기를 기다리며 대화를 나누는 동안 블링컨은 회의실에서의 긴장이 누그러지는 것을 느꼈다. 다시 위층으로 올라갈 수 있을 때까지 약 10분 정도 기다렸다. 바로 그들 위에서 아이언돔에 의해 미사일이 격추되는 파열음이 들렸다.

회의실로 돌아와서 비비가 말했다. "좋습니다. 우리가 동의합니다. 안보 내각은 동의합니다. 하지만 이 문제를 전체 내각에서 논의해야 합니다."

그의 전체 내각이 곧 모일 예정이었다. "제가 이 내각 회의를 주재해야 합니다." 비비가 말했다. "다른 장관들도 이 회의에 참석해야 합니다. 저와 함께 가시죠," 그가 블링컨에게 말했다. "당신들은 한 방에 자리를 잡으세요. 우리는 다른 방에 자리를 잡고 이 문제를 협의하겠습니다."

블링컨은 동의했다.

오후 7시경부터 몇 시간 동안, 그는 지하 6층에 있는 작은 사무실 벙커에 머물며 그의 팀과 함께 미국의 제안을 다듬었다. 자문관 데릭 촐레, 근동 담당 차관보 바바라 리프, 대리대사 스테파니 할렛, 그리고 그의 부관이자 오른팔인 톰 설리번이 함께 했다.

가끔씩 톰 설리번은 지하 시설에서 전화 신호를 잡을 수 있는 차고로 나가 백악관에 있는 그의 동생 제이크 설리번에게 전화를 걸어 진행 상황을 업데이트했다. 그는 블링컨이 바이든의 방문 취소를 얼마나 위협 카드로 쓸 수 있는지 알고 싶었다. 그것이 그가 이스라엘에 대해 가진 주요 지렛대였다.

어느 시점에서 블링컨은 바이든에게 직접 전화를 걸었다. "만약 그들이 개방에 동의하지 않으면 대통령님께서 오실 수 없다고 말할 수 있기를 원합니다." 그가 말했다.

"물론이지," 바이든이 대답했다. "그들에게 만약 개방에 동의하지 않는다면 내가 가지 않을 것이라고 전하게."

더머는 몇 차례 벙커에 들러 미국 팀과 문제들을 따지고 논쟁했고, 그 후 내각 회의 중인 네타냐후에게 메모를 전달했다. 블링컨은 더머로부터 비비가 직접 손으로 수정하고 제안한 내용이 담긴 답변 메모를 받곤 했다. 블링컨은 바이든 대통령이 텔아비브에 도착하기 전에 첫 인도적 지원 트럭들이 라파 검문소를 통해 가자지구로 들어가기 시작하기를 원했다.

내각 회의가 끝난 새벽 1시까지 계속해서 의견을 주고받으며 협상했다.

비비가 들어왔다.

"우리는 합의에 이르지 못했습니다." 그가 블링컨에게 말했다.

그들은 또다시 1시간 15분 동안 격렬하게 조율했다.

"오, 안 됩니다. 안 됩니다." 비비가 말했다. "트럭이 들어갈 수 없습니다. 트럭이 들어갈 수 없습니다."

"트럭이 들어갈 수 없다니 무슨 뜻인가요?" 블링컨이 물었다. "어떻게 사람들에게 지원 물자를 전달할 것인가요?"

더머가 농담을 던졌다. "아마도 수레와 당나귀로 할 수 있을 거에요."

"안 돼요, 안 돼요, 안 됩니다. 팔레스타인인들에게 물자가 들어가는 그런 이미지 말입니다." 비비가 말했다. "우리는 그럴 수 없습니다. 전문가들을 보내면 어떨까요?"

"총리님," 블링컨이 답답한 듯 말했다. "전문가를 먹거나 마실 수는 없습니다. 사람들에게는 음식과 물이 필요합니다."

마침내 새벽 2시 15분, 9시간이 넘는 논의 끝에 비비는 가자지구에 인도적 지원이 들어갈 수 있도록 수도꼭지를 조금 여는 데 원칙적으로 동의했다.

비비는 이 지원을 허용하지 말라는 많은 압박을 받고 있다고 말했다. 그들은 합의안을 마련하겠다는 의사를 발표할 수도 있었지만, 비비는 바이든의 방문 **이후에** 지원이 시작되길 원했다. 그래야 대통령이 그에게 그렇게 하도록 만든 것처럼 보일 것이기 때문이었다. 비비는 이를 통해 이스라엘 내각과 이스라엘 국민에게서 자신이 시급히 필요로 하는 정치적 명분과 영향력을 확보할 수 있을 것이라고 말했다.

48

바이든의 전쟁 중인
이스라엘 방문

워싱턴 D.C.에서 국가안보회의의 중동 담당 조정관인 브렛 맥거크는 10월 17일 밤 바이든 대통령의 텔아비브 방문을 준비하며 완전한 작전 모드에 돌입해 있었다.

"내가 직접 가서 이 사람들을 만나 봐야겠어," 바이든은 10월 11일 이스라엘이 헤즈볼라와의 더 큰 전쟁을 간신히 피한 후 맥거크에게 강조했다.

"이 사람들은 명확하게 생각하지 못하고 있어," 바이든이 말했다. 대통령은 비비와 이스라엘의 전시 내각을 직접 만나길 원했다.

하지만 전쟁 지역을 대통령이 방문한다는 것은 결코 만만한 일이 아니었고, 맥거크는 이를 준비하느라 지난 일주일 동안 사실상 사무실에서 살다시피 했다.

맥거크는 웨스트윙에서 백악관 실무 직원 한 명과 마주쳤는데, 그 직원이 "이봐요, 당신 여권이 필요해요"라고 말했다.

"젠장," 맥거크가 내뱉고 여권을 가지러 집으로 운전해 갔다.

그가 백악관으로 돌아오자마자, 이스라엘 방위군이 가자지구의 한 병원을 공격해 500명이 사망했다는 보도가 들어오기 시작했다.

맥거크는 관저에 있는 대통령의 개인 집무실인 조약실(Treaty Room)로 가라는 지시를 받았다.

요르단에 있던 블링컨 장관은 압둘라 국왕의 "맨 케이브(man cave, 남자들의 은신처 또는 아지트를 뜻하는 표현–옮긴이)"—국왕의 집에 있는 멋지게 꾸며진 방으로 바가 설치되어 있지만 술은 없다—에서 국왕과 저녁 식사를 하고 있었을 때 병원이 폭격당했다는 소식을 들었다. 모든 사람이 이스라엘을 비난하고 있었다.

블링컨은 호텔로 돌아와 대통령과의 전화 통화에 참여했는데, 그 통화에는 설리번, 존 파이너, 숨을 헐떡이는 맥거크, 그리고 다른 참모들이 함께했다.

그들은 무엇을 해야 할까? 방문을 취소해야 할까? 바이든이 물었다.

언론 보도에 따르면 이스라엘이 병원을 폭격하는 끔찍한 만행을 저지른 것으로 보였다.

바이든이 중동 순방 중에 만나기로 예정되어 있던 이집트의 시시 대통령은 방금 그와의 회담을 취소했다. 팔레스타인 자치정부 지도자 마흐무드 압바스도 마찬가지였다. 블링컨은 압둘라 국왕도 그 목록에 추가했다.

압둘라 국왕은 대통령이 요르단에 올 수 없다고 말한다고 블링컨이 전했다. 아랍 지도자들 사이에서는 지역 전체가 분열될 수 있다는 우려가 있었다.

"그런데," 바이든이 물었다. "무슨 일이 일어난 거지? 이스라엘이 공격한 건가?"

그의 참모 중 누구도 대답할 수 없었다. 아무도 알지 못했다.

블링컨은 그들이 계속해서 새로운 정보를 받고 있다고 말했다. 그는 무슨 일이 일어났는지 알아내기 위해 이스라엘 측, 펜타곤, 정보기관들과 대화하고 있었다. 그들이 아직 답할 수 없는 질문은, 누구의 공격이었는가?

"처음에 보도된 내용과는 달리 이스라엘의 소행이 아닐 수도 있습니다," 블링컨이 말했다. "하지만 우리는 아직 모릅니다. 언제 알게 될지도 불분명합니다."

대통령은 요르단의 압둘라 국왕에게 전화했다.

"조," 압둘라가 말했다. "상황이 너무 험악합니다. 당신이 오길 원하지만, 그들이 너무 분노해 있어요." 그는 자국민들 사이에 일고 있는 격렬한 분노를 언급하며 말했다. "이것은 비극입니다. 지금은 오실 수 없어요."

바이든은 이어서 비비에게 전화를 걸었다.

"우리가 한 게 아니에요, 조!" 비비가 단호하게 말했다. "이건 하마스 로켓이에요. 그것이 병원에 떨어졌어요. 우리가 한 게 아니라고요. 정말입니다. 제가 증명하겠습니다. 제가 정보를 가지고 있어요."

전형적인 수법이군, 맥거크는 생각했다. 이스라엘 사람들은 항상 자신들이 정보를 가지고 있다고 주장했다. "그들이 정말 가지고 있을까?" 많은 경우 그렇지 않았다.

"꼭 오셔야 합니다!" 비비가 고집했다.

"알았어요, 알았어요," 바이든이 말했다. "내 팀과 이야기해 볼게요."

"내가 가야 할까?" 바이든이 물었다.

일반적으로 대통령 순방은 명확한 과제 목록과 함께, 최대한의 대외 홍보 효과를 위해 치밀하게 계획된 발표와 성과를 보여주도록 신중하게 준비된다. 예를 들어, 1년 전 바이든이 중동을 방문했을 때, 사우디아라비아는 역사상 처음으로 이스라엘 항공기에 자국의 영공을 개방한다고 발표했다.

이제 바이든은 전시 상황에서 완전한 불확실성 속으로 날아가게 될 것이었다. 게다가 비비와 그의 전시 내각이 가자지구에 인도적 지원을 허용할 것이라는 실질적인 보장도 없었다—공식적으로 밝혀진 바이든의 방문 목표였다. 이는 대통령을 공개적인 실패에 노출시킬 수 있었다.

그들은 토론을 벌였는데, 대통령 보좌관들 사이에서 흔히 볼 수 있는 지적 경쟁을 하며 자신들의 회의적 시각과 장단점을 파악하는 능력을 증명하려 했다.

방문을 며칠 미루는 것은 어떨까? 무슨 상황으로 들어가게 될지 모른다. 무슨 일이 일어날지 모른다. 내일 그 지역이 어떻게 될지도 모른다. 이스라엘 측은 그들이 병원을 공격하지 않았다고 말하지만 누가 알겠는가?

"저는 지금 취소할 순 없다고 생각합니다." 블링컨이 주장했다. "이스라엘은 자신들이 하지 않았다고 말하고 있고, 만약 지금 취소한다면 우리가 그들을 믿지 않는 것처럼 보일 겁니다. 방문을 취소한다면 우리는 공개적으로 그들을 거짓말쟁이로 만드는 것입니다."

바이든도 동의했다. "내가 거기에 가야 하니 계속 진행합시다." 그가 말했다.

비행기에서 바이든은 미국 정보기관의 보고서를 받았다. 로켓을 발사한 것은 분명히 팔레스타인 이슬람 지하드이며, 그 로켓이 오작

동해서 병원 주차장에 떨어져 폭발했다는 것이었다. 그럼에도 불구하고 대부분의 아랍 언론은 계속해서 이스라엘을 비난했다. 피해는 이미 발생했다.

대통령은 이스라엘로 가는 동안 몇 시간에 걸쳐 연설문을 준비했다. 그는 이스라엘에 대한 자신의 신념을 표현할 뿐만 아니라, 9/11 테러 이후 미국이 저질렀던 실수들을 반복하지 말아야 한다는 것을 상기시키고 싶었다.

바이든은 맥거크에게 말했다. "나는 전시 결정들을 내려봤어. 그보다 더 어려운 결정은 없어. 아무것도 흑백으로 나뉘지 않아. 사려 깊어야 해. 신중해야 하고, 자네가 가고 있는 길이 원하는 목표로 이어지고 있는지 끊임없이 자문해야 해."

맥거크는 이것을 "바이든 테스트"라고 명명했다. 궁극적으로는 상식이었다.

바이든은 이스라엘이 간절히 필요로 하는 이때 "비비가 아닌" 이스라엘을 포용하고 싶다고 말했다. 그러나 그는 맥거크에게 덧붙였다. 나는 또한 "몇 가지 힘든 진실들"도 말해야 해.

바이든은 공개석상에서 보이는 모습보다 사적인 자리에서는 훨씬 더 분노하고 거친 언어를 사용하곤 했다. 대통령 취임 첫해 어느 토요일 오후, 바이든은 대통령 집무실에서 친구에게 전화를 걸었다. "나는 거의 5시간 동안 세상에서 가장 큰 씨x 개자식 두 명—비비 네타냐후와 마흐무드 압바스—과 전화로 계속 실랑이를 벌였어," 그는 이스라엘 총리와 팔레스타인 지도자를 언급하며 말했다. "세상에서 가장 큰 씨x 개자식 두 명," 바이든이 강조하며 반복했다.

에어포스원이 10월 18일 아침 벤구리온 공항에 착륙했을 때, 네타냐후는 활주로 옆에서 바이든을 기다리고 있었다.

바이든은 왼손에 에비에이터 선글라스를 들고 비행기 계단을 내려왔고, 곧바로 두 팔을 벌려 비비를 껴안았다. 약간 당황한 네타냐후는 바이든의 등을 가볍게 두드렸다.

그들의 차량 행렬이 텔아비브 거리를 지나갈 때, 이스라엘 사람들이 도로변에 줄지어 서 있었다. 그들의 표정은 두려움에 가득 차 있었다. 몇몇은 미국 국기를 흔들었다. 섬뜩한 분위기였다.

비비는 오전 11시 40분에 바이든과 언론 앞에서 연설했다. "대통령님, 이스라엘 국민에게 당신과 같은 진정한 친구가 이스라엘과 함께 서 있는 것보다 더 좋은 것이 단 하나 있다면, 그것은 바로 당신이 이스라엘 땅에 서 있는 것입니다. 당신의 이번 방문은 전쟁 중인 이스라엘을 찾은 최초의 미국 대통령 방문입니다."

"여러분," 바이든이 말했다. "저는 간단한 이유로 오늘 여기에 오고 싶었습니다. 저는 이스라엘 국민과 전 세계 사람들이 미국이 어디에 서 있는지 알기를 원했습니다."

"우리는 또한 하마스가 모든 팔레스타인 사람들을 대표하지 않으며, 그들에게 오직 고통만을 안겨주었다는 점을 명심해야 합니다."

네타냐후는 바이든, 설리번, 블링컨, 맥거크를 텔아비브 해변가에 위치한 5성급 켐핀스키 호텔의 벙커를 겸한 지하 회의실로 안내해 그의 전시 내각과 만나게 했다.

"하마스를 어떻게 공격할 계획인가요?" 바이든이 비비에게 물었다. "하마스를 제거한다는 게 무슨 의미인가요? 그게 구체적으로 어떤 모습인가요?"

"당신은 지도부만 노릴 건가요, 아니면 가자에 있는 모든 전투원을 제거하려는 것인가요?"

우리는 그들을 제거하길 원합니다, 비비가 말했다. 그들 모두를요.

글쎄요, 바이든이 말했다. 아시다시피, 우리도 이라크와 아프가니스탄 같은 곳에서 같은 접근법을 시도했지만, 이데올로기를 지우는 것은 매우 어려웠습니다. 때로는 그들을 공격하는 방식 때문에 오히려 전투원들이 생겨나기도 합니다.

야당 지도자 베니 간츠는 그들이 "어떻게" 대응하는지가 중요하다는 것을 이해한다고 말했는데, 이는 미국이 만든 표현을 사용한 것이었다.●

퇴역 장군인 요아브 갈란트 국방장관은 이스라엘의 계획을 설명했다. 가자를 포위할 것이라고 그가 말했다. 이스라엘은 즉시 3개 사단을 가자로 진입시킬 것이다. 이스라엘은 인질들이 나올 때까지 어떤 원조나 지원도 가자지구에 들어가게 하지 않을 것이다. 단 하나의 타이레놀 알약도 안 된다. 그것이 그들의 정책이었다.

바이든이 대답했다. "우리는 그것에 동의하지 않습니다. 우리는 그것을 지지하지 않을 것입니다. 당신들은 문을 열고 인도적 지원 물자를 실은 트럭들이 들어가게 해야 합니다."

"그렇게 해야 합니다," 바이든이 말했다.

● 미국이 9/11 이후 "It's not just what you do, but HOW you do it"(무엇을 하느냐 뿐만 아니라 어떻게 하느냐가 중요하다)라는 교훈을 얻었고, 이 표현이 미국 외교·군사 정책에서 자주 사용되는데, 간츠가 이스라엘이 하마스를 공격하되 그 '방식'을 신중히 고려해야 한다는 점을 언급한 것(옮긴이).

비비는 마지못해 동의했거나 그렇게 보였고, 이스라엘 전시 내각도 결국 이를 수용했다. 이는 블링컨이 이틀 전 비비로부터 받아냈던 모호한 "원칙적" 합의에서 실제 행동으로 옮겨가게 한 것이었다.

벙커에서 바이든은 1973년에 이스라엘의 첫 여성 총리였던 골다 메이어를 처음 만났던 때에 대해 이야기했다. 네타냐후와 더머는 그 이야기를 너무 많이 들어왔다.

"항상 똑같은 이야기네요." 더머가 말했다.

"대통령님, 저도 골다 이야기가 하나 있습니다." 더머가 말했다.

"당신은 그녀를 만난 적이 없잖소," 바이든이 대답했다. 더머는 당시 너무 어렸을 것이다.

"아닙니다, 그 골다 이야기가 아닙니다." 더머가 말했다. "저는 다섯 명의 자녀가 있습니다. 막내딸의 이름이 골다입니다. 이 전쟁이 시작된 지 사흘째 되던 날, 제가 출근 준비를 하고 있을 때 아내가 다가와서 귀에 속삭였습니다. 만약 가자 외곽의 일부 지역에서 일어난 일이 우리가 사는 예루살렘 동네에서도 일어난다면, 우리 딸 골다를 어디에 숨길 것인지 말이죠."

더머의 아내 로다 파가노는 하마스가 다시 올까 봐 겁에 질려 있었다. 그녀는 만약 자신이 학살당했을 경우, 더머가 집에 돌아왔을 때 딸을 어디서 찾을 수 있는지 확실히 해두고 싶었다.

방 안에 있던 다른 이스라엘인들이 동의하며 고개를 끄덕였다. 그 두려움과 불안감을 모두가 공유하고 있었다. 하마스의 공격 이후 며칠 동안, 모두가 다음은 자신들의 동네가 침공당할까 봐 두려워하는 것 같았다.

"실제적인 불안감이죠." 더머가 말했다. "10월 7일의 트라우마가 바로 그것입니다. 이 테러리스트들이 이 나라로 쏟아져 들어오고, 국경을 넘어 쏟아져 들어오거나, 지역사회로 쏟아져 들어와 또다시 사람들을 학살할 것이라는 두려움 말입니다."

"어린아이들은 이제 문을 두드리는 소리가 들리면 문 열기를 두려워합니다." 그가 말했다. "왜냐하면 그들은 문 너머에 무엇이 있는지 모르기 때문입니다. 그들은 10월 7일에 무슨 일이 일어났는지 알고 있고, 두려워하고 있습니다."

"그들의 삶은 결코 예전과 같지 않을 것입니다." 더머가 말했다. "10월 8일의 이스라엘은 10월 7일의 이스라엘과 같지 않으며, 앞으로도 결코 그렇게 되지 않을 것입니다."

바이든은 경청했다.

"대통령님," 더머가 말했다. "유대인들은 숨기 위해 이 나라에 온 것이 아닙니다. 우리는 전투에서 쓰러질 수 있고, 지금까지도 그래왔으며, 불행히도 앞으로도 그럴 것입니다. 우리는 테러 공격을 당할 수 있고, 지금까지도 그래왔으며, 불행히도 앞으로도 그럴 것입니다. 하지만 우리는 이 나라에서 숨지 않을 것입니다. 유대인들은 숨기 위해 이곳에 온 것이 아닙니다.

"이 나라가 주는 약속은, 대통령님, 유대인들이 우리의 조상 땅으로 돌아온 것뿐만이 아닙니다." 더머가 말했다. "그것은 우리가 스스로를 방어할 수 있는 능력을 갖게 되었다는 것인데, 근본적으로 10월 7일에 이스라엘의 이 약속이 깨졌습니다."

"그리고 저는 전시 내각에서 우리의 임무가 그 약속을 회복하는 것이라고 봅니다." 더머가 말했다. "그것은 하마스와 10월 7일에 우리에게 그런 일을 저지른 자들을 완전히 패배시키는 것을 의미합니다."

한 시간 후인 오후 5시, 바이든은 이스라엘로 오는 비행기에서 직접 작성한 16분간의 연설을 했다.

자신의 개인적인 트라우마를 공유했던 더머는 바이든이 자신의 말을 들었다고 믿었다.

"저는 최근 이 나라 국민에 대한 테러리스트 공격이 깊고 깊은 상처를 남겼다는 것을 알고 있습니다." 바이든이 말했다.

"이것은 수천 년 동안 이어진 반유대주의와 유대 민족 대학살이 남긴 고통스러운 기억과 상처를 수면 위로 끌어올렸습니다. 세계는 그때 지켜보기만 했고, 알고 있었지만, 세계는 아무것도 하지 않았습니다. 우리가 또다시 방관하며 아무것도 하지 않는 일은 없을 것입니다."

미국은 이스라엘이 건국된 이래 가장 가까운 동맹국이었다. "75년 전, 이스라엘이 건국된 지 단 11분 만에, 해리 S. 트루먼 대통령과 미국은 이스라엘을 인정한 최초의 국가가 되었습니다." 바이든이 회상했다.

이스라엘 크기의 국가에게 10월 7일은 "15번의 9/11과 같았습니다," 바이든이 말했다.

"하지만 이것만은 조심하십시오: 여러분이 그 분노를 느끼고 있지만, 그것에 사로잡히지 마십시오. 9/11 이후, 우리 미국인들은 격분했습니다. 그리고 우리는 정의를 추구하고 정의를 이루었지만, 또한 실수도 저질렀습니다."

바이든 대통령은 하마스가 자체 사용을 위해 전용하지 않는다는 조건하에 인도적 지원 물자 전달을 위해 이집트-가자 국경을 개방하는

데 동의하도록 이스라엘 측을 압박했다.

귀국하는 비행기에서 바이든은 이집트 대통령 시시에게 전화를 걸어 인도적 지원 트럭이 가자지구로 들어갈 수 있도록 라파 검문소를 개방해 줄 것을 간청했다.

"좋아요, 네타냐후의 동의를 얻었으니, 이제 당신이 역할을 해주셔야 합니다." 바이든이 시시에게 말했다. "당신이 그 문을 열어주셔야 합니다. 트럭들이 들어갈 수 있게 해 주십시오."

이집트 대통령은 지금까지 라파 검문소 개방에 단호히 반대해 왔다. 그는 팔레스타인 난민들이 자국 국경이나 이집트 내로 쏟아져 들어오는 것을 원치 않았다. 시시는 난민을 받아들이면 그들이 결코 떠나지 않을 것이고, 이집트 내에서 불안 요소가 될 수 있다고 믿는다고 말했다. 만약 난민 중에 하마스가 있어서 이스라엘 국경을 넘어 총격을 가하기 시작한다면 어떻게 될까? 그러면 이집트가 전쟁에 휘말릴 수 있었다. 시시의 대답은 일관되게 "절대 안 된다"였다.

설리번은 시시의 결심이 뿌리 깊다는 것을 알고 있었다. "만약 시시가 밤에 잠자리에 들 때 자신에게 주어진 단 하나의 임무, 단 하나가 있다고 생각한다면, 그것은 팔레스타인인들이 국경을 넘어오는 것을 허용하지 않는 것이었다. 끝. 시나이 반도에 난민 캠프는 없다."

"그는 어떤 난민도 이집트로 들여보내기 전에 난민에게 발포할 것"이라고 설리번은 믿었다.

하지만 지금 전화 통화에서 바이든은 가자지구로 인도적 지원 트럭이 들어갈 수 있도록 라파 검문소를 열어달라고 시시에게 요청하고 있음이 분명했다.

시시는 마침내 동의했다. "그렇게 하겠습니다, 대통령님, 하지만

도로 상태가 좋지 않아서 며칠은 걸릴 것입니다." 그가 말했다. 그는 우선 20대의 인도적 지원 트럭이 통과하는 것을 허용할 것이었다.

바이든은 전화를 끊었을 때 만족했다. 그는 자신의 방문이 성공적이었다고 믿었다. 그들은 비록 적은 양이지만 가자지구로 인도적 지원을 보낼 수 있는 물꼬를 텄다.

"결론적으로 시시는 많은 공로를 인정받을 자격이 있습니다." 바이든이 비행기에서 기자들에게 말했다.

그리고 결국, 시시는 이집트가 하겠다고 말한 그대로 정확히 실행했다. 그들은 검문소를 열었다. 그들은 도로를 보수했고, 20대의 지원 트럭이 바이든의 이스라엘 방문 사흘 후인 10월 21일 토요일에 천천히 통과하기 시작했다.

하지만 그것은 가자지구에 있는 200만 명의 팔레스타인 민간인들에게 절실히 필요한 식량, 물, 의료용품의 극소량에 불과했으며, 10월 7일 공격 이후 14일 만에 처음으로 이루어진 것이었다. 가자지구의 인도적 상황은 날이 갈수록 악화되고 있었다.

10월 7일 이전에도, 이스라엘의 16년간의 봉쇄로 인해 가자지구에 거주하는 팔레스타인인의 95퍼센트는 이미 깨끗한 물에 접근할 수 없었고, 80퍼센트는 식량을 인도적 지원에 의존하고 있었다.

49
오스틴 장관의 리더십

11월 30일, 설리번과 로이드 오스틴 국방장관은 홍해에서 증가하는 후티 반군의 공격에 어떻게 대응할지에 대해 45분간 보안 통화를 했다.

아라비아반도 남단에 위치한 사실상의 국가 예멘을 지배하고 있는 또 다른 이란의 지원을 받는 무장 민병대인 후티 반군은 1,200마일(1,931킬로미터)에 달하는 내해인 홍해에서 상업 선박을 상습적으로 공격해왔다. 후티 반군은 하마스와 헤즈볼라를 포함한 가장 급진적인 조직들로 구성된, 이란이 주도하는 정치·군사 연합체인 이른바 '저항의 축'에 속해 있었다. 백악관에서는 이 축을 "머리가 여러 개 달린 괴물"이라고 불렀다. 이란은 후티 반군을 철저히 무장시켰다. 후티 반군은 자신들이 가자지구를 방어하기 위해 행동한다고 주장했다.

오스틴은 다음과 같은 시급한 문제들을 생각하고 해결 방안을 모색하고자 했다: 어떻게 억제할 것인가, 어떻게 관리할 것인가, 어떻게 확전을 피할 것인가?

오스틴은 설리번이 보기에 바이든 내각의 "스타급 인물"이자 "최고의 내각 구성원"이었다. 바이든은 오스틴을 신뢰했다. 그의 동료들도 그를 신뢰했다. 군대는 그를 존경했다. 그리고 설리번은 그에게서 끊임없이 배우고 있었다.

"제이크, 우리가 시간을 통제하고 있네." 오스틴은 지난 2년 동안 설리번에게 여러 차례 말했고, 지금 다시 반복했다. "우리가 시간을 통제하고 있어." 대통령은 무력을 사용할지 여부와 그 시기를 결정할 수 있었고, 무력을 사용하지 않을 수도 있었다.

오스틴의 또 다른 교훈은 미국이 호주와 맺은 핵잠수함 거래 이후에 일어났다. 호주는 처음에 프랑스로부터 잠수함을 구매하기로 합의했지만, 미국과의 거래를 위해 이를 철회했다. 프랑스는 격분했다.

"우리 모두는 프랑스 측 상대방들로부터 공격을 받고 있었고, 굽신거리며 사과하고 있었습니다." 설리번이 회상했다.

"오스틴의 프랑스 측 상대방이 전화를 걸어 22분 동안 미국의 배신에 대해 격렬한 비난을 퍼부었다. 상대방이 말을 마쳤을 때, 오스틴은 '알겠습니다. 다음 주제로 넘어갑시다'라고 대답했다." 설리번은 다음에 누군가가 자신에게 소리를 지르면 그 방식을 채택하기로 했다.

또 다른 경우에, 설리번은 밀리 합참의장과 오스틴에게 국방부 예산 문제를 논의하기 위해 백악관으로 와달라고 요청했다. 설리번은 이번 건에서 자신이 그들의 의견을 기각할 계획임을 그들이 눈치챘다는 것을 알았다. 오스틴은 자리에 앉아 차분하게 설리번을 바라보았다. "자네가 소집한 회의잖아, 친구." 오스틴이 말했다.

설리번은 즉시 방어적인 태도를 취했다. "우리가 원하는 것을 얻었지만," 설리번이 말했다. "그래서 더 미안한 마음이 들었습니다."

오스틴 장관은 이스라엘 국방부 장관 요아브 갈란트를 다룰 수 있는 몇 안 되는 사람 중 하나였다. 그들은 하마스의 이스라엘 공격 이후 정기적으로 대화를 나눴다.

이러한 통화에서 오스틴은 종종 민간인 사상자 문제에 대해 갈란트를 다그쳤다. 갈란트의 일반적인 변명이나 방어 기제는 10월 7일 사태를 언급하는 것이었다.

"하마스가 우리에게 무슨 짓을 했는지 기억하세요," 갈란트가 어느 통화에서 말했다. "그 공포를 …"

"잠깐, 잠깐!" 오스틴이 그의 말을 끊으며 말했다. "지금 대화하는 상대는 로이드요. 그냥 솔직하게 말해 주시오. 무슨 일이 일어났는지 알고 있어요. 알겠소. 알겠소. 무슨 일이 있었는지 알고 있소. 하지만 내가 당신에게 묻고 있는 것은 당신들이 어떻게 대응하고 있는가 하는 것이오." 왜 그런 식으로 군사 행동을 하기로 결정했는가?

50
평화를 원치 않는 네타냐후

"이스라엘은 무고한 민간인들을 보호하기 위해 더 많은 일을 **해야 합니다**," 해리스 부통령이 2023년 12월 2일 두바이에서 열린 COP28 기후 변화 회의의 부대 행사로 열린 기자회견에서 말했다.

바이든은 네타냐후와의 통화에 해리스를 의도적으로 거의 항상 참여시켰는데, 이제 그 횟수는 열두 번이 넘었고, 그들은 사적으로 이를 "비비 통화(Bibi calls)"라고 불렀다. 통화 전후로 대통령과 부통령은 블링컨, 오스틴, 설리번과 함께 상황을 점검했다.

바이든이 공개적으로 이스라엘의 가자지구 대응 방식에 대한 비판을 철저히 자제한 반면, 해리스는 직설적이었다.

"너무 많은 무고한 팔레스타인 사람들이 죽었습니다. 솔직히 말해서, 민간인 고통의 규모와 가자에서 나오는 이미지와 영상들은 참혹합니다," 해리스가 말했다. "정말 가슴 아픈 일입니다."

그녀는 또한 네타냐후에게 날카롭게 경고했다. "어떤 상황에서도 미국은 가자나 서안지구에서 팔레스타인 사람들의 강제 이주, 가자 포위, 가자 국경의 재설정을 허용하지 않을 것입니다," 그녀가 말했다.

기후 정상회담이 진행되는 와중에 해리스는 이집트, 요르단, 아랍 에미리트의 지도자들과 만나고, 카타르 에미르를 비롯한 다른 지도자들과 전화 통화를 했다. 그녀는 기후 변화 연설을 하기 위해 거의 뛰어가야 했다. 전쟁을 관리하는 일은 끊임없는 외교적 노력을 요구했고, 전쟁을 종식시키는 것은 더욱 어려웠다.

요르단의 압둘라 국왕은 하마스를 싫어하지만, 이스라엘은 민간인 사상자 문제에 더 잘 대처해야 하고 군사 작전을 끝내야 한다고 말했다. 요르단에는 대규모 팔레스타인 인구가 있으며, 국왕은 자국 거리에서 일어나는 분노한 시위와 소요로 인해 압박을 느끼고 있었다. 이 전쟁이 길어질수록 중동 지역 전체가 더욱 불안정해졌다.

비행기에서 그녀는 대통령에게 보고서를 보냈다. 보고서에는 아랍 지도자들이 분쟁 종료 이후를 위한 계획에 대해, 가자지구에 팔레스타인 지도부가 관여하고 팔레스타인 국가로 가는 경로가 포함된다면 이를 지지한다는 내용이 담겨 있었다. 아랍 지도자들의 조용하고 거의 입 밖에 내지 않은 공통된 견해는, 이 모든 것이 현실적으로 실현되기 위한 전제 조건은 이스라엘과 가자 양쪽 모두에 다른 지도부가 필요하다는 것이었다.

네타냐후는 전쟁의 길을 가고 있었다. 그는 팔레스타인과의 평화 협정을 원하지 않았다.

블링컨은 또한 종전 이후 계획에 대해 아랍 외무장관들과 논의하기 위해 두바이에 있었다. 많은 아랍 국가들은 이러한 논의에 참여하는 것으로 보이기를 원치 않았는데, 이는 가자지구에서 진행 중인 네타냐후의 군사 작전에 동조하거나 공모하는 것처럼 비춰질 수 있기 때문이었다.

"보세요," 블링컨이 이집트 외무장관 사메 쇼크리와 요르단 외무장관 아이만 사파디에게 말했다. "어떻게든 이 상황은 끝날 것이고, 우리는 이에 대비해야 합니다. 가자지구의 안보, 통치, 인도적 지원과 개발 문제를 어떻게 처리할지에 대한 큰 문제들이 있기 때문에, 우리는 지금 당장 이 일을 시작해야 합니다."

쇼크리와 사파디는 동의하지 않았다. "그다음 날의 다음 날(day after the day after)"에 대한 명확한 계획이 있기 전까지는—이는 독립 팔레스타인 국가의 창설을 의미하는 것이었다—그들은 가자지구의 "그다음 날(day after)"에 대해 논의하지 않을 것이라고 했다.

거의 모든 아랍 외무장관들이 다음 의견에 동의했다: 가자지구의 하마스를 다룰 정치적 계획이 없다면 효과적인 '그다음 날' 대책은 있을 수 없다. 이스라엘은 군사적 계획만을 보여주고 있을 뿐이었다. 이스라엘은 모든 하마스 대원을 죽일 수도 없고, 하마스라는 사상을 죽일 수도 없다. 따라서 그들은 가자지구의 지도부와 안보를 위한 정치적 계획이 반드시 있어야 한다고 주장했다.

그들은 팔레스타인인들에게 실질적인 정치적 전망이 없다면, 이스라엘이 하마스—하마스라는 사상, 그 이데올로기—를 효과적으로 물리칠 수 없다고 확신했다.

이것은 해리스가 받았던 메시지와 유사한 내용이었다: 이 계획이 현실적이 될 때, 우리는 협상 테이블에 나올 것이다.

블링컨은 그들의 분석에 동의하며 팔레스타인 국가로 가는 경로도 함께 모색하겠다고 말했다. 그것은 희망적 사고에 불과했다.

블링컨은 이스라엘이 군사 작전을 완료한 후 가자지구의 안보 상황을 논의하기 위해 이집트의 시시 대통령과 단독으로 만났다.

"저는 지상군을 투입할 준비가 되어 있습니다," 시시가 말했다. "하지만 우리에게는 미국이 필요합니다. 저는 다른 아랍 국가들도 동참시킬 수 있습니다. 이 말을 바이든 대통령에게 전달해 주시기 바랍니다."

블링컨은 그렇게 했다.

"좋아, 이 내용을 구체화해 봅시다," 바이든이 말했다. "우리는 가자에 미군을 투입하지는 않을 것이지만, 아랍 국가들과 다른 국가들의 임무를 어떻게 지원할 수 있을지 검토해볼 수 있어."

블링컨, 설리번, 오스틴, 그리고 합참의장 CQ 브라운이 계획 초안을 작성했다. 그들이 고안한 방안은 미국이 운영하는 본부를 통해 아랍이 이끄는 병력을 지원하는 것으로, 미국 군사 지휘부는 아마도 이집트에 설치하여 미국이 지휘 및 통제를 지원할 수 있도록 하는 것이었다.

"하마스는 하나의 사상이며, 당신들은 그 사상을 파괴할 수 없습니다," 블링컨은 텔아비브를 또다시 방문했을 때 이스라엘 전시 내각에 역설했다.

"토니," 더머가 말했다. "나치즘도 사상이고, 샬러츠빌의 나치들은 베드배스&비욘드에서 구입한 횃불을 들고 있었지만, 그들은 더 이상 독일이라는 국가를 갖고 있지 않습니다!"

더머는 백인 우월주의자들이 타오르는 횃불을 들고 "유대인들이 우리를 대체하지 못할 것이다"와 나치 구호인 "피와 흙"을 외치며

2017년 8월 12일 주말 버지니아 대학교 샬러츠빌 캠퍼스로 행진했던 사건을 언급한 것이었다.

"나쁜 사상을 갖는 것과 나쁜 사상이 영토를 지배하는 것은 완전히 다른 문제입니다!" 더머가 말했다.

"우리의 목표는," 더머가 주장했다. "하마스가 가자지구에 대해 가진 영토 지배권을 제거하는 것입니다. 우리는 이 무장 세력을 해체해야 합니다."

블링컨은 논의를 "그다음 날" 계획으로 되돌리려 했다. 그들이 하마스를 해체한 후에 가자지구는 어떤 모습이 될 것인가? 누가 이끌 것인가?

"우리가 팔레스타인 국가를 세워야 한다고요? 정말요?" 더머가 말했다. "그럼 우리가 뭘 하려는 겁니까? 10월 7일을 팔레스타인 독립기념일로 만들 겁니까? 테러에 대한 대단한 보상으로 그들에게 국가를 주겠다는 겁니까? 이스라엘 역사상 최악의 테러 공격이자 홀로코스트 이후 유대인에 대한 최악의 공격 이후에 팔레스타인인들에게 국가를 주겠다는 건가요?"

"완전 말이 되네요," 더머가 비꼬듯이 말했다.

블링컨은 대화가 전혀 진전되지 않고 있음을 알 수 있었다.

51
이스라엘의 휴전 동의와
인질 석방

중동 조정관 브렛 맥거크는 가자지구에서 하마스에 억류된 252명의 인질들에 관해 카타르 총리 MBAR과 매일 아침 통화를 해왔다.

"브렛," MBAR이 한 통화에서 말했다. "지금의 긴장을 완화하고 시간을 벌 수 있는 방법은 인질 협상입니다."

"우리가 정말로 이스라엘을 압박해 인질 협상에 나서게 만들려면," 맥거크가 말했다. "먼저 이것이 가능한 일이라는 것을 우리에게 보여주세요." 그는 시험 삼아 시작해 보자고 제안했다. 하마스에 억류된 미국계 이스라엘인 어머니 주디스 라난과 그녀의 딸 나탈리의 안전한 귀환을 협상하고, 그다음에 더 큰 규모의 협상을 진행하자는 것이었다.

MBAR은 카타르가 가자지구의 하마스를 움직일 수 있다고 확신했다. 맥거크는 여전히 회의적이었다. 그는 협상 진행 상황을 설리번과 바이든에게 매일 보고했고, 시범 계획에 대한 아이디어를 제시했다.

"한번 시도해 봅시다." 바이든이 말했다.

적십자 팀이 10월 20일 가자지구에 들어갔고, 미국 대사관 팀은 두 명의 미국인을 맞이하기 위해 이스라엘 국경에서 대기 중이었다.

워싱턴에서 맥거크는 주디스와 나탈리가 가자지구를 통과하는 동안 초조하게 그들의 이동 경로를 추적했다. 그는 차량이 국경에 접근하는 마지막 순간에 하마스가 차량을 폭파시킬지도 모른다고 걱정했다. 이스라엘은 위태로운 6시간 휴전에 합의했다.

맥거크의 전화가 울렸다. 이스라엘 국경에 있던 미국 임시 대리대사 스테파니 할렛이었다.

"그들이 여기 도착했어요." 그녀는 안도하며 말했다. "건강해 보여요."

맥거크는 설리번을 그의 사무실에서 불러내 곧장 대통령 집무실로 향했다.

바이든 대통령은 주디스와 나탈리에게 전화했다.

"안녕하세요." 바이든이 주디스 라난에게 말했다. "두 사람을 구출하기 위해 노력해 왔습니다. 이렇게 목소리를 듣게 되어 정말 다행입니다. 필요한 것은 모두 지원해드리겠습니다."

주디스는 감격과 피로에 압도되어 할 말을 잃었다. "감사합니다, 감사합니다, 감사합니다." 그녀가 반복했다.

바이든은 통화 후 맥거크를 돌아보며 말했다. "계속 진행하게." 그가 말했다. "이 일을 계속 추진하게."

카타르가 성과를 냈다. CIA 국장 번스는 이스라엘 측과 훨씬 더 큰 규모의 인질 협상의 윤곽을 다듬기 위해 모사드 국장인 데이비드 바르네아와 긴밀히 협력하기 시작했다. 맥거크는 가자지구의 하마스와 채널을 가지고 있는 MBAR 및 이집트 정보국장 압바스 카멜과 조율했다.

이제 많은 수의 인질을 석방시킬 수 있는 실질적인 가능성이 생기자, 바이든은 네타냐후에게 더 긴 교전 중단에 동의하도록 압박했다. 교전 중단은 인질들을 안전하게 구출할 수 있는 유일한 현실적인 방법이었다. 그러나 네타냐후의 관점에서 이는 하마스에게 세력을 재정비하고 재조직할 시간을 제공할 수도 있었다.

네타냐후는 얼마나 많은 인질이 나올 것인지 알고 싶어 했다.

하마스는 처음에 10명을 보장했다. 네타냐후는 훨씬 더 많은 숫자를 원했다. 그는 하마스가 억류하고 있는 모든 여성과 아이들의 석방과 하마스가 붙잡고 있는 인질들의 생존 증거를 제시하라고 요구했다. 바이든은 그 요구를 지지한다고 말했다.

하마스는 다시 돌아와 인질 50명의 석방을 보장할 수 있다고 말했다. 그 대가로 이스라엘이 수감 중이거나 구금된 팔레스타인 여성과 청소년 150명을 석방해야 한다고 하마스가 말했다. 하마스는 인질들의 신원 정보 제공을 거부했다.

바이든 대통령은 카타르의 에미르에게 전화했다.

"그런 식으로는 안 되겠습니다." 바이든이 말했다. "우리는 그 50명이 누구인지 이름이나 명확한 신원 정보가 필요합니다." 나이, 성별, 국적. "그런 정보 없이는 더 이상 진행할 수 없습니다."

하마스는 50명의 인질에 대한 식별 정보를 제시했다.

―――

이스라엘에 있던 맥거크는 11월 14일 네타냐후가 전쟁 내각 회의에서 테이블을 내리치며 선언하는 모습을 지켜보았다. "절대로 받아들일 수 없습니다. 이런 조건들은 절대로 받아들일 수 없습니다."

"비비는 항상 돌에서 피 한 방울까지 짜내려 든다니까." 맥거크는 속으로 생각했다.

"저들은 결국 굴복할 거야!" 네타냐후는 외치며 다시 한번 테이블을 내리쳤다.

회의를 마치고 나오던 네타냐후는 맥거크의 팔을 붙잡았다. "우리는 이 거래가 필요합니다." 그가 말했다.

맥거크는 정치란 것이 얼마나 많은 부분이 연기인지 깨달았다.

네타냐후는 그날 바이든에게 전화를 걸어 그 거래를 수락한다고 확인했다.

MBAR은 5일 후인 11월 19일 최종 문안을 하마스에 전달했다. "이것이 최종 제안입니다." 그가 그들에게 말했다. 그들은 답변을 위해 며칠을 기다려야 했다. 카타르에 있는 하마스 정치 지도부는 그 문서를 복잡한 네트워크를 통해 직접 인편으로 가자지구 지하 터널 깊숙한 곳에 있는 하마스 지도자 야히야 신와르에게 전달해야 했다.

3일 후인 11월 21일 아침, 카타르는 신와르가 승인했다는 소식을 받았다.

하마스는 252명의 인질 중 50명을 11월 24일부터 4단계에 걸쳐 석방했으며, 그중에는 미국인 3명이 포함되어 있었다. 하마스가 최초 50명 이외에 추가로 10명의 인질을 석방할 때마다 네타냐후는 휴전을 하루씩 더 연장했다. 11월 30일까지 미국인 2명을 포함한 105명의 인질이 안전하게 귀환했다.

설리번은 그날 백악관에서 아직 남아 있는 이스라엘계 미국인 인질 가족들을 만났다. 일부 가족들은 직접 참석했고, 다른 가족들은 온라인으로 참석했다.

"정말 잔인했어." 설리번은 그날 밤 아내 매기 굿랜더에게 말했다. 하마스는 여전히 이스라엘계 미국인 인질 6명을 붙잡고 있었다.

설리번은 계속 휴대전화를 확인했다. "휴전은 오늘 밤 우리 시간으로 자정에 끝납니다." 그가 말했다. 하마스가 적어도 10명의 추가 인질 석방 명단을 제시하지 않는 한.

"우리는 그들이 명단을 제출할지 말지 초조하게 기다리고 있습니다." 설리번이 말했다. "만약 없다면, 내일 폭탄이 떨어지는 것을 보게 될 겁니다."

설리번은 다시 휴대전화를 힐끗 보았다.

내일 명단의 진짜 걸림돌은 하마스가 여전히 붙잡고 있는 여성들이 20대와 30대라는 점이라고 설리번이 말했다.

"이스라엘인들은 하마스가 그들을 놓아주지 않으려는 이유 중 하나가 그들이 성폭행을 당했기 때문일 것이라고 두려워하고 있습니다." 설리번이 말했다. "또는 여전히 당하고 있을 수도요." 또 다른 요인은 하마스가 20대와 30대의 모든 이스라엘 여성들이 이스라엘 방위군(IDF) 소속이라고 믿고 있다는 것이었다. 하마스의 관점에서 그들은 이스라엘로부터 양보를 얻어내는 데 더 가치가 있었다.

다음 날, 하마스는 이스라엘을 향해 로켓을 발사했고, 이스라엘 전투기들은 가자지구의 200개 목표물을 향해 로켓 공격을 퍼부었다.

전쟁이 재개되었다.

52
이라크 민병대와 후티 반군의 공격, 그리고 미국의 반격

2023년 12월 25일 크리스마스, 브렛 맥거크는 가족과 함께 워싱턴 남동부에 있는 자택인 타운하우스에 있었다. 오전 9시가 되자 그의 어린 딸은 모든 선물을 다 개봉했고, 그가 커피 한 잔을 들고 앉아 있을 때 백악관 상황실 당직 담당관으로부터 전화가 걸려 왔다.

"이라크 북부의 에르빌 공군기지가 공격을 받았습니다. 미군 3명이 이라크 민병대가 날린 이란제 드론의 파편으로 부상을 입었습니다." 당직 담당관이 말했다. "한 명은 중태입니다."

10월 7일 이후 11주 동안, 미군은 이라크와 시리아에서 주로 로켓과 드론에 의한 공격을 최소 100회 이상 받았다. 하지만 이번이 미군 사상자가 발생한 첫 사례였다.

휴일에도 근무 중이었던 국가안전보장회의 참모진과 중부사령부 참모부는 대통령에게 선택지를 제공할 수 있도록 무슨 일이 일어났는지에 대한 사실을 신속히 수집하고 있었다. 맥거크는 차를 몰고 백악관으로 향했다.

크리스마스를 맞아 메릴랜드에 있는 대통령 별장인 캠프 데이비드에 머물고 있던 바이든 대통령은 국가안보 팀, 오스틴 장관, 그리고

CQ 브라운 합참의장과 전화 회의를 소집했다. 군 지도자들은 그에게 타격 옵션에 대해 브리핑했다. 그는 이번 공격에 책임이 있는 이란이 지원하는 민병대와 이란의 혁명수비대 시설, 특히 공격의 근원지인 이라크 내 시설들을 타격할 수 있었다. 바이든은 또한 이른바 개인 표적(persona targets), 즉 이번 공격 계획에 책임이 있는 4명의 개인을 공격할 수도 있었다. 오스틴과 그의 펜타곤 팀은 매우 정밀한 신호 정보와 상공 위성 이미지를 사용하여 이 4명의 정확한 위치를 추적하고 있었다.

바이든은 참모들에게 각 옵션의 위험성에 대해 집요하게 캐물었다. 그들의 대응은 신중하게 조율될 필요가 있었다. 그는 먼저 시설들을 타격하고, 그다음 개인 표적을 제거할 최적의 기회가 나타났을 때 그들을 공격하라고 지시했다.

그날 밤 새벽 4시 45분경, 미군은 이란이 지원하는 민병대 그룹들이 무인 공중 드론 공격을 발사하는 데 사용한 세 곳의 시설에 대해 제한적 공습을 단행했다. 미 중부사령부는 이 공습으로 다수의 무장 세력을 사살했을 가능성이 있지만 민간인 사상자는 없었다고 밝혔다.

"이번 공습은 향후 공격을 억제하기 위해 이루어졌으며, 확전 위험을 제한하고 민간인 사상자를 최소화하도록 계산된 방식으로 수행되었습니다," 대통령은 마이크 존슨 하원의장에게 보낸 서한에서 말했다. "미국은 추가적인 위협이나 공격에 대응하기 위해 필요하고 적절한 경우 추가 조치를 취할 준비가 되어 있습니다."

약 2주 후, 바이든은 개인 표적에 대한 공격을 명령했다. 두 명이 타격을 받은 후 이라크와 시리아에서의 미군에 대한 공격이 중단되었다. 그러자 바이든도 공격을 중단했다. 민병대 지도자들에게 보내는 그의 메시지는 분명했다: 우리는 당신들의 위치를 정확히 파악하고 있으며, 다시 공격하면 우리는 당신들을 죽일 것이다.

하지만 폭력적 위협은 완화되지 않았다.

12월 30일 토요일, 후티 반군은 머스크 항저우(Maersk Hangzhou)라는 대형 상업용 컨테이너선을 향해 두 발의 대함 탄도 미사일을 발사했다. 미 해군 구축함 USS 그레이블리함은 미사일이 명중하기 전에 이를 요격했다. 다음 날인 새해 전날, 예멘 세력은 고속정을 이용하여 같은 컨테이너선을 침몰시키려고 시도했다.

미 해군 헬리콥터들이 아이젠하워함과 그레이블리함에서 발진하여 고속정들을 향해 발포했고 고속정들도 응사했다. 미국은 네 척의 소형 보트 중 세 척을 침몰시키며 승조원들을 사살했다. 네 번째 보트는 도주했다.

바이든 대통령은 영부인과 함께 연례 신년 휴가를 위해 미국령 버진 아일랜드의 세인트 크로이에 있었다. 제이크 설리번과 그의 아내 매기 굿랜더도 그들과 함께 여행했다. 그들은 해변가에서 편안한 신년 주말을 보낼 계획이었다.

하지만 새해 첫날 아침, 바이든 대통령은 오스틴 장관, CQ 브라운 장군, 제이크 설리번, 브렛 맥거크 및 다른 관계자들과 또 다른 보안 통화를 하며 바이든이 후티 반군을 상대로 예멘을 직접 공습해야 할지 논의했다.

오스틴과 CQ 브라운은 그러한 성격의 공습을 위해서는 군에 준비 시간이 필요하다고 말했고, 이에 바이든은 즉각적인 공습을 승인하지 않았지만 계획을 확실히 수립하라고 지시했다.

"우리가 그 표적들을 타격하면 어떻게 될까?" 바이든은 참모들에게 질문을 퍼부었다. "부수적 피해는 어느 정도인가? 후티 반군은 어떻게 반응할까? 우리는 그들의 반격에 대비되어 있는가? 우리 사람들은 안전한가? 우리는 충분한 미사일 방어력을 갖추고 있는가? 필요한 자원을 가지고 있는가?"

대통령은 2차 또는 3차 파급 효과를 초래할 방식으로 군사력을 사용하고 싶지 않다는 점을 분명히 했다. 이 지역은 이미 한번 불이 붙으면 순식간에 번져나갈 수 있는 전형적인 화약고였다.

모든 준비를 완료하고 대기하라고 바이든이 말했다.

그는 또한 참모들에게 동맹국들과 조율하여 후티 반군에게 추가 공격에 대한 강력한 규탄과 경고를 전달하도록 지시했다. 13개국이 서명한 공동성명이 이틀 후에 발표되었다.

1월 내내 후티 반군의 공격은 계속되었다. 바이든은 맥거크에게 위협과 무력 사용 외에도 이란과의 외교를 시도하고 싶다고 말했다. 중동은 신중하게 관리되어야 했다. 바이든은 자신의 스타일대로 적극적으로 행동하되, 너무 과도하게 개입하지는 않기를 원했다. 그는 중동의 무법지대 같은 분위기를 진정시키고 싶어 했다.

바이든은 이란에 세 가지 분명한 메시지를 가지고 있었다. "우리는 여기서 대규모 중동 분쟁을 원하지 않으며, 이 분쟁을 가자에 국한시키고 싶고, 이란과의 전쟁을 원하지 않는다." 바이든이 맥거크에게 말했다.

"그런데, 그런데 말이야." 바이든이 말했다. "아주 큰 '그런데'가 있는데, 우리는 우리 국민을 보호할 것이고, 우리의 이익도 보호할 거야."

그는 맥거크에게 이란에게 경고하라고 말했다: "이것을 중단하든지, 아니면 결과를 감수하라."

맥거크는 오만의 수도 무스카트로 날아갔다. 미국은 이란과 직접 소통하지 않고 오만과 같은 중개자를 이용했다. 7,000마일이 넘는 고된 비행이었다.

"당신들은 선박들을 향해 미사일을 발사하고 있는 후티 반군을 통제해야 합니다." 맥거크는 오만인들을 통해 이란의 외무차관 겸 핵 협상 수석대표인 알리 바게리 카니에게 전달한 메시지에서 말했다.

이런 대화 구조는 맥거크에게 항상 이상하게 느껴졌다. 그는 방 건너편에 있는 이란인들을 볼 수 있었고 그들도 그를 볼 수 있었다. 하지만 그들은 서로 직접 대화하지 않았다. 오만 측이 메시지를 양쪽으로 전달했다. 그러나 이것은 미국이 이란 최고 지도자에게 메시지를 전달할 수 있는 최선의 대면 소통 방식이었다.

"우리는 그들을 통제할 수 없습니다." 이란 대표들이 답했다. 맥거크는 그들로부터 이런 대답을 많이 들었다. 그는 이란이 이라크 내 미군에 대한 공격을 적어도 일시적으로 완전히 중단시켰다는 것을 알고 있었다. 따라서 홍해에서도 공격을 중단시킬 수 있을 것이라고 맥거크는 믿었다. 그는 바이든의 경고를 전달했다.

"만약 당신들이 후티 반군을 막을 수 없다면, 우리가 그들을 직접 타격할 것입니다." 맥거크가 말했다. "그리고 우리는 당신들에게 책임이 있다고 보기 때문에 당신들을 직접 타격할 수도 있습니다."

이란은 맥거크에게 어떤 약속도 하지 않았다.

바이든 대통령은 그날 밤 후티 반군에 대한 공중 및 해상 공격을 명령했다. 미군은 정밀 유도 폭탄으로 후티 반군의 미사일 및 드론 발사 기지, 무기 저장소 그리고 레이더 시설을 타격했다. 해군 잠수함이 토마호크 순항 미사일을 발사했다. 영국, 네덜란드, 호주, 캐나다, 바레인 등 5개 미국 동맹국이 이 대응에 동참했다. 후티 반군은 경고로 대응했다: "미국과 영국은 무거운 대가를 치를 준비가 되어 있어야 한다."

맥거크는 이것이 바이든이 군사력을 신중하고 의도적으로 사용하는 방식을 보여준다고 믿었다.

일주일 후, 미 행정부와 영국은 후티 반군의 핵심 지도자 4명에 대한 제재 패키지를 발표했다. 제재를 개인들에게만 한정한 것은 이미 기근과 전쟁으로 황폐해진 예멘의 3,200만 인구에 대한 피해를 최소화하기 위함이었다.

바이든은 압박을 강화하고 위협 수위를 높이고자 했지만, 일정 선까지만이었다. 그의 기본적인 외교정책 신조 중 하나는 여전히 "강대국은 허세를 부리지 않는다"였다. 따라서 허세는 없을 것이었다. 그는 더 광범위한 지역 전쟁을 피하겠다고 결심했다.

1월 28일 일요일, 시리아와 이라크에서 활동하는 이란 지원 민병대 그룹들이 시리아 국경 근처 요르단 북동부의 외딴 사막 전초 기지인 타워 22에 주둔 중인 미군을 대상으로 무인 드론 공격을 감행했다. 이 공격으로 미군 3명이 사망하고 30명 이상이 가벼운 상처부터 심각한 뇌 외상에 이르는 부상을 입었다.

"오늘, 미국의 마음은 무겁습니다," 바이든은 "비열하고 전적으로 부당한 공격"을 규탄하는 성명에서 말했다. 그는 "책임 있는 모든 자들에게 우리가 선택한 시기와 방식으로 책임을 물을 것"이라고 다짐했다.

2월 2일 금요일, 미 중부사령부 부대는 이란 혁명수비대 및 민병대 그룹과 연계된 이라크 3곳과 시리아 4곳, 총 7개 지역에 걸쳐 85개의 표적을 타격했다. 바이든은 이란 내부는 타격하지 않았다.

마이크 존슨 하원의장은 바이든의 대응을 비판했다. "이란의 지원을 받는 민병대가 요르단에서 저지른 미군 3명의 비극적인 사망은 명확하고 강력한 대응을 요구했습니다." 그가 말했다. "불행히도 행정부는 일주일을 기다리며 이란을 포함한 전 세계에 우리 대응의 성격을 미리 알렸습니다. 이러한 공개적인 우유부단함과 과도한 신호 보내기는 지난 몇 개월 동안 견뎌온 연속 공격에 단호한 종지부를 찍을 우리의 능력을 약화시킵니다."

"지금이야말로 바이든 대통령이 이란을 달래는 그의 정책이 실패했다는 현실을 깨달아야 합니다." 존슨이 말했다. "평화를 증진하기 위해서는 미국이 힘을 보여줘야 합니다."

53
이스라엘-사우디 관계 정상화를 위한
빈 살만 왕세자의 조건

1월 8일, 블링컨과 그의 최고 참모진은 사우디아라비아의 고대 오아시스 도시 알-울라에 위치한 무함마드 빈 살만 왕세자(MBS)의 왕실 겨울 캠프에서 그를 만나기 위해 SUV를 타고 사막을 건너갔다. 세계 석유 매장량의 5분의 1을 보유한 국가를 통치하는 38세의 절대 권력자인 MBS는 그곳에서 휴양을 보내고 있었다. 그는 주말 동안 미국 의원들을 접견했었다.

블링컨은 화려한 러그와 바닥 쿠션으로 호화롭게 장식된 거대한 텐트에 들어섰다. 새끼 낙타 버거, 양고기와 닭고기를 포함한 현지 요리의 향연이 그들을 기다리고 있었다.

10월 7일 이전, 바이든, 설리번 그리고 블링컨은 언론인 카쇼기의 살해로 심각하게 손상된 미국과 사우디아라비아 간의 관계를 정상화하기 위해 수개월 동안 사우디 측과 협력해 왔다.

잠재적으로 세계를 뒤흔들 수 있는 또 다른 프로젝트는 이른바 '정상화'라고 불리는 제안이었다. 이는 이스라엘과 사우디아라비아 간의 완전한 외교적, 경제적, 전략적 유대를 의미했다. 이것이 실현된다면 중동의 세력 균형을 바꿀 수 있을 것이었다. 두 중동 강대국 간의 외교 관계는 이 지역에서 가장 큰 군사력을 보유한 이란의 위협을 더욱 고립시킬 수 있을 것이었다.

그러나 10월 7일의 트라우마, 그리고 이스라엘의 군사 작전과 가자지구에 대한 무자비한 폭격 이후, 사우디가 정상화를 추진할 의지가 있는지 혹은 심지어 그런 능력이 있는지조차 알기 어려웠다. 사우디 국민은 가자에서 벌어지는 참혹한 인도주의적 위기에 대한 분노로 들끓고 있었다.

바닥 쿠션에 앉은 블링컨은 MBS에게 직접 물었다. "정상화를 추진하길 원하십니까? 그리고 실제로 그것을 이루기 위해 무엇이 필요한가요?"

중동의 두 강대국 간의 정상화는 이 지역의 전환점이 될 것이며, 블링컨에게 헨리 키신저 수준의 외교사적 위치를 안겨줄 것이었다.

"저는 정상화를 추진하길 원할 뿐만 아니라, 시급하게 추진하고 싶습니다." MBS가 말했다. "제 생각에 우리는 앞으로 몇 개월 안에 이 일을 마무리해야 합니다. 왜냐하면 그 이후에는 당신들이 선거 시즌에 돌입할 것이고, 그때는 아무것도 하기 어려워질 테니까요."

그것은 미국의 우선순위와 정치에 대한 놀라운 전략적 이해였다.

MBS가 덧붙였다. "선거 이후에 무슨 일이 일어날지 누가 알겠습니까. 그래서 지금이 바로 그 시기이고, 저는 이를 추진할 준비가 되어 있습니다."

미국은 또한 사우디와의 방위 협력에 관한 협정, 사우디의 원자력 발전 산업 구축을 위한 민간 원자력 협정, 그리고 경제 계획에 관한 협정을 마무리 짓는 데 점점 더 가까워지고 있었다.

"만약 우리가 협정을 체결한다면," 블링컨이 덧붙였다. "실제로 정상화를 위해 이스라엘로부터 무엇이 필요합니까?"

"저는 두 가지가 필요합니다." MBS가 말했다. "가자에서의 평온이 필요하고, 팔레스타인 국가 수립을 위한 명확한 정치적 경로가 필요합니다."

"왕세자 전하, 이스라엘에서는 전하께서 팔레스타인 국가에 관해 진심이 아니고 실제로는 원하지 않으신다는 이야기가 있습니다. 전하께서는 그저 립서비스를 하신다고요. 그러니 그냥 말씀해주십시오," 블링컨이 말했다. "실제 입장은 무엇입니까?"

사우디 왕실은 팔레스타인 지도부에 실망해 온 오랜 역사가 있었다.

"제가 그것을 원하냐고요?" MBS가 말하며 자신의 가슴을 두드렸다. "그건 그다지 중요하지 않습니다. 제가 그것이 필요한가요? 절대적으로 그렇습니다."

그는 계속해서 말했다. "그리고 저는 두 가지 이유로 그것이 필요합니다. 첫째, 우리 국민의 70퍼센트가 저보다 젊습니다."

"10월 7일 이전에는 그들이 팔레스타인과 이스라엘-팔레스타인 분쟁에 전혀 관심을 기울이지 않았습니다. 10월 7일 이후로는 오직 그것에만 집중하고 있습니다," MBS가 말했다. "그리고 아랍 세계와 무슬림 세계에서 이 문제에 깊이 관심 갖는 다른 나라들이 있습니다. 저는 제 국민을 배신하지 않을 것입니다."

전 세계 수백만 명의 무슬림들이 매년 예언자 무함마드의 탄생지인 메카를 순례하는 하지를 위해 사우디아라비아를 방문한다. [하지(Hajj)는 이슬람의 다섯 가지 의무 중 하나로 매년 이슬람력 12월 8일부터 12일까지 사우디의 메카에서 이루어지는 대규모 순례를 말한다-옮긴이]

블링컨은 MBS가 자신을 무슬림 세계 전체 그리고 아랍 세계의 지도자로 여긴다는 것을 알고 있었다.

"저는 제 젊은이들이나 아랍 또는 무슬림 세계를 배신하지 않을 것입니다." MBS가 말했다.

"이를 비비에게 전해도 될까요?" 블링컨이 물었다. 그는 다음으로 이스라엘을 방문할 예정이었다.

"네," MBS가 말했다.

"그 말 그대로요?"

"네, 그 말 그대로입니다."

1월 9일 이스라엘에서, 블링컨은 네타냐후 총리와 흰 벽과 나무 바닥으로 된 그의 작고 단출한 사무실에서 단둘이 마주 앉았다. 그들은 거의 무릎이 닿을 정도로 가까이 앉았다. 비비는 의자에, 블링컨은 소파에 앉았다. 네타냐후는 이 사무실에서 여러 차례 촬영되고 사진에 찍혔다.

그는 피곤하고 지쳐 보였다. 블링컨 역시 피곤했지만, 시간을 낭비하지 않고 가자지구로 들어가는 인도적 지원이 턱없이 부족하다는 점을 강력하게 지적했다. 네타냐후는 그들이 조치를 취했다고 반박했다. 비비는 역시 비비구나, 블링컨은 좌절감을 느끼며 생각했다.

이스라엘은 인도적 지원에 관해 몇 가지 작은 조치를 취했지만, 그것은 모두 마지못해 한 것이었고 이를 뽑는 것처럼 힘들게 얻어낸 것이었다.

이스라엘 남부의 케렘 샬롬 국경 검문소가 마침내 열렸다. 이스라엘은 가자지구에 최소한의 일일 연료 공급을 보장하기로 동의했다.

그들은 텔아비브 남쪽의 이스라엘 화물 항구인 아슈도드 항에 쌓여 있던 터키가 보낸 밀가루가 가자지구로 들어가는 것도 마지못해 동의했다. 또한 미국이 보낸 밀가루 선적분도 들어갈 수 있다는 데 동의했다. 하지만 그들은 원칙적으로만 동의했을 뿐이었다.

"필요한 만큼 빠르거나 효과적으로 진행되지 않고 있습니다," 블링컨이 말했다. 그는 네타냐후에게 민간인 피해에 대해 문제를 제기했다. 이스라엘은 이제 가자지구에서 두 번째로 큰 도시인 칸 유니스에서 군사 작전을 벌이고 있었다.

"언제 끝날 예정입니까? 작전은 언제 종료될 예정인가요?" 블링컨이 물었다. "상황이 매우 어려운 지경으로 가고 있습니다."

비비는 방어적인 태도를 보였다.

"보세요, 제가 MBS로부터, 왕세자로부터 들은 이야기를 말씀드려야겠습니다." 블링컨이 화제를 바꾸며 덧붙였다. 네타냐후는 눈에 띄게 관심을 보이며 몸을 앞으로 기울였다.

"그는 정상화를 추진하기를 원합니다," 블링컨이 말했다. "시급히 추진하길 원하지만 두 가지가 필요합니다. 가자지구의 평온과 팔레스타인을 위한 국가 수립 경로가 필요합니다."

비비의 표정이 갑자기 밝아졌다. "저는 그 일을 하고 싶습니다," 그가 즉시 말했다. "그가 말한 가자지구의 평온이 무엇을 의미한다고 생각하십니까?"

"글쎄요, 그가 저에게 말한 것은 이스라엘 지상군이 가자에 있어서는 안 된다는 것이었습니다," 블링컨이 말했다. "저는 그것이 상당히 높은 기준일 수 있다고 말했습니다."

"우리가 그 문제에 대해 노력하겠습니다," 비비가 별로 개의치 않은 듯 말했다. 그런 다음 그는 다시 잠시 멈추었다. "팔레스타인을 위한 경로, 그게 무슨 의미인가요?" 비비는 그의 전 정치 경력 내내 독립된 팔레스타인 국가를 단호하게 반대해 왔다.

"그것은 신뢰할 수 있어야 합니다. 돌이킬 수 없어야 합니다. 사람들이 정말로 믿고 받아들일 수 있는 것이어야 합니다." 블링컨이 말했다. "우리는 특히 이스라엘의 안보를 확실히 보장하기 위한 몇 가지 조건이 필요하다는 것을 이해합니다. 하지만 그 경로는 분명하고 되돌릴 수 없는 것이어야 합니다."

비비가 말했다. "글쎄요, 제 생각엔 뭔가 방법을 찾을 수 있을 것 같습니다. 뭔가 방법을 찾을 수 있을 겁니다. 창의적인 문구 작업이 필요하겠지만요."

"아니, 아니, 아니, 요점을 놓쳤어요." 블링컨이 말했다. "그런 게 아닙니다―창의적인 문구 작업이 아닙니다. 진짜여야 합니다. 만약 창의적인 문구 작업이라면, 당신이 종이에 적은 어떤 말에서도 빠져나갈 방법을 찾을 거라고 믿지 않을 사람이 이 지구상에 한 명도 없을 겁니다. 그런 식으론 안 됩니다."

"아뇨, 아뇨, 그 문제에 대해 노력하겠습니다." 비비가 말했다.

네타냐후는 그 후 블링컨을 자신의 안보 내각 회의에 데려갔고, 그곳에서 이스라엘 측은 다음 단계의 군사 계획을 설명했다.

"이것이 조만간 끝날 일이 아니구나." 블링컨이 그들의 준비 상황을 살펴보면서 경악했다.

회의가 끝나고 일어서려는 순간에, 블링컨은 네타냐후의 팔을 잡고 말했다. "1분만 더 시간 있으십니까?"

"네, 물론이죠." 비비가 말했다.

"사무실에서 정상화를 추진하고 싶다고 하신 말씀과 그에 필요한 것, 그리고 우리가 방금 들은 내용이 서로 맞지 않습니다." 블링컨이 말했다. "이래서는 안 됩니다."

"제가 노력해보겠습니다." 비비가 다시 말했다.

블링컨은 귀국하는 비행기에서 바이든에게 전화를 걸었다. "대통령님, 이번 출장에서 흥미로운 이야기들을 많이 들었습니다." 블링컨은 가자지구의 비극적인 상황과 새로운 우려 사항들, 그리고 MBS 및 네타냐후와 나눈 대화 내용들을 보고했다.

"알겠네, 자네가 돌아오는 대로 가능한 한 빨리 만나세." 바이든이 말했다.

54
이스라엘의 무자비한 라파 진격 계획

1월 14일, 설리번과 블링컨은 125에이커 규모의 캠프 데이비드로 차를 몰고 가서 바이든과 점심을 함께했다. 세 사람만이 테이블에 둘러앉았다. 땅에는 눈이 쌓여 있었다. 아름답지만 추운 날이었다.

블링컨은 이스라엘과 사우디아라비아 간의 정상화 협정 추진에 관해 MBS와 나눈 대화와 네타냐후의 반응에 대해 상세히 전달했다.

"보세요, 제 생각은 이렇습니다." 블링컨은 비비와의 대화를 언급하며 말했다. "현재 총리의 유산은 10월 7일이며, 그것은 그가 원하는 유산이 아닙니다. 아마도 그는 하마스에 대해 이른바 승리를 얻을 수 있다고 생각할지 모르지만, 제 생각에 그건 매우 달성하기 어렵고 일시적인 것입니다. 하지만 만약 그가 실제로 사우디아라비아와의 정상화를 이루어낼 수 있다면 …"

그것은 네타냐후의 유산을 정의할 것이다. 네타냐후는 오랫동안 중동의 다른 이웃 국가들과 평화를 이루는 것이 이스라엘의 안보를 위한 길이라고 주장해 왔다.

"그것은 성배나 황금 반지 같은 것입니다." 블링컨이 말했다. "그것은 이스라엘이 처음부터 원했던 것, 즉 이웃 국가들과의 정상적인 관계입니다."

"아니, 잠깐, 그가 지금 거기에 필요한 일을 할 리가 없잖아, 그렇지 않나?" 바이든이 블링컨을 추궁했다. "그런 일은 일어날 수가 없어."

바이든은 직감적으로 그것이 헛소리라고 느꼈다.

10월 7일 이후 이스라엘에서 실시된 여론조사에 따르면 이스라엘인의 65퍼센트가 두 국가 해법에 반대하는 것으로 나타났는데, 이는 2012년 여론조사에서 이스라엘인의 61퍼센트가 이를 지지했던 것과는 완전히 뒤바뀐 결과였다.

"대통령님, 가능성이 낮다는 말씀은 맞지만 불가능한 것은 아닙니다. 비비는 이 문제를 두고 여러 방향으로 끌려다니고 있지만, 그는 마음 한편으로 분명히 이것을 하고 싶어 합니다," 블링컨이 말했다. "하고 싶어 하는 것 이상으로 간절히 원하고 있습니다."

"좋아, 관계 정상화 부분을 추진해 봅시다," 바이든이 말했다. "사우디와 우리의 협정을 먼저 마무리할 수 있는지, 그래서 이것이 네타냐후에게 단순한 가정이 아니라 실제로 결정을 내려야 하는 상황으로 만들 수 있는지 한번 봅시다."

"어쩌면 그것이 지렛대가 될 수도 있을거야," 바이든이 덧붙였다. 그는 이스라엘과 네타냐후가 거래를 진전시키기 위해 필요한 일을 할 수 있을지에 대해 여전히 회의적이었지만, 그 가능성을 시험해 볼 의향이 있다고 말했다.

설리번과 블링컨이 동의했다.

그들은 사우디와 맺은 미국 조약의 일부를 의회에서 통과시켜야 하는 추가적인 과제를 안고 있었다. 첫 번째 협정인 방위 협력 협정은 NATO 제5조의 보호에는 미치지 못했지만, 미국이 일본, 호주, 한국과 맺은 방위협정과 유사했다. 이 협정은 사우디아라비아가 공격을 받을 경우 미국이 사우디 방어에 나설 것을 약속했다.

블링컨은 행정부 초기에 바이든이 자신에게 했던 말을 떠올렸다. "모든 행정부는 자기 나름의 중동 위기를 겪지." 2021년 가자지구에서 11일간 전투가 벌어졌을 때, 블링컨은 바이든에게 가서 이제 우리도 그 칸에 체크를 했다고 말했다.

    바이든은 그저 웃으며 그에게 말했다. "아직 안심하기에는 이른 것 같은데, 안 그런가?"

블링컨은 3주 후 이스라엘로 돌아왔을 때 바이든 대통령에게 걱정스러운 전화를 걸었다. 이스라엘의 전쟁 내각은 방금 남부 가자지구 라파에 진입하겠다는 계획을 밝혔는데, 하마스 잔존 대대가 그곳 민간인들 사이에 숨어 있다는 이유에서였다.

    라파에는 약 140만 명의 사람들이 있었으며, 대부분은 노천 하수구가 있는 임시 텐트에서 비참한 환경 속에서 살고 있었고, 이스라엘의 북부 가자지구 군사 작전으로 인해 그곳으로 내몰린 사람들이었다. 그들은 어디로 가야 한단 말인가?

    "우리가 보기에 이스라엘은 그 민간인들을 어떻게 할지에 대한 아무 계획도 가지고 있지 않습니다." 블링컨이 말했다. "이는 재앙을 부를 수밖에 없는 상황입니다. 우리는 계획을 요구해야 합니다." 그는 너무 빨리 말해서 단어들이 서로 뒤엉켰는데, 블링컨이 걱정하고 동요하고 있음이 분명했다.

    블링컨이 덧붙였다. "개인적으로 저는 계획도 없는 상태에서 그런 일을 지지하는 데 참여할 수 없습니다."

"이스라엘 측에게 우리가 계획을 봐야 한다고 전해," 바이든이 말했다. "돌아오면 이 문제에 대해 더 얘기하자," 바이든이 블링컨을 안심시켰다.

바이든은 2월 11일 네타냐후에게 전화를 걸었는데, 깊어가는 이견 때문에 3주 만의 첫 통화였다. 바이든은 여러 차례 언론인들 앞에서 네타냐후에 대한 불만을 축소해서 표현해왔다. 12월에 그는 자신과 네타냐후가 함께 찍은 오래된 사진에 적힌 문구를 공개했다: "비비, 난 당신을 사랑하지만, 당신이 하는 말은 단 하나도 동의할 수 없어."

"지금도 마찬가지입니다," 바이든이 언급했다.

이제 그는 공개적으로, 네타냐후에게 민간인을 보호하기 위한 명확하고 신뢰할 수 있으며 실행 가능한 계획이 필요하다고 말했으며, 그것이 없는 한 미국은 라파 작전을 지원할 수 없다고 밝혔다.

2월 14일 발렌타인데이에 블링컨은 대통령과 단둘이 대통령 집무실 옆에 있는 작은 개인 식당에서 점심을 먹었다.

라파는 민간인들에게 재앙이 될 수 있었다. "대통령님, 우리가 논의했듯이, 이스라엘은 라파에서 민간인들을 위험으로부터 대피시킬 어떤 계획도 갖고 있지 않습니다," 블링컨이 말했다. 사람들이 갈 곳이 없었다.

이스라엘은 블링컨에게 민간인들을 해안가의 해변 지역인 알 마와시로 보내겠다고 말했다. "하지만 그곳은 이미 포화 상태입니다. 이미 25만 명이 그곳에 있고, 그들을 위한 인도적 지원은 거의 없습니다."

"앞뒤가 맞지 않습니다," 블링컨이 말했다. "그들을 수용할 공간도 없고, 돌볼 여력은 더더욱 없습니다."

그는 말을 이어갔다. "설령 이스라엘이 사람들을 위험에서 벗어나게 할 계획을 마련한다 하더라도 라파에는 140만 명이 있습니다. 그 모든 사람을 이동시킬 수는 없을 겁니다."

"우리는 라파에 최대 50만 명이 남을 것으로 예상합니다," 블링컨이 말했다.

바이든도 동의했다. 그가 알고 있는 이스라엘의 군사 작전을 고려할 때 그들은 민간인들에게 끔찍한 피해를 입힐 것이었다.

"우리가 지금까지 목격한 상황으로 추정해보면, 아마도 천 명이 넘는 어린이와 여성, 그리고 다른 사람들이 죽게 될 것입니다," 블링컨이 대통령에게 말했다. "우리는 그런 일에 가담할 수 없습니다."

이것은 나와 미국에게 정말 아슬아슬한 줄타기야, 바이든이 좌절감을 드러내며 말했다. 네타냐후에 대한 그의 인내심이 바닥나고 있었다.

이스라엘은 아직 남은 하마스의 4개 대대를 파괴하고 싶다고 말했다.

바이든은 이스라엘 방위군(IDF)이 "과대평가되고 있다"고 말했다.

"보세요," 블링컨이 덧붙였다. "설령 이스라엘이 어떻게든 이 남은 대대를 제거하는 데 성공한다 해도, 우리가 추산하기로는 사망하거나 전장에서 이탈할 정도로 부상당하지 않은 무장 하마스 조직원이 1만 명 이상 남아 있을 것입니다."

게다가 IDF는 블링컨에게 약 13만 명의 하마스 정식 당원들이 있다고 추산한다고 말했다. 이들은 군사화되지 않았고 테러 활동에 가담하고 있지 않지만 언제든 뛰어들 수 있는 사람들이었다. 그리고 지난 몇 달 동안 일어난 일들로 과격화된 사람들, 특히 이스라엘의 군사작전으로 친척과 지역사회 구성원들이 사망한 젊은이들도 있었다.

"기본적으로 이스라엘은 오랫동안 그들을 피 흘리게 할 반군을 떠안게 될 것입니다," 블링컨이 말했다.

"이보게, 자네도 알다시피, 나는 내 전 경력을 이스라엘의 안보에 헌신해 왔네," 바이든이 말했다. 지금 이스라엘이 가고 있는 이 방향은 이스라엘의 안보를 해치고 있었다. "우리는 발생하고 있는 민간인 피해를 묵인할 수 없어. 우리는 그들이 이 길에서 벗어나도록 시도해야 해."

"나는 명확한 선을 그을 준비가 되어 있어," 바이든이 덧붙였다. "라파가 우리의 한계선이라고 하자." 그러나 바이든은 네타냐후를 신뢰하지 않았다. 만약 그들이 어쨌든 강행한다면? 그럼 어떻게 할 것인가?

블링컨이 말했다. "크게 보면 우리가 고려할 수 있는 방안은 세 가지 범주로 나뉩니다. 하나는 공개적인 결별입니다. 두 번째는 유엔을 통한 어떤 조치입니다." 미국은 지금까지 인질 석방과 연계되지 않은 유엔의 휴전 요구를 거부해 왔지만, 그 입장을 수정할 수 있었다. "셋째, 가자 관련 이스라엘에 대한 일부 군사 지원을 중단하는 것입니다."

바이든은 분명히 밝혔다. "나는 이스라엘에 대한 방어적 지원, 아이언돔, 스스로를 방어하기 위한 어떤 것도 차단하거나 중지하지 않을 거야. 이스라엘은 이란과 헤즈볼라에 대한 억제력을 유지해야 해."

대통령은 이스라엘에 대한 미국의 지원이 흔들리는 것처럼 보인다면, 이란과 그 대리 세력들, 특히 북쪽의 헤즈볼라가 이를 신호로 받아들여 전쟁에서 또 다른 전선을 열어 가자 분쟁을 확대할 수 있다고 믿었다.

한때 견고했던 가자지구에서의 이스라엘 군사 작전에 대한 미국 내 여론의 지지가 급격히 무너지고 있었다. 매일 보도되는 뉴스는 부상당하고 사망한 팔레스타인 어린이들, 식량과 물을 찾는 가족들, 텐트 캠프와 폐허로 변한 가자지구 도시들의 참혹한 장면들을 보여주었다.

가자지구에서 증가하는 민간인 사망자 수와 턱도 없는 인도적 지원에도 불구하고 이스라엘에 대한 바이든의 지속적인 군사 지원은 미국 내 민주당, 노동조합 그리고 대학 캠퍼스를 들끓게 하고 있었다.

"하지만 동의하네," 바이든이 블링컨에게 말했다. "만약 이스라엘이 이 문제를 제대로 해결하지 못한다면, 가자지구에서 직접 사용되는 지원을 일시 중단할 수 있는지, 또 중단해야 하는지 검토할 필요가 있어."

가자지구의 악화되는 인도적 상황에 대해 학생들이 주도하는 산발적인 시위 물결이 전국의 대학들에서 일어났다. 대학 당국이 친팔레스타인 시위와 천막 농성을 강하게 진압할수록 시위는 더 확산되어 교수진과 일반 시민들까지 참여하게 되었다. 컬럼비아 대학교는 베트남 전쟁 이후 처음으로 대규모 학생 시위를 진압하기 위해 경찰을 투입했다. 약 100명이 체포되었다.

일부 공화당원들은 대학 시위를 "반유대주의의 온상"이라고 묘사했다. 대부분 이 시위들은 여러 메시지가 뒤섞인 형태였지만, 주된 목표는 가자지구에서의 이스라엘 군사 작전을 종식시키는 것이었다.

바이든은 2월 15일 네타냐후에게 전화했다.

"우리는 이미 민간인을 위험으로부터 대피시키고 그들을 돌볼 계획이 없는 작전은 지원하지 않겠다고 말했습니다," 바이든이 말했다.

"우리는 당신이 어떻게 그것을 할 수 있다는 건지 이해할 수 없습니다. 앞뒤가 맞지 않습니다. 우리는 당신이 사람들을 어디로 데려갈지도 모르겠고, 그들을 어떻게 돌볼지는 말할 것도 없습니다," 바이든이 계속했다. "설령 그렇게 할 수 있다 하더라도, 라파에 남아 있는 민간인들에게 끔찍한 피해를 입히지 않고 어떻게 할 수 있다는 것인지 모르겠습니다."

"게다가," 바이든이 말했다. "그런 작전은 아무런 해결책이 되지 못할 것이고, 당신은 장기적인 골칫거리만을 떠안게 될 것입니다."

한편, 블링컨과 맥거크는 이스라엘에 휴전을 압박하고 있었다. 그들은 딜레마에 빠져 있었다. "우리는 가자지구에서 벌어지고 있는 상황을 가장 빨리 차단할 수 있는 방법이 인질 석방을 대가로 한 휴전 합의라고 보았습니다," 블링컨이 말했다. "만약 우리가 그 합의를 얻어낸다면, 최소 6주간의 휴전과 함께 그것을 연장할 가능성을 확보할 수 있을 것입니다."

이스라엘이 라파에 총을 난사하며 들어가는 대신 이집트와 협력하여 국경을 통제함으로써 하마스에 어떤 보급품도 들어가지 못하게 하여 하마스의 자원을 고갈시킬 수 있었다.

블링컨은 바이든 대통령의 메시지를 비비에게 전달했다. "우리는 라파에 대한 대규모 작전을 지원하지 않을 것입니다." 그가 말했다.

당신이 향하는 길은 결국 세 가지 중 하나의 상황으로 이어질 것입니다: 첫째는 하마스가 가자지구에 남아 그곳을 통치하게 되는 것인데, 이는 미국도 받아들일 수 없다고 동의한 것입니다. 또는 이스라엘이 그곳에 남아 반군을 떠안게 되는 것입니다. 또는 아무것도 남지 않고 그저 무정부 상태만 남는 것입니다. 블링컨이 말했다.

"음, 당신 말이 맞습니다." 비비가 말했다. "우리는 수십 년 동안 이 문제로 시달릴 것입니다."

"그것이 이스라엘에 좋을 리가 없습니다," 블링컨이 말했다. 아랍 국가들이 블링컨에게 계속해서 말했고, 블링컨도 그들의 말이 옳다고 믿었던 것은 하마스에 대한 정치적 해답이 있어야 한다는 것이었다―특히 팔레스타인 지도부가 필요하다는 것이었다.

"우리의 판단으로는, 그것은 팔레스타인 사람들과 팔레스타인 자치정부가 되어야 합니다," 블링컨이 비비에게 말했다.

"우리는 당신이 그 방향으로 가야 한다고 생각합니다. 아마도 한 번에 이루어질 수는 없을 겁니다." 블링컨이 덧붙였다. "이집트와 아랍에미리트는 향후 팔레스타인 자치정부로 이관될 보안 부대에 참여하는 데 진정한 관심을 표명했습니다. 우리는 팔레스타인 자치정부를 훈련시킬 것입니다."

네타냐후는 아랍 국가들이 개입한다는 아이디어는 마음에 들어했다. 하지만 그는 팔레스타인 자치정부에 대해서는 조금도 열의가 없었다.

"이봐요," 블링컨이 말했다. "세계에서 이스라엘의 입지가 위태롭습니다. 너무 늦을 때까지 그것을 깨닫지 못할 수도 있습니다. 하지만 당신은 남아 있는 지지자들로부터 지지를 잃고 있으며, 미국 외에 이스라엘을 가장 지지해 온 국가들—독일과 영국—의 외무장관들과의 대화를 통해 제가 말씀드릴 수 있는 것은, 그들의 지지는 벼랑 끝에 와 있고 곧 떨어질 참입니다. 당신은 그것을 보지 못할 수도 있지만 알아야 합니다." 블링컨이 화를 내며 말했다.

네타냐후는 여전히 라파에 대한 군사 작전을 포기하지 않았다.

블링컨이 아무런 영향력도 없다는 것이 분명했다.

그래서 그는 바이든에게 전화했다. "내가 이 문제에 대해 비비와 통화해 볼게," 대통령이 말했다.

"나는 라파를 다른 방식으로 다룰 아이디어를 가지고 있습니다." 바이든이 비비에게 말했다. "당신의 주요 문제—하마스—를 다른 방식으로 처리하는 것인데, 당신은 이 방안을 들어볼 필요가 있습니다. 왜냐하면 우리는 그곳에서의 대규모 군사 작전을 지원할 수 없기 때문입니다," 바이든이 말했다. "그리고 우리는 아직도 사람들을 위험으로부터 대피시킬 계획을 보지 못했습니다."

네타냐후는 이스라엘 대표단을 워싱턴에 파견하기로 동의했으나, 미국이 유엔 안전보장이사회의 휴전 결의안에서 기권하자 이를 일방적으로 철회했다.

비비는 이를 배신으로 여겼다.

"그는 정말 골칫거리입니다," 블링컨이 네타냐후에 대해 말했다. "하지만 모든 것을 비비나 그의 내각의 극단주의자인 스모트리치나 벤그비르 탓으로 돌리고 싶은 유혹이 크지만, 냉혹한 현실은 요즘 이스라엘에서 나오는 대부분의 것들이 이스라엘 국민 절대 다수의 정서를 반영하고 있다는 점입니다."

북극권에 위치한 "폴라 울프(Polar Wolf)"라고 알려진 외딴 교도소에서, 푸틴의 반대파 지도자이자 그를 공개적으로 비판해온 알렉세이 나발니가 2024년 2월 16일 47세의 나이로 사망했다고 발표되었다. 사망 원인은 불분명했다.

"분명히 말합니다. 나발니의 죽음에 대한 책임은 푸틴에게 있습니다." 바이든 대통령이 선언했다. "나발니에게 일어난 일은 푸틴의 잔혹성을 보여주는 또 하나의 증거입니다."

이는 러시아 내 반대파 인사들에게 보내는 생생한 경고였다.

55
키스 켈로그의 중동 방문

퇴역 중장 키스 켈로그는 2024년 3월 10일 일요일에 전화를 받았다. 슈퍼 화요일 이후 확인차 전화한 트럼프였다. 켈로그는 여전히 트럼프의 대통령 임기 전체를 함께한 단 다섯 명의 고위 참모 중 한 명이라는 사실을 자랑스럽게 여기고 있었다.

"우리가 본격적으로 선거운동을 시작할 때를 위해 그냥 준비만 하고 있어," 트럼프가 말했다.

그는 기분이 좋아 보였다. "출발 준비해!"

슈퍼 화요일의 결과는 예상된 것이었다. 이제 2024년 11월 선거가 바이든-트럼프의 재대결이 될 것은 사실상 확실해졌다. 트럼프는 2,231명의 대의원을 확보했으며, 공화당 후보 지명을 보장받는 데에는 단지 1,215명만 필요했다. (공화당 전체 대의원 수는 2,429명이며, 공화당 후보 지명을 확정받기 위해서는 그중 과반수인 1,215명의 대의원이 필요하다―옮긴이)

켈로그는 모든 사람에게 자신이 트럼프의 2024년 대선 캠페인을 "100퍼센트" 지지한다고 말했다. 그에게 이것은 바이든의 정책과 트럼프의 정책 사이의 양자택일이었다.

"남쪽 국경, 그것이 첫 번째입니다." 켈로그가 말했다. "두 번째는 우리 군대가 망가져 있다는 점입니다. 그다음으로는 지역 분쟁을 봐야 합니다. 러시아와 맞서고 있는 유럽, 중동 상황, 그리고 극동 지역을 봐야 합니다."

"저는 정말, 정말 확고하게 도널드 J. 트럼프 편에 서 있습니다." 켈로그가 말했다. "그리고 저는 조 바이든의 현 정책들이 매우, 매우 불안합니다."

"트럼프의 정책들은 훌륭하고, 사실 저는 그 사람을 잘 압니다." 켈로그가 말했다. "그리고 조는, 그의 모든 경험, 조 바이든의 국가안보 분야에서의 경험에도 불구하고, 그는 감을 못 잡고 있습니다."

켈로그는 트럼프가 스포트라이트를 벗어나면 전혀 다른 사람이라고 늘 주장했다. 그는 경청할 줄 알았고 실제로 회의실 안에 있는 모든 사람의 의견을 듣고자 했다는 것이다.

"대통령 집무실의 문이 닫히면," 켈로그가 말했다. "우리는 거기 앉아 있곤 했는데, 제가 쓰는 용어로는 BOGSAT이었습니다. 이건 'Bunch Of Guys Sitting Around Table bullshitting'의 약어로 테이블에 둘러앉아 수다 떠는 놈들의 무리라는 뜻입니다." 켈로그가 말했다.

상황실에서 열린 아프가니스탄에 관한 격렬했던 국가안보회의 중에, 켈로그는 트럼프가 잠시 멈추고 테이블을 돌아가며 모든 사람의 의견을 물었던 장면을 회상했다.

"좋아요, 당신은 어떻게 생각하나요?" 트럼프가 켈로그로부터 두 자리 떨어진 여성에게 물었다.

"대통령님, 저는 회의록 작성자입니다."

"오, 안 돼요." 트럼프가 말했다. "이 방에 있다면 발언해야 합니다." 그래서 회의록 작성자는 간략하게 의견을 제시했다.

트럼프는 자신의 참모들을 곤란한 상황에 몰아넣는 것을 즐기는 듯했다. "그는 제게 자기가 무엇을 생각하고 있는지 솔직하게 말해주곤 했어요. 그러면 저는 반대하거나 지지하거나 해야 했죠," 켈로그가 말했다.

"그리고 저는 많은 사람이 압박감에 굴복하는 것을 보았습니다," 그가 덧붙였다. "정말로 완전히 무너지는 것을 말이죠."

"또 어떤 때는 제가 거기에 앉아서 이렇게 생각했어요. 아, 이번엔 정말 팝콘 장사라도 해야겠는데, 이건 정말 치고받고 싸우는 난타전이구먼. 보는 것만으로도 재미가 있었습니다."

대통령으로서 트럼프의 결정들은 종종 즉각적으로 이루어졌다. "내일 다시 와라, 화요일로부터 일주일 후에 와라, 3주 후에 다시 와라는 식이 아니었어요," 켈로그가 말했다.

2018년 트럼프가 이스라엘 주재 미국 대사관을 텔아비브에서 예루살렘으로 옮기기로 결정했을 때, 그는 상황실에서 이로 인해 제3차 인티파다가 시작될 것이라는 경고를 받았다.

"글쎄, 그 위험은 감수하겠습니다," 트럼프는 어깨를 으쓱하며 말한 후 이전을 명령했다. 이 결정은 언론에서 격렬한 논란을 불러일으켰지만 이스라엘에서 제3차 인티파다는 일어나지 않았다.

켈로그는 트럼프의 경멸적이고 공격적인 언어가 일부 유권자들에게 문제가 될 것이라고 생각했다. 예를 들어, 트럼프는 공화당 경쟁자인 니키 헤일리를 반복적으로 "새 대가리"라고 불렀고, 그의 선거 캠프는 그녀의 호텔 방 밖에 새 모이가 든 새장을 놓아두기도 했다.

그는 지금 많이 달라졌다고 켈로그는 주변 사람들에게 안심시켰다. "그는 지금 정신 상태가 좋습니다." 켈로그는 트럼프의 재선 가능성이 손에 닿을 듯한 곳에 있다는 것을 알고 있었고, 트럼프가 선거전을 치를 준비가 되어 있다고 보았다.

켈로그는 이번에는 트럼프의 내각 인선 과정과 의사 결정 방식도 크게 달라질 것이라고 믿었다.

"이 세상에 『바보들을 위한 대통령 안내서』 같은 책은 없습니다," 켈로그가 말했다. "일하면서 배우고 '아, 이렇게 해 나가면 되는구나' 하고 터득하게 되는 거죠."

2017년을 언급하며 켈로그는 덧붙였다. "지난번에는 그가 출발선에서 빠르게 치고 나가지 못했어요."

"우리는 모두 새로운 사람들이었기 때문에 국정 운영 준비가 되어 있지 않았습니다," 켈로그가 말했다.

이제 트럼프와 바이든 모두 백악관에서 4년을 보냈고, 대통령으로서 무엇이 가능한지 알고 있었다.

"이번에는 우리나라 역사상 가장 긴 대선 캠페인이 될 것입니다," 켈로그가 말했다. 하지만 그는 트럼프가 2024년의 긴 정치적 싸움을 위한 준비가 되어 있다고 믿었다.

지금 3월에 트럼프와 전화 통화를 하던 중 그들은 주제를 빠르게 바꿔가며 대화했다. "약 45초 만에 사과에서 오렌지로, 또 살구로 넘어갔어요," 켈로그가 말했다. 그러다 이스라엘 이야기로 넘어갔다.

켈로그는 텔아비브에서 막 돌아온 참이었다. 그는 네타냐후의 오른팔 참모인 론 더머와 요아브 갈란트 국방장관과의 만남에 대해 트럼프에게 보고했다. 켈로그는 네타냐후와도 비밀리에 만났다.

비비의 심리 상태는 어떤가? 트럼프가 켈로그에게 물었다.

"네타냐후는 전시 지도자입니다." 켈로그가 말했다. "이 사람은 특수 작전 부대와 이스라엘군 출신입니다." 그는 전쟁을 잘 알고 있습니다.

네타냐후는 비밀 정찰 임무를 수행하는 이스라엘 군대의 엘리트 특수부대인 사예렛 마트칼에서 복무했다. 그는 이후 1973년 욤 키푸르 전쟁에 참전했으며, 이스라엘 방위군 예비군에서 대위로 진급했다.

켈로그는 바이든이 공개석상에서 네타냐후에 대해 지나치게 비판적이라고 생각한다고 말했다. "바이든과 네타냐후는 거의 모든 문제에서 서로 의견이 맞지 않습니다." 켈로그가 덧붙였다. "우리 행정부 시절 당신이 대통령이었을 때, 아브라함 협정을 추진하는 과정에서 네타냐후와 몇 차례 언쟁이 있었다는 것을 알고 있습니다. 하지만 그는 바이든보다 당신과 더 가까웠어요."

"사람들이 지금 두 국가 해결책이 실현 가능하다고 생각한다면 오산입니다." 켈로그가 말했다. "그 일은 가까운 시일 내에 일어나지 않을 것이며, 지금 유대인들 사이에 퍼져 있는 적대감 때문에도 실현되지 않을 것입니다."

그는 트럼프에게 10월 7일에 공격받은 몇몇 키부츠들을 방문했던 이야기를 전했다. 그는 한 이스라엘 여성을 만났는데, 그녀는 팔레스타인 사람들을 다시는 믿지 않을 것이라고 말했다. 그 여성은 10월

7일 국경을 넘어 침입한 공격자들 중 일부를 알아보았다고 했다. 그들은 자신의 키부츠에서 일했던 사람들이라고 그녀는 주장했다.

10월 7일 이후 5개월 동안 어떤 팔레스타인인도 일하러 이스라엘로 다시 들어올 수 없었다.

이스라엘인들은 이를 거의 성경적 관점에서 바라본다고, 생존을 위한 싸움으로 본다고 켈로그가 말했다.

"이것을 이해하지 못한다면, 이스라엘에서 무슨 일이 일어나고 있는지 이해하지 못하는 것입니다. 그리고 이 행정부는 그것을 이해하지 못합니다." 그는 바이든 행정부를 언급하며 말했다.

켈로그는 또한 바이든이 이스라엘에 휴전을 촉구하는 것을 비판했다.

"그들은 휴전에 동의하지 않을 것입니다." 켈로그는 트럼프와의 통화에서 비웃듯이 말했다. 더머는 그들이 따로 가진 1시간 30분 회의에서 똑같은 말을 했다. "그들은 라파에 진입하여 하마스 대대들을 끝장낼 것입니다."

"그들은 하마스를 박멸할 것입니다." 켈로그가 말했다. "제가 말하는 하마스 **박멸**이란 하마스 지도부 전체를 없애는 것을 의미합니다."

켈로그는 바이든이 네타냐후를 충분히 지지하지 않고 있다고 말했다. "인도적 지원이 최우선 사항이 되어선 안 됩니다." 켈로그가 말했다. "최우선 사항은 전투 조직으로서의 하마스를 완전히 끝장내는 것이 되어야 합니다."

트럼프는 전화선 너머에서 조용히 듣고 있었다. 그는 네타냐후의 하마스 대응 방식과 가자에서의 이스라엘 군사 작전 영상들을 비판한 바 있었다.

"이스라엘이 매우 큰 실수를 했다고 생각합니다," 트럼프는 마라라고에서 이스라엘 언론과의 인터뷰에서 말했다. "전화해서 그러지 말라고 말하고 싶었어요. 이 사진들과 영상들 말입니다. 가자의 건물에 폭탄이 떨어지는 동영상들 말입니다. 그걸 보고, 아 정말 끔찍한 광경이라고 생각했어요. 세계에 매우 나쁜 이미지를 줍니다 … 이스라엘이 자신들이 강하다는 것을 보여주고 싶었다고 생각하지만, 때로는 그런 짓을 하면 안 됩니다."

켈로그는 다음과 같은 주요 결론을 담은 사후 보고서를 작성하겠다고 말했다: 첫째, 우리는 이스라엘 국가와 비비 네타냐후 정부를 지지해야 한다. 둘째, 두 국가 해법은 실현될 수 없다는 것을 이해해야 한다. 그냥 불가능하다. 셋째, 이스라엘은 휴전할 것이지만, 그것은 인질들을 구출하기 위한 단기적인 휴전에 그칠 것이다. 넷째, 이것은 전쟁이다. 우리가 보게 될 일부 장면은 보기 좋지 않을 것이다. 그냥 받아들여라. 다섯째, 이 문제는 미국과 사우디가 해결한다.

"중동은 망가져 있습니다," 켈로그가 말했다. "분열되어 있고, 당신이 균형을 되찾도록 해야 합니다. 당신은 사람들과 소통할 수 있는 능력 때문에 그 일을 해낼 수 있습니다."

켈로그는 4페이지짜리 보고서 인쇄본을 트럼프에게 우편으로 보냈다. 그는 그것이 트럼프에게 너무 길다는 것을 알고 있었다.

"도널드 J. 트럼프를 상대할 때는 그것도 긴 메모입니다," 켈로그가 말했다. "한 페이지를 넘기지 않도록 해야 합니다."

트럼프 행정부의 전직 각료들이 워싱턴의 여러 대사관을 돌며 새로운 트럼프 행정부가 각국에 우호적이고 협조적일 것이라고 말하고 있었다.

트럼프의 전 국가안보보좌관 로버트 오브라이언과 전 CIA 국장이자 전 국무장관 마이크 폼페이오는 주미 한국 대사 조현동을 방문했다.

그들이 강조한 메시지는 트럼프가 이번 두 번째 임기에는 더 합리적이고 더 예측 가능할 것이라는 내용이었다.

그들은 트럼프와 각 국가 간의 관계가 "필수적"이라는 점을 강조했다. 예를 들어, 트럼프는 한국과 미국 간의 관계가 상호 안보에 중요하며, 두 나라가 많은 부담을 함께 짊어질 것이라는 점을 인식하고 있다는 것이다.

조 대사는 "오브라이언은 트럼프가 당선될 경우 차기 국무장관 후보 명단에 들어가 있을 가능성이 높습니다"라고 말했다.

주미 일본 대사인 토미타 코지는 트럼프가 전직 일본 지도자들과 골프를 치고, "매우 영리한 방식으로" 일본의 막대한 투자에 관한 정보를 공유하면서 그들의 환심을 사려 했다고 생각했다.

"일본은 지난 몇 년 동안 미국의 가장 큰 해외 투자국이었습니다," 토미타가 말했다.

물론, 그것은 트럼프의 관심을 끌었다.

트럼프 행정부의 전직 고위 관료들은 조심스럽게 유대 관계를 쌓고 미래를 위한 토대를 마련하고 있었다. 그들은 기존의 인맥을 바탕으로 새로운 네트워크를 구축하고 있었다.

56
물 건너간
미국–사우디 방위 협정

"이봐요, 트럼프에게 전화해 봅시다." 공화당 상원의원 린지 그레이엄이 지난 3월 사우디아라비아를 방문 중 무함마드 빈 살만 왕세자에게 말했다. 10월 7일 이후 중동을 다섯 차례나 방문한 그레이엄은 이스라엘과 사우디아라비아 간의 관계 정상화 협상이 계속되도록 노력하고 있었다. 이는 믿을 수 없을 정도로 야심 차지만 거의 불가능에 가까운 목표였다.

석유가 풍부한 왕국을 실질적으로 통치하는 38세의 권력자 MBS는 측근 한 명에게 약 50개의 일회용 휴대전화가 들어 있는 가방을 가져오라고 했다. 그는 가방을 뒤적거리다가 "**트럼프 45**"라는 라벨이 붙은 전화기를 꺼냈다.

"안녕하세요, 저는 지금 린지와 함께 있어요." 잠시 후 MBS가 웃으며 트럼프에게 말했다. "어떻게 지내세요?"

왕세자는 그레이엄도 트럼프의 말을 들을 수 있게 휴대전화를 스피커폰으로 전환했다.

"린지는 대단해요." 트럼프가 MBS에게 말했다. "그는 당신에게 가장 큰 골칫거리였죠. 나더러 당신을 전복시키라고 부추겼어요!"

통화 양쪽에서 웃음이 터져 나왔다.

"맞아요." 그레이엄이 전화기에 대고 말했다. "당신이 [MBS에 관해] 옳았고, 내가 틀렸습니다." 그레이엄과 MBS의 관계는 2018년 언론인이자 《워싱턴포스트》 기고자였던 자말 카쇼기의 잔혹한 살해와 시신 훼손 사건 이후 악화되었다. CIA는 MBS가 암살을 지시했다고 결론지었다. 당시 그레이엄은 왕세자를 "살인광"이라 불렀고 사우디아라비아에 대한 "초당적 쓰나미"를 경고했다. "사우디아라비아에서 MBS가 모르는 일은 일어나지 않습니다." 그레이엄이 2018년 10월 〈폭스앤프렌즈(Fox & Friends)〉에 출연해 말했다. "이 사람이 권력을 잡고 있는 한 저는 사우디에 다시는 가지 않을 것입니다. 이 사람은 파괴자입니다."

이제 그레이엄은 자신과 왕세자가 꽤 친한 친구 사이라고 생각했다.

이전 사우디 방문 중 한번은, 그레이엄이 MBS와의 회의 중에 네타냐후와 나눈 대화 내용을 두 사람 모두에게 설명하기 위해 MBS에게 제이크 설리번에게 전화해 달라고 요청한 적이 있었다. 왕세자는 이번에는 "**제이크 설리번**"이라는 라벨이 붙은 일회용 휴대전화를 꺼냈다.

"안녕하세요, 저는 지금 린지와 함께 있어요." MBS가 설리번과 통화하며 말했다.

"린지와 어디에 있다고요?" 설리번이 놀란 목소리로 MBS에게 물었다. "사우디아라비아에 있어요." MBS가 말했다. "그[린지]는 이스라엘에서 막 돌아왔어요."

이번에는 트럼프와의 통화를 끝낸 후, 그레이엄 상원의원은 MBS

에게 사우디와 이스라엘 간 관계 정상화 협상을 추진하도록 압박했다.

"이스라엘을 승인하고 싶다면 바이든 임기 중에 해야 합니다." 그레이엄이 말했다. "도널드 트럼프가 제안한 사우디아라비아와 함께 전쟁에 나설 수 있는 방위 협정에 민주당원들이 찬성표를 던질 가능성은 전혀 없습니다."

미국이 MBS 앞에 계속해서 제시한 당근은 미국과의 본격적인 양자 방위 협정이었다. 이는 사우디아라비아가 공격받을 경우 미국이 사우디를 방어한다는 것을 의미했다.

"이건 엄청나게 중요한 일입니다." 그레이엄이 MBS에게 상기시켰다. "이란에 대비한 보험이죠. 이란에 대한 완벽한 견제 수단입니다."

MBS는 가자지구의 상황에 대한 자국 거리의 분노를 지적했다. 그는 시간이 걸리더라도 팔레스타인 국가 수립을 향해 나아가겠다는 어떤 약속이 없이는 이스라엘과의 조약에 결코 서명할 수 없다고 했다. 그러나 10월 7일 이후, 그레이엄은 네타냐후와 이스라엘 사회가 두 국가 해법에 대해 오히려 더욱 완고해졌음을 알고 있었다.

MBS는 에너지 부문 다각화의 일환으로 원자력 발전을 추진하기 위해 사우디아라비아에서 우라늄을 농축하고 싶다고 말했다.

"글쎄요, 사람들이 당신이 핵폭탄을 만들까 봐 두려워하기 때문에 그건 어려울 겁니다." 그레이엄이 말했다.

"핵폭탄을 만드는 데 우라늄이 필요하지 않아요." MBS가 말했다. "그냥 파키스탄에서 하나 사면 됩니다."

파키스탄은 핵무기를 보유한 9개국 중 하나였다.

하마스의 10월 7일 공격이 있기 몇 달 전, 그레이엄은 대통령 집무실에서 자신이 사우디 및 이스라엘 측과 나눈 대화에 대해 바이든 대통령에게 브리핑했다. 설리번과 블링컨도 배석했다.

"대통령님, 제가 MBS에게 이렇게 말했습니다." 그레이엄이 말했다. "저는 그에게 이스라엘과의 관계 정상화가 가능하다고 생각한다고 말했습니다. 대통령님 임기 중에 성사된다면 제가 지지하겠습니다."

"저는 블링컨과 설리번을 돕고자 합니다." 그레이엄이 덧붙였다. "저는 MBS에게 이렇게 말하고 있습니다. 당신이 이스라엘을 승인한다면, 미국과의 방위 협정에 필요한 공화당 표 45표를 확보해 주겠다고요. 트럼프도 방해하지 않을 것입니다."

"민주당 의원들은 트럼프가 제안하면 **찬성하지 않을 것입니다**. 그들은 비비와 트럼프를 싫어하니까요." 그레이엄이 말했다. "공화당 의원들은 이스라엘이 우리에게 지지해 달라고 요청하면 사우디와의 방위 협정에 **찬성표를 던질 것**입니다. 우리는 공화당 표 45표를 확보할 수 있습니다." 그레이엄이 말했다. "나머지는 대통령님의 당에서 확보해야 합니다."

"할 수 있습니다." 바이든이 말했다.

"들어보세요." 그레이엄이 강조했다. "그가 이를 기꺼이 하려는 이유는 우리의 핵우산 아래 들어오면 여러 개의 핵무기를 만들어야 한다는 걱정이 없어지기 때문입니다."

"해낼 수 있다고 생각하세요?" 바이든이 그레이엄에게 물었다.

"해낼 수 있습니다." 그레이엄이 말했다. "대통령님은 해내실 수 있습니까?"

"저도 해낼 수 있어요." 대통령이 대답했다.

"대통령님, 아브라함 협정이 이것을 가능하게 했습니다." 그레이엄이 덧붙였다. 그는 트럼프 행정부 시절 체결된 이스라엘과 아랍에미리트, 이스라엘과 바레인 간의 중동 양자 협정을 언급하고 있었다. "트럼프는 정당한 공로를 인정받을 것입니다. 하지만 대통령님의 임기 중이 아니라면 이 조약은 상원을 통과하지 못할 것입니다. 민주당 의원들이 사우디아라비아를 위해 전쟁에 나서는 것에 찬성표를 던지도록 설득하려면 민주당 출신 대통령이 필요합니다."

"그렇게 합시다." 바이든이 자신 있게 말했다.

2023년 초가을, 다시 중동으로 돌아온 그레이엄은 바이든 대통령에게 전화를 걸었다. 한때 가까운 친구였던 바이든과 그레이엄은 여러 협상을 함께 이루어낸 바 있었다. 부통령 시절, 바이든은 오바마 대통령에게 "린지 그레이엄은 상원에서 가장 뛰어난 직관력을 가지고 있습니다"라고 말했다. 오바마도 동의했다. 하지만 트럼프가 등장하고 그레이엄이 헌터 바이든에 대한 공화당의 공격을 지지하면서 그들의 우정은 끝이 났다.

"이제 준비가 다 됐습니다." 그레이엄이 전화로 바이든에게 말했다. 그들은 방위 협정의 "5야드 라인"(미식축구에서 상대방 골라인까지 5야드 남은 상황을 의미하는 표현으로, 목표 달성에 아주 가까워진 상태를 의미하는 관용구-옮긴이)에 와 있었고, 민간 핵 협정의 정확한 문구를 다듬고 있었다.

그레이엄은 바이든에게 이스라엘 총리 네타냐후가 우리와의 회의 중에 "크리스마스트리처럼 얼굴이 환하게 빛났습니다"라고 말했다. "이 일은 거의 성사 직전에 와 있습니다."

그들은 2023년 11월 텔아비브에서 네타냐후와 사우디 대사 간의 조용한 협상을 예정해 두었다. 그것은 역사적인 순간이 될 터였다.

하지만 10월 7일이 왔다. 하마스의 공격과 가자에서의 이스라엘 군사 작전은 역사적인 평화 조약의 모든 실질적인 전망을 무산시켰다. (미국-사우디 방위 협정 논의는 사우디의 이스라엘과의 관계 정상화를 포함한 더 큰 '대협상'의 일부였는데, 가자 분쟁으로 인해 계획이 완전히 복잡해졌다-옮긴이)

"이 일을 성사시킬 수 있는 유일한 방법은 휴전을 이끌어내는 것입니다." 그레이엄이 2024년 3월 MBS와의 가장 최근 회담 이후 블링컨과 설리번에게 말했다. "그리고 그 휴전 기간 동안 이 거래를 마무리해야 합니다."

57
시리아 공습과 테헤란의 분노

전직 이스라엘 방위군 장군인 미국 주재 이스라엘 대사 마이클 헤르조그는 4월 1일 월요일 오후 백악관 회의 도중 브렛 맥거크를 한쪽으로 불러냈다.

"우리는 방금 공습을 감행해 시리아 다마스쿠스에서 이란 혁명수비대(IRGC) 사령관 모하마드 레자 자헤디를 제거했습니다." 헤르조그가 말했다. 그와 함께 IRGC 대원 6명도 사망했다.

"뭘 했다고요?" 맥거크가 물었다. "정말 그 결과에 대해 충분히 생각해 보신 건가요?"

63세의 모하마드 레자 자헤디는 미국이 테러 조직으로 지정한 IRGC 쿠드스 부대의 최고위 이란인 사령관이자 장군이었으며, 45년 전 1979년 이란 혁명 당시 IRGC 창설 멤버 중 한 명이었다. 자헤디는 또한 이란 최고 지도자 하메네이의 개인적 친구이기도 했다. 그를 살해한 것은 이란의 핵심을 공격한 것이었다.

이스라엘은 방금 말벌 집에 막대기를 찔러 넣은 것이었다.

맥거크, 설리번 그리고 파이너는 서로를 바라보았다. 복잡한 심경이었다. 한편으로 미국 측도 표적 선정을 이해할 수 있었다. IRGC는 이스라엘 파괴를 목적으로 하는 헤즈볼라 같은 대리 세력들을 운영하는 조직이었다.

헤르조그 대사는 이것이 정당한 자위권 행사라고 주장했다. 하지만 백악관 보좌관들은 이스라엘이 이란의 대응 방식을 고려했을지 궁금해했다.

맥거크는 수년간의 경험을 통해 이스라엘이 스스로를 단계적 확전 관리에 매우 능숙하다고 여긴다는 것을 알고 있었다. 이스라엘군은 오랫동안 계산된 공격을 감행해 왔는데, 그들은 이를 "행동의 자유"라고 불렀고, 미국도 이를 지지했다. 그러나 맥거크가 보기에 이번 건은 심각한 오판이었다.

미국은 이스라엘로부터 어떠한 사전 경고도 받지 못했는데, 어쩌면 오히려 다행일 수도 있었지만, 이 공격은 엄청난 파급 효과를 가져올 것이었다.

정밀 타격은 이스라엘이 운용하는 미국산 F-35 전투기 두 대에 의해 수행되었다.

오후 6시경, 이란은 스위스 중개 채널을 통해 메시지를 보냈다. 이란이 이스라엘에 대응할 것이지만 미국도 이번 공격에 책임이 있다고 본다는 내용이었다. 이란은 외교 문서에서 이스라엘이 미국의 승인 없이는 이 공격을 감행할 수 없었을 것이라고 주장했다.

즉시, 이란이 지원하는 민병대로부터 이미 150회 이상의 공격을 받았던 미군은 다시 경계 태세에 돌입했다.

오후 8시, 설리번과 맥거크는 이란에 응답을 보냈는데, 미국은 이 공격에 대해 사전에 알지 **못했고**, 승인하지 **않았으며**, 참여하지도 **않**

았다는 점을 강조했다. 미국은 자국의 인력과 시설에 대한 어떠한 공격에도 대응할 준비가 되어 있다고 경고하면서, "우리는 이란과 전쟁을 원하지 않는다"고 밝혔다. 미국은 이번 일에 개입하길 원치 않았으며, 실제로도 전혀 개입하지 않았다.

오후 9시, 국가안보회의 대변인인 존 커비는 이 메시지를 공개적으로 되풀이했다. "분명히 말씀드리겠습니다." 커비는 백악관 브리핑룸에서 말했다. "우리는 다마스쿠스 공습과 아무 관련이 없습니다. 우리는 어떤 식으로든 관여하지 않았습니다."

긴장감이 맥거크의 속을 태웠다. 정보 보고와 공개 성명들을 통해 이란이 이스라엘의 이번 공습을 엄청난 타격으로 간주하고 있음이 분명했다.

맥거크의 진짜 두려움은 헤즈볼라가 이를 기회로 삼아 이스라엘에 대규모 공격을 감행하며 전쟁에 뛰어들지 모른다는 것이었다. 이는 미국이 수년간 막으려 노력해 왔던 상황이었다.

갑자기 중동 지역이 다시 뜨거운 긴장과 위험한 불확실성에 휩싸였다. 의문이 계속 맴돌았다. 이란은 어떻게, 그리고 언제 대응할 것인가?

사흘 후인 4월 4일 목요일, 바이든은 네타냐후와 30분 동안 보안 통화를 했다. 블링컨과 맥거크가 함께 듣고 있었다.

"우리는 이란이 뭔가 큰일을 준비하는 징후를 포착하고 있습니다." 바이든이 말했다. "보세요, 비비, 우리는 서로 의견 차이가 있어요. 하지만 당신의 방위—이란에 대한 이스라엘의 핵심 방위—에 관해서는, 나, 조 바이든이 당신 편이라는 걸 알아주세요. 그 점에 대해서는 의심하지 마세요, 아시겠죠?"

이란이 무엇을 하든 우리는 당신들의 방어를 도울 것입니다. "하지만 이란 공격에는 동의하지 않습니다. 절대로요. 우리는 그렇게 하지 않을 겁니다." 바이든이 말했다.

대화는 가자지구의 상황으로 옮겨갔다.

"전략이 뭡니까, 친구?" 바이든이 물었다.

"우리는 라파에 들어가야 합니다." 비비가 단호하게 말했다.

"비비, 당신은 전략이 없어요. 당신은 전략이 **없다고요**." 바이든이 말했다.

"그건 사실이 아닙니다, 조." 네타냐후가 대답했다. "우리는 하마스를 해체하고 있습니다. 하마스 대대의 75퍼센트를 제거했습니다. 이제 남은 25퍼센트를 소탕해야 합니다. 그것이 우리가 지금 하고 있는 일입니다."

"그리고 조," 네타냐후가 말했다. "단 3주밖에 걸리지 않습니다. 저를 믿어주세요. 오래 걸리지 않을 겁니다! 이것이 전쟁의 끝입니다. 라파를 소탕하면 끝입니다. 3주면 됩니다."

"기한을 정하겠습니다, 조," 네타냐후가 말했다. "3주입니다."

"아니요," 바이든이 말했다. "몇 달이 걸릴 겁니다." 그들은 전에도 이런 말을 들어본 적이 있었다. 예를 들어, 이스라엘군은 칸 유니스에서의 작전에 3주가 걸릴 거라고 했었다. 하지만 실제로는 거의 5개월이나 걸렸다.

네타냐후는 때때로 마치 전 세계가, 유엔이, 모든 사람이 이스라엘에 등을 돌린 것처럼 억울해 하는 목소리로 말했다. 그는 가자지구의 인도적 상황이 그렇게 심각한지에 대해 의문을 제기하며 반박했다.

바이든은 이스라엘이 인도적 지원과 관련해 취해야 할 조치 목록을 읽어 내려갔다. 그의 어조는 더 이상 외교적이지 않았다.

"그 지역에 지원을 쏟아부어야 합니다. 지원을 대폭 늘려야 합니다." 바이든이 말했다. "지원은 지속적이어야 하며 인도주의 활동가들이 안전하게 일할 수 있도록 안전장치를 마련해야 합니다."

바이든이 이스라엘에 요구한 사항들은 구체적이었다. 이스라엘이 가자지구로 들여보내야 할 트럭의 대수와 개방해야 할 검문소까지 세세하게 명시했다.

가자지구로 직접 지원 물자를 전달할 수 있도록 아슈도드 항구를 개방하라고 바이든이 말했다. 또한 북부 가자지구에 원조가 도달하고 요르단에서 오는 물자들이 가자지구로 직접 들어갈 수 있도록 에레즈 검문소도 개방하라.

"우리는 하루에 350대의 트럭이 들어가는 것을 보고 싶습니다. 그중 100대는 북부로 가야 합니다." 바이든이 말했다. 10월 7일 공격 이전에는 약 500대의 트럭이 식량과 의약품을 운반하기 위해 가자지구 국경을 통과하고 있었다. 이스라엘 내에서는 가자지구로 향하는 트럭의 도로를 막는 시위가 벌어지고 있었는데, 이는 네타냐후만 반대하는 것이 아님을 보여주었다. 가자지구 내부에서는 기근의 심각한 징후들이 나타나고 있었다.

월드 센트럴 키친(World Central Kitchen) 같은 사태가 재발하지 않도록 인도주의 활동가들이 이스라엘군 및 지휘부와 소통하며 조율할 수 있는 충돌 방지 체계가 필요하다고 바이든이 말했다. 그는 이스라엘 드론 공격이 실수로 월드 센트럴 키친 구호 차량 행렬을 타격해 미국인을 포함한 7명의 국제 구호 요원들이 사망한 사건을 언급하고 있었다. 그 차량 행렬은 가자지구로 운송된 100톤 이상의 식량을 하역한 직후였다.

"만약 그렇게 하지 않고 우리가 결과를 보지 못한다면, 나는 더 이상 당신을 지지하지 않을 것입니다." 바이든이 말했다. "나는 손을 떼겠습니다."

이는 바이든으로서는 이례적으로 단호한 발언이었다.

대통령은 이어 인질 협상으로 화제를 돌렸다. 미국은 하마스가 가자지구 지하의 거미줄처럼 얽힌 터널망에 이스라엘 인질 약 70명을 여전히 억류하고 있다고 파악하고 있었다.

CIA 국장 빌 번스와 함께 미국 측 인질 협상을 관리해 온 맥거크는 하마스가 더 많은 인질을 석방하는 데 동의했다면 몇 달 전에 휴전이 이루어졌을 것이라고 믿고 있었다.

맥거크는 여러 차례 도하와 이집트에 있는 하마스 정치 지도부가 인질 교환 제안을 승인하는 것을 보았다. 하지만 하마스 대표들이 자신들의 네트워크를 통해 그것을 터널 속 가자지구의 하마스 지도자 야히야 신와르에게 전달하면, "우리는 이 제안을 거부한다"는 답변이 돌아왔다.

이것이 이스라엘을 극도로 분노하게 만들었다. 이스라엘은 여성, 노인, 부상당한 인질들의 석방과 교환하는 조건으로 **전면** 휴전을 제안했다. 그러나 신와르는 이를 거부했다.

이제 바이든은 네타냐후에게 하마스에 지금까지 가장 전향적인 제안을 하도록 압박했다. 번스는 바이든에게 이 거래는 하마스가 원했던 것을 주기 때문에 성공할 가능성이 꽤 높다고 조언했다.

제안의 내용은 다음과 같았다: 하마스는 40명의 인질을 석방한다. 이스라엘은 종신형을 선고받은 100명을 포함해 900명의 팔레스타인 수감자들을 석방한다.

맥거크는 이것이 놀라운 제안이며, 아무리 생각해도 네타냐후가 동의하기 쉽지 않을 것이라고 생각했다. 이스라엘은 종신형을 선고받은 100명을 "테러리스트"로 간주했으며, 그들 중 다수가 이스라엘인을 살해한 자들이었다.

"인질들을 구출하기 위해서라면 큰 대가를 치를 가치가 있습니다," 바이든이 네타냐후에게 말했다. 그들은 둘 다 그렇게 하지 않으면 인질들이 터널 안에서 십중팔구 죽을 것이라는 것을 알고 있었다.

네타냐후는 그 제안을 하겠다고 말했다.

통화 이후, 이스라엘 정부는 바이든이 인도적 측면에서 요구했던 사항들에 대응해 취할 조치를 담은 4페이지 분량의 목록을 발표했다.

블링컨은 만족했지만 동시에 좌절감도 느꼈다. "이 4페이지는 대통령이 12월부터 계속 비비와의 대화에서 그들에게 하라고 말했던 것들을 거의 그대로 담고 있습니다," 그가 말했다. "만약 그들이 12월에 실제로 이것들을 실행했더라면 우리는 지금과는 다른 상황에 있을지도 모릅니다."

다음 날인 4월 5일, 신와르는 중개인들을 통해 답변을 보내왔다: 아니오.

신와르는 이스라엘 감옥에서 수년을 보내며 히브리어를 배웠고, 이스라엘 파괴에 일생을 바쳤다. 철저한 이념주의자였던 그는 보호를 위해 인질들로 둘러싸인 채 가자 지하의 거주 공간에 숨어 있는 것으로 추정됐다. 이스라엘군은 터널 깊숙한 곳에서 편안한 침실과 샤워 시설을 갖춘, 가구가 구비된 그의 거처들 중 일부를 발견했다. 한 번은 이스라엘군 병사들이 그가 도주하기 직전에 칠판에 남긴 그의 필적을 발견하기도 했다.

미국 정보기관과 그 외 직접적인 관찰에 따르면, 가자에는 수백 마일에 달하고 여러 층으로 이루어진 놀랍도록 복잡한 미로 같은 터널망이 존재했다. 정보에 따르면, 신와르는 터널을 떠나는 것을 단호히 거부했고, 자신의 지하 왕국에서 지상의 가자 주민들에게 벌어지는 일에는 조금도 개의치 않으며 살고 있는 것으로 보였다. 그는 자신의 대의를 위해 마지막 한 명의 팔레스타인인까지도 기꺼이 희생시킬 준비가 되어 있었다.

"죽음을 두려워하지 않는 사람과 협상하기는 어렵습니다." 번스가 신와르에 대해 말했다.

이스라엘과 미국의 정보 분석가들은 또한 신와르가 전쟁이 자신에게 유리하게 진행되고 있다고 생각한다는 결론을 내렸다. 이스라엘은 점점 더 인기를 잃으며 고립되어 가고 있었다. 신와르는 이스라엘이 인질과 교환하는 대가로 제안한 휴전을 거부했다. 그래서 이스라엘은 이제 "라파에 진입해야 한다"고 주장했으며, 인질들을 구출하는 유일한 방법은 협상과 군사적 압박을 병행하는 것이라고 믿었다.

아랍에미리트 지도자 셰이크 무함마드 빈 자이드 알 나흐얀(MBZ)은 맥거크에게 이렇게 말했다. "이스라엘은 우리가 아랍 세계에서 알고 있는 것을 배워야 합니다. 복수는 시간을 두고 하는 것입니다. 인내심을 가지세요. 그것이 더 나은 접근법입니다."

"사실상 신와르를 죽일 수 있는 상황에서 라파에 들어가 초토화하는 것은 이스라엘의 이익에 도움이 되지 않습니다." MBZ가 말했다.

시간을 가지라고 그는 조언했다.

이스라엘은 이미 자신을 순교자로 내세우고 있는 신와르를 죽이겠다고 결심하고 있었다.

한편, 4월 5일 테헤란에서는 수천 명의 이란인들이 이스라엘의 공습으로 사망한 자헤디 사령관과 다른 6명의 혁명수비대 대원들의 장례식을 위해 모였다. 관을 운반하는 트럭에는 "예루살렘으로 가는 길의 순교자들"이라고 쓰여 있었다. 장례식에 참석한 사람들은 "이스라엘에 죽음을" 그리고 "미국에 죽음을"이라고 적힌 피켓을 들고 있었다. 이란의 최고 지도자 하메네이는 이스라엘이 대가를 치를 것이라고 맹세했다.

이란의 고위 미사일 사령관인 아미르 알리 하지자데는 이스라엘에 대한 대규모 미사일 공격을 추진하고 있었다. 미국 정보 당국에 따르면, 평소 대규모 전쟁에 휘말리기를 원치 않아 실용적인 태도를 취하던 최고 지도자가 다마스쿠스에서 자신의 친구인 자헤디의 암살에 너무나 분노한 나머지 하지자데를 제지하지 않고 있었다.

4월 9일, 이란은 스위스 중개 채널을 통해 또 다른 메시지를 보냈다. 이란은 "미국을 겨냥할 의도는 없다"고 밝혔지만, 미국이 이스라엘에 대한 이란의 대응에 개입할 경우 서아시아의 미군 기지들을 공격하겠다고 위협했다.

그날 밤 새로운 정보에 따르면, 이란은 탄도 미사일을 포함한 다양한 미사일들과 드론을 사용하여 이스라엘에 대한 역사적으로 전례 없는 공격을 준비하고 있었다.

4월 10일 오전 10시, 설리번은 주요 인사들을 소집했다. 오스틴 국방장관, CQ 브라운 합참의장, 그리고 에릭 쿠릴라 중부사령부 사령관이 방어 준비 상황에 대해 브리핑했다. 주요 인사들은 이란 국방참모총장 모하마드 바게리와 직접 접촉해야 할 시점이라고 판단했다. 이란과의 직접적인 접촉은 극히 드문 일이었다. CQ 브라운은 바게리에게 자제를 촉구하고 그들이 계획한 공격의 규모가 중동 전면전으로 확대될 수 있다고 경고하는 서한을 보냈다.

쿠릴라 장군과 군사 조정 장교들은 방어 준비를 돕기 위해 이스라엘로 날아갔다. 오스틴 장관은 USS 아이젠하워 항공모함을 이스라엘에 더 가까운 홍해 북부로 이동시켰다. 그는 미사일 구축함인 알레이 버크함과 카니함, 그리고 전투기들도 파견했다. 프랑스, 영국, 사우디아라비아, 요르단은 이스라엘 방어에 협력하기로 합의했다.

58

이란의 전면 보복과
미 연합군의 이스라엘 방어

4월 13일 토요일, 미국 동부 시간 오후 3시, 이란은 이스라엘까지 7시간이 소요되는 150대의 무인기 발사를 시작으로 '진실한 약속 작전(Operation True Promise)'을 개시했다. 이어 이스라엘 도달까지 약 3~4시간이 걸리는 순항 미사일 30발을 발사했다. 그런 다음 목표 지점까지 불과 12분 만에 도달하는 탄도 미사일 110발을 발사했다.

드론, 순항 미사일, 탄도 미사일은 모두 이스라엘에 동시에 도달하도록 계산되어 있었다.

사우디 국방참모총장은 쿠릴라에게 왕세자와 그의 동생(사우디 국방장관-옮긴이)의 승인을 받지 못해 미군이 아직 사우디 영공에 진입할 수 없다고 통보했다. 맥거크는 왕세자에게 긴급 메시지를 보냈다: "공격이 진행 중입니다. 귀국의 영공 사용 허가가 필요니다. 국방참모총장에게 지시해 주십시오." MBS(무함마드 빈 살만)는 명령을 내려 미국 F-15 전투기의 영공 통과를 허용했다.

바이든 대통령은 윌밍턴에서 돌아와 첫 미사일이 발사될 시점인 오후 5시 15분에 제이크 설리번, 존 파이너, 브렛 맥거크, 필 고든 등과 함께 백악관 상황실에 있었다. 오만에 주둔 중인 쿠릴라 장군은 스크린을 통해 현장 상황을 실시간으로 중계했다. 그날 국내 일정을 소화 중이던 해리스 부통령도 화상으로 참여했다.

미국의 감시 시스템은 전 세계 어느 곳에서 발사된 탄도 미사일이든 탐지할 수 있다. 이 미사일들은 우주 공간으로 올라갔다가 시속 1만 5천 마일의 속도로 지구 대기권에 재진입한다.

"대통령님," 쿠릴라가 말했다. "탄도 미사일 30발이 확인되었습니다." 미사일들은 이미 발사되어 비행 중이었다.

미사일들은 상황실 스크린에 노란색 줄무늬로 나타났다. 마치 80년대 옛 영화나 컴퓨터 전쟁 게임의 한 장면을 보는 듯했다. 바이든은 노란색 줄무늬가 이스라엘을 향해 움직이는 것을 지켜보았다. 정보 수집과 보고를 통해 그들은 이란의 미사일 성능이 뛰어나다는 것을 알고 있었다.

"대통령님, 우리가 미사일 30발은 막아낼 수 있을 겁니다." 오스틴 장관이 말했다.

약 3분 후, 이란이 미사일 30발을 추가로 발사했다. 그로부터 몇 분 후 또 30발이 발사되었다. 이내 110발의 탄도 미사일이 이스라엘을 향해 날아가고 있었다. 경악스러운 숫자였다. 예상했던 것보다 훨씬 많았다.

바이든은 테이블 상석에 앉아 미사일들을 지켜보며 매우 조용히, 말없이 앉아 있었다.

맥거크는 바이든 대통령을 매우 주의 깊게 지켜보고 있었다. 조지 W. 부시 대통령의 국가안보보좌관이었던 스티브 해들리가 전에 그에게 조언했었다. 이런 상황에서는 대통령을 주시하여 그가 무슨 생각을 하고 있는지 읽어낼 수 있는지 보라고.

맥거크는 문득 깨달았다. 역사상 그 어떤 나라도 110발의 탄도 미사일을 방어해 본 적이 없었다. 단 30발의 미사일만 목표물에 명중해도, 이스라엘은 매우 결정적인 방식으로 대응할 수밖에 없을 것이고, 그 결과는 거의 필연적으로 대규모 중동 전쟁으로 이어질 것이었다.

그때 통합 방어 시스템이 가동되었다.

"무엇이 보이나?" 바이든은 방어 작전 상황을 브리핑하던 쿠릴라에게 물었다. 그들은 무인기들이 진입할 때를 대비해 미리 요격 구간을 설정해 두었다.

이스라엘에 있는 미군 조정관들이 탄도 미사일 방어를 주도하고 있었다: 당신들은 저것들을, 우리는 이것들을, 영국군은 저것들을 격추하고, 사우디군은 이것들을 맡는다. 놀라운 통합 방어 작전이었다.

그들이 지켜보는 가운데 많은 역사가 만들어졌다. 이란이 이스라엘을 직접 공격한 것도, 미군이 이스라엘을 직접 방어한 것도 이번이 처음이었다. 사우디아라비아와 요르단이 이스라엘의 방어에 나선 것도 전례 없는 일이었다. 이란에 대한 강력한 세력 과시였다.

그때 나쁜 소식이 들려왔다. "이스라엘에 4발이 명중한 것을 확인했습니다." 쿠릴라 장군이 보고했다. 4발의 미사일이 이스라엘을 강타했다는 의미였다. 상황실에 긴장감이 고조되었다. 그들은 무엇이 피격되었는지, 그리고 앞으로 얼마나 더 많은 미사일이 방어망을 뚫고 들어올지 알 수 없었다.

이란이 군사 작전의 종료를 선언했을 때, 미국과 협력국들은 총 300여 발에 달하는 이란의 미사일과 드론 거의 모두를 요격해 격추시켰다. 이는 집단 방어 능력의 엄청난 위력을 입증한 순간이었다. 이란의 미사일 중 많은 수가 작동하지 않았다. 7세 소녀 한 명이 중상을 입었지만, 이스라엘이 입은 피해는 믿기 힘들 정도로 적었다. 사망자는 없었고 이스라엘에 큰 피해도 없었다.

하지만 바이든은 네타냐후를 잘 알고 있었다. 이스라엘은 분명히 대응할 것이고, 그렇게 되면 이란과의 전쟁 직전으로 다시 돌아갈 위험이 있었다. 바이든은 직감적으로 비비에게 이렇게 말하고 싶었다. 이봐요, 여기서 끝냅시다. 당신이 IRGC 요원 몇 명을 제거하면서 이 일이 시작됐어요. 그들이 대응했지만 우리는 큰 인명 피해를 피했어요. 그들은 당신을 해치지 못했어요. 여기서 끝냅시다. 바이든은 화면 속 해리스 부통령을 올려다보았다.

"당신의 견해는 어떻소?"

"맞습니다." 해리스가 말했다. "비비에게 승리를 받아들이라고 하세요."

바이든과 네타냐후는 오후 9시에 전화 통화를 했다. 이스라엘은 새벽 4시였다.

"다음 행동을 충분히 시간을 갖고 생각해 봅시다." 바이든이 말했다. "내 생각에는 당신이 이겼어요. 당신은 레반트 지역 IRGC 지도부 전체를 제거했어요. 그들은 방금 모든 것을 당신에게 쏟아부었고, 우리는 사우디아라비아, 요르단, 프랑스, 영국과의 연합으로 그것을 막아냈습니다. 정말 대단한 일입니다. 더 이상 행동을 취할 필요가 없습니다. 아무것도 하지 마세요."

"우리는 방금 100발이 넘는 탄도 미사일로 공격받았습니다." 네타냐후가 말했다. "저는 중동에 살고 있습니다. 그냥 넘어갈 수 없는 일입니다. 우리는 반드시 대응해야 합니다."

"승리를 받아들이세요," 바이든이 조언했다. 그는 미국이 이란에 대한 이스라엘의 어떤 공격적 행동에도 참여하지 않을 것이라고 거듭 강조했다. "우리는 공격 작전에 가담하지 않을 것입니다." 바이든이 말했다.

네타냐후가 말했다. "분명히 말씀드리겠습니다. 우리는 우리 스스로 결정을 내릴 것입니다. 이스라엘 국가는 스스로를 방어하기 위해 필요한 것은 무엇이든 할 것입니다."

비비와의 통화가 끝난 후, 바이든은 상황실에 있는 참모들과 각료들에게 말했다. "그가 뭔가 할 거라는 걸 알고 있지만, 내가 그것을 제한하는 방법은 아무것도 하지 말라고 말하는 거야."

이스라엘 내각은 어떻게 대응할지 논의했다. 그들은 테헤란 외곽 공습을 포함한 다양한 옵션을 고려하고 있었다. 이스라엘의 재무장관 베잘렐 스모트리치와 같은 내각의 일부 강경파들은 지금이 이란의 핵 시설을 제거해야 할 때라고 주장했다. 이는 거부되었다.

4월 18일, 이스라엘의 국방장관 갈란트는 설리번에게 이스라엘이 "소규모 정밀 보복 대응"을 할 것이라고 알렸다. 그는 이란이 체면을 세우고 긴장을 완화할 기회를 주기 위해 이스라엘이 공격을 공개적으로 확인하지 않을 것이라고 말했다.

그날 늦게 이스라엘은 이란에 백채널을 통해 "우리는 대응할 것이지만, 우리의 대응은 이것으로 끝이다"라는 메시지를 보냈다.

미국 정보기관에 따르면 이란은 약 30기의 미사일에 연료를 주입했으며, 이는 이스라엘이 공격할 경우 발사하려는 것으로 파악됐다.

미군은 다시 한번 이스라엘 방어 태세에 돌입했다.

4월 18일 오후 8시, 이스라엘은 이란의 주요 핵 시설이 위치한 도시인 이스파한 외곽의 방공 시스템을 타격했다.

이스라엘 조종사들은 이란의 방공망이 탐지하지 못한 정교한 미사일을 항공기에서 발사했다.

이는 이란에 대한 이스라엘의 경고 메시지였다. 우리가 원하는 때에 언제든지 당신들을 정밀하게 타격할 수 있다. 그러니 이제 그만하자.

브렛 맥거크는 자신의 사무실에서 작은 노란색 궤적을 그리는 미사일들이 실시간으로 화면을 가로질러 지나가는 것을 지켜보고 있었다.

정밀하게 계산된 공격은 작은 폭발을 일으켰다. 소셜 미디어가 떠들썩해졌다. 누군가 이스파한에서 방금 폭발음을 들었다며 '그게 뭐였지?'라고 게시했다.

미국 TV 방송들은 마치 대규모 전쟁이 발발하는 것처럼 보도했다. 기자들은 백악관에 질문을 쏟아부었다. 무슨 일이 벌어지고 있는 것인가? 설리번과 파이너는 국가안보회의와 백악관 언론팀에게 침묵을 유지하라고 지시했다. 만약 미국 정부 관계자가 이스라엘이 방금 이란에 보복했다고 말한다면, 이는 더 큰 이슈가 될 것이고 이란은 대응해야 한다는 압박을 느낄 수 있었다.

이란이 공식 채널을 통해 발표한 메시지는 이랬다: 별일 없다. 아무 일도 없었다. 이란은 아마존에서 누구나 살 수 있는 소형 드론인 쿼드콥터가 폭발했지만 아무런 피해도 없었다고 발표했다.

이란은 민간 항공기에 영공을 다시 개방했다. 맥거크는 안도했다. 이는 이란이 대응하지 않을 것이라는 신호였다.

모든 것이 끝났다. 그들은 다시 한 번 중동 전쟁을 막아냈다.

59
러-우 전쟁의 승패와
중국의 지정학적 도전

2024년 봄, 빌 번스 CIA 국장이 우크라이나를 10번째로 방문했다. CIA는 우크라이나에 대규모의 정보 지원을 제공하고 있었지만, 번스는 우크라이나가 독자적으로도 인상적인 정보기관을 구축했다고 평가했다.

젤렌스키 대통령과의 비밀 회동 후 번스는 이렇게 전했다. "그는 나이가 들었고 지쳐 보였습니다. 그에게도 엄청난 부담이 가해지고 있으니까요. 하지만 회복력은 여전했습니다. 전쟁 초기와 다름없이 강인한 모습이었습니다."

"방공 탄약이 바닥나고 있습니다," 젤렌스키 대통령이 우려 섞인 목소리로 말했다. "포병 탄약도 마찬가지입니다." 그는 우크라이나에 대한 지속적인 지원 문제가 격렬한 당파 대립에 묶여 있는 미국 의회 상황을 깊이 우려했다. 그것은 그가 영향을 미칠 수도, 이해할 수도 없는 싸움이었다.

번스는 처참한 전투에서 패배한 지 3일 후에 우크라이나에 도착했다. 동부 도시 아브디이우카는 거의 전쟁 내내 버텨왔지만, 탄약 부족으로 인해 우크라이나군은 철수할 수밖에 없었다. 이 패배는 우크라이나와 서방에게 이제 러시아가 전쟁에서 결정적 우위를 차지했다는 신호였다.

번스는 우크라이나 특수부대 지휘관과 이야기를 나눴다.

"우리는 가능한 한 오래, 그리고 격렬하게 싸웠습니다. 하지만 탄약이 떨어졌고, 그들은 계속해서 밀려들었습니다."

워싱턴으로 돌아온 번스는 의회 의원들, 특히 우크라이나 지원에 반대하는 하원 공화당 의원들과 끝없는 대화를 나눴다. "우리가 나서지 않으면 아브디이우카 같은 일이 또 일어날 것입니다. 이는 우크라이나인들의 용기나 끈기 문제가 아닙니다. 탄약이 바닥나는 게 문제입니다." 그것이 바로 전쟁에서 패배하는 이유였다. "이보다 더 단순한 문제는 없습니다."

그는 2024년 4월 말까지 우크라이나의 탄약이 바닥날 것으로 예상했다. 전쟁 내내 미국이 든든히 뒤를 받쳐준다는 확신은 참호 속 병사들에게 희망의 원천이었다. 하지만 미국의 지원이 약해지면서 최전선 우크라이나 군인들의 사기도 함께 꺾였다.

번스는 만약 러시아가 전쟁에서 승리한다면, 그 파장은 우크라이나에만 그치지 않고 유럽을 넘어 전 세계로 퍼질 것이라고 확신했다.

번스가 보기에 중국은 거대한 변수였다. 시진핑이 지켜보고 있었다.

"이는 시진핑의 세계관에 관한 문제입니다." 번스가 말했다. "그는 우크라이나 전쟁 첫해에 사실 상당히 신중했습니다. 우크라이나인들이 그렇게 치열하게 저항할 줄도, 우리가 대통령이 했던 방식으로 지원할 줄도, 우리 정보가 그렇게 정확할 줄도 몰랐을 겁니다. 그래서 지금 대만 문제에 대해서는 좀 더 신중해진 것 같습니다." 만약 우리가 우크라이나를 저버리는 모습을 보인다면, 그것이야말로 시진핑의 야망과 자신감을 키워주는 가장 확실한 방법이라고 번스는 믿었다. "따라서 지금 여기에 정말 많은 것이 걸려 있습니다."

그런 다음 그는 아마도 자신의 가장 중요한 논점을 제시했다. "시진핑을 억제하고 싶다면, 영토 정복 전쟁인 우크라이나에서 우리가 끝까지 버틸 수 있다는 것을 보여줘야 합니다."

2021년 상원 인준 청문회에서 번스는 이렇게 말했다. "적대적이고 약탈적인 중국 지도부가 우리의 가장 큰 지정학적 도전 과제입니다."

2019년에 출간된 32년 외교관 경력을 담은 회고록 『백채널(The Back Channel)』에서 번스는 외교의 핵심은 "평화와 전쟁 사이의 회색 지대에서 기민하게 움직이는 일"이라고 썼다.

CIA 국장으로서 그는 전쟁을 피하기 위해 그 회색 지대에서 살아왔다. 하지만 전쟁은 결국 일어났다.

60
정치적 쟁점이 된
남부 국경 불법 이민자 문제

바이든 대통령은 훨씬 더 가까운 곳에서 또 다른 전쟁에 직면했다. 바로 미국-멕시코 국경에서의 전쟁이었다.

"악마적"이라는 표현은 알리 마요르카스가 자신의 국토안보부 지휘에 대한 공화당의 공격을 묘사하며 사적인 자리에서 이를 악물고 분노와 함께 내뱉은 단어였다. 국토안보부는 약 2,000마일(3,219킬로미터)에 달하는 미국 남서부 국경을 관할하고 있다.

때로 대통령 다음으로 워싱턴에서 가장 어려운 직책으로 꼽히는 국토안보부 장관으로서, 키 5피트 8인치(173cm)의 64세 대머리 쿠바 이민자인 그는 국경에서 연쇄적으로 발생하는 위기와 씨름하고 있었다.

2024년 대선이 다가오면서, 국경은 눈에 띄게 영향력이 큰 정치적 표적이 되었다. 뉴스 채널들은 수천 명의 이민자들이 캐러밴을 이루어 모여들고, 멕시코 전역의 먼지 날리는 도로를 따라 걷는 모습, 그리고 가족들이 즉석으로 만든 뗏목으로 리오그란데 강을 건너거나 별다른 제지 없이 국경 울타리를 넘는 모습을 보여주었다.

2022년과 2023년에 남부 국경에서 체포된 이민자 수는 매년

200만 명을 넘어섰는데, 이는 주로 중앙아메리카 출신 이민자들의 기록적인 대량 유입 때문이었다. 월간 이민자 국경 통과 수는 바이든이 취임했을 때 이미 문제였던 2021년 1월의 75,316명에서 2023년 12월에는 249,785명으로 급증했다.

바이든은 대통령 취임 첫날부터 트럼프의 강경한 이민 정책을 철회하고, 대신 더 온건하고 인도적인 접근 방식으로 미국의 이민 시스템을 변화시키겠다고 약속했다. 바이든은 부통령인 카말라 해리스에게 "중앙아메리카 북부 삼각지대에서의 이민의 근본 원인"을 다루는 임무를 맡겼는데, 이는 바이든 자신이 부통령 시절 담당했던 분야였다. 일부는 이것이 해리스에게 주어진 기회라고 보았지만, 다른 이들은 바이든이 부통령에게 독이 든 성배를 건넨 것이라고 보았다.

트럼프의 "무관용" 정책 중 많은 것이 잔인하다고 여겨졌는데, 여기에는 국경에서 아이들을 부모와 분리하는 정책, 13,000명 이상의 보호자 없는 아동 추방, 그리고 특정 국가 출신 무슬림의 미국 입국 금지 조치 등이 포함됐다. 국경을 따라 장벽을 건설하려던 트럼프의 시도는 대체로 성공하지 못했고 효과도 없었다는 평가가 중론이었다.

바이든의 접근법은 사람들이 미국에 입국하고 시민권을 취득할 수 있는 합법적인 경로를 마련하는 데 중점을 두었다. 하지만 이민자들이 수십만 명씩 국경을 넘어 쏟아져 들어오자, 미국 내 여론은 급격히 바뀌기 시작했고 정치적 폭풍을 불러일으켰다.

공화당은 트럼프의 "**오지 마세요**" 메시지를 "**미국에 오신 것을 환영합니다**"라는 표지판으로 바꾼 바이든을 비난했다. 2024년 11월 선거를 앞두고 공화당의 텔레비전 광고 27개에 "침략"이라는 단어가 등장했다.

바이든은 국경 통제 개선을 위한 자금 부족을 공화당의 책임으로 돌렸다. "공화당 의원들은 제 포괄적인 계획을 검토조차 거부했습니다. 그리고 국경 보안 강화를 위한 35억 달러의 추가 예산과 망명 심사 인력 2,000명, 신규 이민 판사 100명을 위한 자금 지원 요청마저 거절했습니다." 그가 2023년 1월 5일에 말했다.

그리고 2024년, 바이든은 초당적 국경 합의 시도를 트럼프가 무산시켰다고 비난했다. 이 합의안에는 지금까지 나온 것 중 가장 엄격한 국경 조치들이 포함되어 있었다. 하지만 트럼프는 이 법안을 민주당에 대한 "선물"이라며 반대했고, 공화당 하원의장 마이크 존슨은 그 계획이 "도착하자마자 죽은 것(dead on arrival)"이라고 말했다. ('dead on arrival, DOA'는 미국 정치에서 자주 사용되는 관용적 표현으로, 법안이 의회에 도착하자마자 통과 가능성이 전혀 없다는 의미-옮긴이)

"제 전임자가 의회 의원들에게 전화해 법안 통과를 막으라고 요구했다고 들었습니다." 바이든이 2024년 3월 7일 국정연설에서 말했다. "그는 이것이 저에게 정치적 승리가 될 것이라고 생각합니다." 공화당원들은 이에 야유를 보내며 바이든의 "국경 개방 정책"이 "나약하다"고 조롱했다. 우크라이나 추가 지원 법안 통과와 맞바꾸는 조건으로 공화당과 협상한 이 초당적 법안은 약 300만 건에 달하는 적체 사건 처리를 돕기 위해 이민세관집행국 인력 1,500명과 이민 판사 100명을 추가로 채용하는 예산을 포함하고 있었다.

바이든이 취임한 이후 남부 국경에서 600만 건 이상의 불법 입국이 발생했는데, 이는 세계 역사상 최대 규모의 인구 이동 중 하나였다.

기록에 따르면 미국에 1년 이상 체류한 사람은 추방될 가능성이 낮은 것으로 나타났다.

트럼프는 남부 국경을 넘어오는 사람들을 "죄수, 살인자, 마약상, 정신 질환자, 테러리스트, 그 나라들이 가진 최악의 인간들"이라고 지칭했다.

"제 생각에 일부의 경우 이들은 사람이 아닙니다." 트럼프가 2024년 3월 오하이오 유세에서 말했다. "이들은 짐승들입니다. 알겠죠? 우리는 이것을 막아야 합니다."

바이든은 국정연설에서 트럼프의 발언을 비난했다. "저는 이민자들이 '우리나라의 피를 오염시킨다'고 말하면서 그들을 악마화하지 않을 것입니다." 바이든이 선언했다. "저는 가족들을 갈라놓지 않을 것입니다. 저는 신앙을 이유로 사람들의 미국 입국을 금지하지 않을 것입니다."

그러나 미국인의 거의 80퍼센트와 민주당원의 73퍼센트가 미국-멕시코 국경에서의 대규모 이민자 상황에 대한 바이든 행정부의 대처를 불만족스럽게 여긴다고 답했다. 세계 어느 나라보다도 많은 이민자가 사는 미국은 오늘날 이민 정책이 어떤 모습이어야 하는지를 놓고 심각하게 분열되어 있었다.

민주당 소속의 뉴욕 시장 에릭 애덤스는 뉴욕시로 밀려드는 이민자들에 대해 바이든을 거듭 비판했다. 사상 최악의 노숙자 문제를 겪고 있던 뉴욕시는 이제 42,000명이 넘는 이민자들에게도 숙소를 제공해야 하는 상황이었다.

"대통령과 백악관은 이 문제에서 뉴욕시를 저버렸습니다." 애덤스가 말했다. "사람들이 일할 수 있게 해주는 것, 제 생각에 그것이 우리가 할 수 있는 최우선 과제 중 하나입니다."

충격적인 영상들은 국경에 도착하는 새롭고 다양한 국적의 사람들을 보여주었다. 역사적으로 남부 국경을 넘어오는 이주는 주로 멕시코와 중앙아메리카 사람들과 관련된 지역적 현상이었다. 이제는 부분적으로 대륙 간 밀입국 조직의 증가로 인해 중국과 인도를 포함한 훨씬 더 먼 지역에서도 사람들이 오고 있었다.

국경에서 이처럼 대규모 이민이 유입되는 이유는 다양했다. 미국 내 고용 기회는 폭발적으로 증가하고 있었다. 바이든 취임 첫해에 670만 개의 일자리가 창출되었다. 2차 세계대전 이후 어떤 대통령도 취임 첫해나 재임 중 어느 해에도 이러한 일자리 증가를 이루지 못했다. 일부 연구에 따르면 미국 내 일자리 구인 수와 국경에서의 체포 건수 사이에 강한 상관관계가 있는 것으로 나타났다.

미국의 여론 조사에 따르면, 미국 유권자들은 이민자들을 끌어들이는 주요 요인으로 좋은 경제적 기회, 바이든의 더 우호적인 접근 방식, 그리고 이민자 출신국의 폭력 위협을 꼽았다.

권위주의 정권과 갱단 폭력의 증가, 일부 국가의 경제 상황 악화, 식량과 물 부족 그리고 자연재해로 인한 강제 이주를 포함한 기후 변화 압박의 심화 등 세계적·지역적 요인들도 영향을 미치고 있었다. 소셜 미디어의 확산은 사람들에게 국경을 넘는 방법을 알려주는 역할도 했다.

"근본적으로 우리 시스템은 지금과 같은 이민 상황에 대처할 준비가 되어 있지 않습니다." 마요르카스 국토안보부 장관이 NBC 뉴스에서 말했다. "우리가 가진 시스템은 1996년에 마지막으로 개정된 것입니다." 의회는 정치적 교착 상태로 인해 수십 년 동안 포괄적인 이민 법안을 통과시키지 못했다.

공화당이 주도하는 하원 국토안보위원회는 마요르카스를 주범으로 지목하고, 2024년 2월 13일 화요일 214 대 213이라는 단 한 표 차이로 그를 탄핵하기로 의결했다. 그는 기존 이민법을 "고의적이고 체계적으로" 집행하기를 거부했으며, 의회에 국경이 안전하다고 거짓말을 하여 공적 신뢰를 저버렸다는 이유로 "중범죄 및 경범죄"로 탄핵 소추되었다.

그는 미국 역사상 단 두 번째로 탄핵 소추된 내각 장관이었다.

국토안보부 장관에 대한 탄핵 소추와 함께 제출된 하원 공화당의 격앙된 보고서는 마요르카스가 "카르텔, 범죄자들, 그리고 미국의 적들을 더욱 대담하게 만들었다"고 결론지었다.

하원 민주당은 29페이지 분량의 반박 보고서를 발표하며 다음과 같이 말했다: "마치 스파게티를 벽에 던져 무엇이 달라붙는지 보는 과정과 유사하게(무언가를 체계적으로 시도하는 것이 아니라, 여러 가지를 무작위로 해보고 그중에 어느 것이 효과가 있는지를 확인하는 방식을 비유적으로 묘사하는 표현-옮긴이), 위원회 공화당원들은 마요르카스 장관을 탄핵하기 위해 모호하고 전례 없는 근거를 조작해 냈습니다. MAGA가 주도한 이 탄핵은 근거 없는 기만행위이며, 의회에 남아 있는 몇 안 되는 이성적인 공화당원들도 이 사실을 알고 있습니다 ― 비록 그들이 이를 인정하기를 거부하더라도 말입니다."

하지만 벽에 붙은 스파게티는 미국 정치를 움직일 수 있다. 그것은 자연스럽게 거기에 있는 것이 아니다. 그리고 그것은 보기 흉하다.

2024년 1월 3일, 마이크 존슨 하원의장은 64명의 공화당 의원들을 이끌고 대대적인 홍보와 함께 텍사스주 남부 국경 도시 이글 패스의 출입국 관리소를 방문했다.

"정말 눈을 뜨게 하는 경험이었습니다." 존슨이 현지 기자회견에서 말했다. "한 가지는 명백합니다. 미국은 기록적인 수준의 불법 이민으로 한계점에 도달했습니다." 그는 바이든이 트럼프 전 대통령의 "멕시코 대기(Remain in Mexico)" 정책(미국에 망명을 신청한 이민자들이 심사 결과를 기다리는 동안 멕시코에 머물도록 요구하는 정책-옮긴이)을 복원하고, 국경 장벽 건설을 재개하고, 지난달에만 25퍼센트 급증한 불법 입국을 막기 위한 다른 조치를 시행해야 한다고 말했다.

공화당은 바이든을 궁지에 몰아넣었는데, 이는 부분적으로 바이든이 트럼프의 정책을 철회하고도 효과적이면서 더 인도적인 대안으로 대체하지 못해 스스로 자초한 것이었다. 그들은 보란 듯이 스파게티를 벽에 던져놓은 상태였다.

"시스템이 망가졌습니다." 마요르카스가 말했다. 그는 공화당의 공격 대부분이 이민자들에 대한 경멸에서 비롯됐다고 믿었으며, "증오는 그 자체로 탄약입니다"라고 덧붙였다.

민주당이 다수인 상원은 마요르카스에 대한 탄핵 소추안을 영구적으로 보류시켰다. 그러나 국경을 둘러싼 정치적 전쟁은 교착 상태에 빠졌다. 바이든은 새로운 예산과 입법이 필요하다고 주장한 반면, 존슨 의장과 공화당 의원들은 대통령과 행정부의 조치만으로도, 특히 트럼프의 정책을 복원하면 불법 입국을 획기적으로 줄일 수 있다고 말했다.

트럼프가 끼어드는 것은 불가피했다. "우리 당의 지도자로서, 제가 미국을 배신하는 이 끔찍한 국경 개방 정책을 지지할 가능성은 전혀 없습니다." 트럼프가 라스베이거스에서 열린 선거 유세에서 지지자들에게 말했다. "저는 끝까지 싸울 것입니다. 많은 상원의원들이,

실례지만, 저에게 책임을 돌리고 있습니다. 저는 말합니다. 괜찮습니다. 얼마든지 저를 탓하세요. 부탁입니다."

트럼프는 대통령직에서 물러났지만, 그의 그림자는 바이든에게 드리워져 있었을 뿐만 아니라 공화당을 완전히 통제하고 있었다.

평범한 미국인들은 트럼프의 영향력을 완전히 이해하지 못할 수도 있지만 의회는 알고 있었다. 트럼프가 새끼손가락만 까딱해도 공화당은 고개를 숙이고 복종했다.

이민 문제에 있어서 바이든 백악관에 유일하게 좋은 날은 이민 관련 뉴스가 전혀 없는 날이었다―하나도, 전혀 없는 날. 그리고 그런 날은 드물었다.

61
폴란드의 반러시아 정치철학

"당신은 우크라이나 투쟁의 중요한 전환점에 서 있습니다." 2024년 4월 17일, 뉴욕 폴란드 영사관의 햇살이 밝게 비치는 방에서 내가 폴란드의 안제이 두다 대통령에게 말했다.

나는 이 포퓰리스트 우파 대통령(일반적으로 우파 포퓰리스트들은 러시아에 우호적인 경향이 있음-옮긴이)이 우크라이나와 330마일(531킬로미터) 국경을 공유하는 것에 대해 위협을 느끼는지 알고 싶었다. 만약 러시아가 우크라이나를 점령한다면, 폴란드에는 어떤 의미가 될까?

52세의 두다 대통령은 짧은 머리에 테 없는 안경을 쓰고 있었고, 강력하고 표현력이 넘치는 자신감을 지니고 있었다. 그의 눈은 번뜩였고, 손은 말 한마디 한마디에 강조를 주며 움직였다. 두다의 9년간의 대통령직은 오바마, 트럼프, 바이든이라는 세 명의 미국 대통령 임기에 걸쳐 있었다. 이 폴란드 지도자는 그들 모두와 좋은 관계를 유지했음을 자랑스러워했지만, 특히 트럼프와 가까웠다.

"저의 가장 큰 정치적 꿈은 러시아가 우크라이나에서 승리하지 못하도록 하는 것입니다." 그가 말했다. "이것은 나의 조국 폴란드와 우리 지역의 안보를 위해 절대적으로 가장 중요한 일일 뿐만 아니라, 전 세계의 안보를 위해서도 그렇다고 믿습니다."

"우크라이나는 우리의 이웃이며, 우크라이나가 러시아에 굴복하지 않고 주권을 가진 독립 국가로 남는 것이 우리에게 근본적으로 중요합니다." 두다가 말했다. "우리는 러시아의 점령이 무엇을 의미하는지 알고 있으며, 러시아의 테러가 무엇을 의미하는지 알고 있으며, 우크라이나 사람들을 **도와야 한다**는 것을 알고 있습니다." 그는 몸을 앞으로 기울이며, 강조하기 위해 검지로 앞의 책상을 톡톡 두드렸다.

폴란드는 또한 북쪽 국경의 일부를 러시아 영토인 칼리닌그라드(러시아의 군사 전략적 요충지로 발트해에 위치한 러시아 본토에서 떨어진 영토-옮긴이)와 공유하고 있으며, 북동쪽 국경의 일부는 벨라루스와 접해 있다. 러시아는 이 두 지역 모두에 핵무기를 배치했다. 두다는 러시아가 우크라이나를 장악할 경우 자신의 나라가 다음 목표가 될 수 있다고 생각했을까?

러시아의 우크라이나 침공 이후 26개월 동안 폴란드 국민은 문 앞에서 벌어지는 전쟁과 함께 살아왔다. "미국에서는 같은 방식으로 느끼지 못할 수도 있습니다." 두다가 말했다.

폴란드 가정들은 수백만 명의 우크라이나 난민들을 자신들의 집과 지역사회로 받아들였다. 폴란드는 세계 지도자들이 자국 공항을 통해 드나들며 키이우까지 12시간의 기차 여행을 하는 경유지가 되었다. 그들은 더 이상 우크라이나에서 운영할 수 없게 된 대사관들을 유치했을 뿐만 아니라, 주로 미국에서 오는 엄청난 양의 군사 장비와 인도적 지원물자가 자국 국경을 넘어 우크라이나인들에게 전달될 수 있도록 군수 물류 시설들을 운영했다.

두다는 나에게 1939년을 생각해 보라고 했다.

제2차 세계대전 당시 히틀러와 스탈린은 폴란드를 공격하고 점령하기 위해 협정을 맺었다. 폴란드는 1939년 9월 1일 독일의 공격을 받았고, 이어서 9월 17일에는 러시아의 공격을 받았다. "우리는 어떤 도움도 받지 못했습니다." 두다가 말했다. 폴란드 국민은 그것을 기억하고 있다. 1939년, 연합국은 폴란드를 도우러 오지 않았다.

"우리는 1999년에 NATO에 가입했지만 17년 동안 폴란드에는 나토 군대가 없었습니다." 두다가 덧붙였다. "그때 저는 이렇게 말했습니다. 좋아, 우리가 나토에 가입해 있는데 폴란드에는 나토는 없다고?" 그의 표정은 믿을 수 없다는 듯했다.

오바마 행정부 시절, 미군은 처음으로 폴란드에 주둔하게 되었으나 영구적이 아닌 순환 배치 방식이었다. 이 정책은 트럼프와 이후 바이든 행정부에서도 계속되었다.

2022년 2월 초, 러시아의 침공 직전에 바이든 대통령은 1,700명의 정예 미군 부대를 폴란드에 파견했다. 이후 82공수사단 소속 미군 3,000명이 유럽에 추가로 배치되었는데, 그중 수백 명은 우크라이나 국경과 가까운 폴란드의 제쇼프를 비롯해 루마니아와 독일에 배치되어 동부 방어선을 강화했다. 바이든은 푸틴의 침공 후 불과 몇 주 만인 2022년 3월 초에 해리스 부통령을 바르샤바로 보냈다. 이는 미국이 나토 동부 방어선 동맹국들에 대한 러시아의 침략을 절대 용납하지 않을 것이라는 신호를 한 번 더 보내기 위해서였다.

두다는 바이든이 "우리나라에 대해 한 약속들과 관련해 100퍼센트 신뢰성을 가지고 있습니다"라고 말했다.

"우리가 아직 공격받지도 않았는데 미국은 이미 군대를 보냈습니다." 그가 말했다. 전화 통화에서 바이든은 두다에게 미국이 폴란드를 지원할 것이라고 직접 안심시켰다.

"우리는 항상 폴란드를 지킬 것입니다." 바이든이 두다에게 말했다.

"그것은 저에게 감정적으로, 개인적으로 엄청나게 중요했습니다," 두다가 말했다.

한 달 전인 3월 11일, 두다 대통령은 《워싱턴포스트》에 기고문을 게재하여 나토 회원국들에게 국방비 지출을 GDP 대비 2퍼센트에서 3퍼센트로 증액할 것을 촉구했다.

폴란드는 현재 국방비로 GDP의 4퍼센트, 연간 270억 달러 이상을 지출하고 있다. 미국은 2023년에 GDP의 3.49퍼센트인 8,600억 달러를 지출했다. 그러나 프랑스, 스페인, 캐나다를 포함한 많은 나토 회원국들은 2퍼센트 목표를 달성하지 못하고 있었다.

2월 사우스캐롤라이나 선거 유세에서 NATO를 자주 비판해온 트럼프 전 대통령은 분담금을 내지 않는 동맹국들은 러시아의 공격을 받아도 내버려 두겠다고 말했다.

트럼프는 한 대통령이 ─ 그가 누구인지는 밝히지 않았다 ─ 자신에게 이렇게 물었다고 말했다. "그런데요, 만약 우리가 비용을 지불하지 않고 러시아의 공격을 받는다면, 당신이 우리를 보호해 주실 건가요?"

트럼프는 이렇게 대답했다. "아니요, 나는 당신들을 보호하지 않을 겁니다. 사실, 나는 그들이 원하는 대로 뭐든지 하도록 부추길 것입니다." 청중들이 환호했다.

두다는 《포스트》에서 좀 더 외교적인 어조를 취했다. "러시아 연방은 경제를 전시 체제로 전환했습니다. 연간 예산의 약 30퍼센트를 군비에 할애하고 있습니다." 두다는 오늘날의 증가하는 위협들 때문에 회원국들이 더 많은 지출을 할 때가 왔다고 주장했다.

주목할 점은, 국방비를 가장 많이 지출하는 나토 회원국들 대부분이 전쟁에 가장 가까운 동부 전선에 위치한 국가들로 폴란드, 에스토니아, 리투아니아, 핀란드, 루마니아, 헝가리, 라트비아가 이에 해당한다.

"러시아는 이 전쟁에서 이길 수 없습니다." 두다가 말했다. "이것이 가장 중요한 것입니다."

"우리는 사람들을 죽이고 있는 잔혹한 러시아 제국주의를 상대하고 있습니다," 그가 말했다. "그리고 지금 이 제국의 이빨은 조지아인들의 피와 우크라이나인들의 피로 붉게 물들어 있습니다." 그는 러시아의 2008년 조지아 침공과 2014년 및 2022년 우크라이나 침공을 언급하고 있었다.

"우리는 계속해서 군사 기술로 우크라이나를 지원해야 합니다," 두다가 말했다. 그는 러시아가 미국과 NATO 무기고의 최신 무기에 맞서 승리할 수 없다고 믿었지만, 그 무기들이 실제로 전선에 있는 우크라이나군에게 전달되어야 한다고 했다.

우크라이나는 잠재적으로 치명적인 탄약과 무기 부족 상황에 직면해 있었다. 608억 달러의 대규모 우크라이나 지원 패키지가 미 의회에서 거의 6개월 동안 발이 묶여 있었다. 러시아군은 새로운 지역을 점령해가고 있었다.

트럼프는 우크라이나에 지원을 보내는 지도자들을 "호구들"이라고 부르고 있었다. 그는 우크라이나에 대한 지원은 세금 낭비이며, 우크라이나는 부패했으며, 러시아의 승리는 불가피하다고 주장하며 지원 패키지에 대한 모든 시도를 거부했다. 바이든 대통령은 이 지원 패키지가 의회를 통과하기 전에 마라라고를 거쳐야 한다는 사실에 분노했다.

두다 대통령은 우크라이나가 러시아를 격퇴하기 위해 장거리 탄약과 항공기가 절실히 필요하다고 말했다. 러시아는 동원 가능한 병력이 훨씬 더 많았다.

"우크라이나는 러시아군과 거리를 유지할 수 있을 때 승리합니다," 그가 설명했다. "만약 직접적인 충돌이 일어날 경우, 그러한 직접 충돌은 불행히도 보통 러시아가 이깁니다. 왜냐하면 러시아에게는 우크라이나군 10명이 죽고 러시아군 100명이 죽는 것이 중요하지 않기 때문입니다. 그들에게는 승리할 수 있다는 것이 중요합니다." 러시아는 자국 군인들을 소모품으로 여겼다.

"이들은 모스크바나 상트페테르부르크 출신의 아이들이 아닙니다," 두다가 말했다. "이들은 러시아 엘리트 가문 출신이 아닙니다. 이들은 시베리아의 먼 지역에서, 러시아의 어떤 먼 지역에서 온 사람들로, 러시아에 의해 소집되어 죽으러 보내진 사람들입니다. 그들의 목숨은 러시아에 그다지 가치가 없습니다."

나는 두다에게 2022년 2월 전쟁이 시작된 이후 푸틴 대통령과 대화한 적이 있는지 물었다.

"아니요," 그가 말했다.

"왜 안 했나요?"

"다른 사람을 살해하고 강도처럼 행동하는 사람들과는 대화할 수 없습니다."

폴란드 대통령은 러시아가 공격하기 불과 몇 시간 전인 2022년 2월 23일을 포함하여, 키이우에서 젤렌스키 대통령에게 지원을 제공하기 위해 네 차례나 우크라이나를 방문했다.

"내 생의 마지막 순간까지 우리가 서로 작별 인사를 나눈 그 순간을 결코 잊지 못할 것입니다." 두다가 말했다. "그가 나에게 우리가 다시는 서로를 볼 수 없을지도 모른다고 말했을 때, 나는 그에게 그들이 살아남을 수 있도록 우리가 정말로 모든 것을 다하겠다고 약속했습니다."

"우리는 폴란드로서, 그리고 나토의 일원으로서, 자유세계의 일원으로서, 우크라이나를 결코 홀로 내버려 두지 않을 것입니다." 두다가 말하며 테이블을 내리쳤다.

그날 저녁, 4월 17일, 트럼프 전 대통령은 센트럴 파크와 맨해튼이 내려다보이는 24캐럿 금으로 가득한 호화로운 펜트하우스인 트럼프 타워 아파트에서 두다 대통령과 2시간 30분 동안 스테이크 만찬을 가졌다. 전직 미국 대통령은 포르노 배우에게 지급한 입막음 돈 은폐에 관한 형사 재판에 출석하기 위해 뉴욕시에 머물고 있었다. 보좌관들에 따르면, 우크라이나에 대한 미국의 지속적인 지원의 중요성에 대해 두다가 트럼프에게 한 열정적인 주장은 내가 그날 일찍 들었던 것과 같았다.

한 보좌관은 폴란드 대통령이 "내 나라를 구해달라"고 호소하는 것과 러시아의 위협이 우크라이나뿐만 아니라 폴란드, 유럽, 그리고 모든 민주주의 국가에 미친다는 그의 설명을 듣고 감동받지 않고 감정적으로 사로잡히지 않을 수 없었다고 말했다.

트럼프는 두다에게 많은 질문을 했다. 러시아의 우크라이나에 대한 의도는 무엇인가? 러시아가 우크라이나를 점령한다면, 더 큰 전쟁이 일어날 가능성이 있을까?

"우리가 다음 차례입니다," 두다가 트럼프에게 말했다.

이후 며칠 동안 트럼프는 우크라이나 지원에 대한 비판을 이례적으로 자제했으며, 이번에는 미국 우선주의 주장으로 자신의 지지 기반을 자극하지 않았다.

두다와의 만찬 이후, 트럼프는 자신의 소셜 미디어 사이트인 트루스 소셜에 이렇게 썼다: "우크라이나의 생존과 힘은 우리보다 유럽에 훨씬 더 중요해야 하지만, 우리에게도 중요합니다!"

우크라이나 지원은, 적어도 한순간이었지만, "중요한" 것이었다.

두다 대통령은 2017년 7월 6일, 당시 트럼프 대통령을 바르샤바 봉기 기념비 앞에서 연설하도록 초청했다. 소련 통치로부터 폴란드의 자유로 가는 길을 열었던 연대 노동운동을 주도했던 레흐 바웬사 전 폴란드 대통령도 참석했다.

"우리는 우리의 방위가," 트럼프가 말했다. "단지 돈의 약속이 아니라 의지의 약속이라는 것을 기억해야 합니다."

"우리 시대의 근본적인 질문은 서방이 생존하고자 하는 의지를 갖고 있는가입니다. 폴란드는 우리의 마음속에 있습니다. 폴란드가 무너지지 않았던 것처럼, 저는 오늘 전 세계가 듣도록 선언합니다. 서방은 결코, 절대로 무너지지 않을 것입니다."

군중들이 외쳤다: "도널드 트럼프! 도널드 트럼프!"

"그의 대통령 재임 중 최고의 연설이었습니다." 린지 그레이엄 상원의원이 말했다. "로널드 레이건과 매우 비슷했습니다."

바이든 대통령은 켄터키주의 공화당 상원 소수당 원내대표 미치 매코널과 뉴욕주의 민주당 상원 다수당 원내대표 척 슈머와 함께 수개월 동안 우크라이나 지원 패키지에 관해 공화당 하원의장 마이크 존슨과 집중적으로 협의해 왔다.

존슨은 트럼프를 설득하여 법안을 통과시키려 했다. 강력한 국가안보는 전통적으로 공화당의 근간이었으며, 여기에는 미국의 국가안보가 글로벌 안보와 결부되어 있다는 믿음이 포함되어 있었다. 그러나 트럼프가 옹호하는 고립주의적 미국 우선주의 관점은 의회 내 공화당 의원들 사이에 균열을 일으켰다. 존슨은 트럼프가 신호를 보내면 의회 내 공화당의 저항이 사라질 것임을 알고 있었다.

바이든은 자신의 팀에게 "존슨에 대한 표적 공격을 가능한 한 삼가고, 공화당 의원들을 대상으로 광범위하게 행동을 촉구하라. 존슨 의장과는 긴밀한 소통을 유지하라"고 지시했다.

바이든은 또한 국가정보국장 에이브릴 헤인스, CIA 국장 빌 번스, 국가안보보좌관 제이크 설리번을 불러 우크라이나 정보 상황과 미국이 행동하지 않을 경우의 국가안보 위험에 대해 하원의장에게 비밀리에 브리핑하도록 했다. 그들은 우크라이나가 전쟁에서 패배하고 푸틴이 계속 진군한다면 우크라이나, 유럽, 그리고 자유세계에 미칠 결과에 대한 상세한 사례들을 존슨에게 제공했다.

"우크라이나가 지원을 받지 못하면 러시아와의 전쟁에서 패배할 것입니다." 설리번이 존슨에게 말했다. 그것이 핵심이었다. 바이든 대통령은 또한 하원과 상원 지도부와 만나 직접 같은 메시지를 강하게 전달했다.

한편, 사우스캐롤라이나 출신 공화당 의원 린지 그레이엄 역시 우크라이나 지원 법안에 관해 트럼프에게 최소한 "그냥 놔두라"고 설득하고 있었다.

그레이엄은 우크라이나에 더 많은 지원을 원했지만, 상원에서 이 우크라이나 지원 패키지의 여러 버전을 자신이 직접 막은 바 있었다. 4월에 그는 트럼프에게 지원금의 일부를 우크라이나에 대한 탕감 가능한 대출 형태로 제공하자는 아이디어를 제안했다.

"대통령님," 그레이엄이 말했다. "우크라이나는 좋은 투자입니다. 아마 그들이 우리에게 돈을 갚을 수도 있겠지만, 그들을 도운 것을 결코 후회하지 않으실 겁니다."

"이런 짓을 했던 마지막 인물이 결국 세계를 큰 전쟁으로 몰아넣었다는 것을 아시잖아요." 그레이엄이 트럼프에게 제2차 세계대전의 히틀러를 상기시키며 말했다.

"푸틴은 멈추지 않을 겁니다. 그는 몰도바로 갈 것입니다. 그는 계속 나아갈 것입니다. 그는 약해지지 않고 더 강해지고 있습니다," 그레이엄이 말했다. "대통령님, 이 자는 멈추지 않을 겁니다. 그가 이 짓을 하고도 보상을 받게 된다면, 앞으로 더 많은 유사한 일들을 예상하셔야 합니다. 그리고 제가 여기 앉아 있는 것만큼이나 확실하게 대만도 당할 것입니다."

트럼프는 그것을 믿는다고 말했다. "약함은 침략을 낳는다."

전직 대통령은 그레이엄에게 "대출은 괜찮고" 존슨 의장이 일부 지원을 탕감 가능한 무이자 대출로 전환하는 법안을 추진하는 것도 "괜찮다"고 말했다.

트럼프와 여러 차례 대화한 후, 존슨은 측근들에게 전 대통령이 우크라이나 자금 지원에 가치를 두지 않는다는 것이 자신에게 명백해졌다고 말했다. 결국 트럼프는 존슨이 이 지원 패키지가 하원 공화당 의원들과 트럼프 사이의 결속을 유지하는 데 중요하다고 설득한 후에야 태도를 바꿨다. "모두에게 이득이 됩니다." 존슨이 주장했다. 트럼프는 자신에게 이득이 될 것을 인식하고 반대 입장을 철회했다.

4월 21일 토요일, 미국 하원은 953억 달러 규모의 대외 원조 법안의 일부로 우크라이나에 대한 전례 없는 608억 달러의 지원을 312대 112라는 압도적인 표차로 통과시켰다. 우크라이나에 대한 608억 달러 지원 중 100억 달러는 탕감 가능한 대출 형태로 제공되었다.

하원이 표결을 진행하는 동안, 82세의 공화당 상원 소수당 원내대표 미치 매코널은 텔레비전 인터뷰에서 "제가 여기 있었던 시간 중 가장 중요한 날들 중 하나입니다"라고 말했다. 매코널은 상원에서 39년간 일해 왔다.

"적어도 이번 사안에서는, 우리가 고립주의자들에 대해 판세를 뒤집었다고 생각합니다." 매코널은 자신의 공화당 내 미국 우선주의 진영을 언급하며 말했다.

이 법안은 그 후 4월 23일 상원에서 79대 18로 통과되었다. "오늘밤, 상원의 초당적 다수가 하원과 함께 이 중대한 전환점에서 역사의 부름에 응답했습니다." 바이든 대통령이 말했다.

바이든은 다음 날 이 법안에 서명했다. "앞으로 몇 시간 내에 우리는 우크라이나에 방공 탄약, 포병 장비, 로켓 시스템, 장갑차 등을 보내기 시작할 것입니다," 바이든이 말했다. 젤렌스키는 소셜 미디어를 통해 이 패키지에 우크라이나가 매우 필요로 했던 장거리 에이태큼스(ATACMS) 미사일도 포함되어 있다고 확인했다.

우크라이나에 이미 너무 늦지 않았다면, 이것이 전환점이 될 수 있을 것으로 보였다.

62

임박한 이스라엘의
라파 진입 작전

이스라엘은 여전히 라파에서 대규모 군사 작전을 계획하고 있었다. 바이든은 네타냐후에게 이스라엘의 다음 행동을 신중하게 고려하라고 경고했다.

"지난 2주 동안 일어난 일은 게임 체인저입니다." 바이든은 비공개 보안 전화 통화에서 말했다. "우리는 방금 사우디아라비아, 요르단, 그리고 서방 동맹국들과 함께 당신들을 방어하는 데 도움을 주었습니다. 당신들이 다음으로 취할 행동이 이 동맹을 키울 것인지, 아니면 그냥 허비해 버릴지를 결정할 것입니다."

사우디아라비아는 방금 미국 군사 동맹이 100개의 탄도 미사일을 격추하는 것을 목격했다. 그들은 이스라엘과의 협상 논의 재개를 간절히 원하고 있다. 만약 이스라엘이 라파로 진격한다면, 네타냐후는 이미 이루어 놓은 모든 진전을 위태롭게 할 것이다.

"모든 상황이 역전되는 것을 보게 될 겁니다." 바이든이 네타냐후에게 말했다. "우리와 관계가 단절될 위험이 있습니다. 사우디아라비아는 정상화 논의를 중단하려 할 것입니다. 이집트와의 관계도 단절될 위험이 있습니다."

몇 주 동안, 제이크 설리번은 론 더머와 이스라엘 국가안보보좌관 차히 하네그비에게 같은 메시지를 계속 전하고 있었다. "라파로 진입하면 참혹한 유혈사태가 발생할 것입니다," 설리번이 한 화상 통화에서 말했다.

"우리는 라파에 진입해야 합니다." 더머가 주장했다. "3주면 충분할 것입니다."

"헛소리 마세요," 설리번이 말했다. 그는 이스라엘의 낙관적인 예측에 항상 회의적이고 불신감을 갖고 있었다.

설리번은 더머와 하네그비에게 속도를 늦추고, 인도적 상황 개선과 인질 협상에 집중하라고 촉구했다. 이집트와 협력하여 라파 국경을 통제하고, 신와르와 같은 하마스 지도자들을 추적하되, 라파에 대한 지상공격은 보류하라고 했다.

"생각해 보겠습니다." 더머가 말했다.

CIA 국장 빌 번스와 브렛 맥거크는 카타르 외무장관 MBAR에게 하마스가 여전히 억류하고 있는 네 명의 이스라엘계 미국인 인질 중 한 명의 생존 증명을 압박하고 있었다.

4월 22일, 하마스는 허시 골드버그-폴린의 영상을 백악관에 보냈다. 그는 10월 7일 하마스 공격 당시 친구들과 음악 축제에 참석했던 24세의 청년이었다. 그는 숨으려고 했지만, 하마스 측 누군가가 그에게 수류탄을 던졌다. 허시는 수류탄을 되돌려 던지려고 집어 들었으나 수류탄이 폭발하면서 그의 왼팔 일부가 날아갔다.

맥거크는 골드버그-폴린의 영상을 지켜보았다. 이 영상은 터널 속 삶을 보여주는 드물고도 감정적인 장면이었다. 젊은이는 흰 벽을 등지고 의자에 앉아 있었다. "안녕하세요, 엄마 아빠. 저는 여기 가자에서 거의 200일째예요. 사랑해요, 그리고 매일 엄마 아빠를 생각하고 있어요. 제가 괜찮다는 것, 살아있다는 것을 알아주셨으면 해요. 하지만 여긴 쉽지 않아요. 매일 엄마 아빠만 생각하고, 가능한 한 빨리 집으로 돌아가고 싶어요. 명절을 앞두고 지금 두 분을 생각하고 있어요. 저는 희망하고, 희망하고, 또 희망하고 있어요. 저를 가능한 한 빨리 집으로 데려가기 위해 두 분이 최선을 다하고 계시다는 것을 알고 있어요. 엄마 아빠를 보고 싶어요, 곧 만나고 싶어요. 사랑해요."

하마스는 나중에 이 영상을 공개적으로 게시했다. MBAR은 이것이 여전히 인질들을 구출할 기회가 있다는 신호라고 말했다.

이틀 후인 4월 24일, 바이든 대통령은 하마스에 의해 50일 동안 인질로 잡혀 있었던 네 살짜리 소녀 애비게일 에단을 백악관에서 맞이했다. 하마스 무장대원들은 10월 7일 그녀의 가족 집에 침입하여 그녀 앞에서 어머니와 아버지를 총으로 쏴 살해했다. 6살과 10살 된 그녀의 언니와 오빠는 위층 찬장 안에 몸을 숨긴 채 14시간 동안 있었다. 애비게일의 아버지는 애비게일을 보호하려다 총에 맞았고, 애비게일은 아버지의 몸 아래에서 기어 나와 이웃집으로 갔다. 그날 오후 하마스는 그녀를 그 이웃 가족 다섯 명과 함께 인질로 잡아갔다.

이제 애비게일은 언니, 오빠와 함께 대통령 집무실에서 레졸루트 데스크 주변을 기어 다니며 놀았다. 세 아이는 현재 텔아비브에 있는 이모와 삼촌과 함께 살고 있다. 바이든은 가족에게 백악관을 안내했다.

백악관 잔디밭에서는 브렛 맥거크가 네 살인 애비게일을 그네에 태워 밀어주고 있었다.

63
푸틴은 소련 붕괴의 전철을 밟고 있는가?

"그가 약화되었다는 것을 부인하기는 매우 어렵다고 생각합니다." 국가정보국장 에이브릴 헤인스가 2024년 5월 러시아의 푸틴 대통령에 관해 보고했다. "그렇다고 해서 그가 덜 위험해진 것은 아닙니다."

미국의 모든 정보기관을 총괄하는 최초의 여성 수장인 54세의 헤인스는 러시아에 대해 누구도 방심해서는 안 된다고 경고했다. "이 전쟁에 수천억 달러가 투입되었고," 헤인스가 말했다. "제2차 세계대전 이후 최대 규모인 30만 명이 넘는 사상자가 발생했습니다."

"우리는 그들의 지상군 전력을 수년 후퇴시켰습니다," 헤인스가 말했다. 미국과 유럽 국가들의 지원을 받은 우크라이나군은 "처절한 투쟁"을 통해 푸틴이 러시아 경제를 전시 체제로 전환하고 국방 산업 투자를 두 배로 늘릴 수밖에 없는 상황을 만들어냈다.

"그가 얻는 영토에 비해 전선에서 기꺼이 희생하고자 하는 인명과 장비의 규모는 우리 군사 분석가들이 보기에 믿기 힘든 수준입니다."

러시아의 침공 이전, 푸틴은 국방비 과다 지출이 소비에트 연방의 가장 큰 실수 중 하나였다고 오랫동안 주장해 왔다. 그것이 러시아 경제를 파괴했다고 말이다.

"이제 그는 기본적으로 똑같은 실수를 반복하고 있습니다." 헤인스가 당혹스러워하며 말했다. "이런 상황을 지켜보는 것은 정말 놀라운 일입니다."

"그리고 러시아가 제재에 대해 우리가 예상했던 것보다 더 잘 대처하고 있긴 하지만," 헤인스가 지적했다. "그들의 경제에는 치명적인 균열이 있습니다."

러시아에 대한 많은 제재를 설계한 국제경제 담당 국가안보 부보좌관 달립 싱에 따르면, 진짜 압박은 앞으로 올 것이었다. "코피가 터질 듯한 인플레이션과 금리 상승은 불가피하게 러시아의 성장을 질식시킬 것입니다." 싱이 말했다. "더 적은 자본, 더 적은 기술, 더 적은 인재는 앞으로 한 세대 동안 더 작고, 더 약하고, 더 생산성이 떨어지는 러시아 경제를 의미합니다."

푸틴은 또한 전선에 재보급을 하기 위해 중국, 북한, 이란과 같은 다른 국가들로부터 무기와 탄약을 조달해야 했다.

"그들은 군사력을 재건하려고 노력하고 있습니다." 헤인스가 말했다. "우리 업무의 상당 부분은 이 모든 것을 추적하고 차단할 주요 기회를 파악하는 것입니다."

이것은 경제, 기술, 정보 분야에서 펼쳐지는 그림자 전쟁으로, 미국이 파국적 오판의 위험을 훨씬 줄이면서 러시아와 직접 맞서 러시아를 약화시킬 수 있는 영역이었다.

그러나 이 역시 위험을 수반했다.

"미국과 러시아는 전 세계 핵무기의 90퍼센트 이상을 보유하고 있습니다." 헤인스가 말했다. "그런 규모의 핵무기를 보유한 국가가 자신들이 미끄러지고 있다고 느끼게 하는 것은 바람직하지 않습니다."

"핵무기를 보유한 국가들을 벼랑 끝으로 몰아붙이면, 그들이 결국 그것을 사용할 위험이 높아집니다." 헤인스가 말했다.

이것이 바이든 대통령과 그의 고위 참모들이 우크라이나 전쟁에서 직면한 딜레마의 핵심이었다. 러시아가 더 많은 실수를 저지를수록 푸틴은 더 무리하게 행동했다. 전쟁이 러시아 경제와 군사력에 더 많은 대가를 치르게 할수록, 푸틴은 더 많은 희생을 기꺼이 감수할 의지를 보였다.

바이든 대통령은 참모들에게 이렇게 말했다: "절대로 상대방을 궁지에 몰아서 당신을 뚫고 나가는 것만이 유일한 탈출구가 되게 해서는 안 됩니다. 반드시 그에게 다른 출구를 마련해 주어야 합니다."

하지만 푸틴은 현대의 차르가 되어 러시아를 강대국으로 부활시키겠다는 비전을 추구하다가 너무 높은 곳까지 올라가 버렸고, 이제 그가 어떻게 내려올 수 있을지 가늠하기 어려운 상황이었다.

"그는 더 약해졌으면서도 잃을 것이 더 적어졌다는 바로 그 사실 때문에 오히려 더 위험해질 수 있습니다." 헤인스가 경고했다.

푸틴의 자서전 『퍼스트 퍼슨(First Person)』은 2000년에 세 명의 러시아 기자들에게 구술된 것으로, 러시아 대통령의 내면을 들여다볼 수 있는 권위 있는 책이다. "나는 전쟁에서는 항상 많은 실수가 일어난다고 생각합니다." 푸틴이 기자들에게 말했다. "그것은 피할 수 없는 일입니다. 하지만 싸우고 있을 때 주변 사람들이 항상 실수만 한다고 생각하다 보면, 결코 이길 수 없습니다. 실용적인 태도를 취해야 하며, 항상 승리를 염두에 두어야 합니다."

"개는 자기를 두려워하는 사람을 감지하면 물어버립니다. 똑같은 원리가 여기에도 적용됩니다. 만약 당신이 초조해하면 상대는 자신이 더 강하다고 생각할 것입니다. 이런 상황에서는 오직 한 가지 방법만 통합니다—공격적으로 나가는 것입니다. 당신이 먼저 공격해야 하며, 상대방이 다시 일어서지 못할 정도로 강력하게 타격을 가해야 합니다."

64
중범죄 유죄 판결을 받은
전직 대통령

"그들은 내가 유죄 판결을 받으면 선거에서 오히려 더 유리할 거라고 말하고 있어." 트럼프가 뉴욕에서 진행 중인 입막음 돈 재판 와중에 전 변호사 팀 팔라토레에게 전화로 말했다.

"하지만 팀," 트럼프가 말했다. "난 유죄 판결을 받고 싶지 않아."

트럼프는 2016년 대통령 선거를 앞두고 성인 영화 배우 스토미 대니얼스에게 지급한 입막음 돈을 은폐하기 위해 사업 기록 34건을 위조한 혐의로 형사 기소되었다. 재판은 2024년 4월 15일에 시작되었다.

1년 이상 법무부의 1월 6일 사태와 마라라고 문서 조사에서 트럼프를 대리했던 팔라토레는 이제 트럼프의 선거 캠페인이 맨해튼 법정에서의 의사결정을 주도하고 있다고 믿었다. 이것이 그가 2023년 5월에 트럼프의 변호사직을 그만둔 이유 중 하나였다. 팔라토레는 트럼프와는 아무런 문제가 없었다.

"내가 그를 떠난 이유는 그가 잘못된 사람들에게 둘러싸여 있었기 때문입니다." 팔라토레가 말했다. 그들은 의뢰인의 이익보다는 24시간 뉴스 사이클에 더 신경을 쓰는 사람들이었다.

트럼프의 발언은 팔라토레를 짜증나게 했다. 이 재판이 바로 그 적절한 예라고 그는 생각했다.

"스토미 대니얼스에게 지급한 입막음 돈 그 자체는 불법이 아닙니다." 팔라토레가 트럼프에게 설명했다. "보기 좋지는 않지만 불법은 아닙니다."

"여기서 당신의 문제는 마이클 코언이 청구서를 제대로 작성할 줄 모른다는 것입니다." 팔라토레가 말했다. "청구서의 항목이 얼마나 구체적이어야 하는지 정한 법은 없으며, 당신이 무엇에 대해 지불하는지 이해할 수 있을 정도면 충분합니다."

마이클 코언은 트럼프의 전 해결사였으며 재판에서 트럼프에 불리한 핵심 증인이었다.

"제대로 된 변호사라면 당신에게 어떻게 청구서를 발행했을지 말씀드리겠습니다." 팔라토레가 말했다.

"저라면 이렇게 작성했을 겁니다: 경비 정산 13만 달러, 경비 정산 2만 달러, 수수료 3만 달러, 그러면 전체 청구서는 18만 달러였을 겁니다. 누구도 그것이 허위 사업 기록이라고 주장할 수 없었을 것이고, 당신은 이런 일을 겪지 않았을 겁니다."●

● 팔라토레의 주장도 다소 부정확하다. 입막음 목적으로 트럼프의 변호사인 코언이 13만 달러를 지급하고, 트럼프에게 유리한 여론 조성 비용 명목으로 5만 달러가 지급되었다. 이러한 18만 달러에 대해 코언이 소득세를 납부해야 하므로 이를 감안해 2배 금액인 36만 달러를 지급하기로 서로 합의했다. 그리고 코언의 보너스로 6만 달러를 지급해 총 42만 달러가 된 것이다. 이 돈을 정례적인 법률 자문 비용의 지급처럼 보이기 위해 매월 3만 5천 달러를 나누어 12회에 걸쳐 지급했다. 이 사건의 근본적인 문제는 스토미 대니얼스에 대한 돈 지급 자체가 문제가 아니라, 그 돈을 회사의 돈으로 지급하기 위해 회계장부와 내부 문건을 조작한 것이다. 뉴욕주법에 따르면, 사업 기록 위조는 허위 정보가 담긴 모든 사업 문서가 대상이며, 허위 정보가 기재된 각각의 문건이 별도의 죄를 구성한다(옮긴이).

"그렇게 하면 거기에는 사업 기록 위조가 성립하지 않습니다." 팔라토레가 말했다. "그것은 정확한 청구서입니다."

"지금 나 갖고 노는 거야?" 트럼프가 격분하며 말했다. "내가 42만 달러 대신 18만 달러만 지불할 수 있었다고?"

"그렇습니다, 대통령님," 팔라토레가 말했다. "저는 수수료와 비용을 같은 청구서에 함께 기재할 수 있으며, 제 회계사가 이를 처리하는 방식은 수수료는 소득으로 간주되지만, 비용 상환금은 소득으로 간주되지 않습니다."

"맙소사," 트럼프가 말했다.

2024년 5월 30일, 트럼프는 맨해튼에서 배심원의 만장일치로 사업 기록 위조 34건에 대해 모두 유죄 판결을 받았으며, 미국 역사상 최초로 중범죄로 유죄 판결을 받은 전직 대통령이 되었다.

트럼프와 그의 선거운동 진영은 즉시 이번 재판과 머천 판사, 바이든 대통령과 민주당을 공격했다.

"이것은 조작되고 치욕스러운 재판이었습니다." 트럼프는 법정을 나선 후 선언했다. "진정한 평결은 11월 5일 국민에 의해 내려질 것입니다."

팔라토레는 그런 정치적 수사를 일축했다. 그는 뉴욕주 판사 후안 머천과 직접 일한 경험이 있었고, 그가 트럼프의 재판을 훌륭하게 주재했다고 생각했다.

전직 대통령의 문제는 사법 제도가 아니라 변호사 선임 과정에서 잘못된 결정을 내렸기 때문이라고 팔라토레는 믿었다.

"자신을 돌아보고, 내가 잘못된 변호사들을 고용해서 유죄 판결을 받았다고 말하는 것보다, 이 모든 것이 앨빈 브래그와 민주당 전국위원회, 그리고 바이든과 그런 것들 때문이라고 말하는 것이 정치적으로 더 유리합니다," 팔라토레가 말했다. 앨빈 브래그는 트럼프를 기소한 뉴욕 지방 검사였다.

팔라토레는 트럼프의 형사 사건 변호사 토드 블랑셰를 지적했는데, 블랑셰는 판결 후 그들이 유죄 판결을 "예상했다"고 공개적으로 말했다. "그가 승리할 계획이 전혀 없었다는 것은 제게 명백합니다," 팔라토레가 말했다.

판결이 있은 지 24시간 이내에 그의 대선 캠페인은 5천만 달러 이상을 모금했다.

"나는 매우 무고한 사람입니다," 트럼프가 성명에서 말했다. "그리고 괜찮습니다. 나는 우리나라를 위해 싸우고 있습니다. 나는 우리 헌법을 위해 싸우고 있습니다. 우리나라 전체가 지금 조작되고 있습니다."

65
바이든의 아들을 향한 사랑과 고통

"그들은 대통령직을 무너뜨리려 하고 있습니다." 헌터 바이든이 2023년 12월 인터뷰에서 말했다. 그는 공화당이 자신을 집착적으로 쫓으며 자신의 알코올과 크랙 코카인 중독과의 투쟁을 계속해서 들추어내고 과대 포장하는 것에 대해 언급했다. "그들은 내 아버지에게 감당할 수 없을 정도의 고통이 될 것을 알면서 저를 죽이려 하고 있습니다."

바이든 대통령의 가장 가까운 측근 중 한 명에 따르면, 헌터에 대한 공화당의 공격이 "대통령을 극심한 고통에 시달리게 하고 있었다." 그는 거의 매일 헌터에게 전화를 걸어 안부를 확인했다.

"안녕, 아들. 어떻게 지내니?" 바이든 대통령은 그런 통화 중 하나에서 헌터에게 물었다. "잘 버티고 있니? 괜찮니?"

54세의 헌터 바이든은 2024년 여름과 가을에 세간의 주목을 받는 두 건의 형사 재판의 중심에 있었다. 헌터는 총기를 구매하고 소지할 때 자신의 약물 사용에 대해 거짓말을 했다는 연방법 위반 혐의에 대해 무죄를 주장했다. 그의 재판은 6월에 델라웨어에서 시작되었다. 탈세 혐의에 대한 두 번째 재판은 선거 한 달 전인 9월로 예정되어 있었다.

헌터와 그의 아버지 사이의 유대는 진정하고 지속적이었다고 또 다른 측근이 말했다. 대통령은 첫 번째 아내와 딸을 교통사고로 잃었고, 나중에는 뇌종양으로 장남 보(Beau)를 잃었다. 헌터에 대한 공화당의 끊임없는 공개적인 공격은 정치적, 정책적 사안보다 종종 대통령에게 더 깊은 영향을 미치고 있었다.

"저는 대통령의 가장 큰 걱정거리, 그리고 영부인의 가장 큰 걱정거리는 형사 기소나 노트북 관련 터무니없는 일들, 또는 감독위원회의 청문회가 아니라고 생각합니다. 제 생각에는 이 모든 것이 끝났을 때 [헌터가] 실제로 자신의 삶을 앞으로 나아갈 수 있을 만큼 그의 정신 건강과 신체 건강이 유지되도록 하는 것이라고 생각합니다."

"헌터는 자신이 덫에 갇힌 것처럼 느끼고 있습니다." 그 친구는 헌터가 과거에서 벗어나려 애쓰는 것에 대해 말했다. 마치 안정된 삶으로 돌아갈 길이 없는 것처럼. "그는 말 그대로 x됐어요. 그리고 그도 어느 정도는 알고 있는 것 같습니다."

바이든 대통령은 헌터를 조사하기 위해 특별검사를 임명한 메릭 갈랜드 법무장관에 대해 사적으로 분노를 표출했다. "갈랜드를 선택하지 말았어야 했는데," 바이든 대통령이 한 측근에게 말했다. 하지만 그의 핵심 참모진은 갈랜드의 임명을 강하게 밀어붙였었다.

바이든 대통령은 헌터에 대한 법무부의 수사에 개입하지 않겠다고 공개적으로 약속했다. 가끔 그는 헌터의 변호사인 애비 로웰과 연락하며 아들을 변호해 준 것에 대해 감사를 표했다.

"애비랑 좀 통화하게 해줘," 바이든이 헌터에게 말하며 2022년 12월 로웰과 통화하기 위해 그의 전화를 받았다. "당신이 하는 일이 정말 마음에 듭니다. 계속해 주세요. 계속해 주세요."

백악관 변호사들과 헌터의 법률팀 사이에는 긴장감이 팽배했다. 백악관 변호사들은 헌터가 조용히 지내며 공개적으로 몸을 낮추기를 원했다. 재판은 법정에서 진행되도록 두라는 입장이었다.

"그의 아버지의 커뮤니케이션팀은 헌터가 그냥 사라지기를 원합니다." 한 측근이 말했다.

헌터는 "생존하는 것"에 집중하고 있었다.

"지금 그는 다시는 중독에 빠지지 않겠다는 데 완전히 헌신하고 있을 뿐만 아니라 정상적인 삶을 원하고 있습니다. 제 생각에는 이것이 그가 그토록 열심히 싸우고 있는 이유입니다." 그 측근은 재판에 관해 말했다.

헌터는 자서전 『아름다운 것들(Beautiful Things)』에서 크랙 코카인 중독 이야기 — 그 환희와 절망, 혼돈, 유혹, 그리고 타락 — 를 들려준다.

"크랙을 만드는 것은 연습이 필요했지만 로켓 과학은 아니었습니다." 헌터는 "크랙드(Cracked)"라는 제목의 7장에서 말했다.

"나는 이른바 '벨 링어(bell ringer)'(크랙 코카인을 흡입했을 때 나타나는 특정한 강렬한 도취감을 지칭하는 속어-옮긴이) — 크랙의 성배라고 불리는 것을 경험했어요. 그 느낌은 완전한, 거의 초현실적인 행복감이었습니다."

"나는 그 후 3년 동안 그 황홀감을 간헐적으로 쫓아다녔어요," 그가 말했다. 2017년부터 2020년까지.

헌터와 그의 아내 멜리사 코언에게는 보 바이든 주니어라는 어린 아들이 있었는데, 그들은 아이를 줄여서 "보이(Beauie)"라고 불렀으며,

이는 헌터의 작고한 형 보의 이름을 따서 지은 것이었다.

바이든 대통령은 헌터에 대한 공화당의 수년간 계속된 공격에 죄책감을 느끼며 측근에게 말했다. "이 모든 것이 나 때문이야. 내가 대통령이 아니었다면 헌터에게 이런 일은 일어나지 않았을 거야."

"이 일은 씨x, 절대 끝나지 않을 거야." 바이든이 불평했다.

헌터는 2024년 6월 11일, 3건의 연방 중범죄 총기 관련 혐의에 대해 모두 유죄 판결을 받았다.

바이든 대통령은 "나는 이 사건의 결과를 받아들이고, 헌터가 항소를 고려하는 동안에도 사법 절차를 계속해서 존중할 것입니다"라고 말하며, 트럼프와 자신을 차별화했다.

"질과 저는 언제나 헌터와 우리 가족 모두에게 사랑과 지지를 보낼 것입니다. 그 어떤 것도 이 사실을 바꿀 수 없습니다."

66
네타냐후가 가자지구를
파괴한 진짜 이유

비밀은 항상 존재한다. 그리고 비밀은 특히 인간관계에서 종종 엄청난 무게를 지닌다. 주요 인물들은 서로에 대해 정말로 어떻게 생각하고 있을까? 다른 이들이 알아채지 못하거나 상상조차 할 수 없는 무대 뒤에서는 어떤 일이 벌어지고 있을까? 표면에 드러나지 않고 눈에 보이지 않는 진정한 원동력은 무엇일까?

바이든 대통령의 이스라엘 총리 네타냐후에 대한 좌절감과 불신은 수년간 쌓여왔고 2024년 봄에 마침내 폭발했다.

"그 개자식, 비비 네타냐후, 그는 나쁜 놈이야. 그는 나쁜 씨x 놈이라고!" 바이든 대통령은 자신의 가장 가까운 측근 중 한 명에게 사적으로 내뱉었다. "나쁜 씨x 놈이야!"

"그는 하마스 따위는 신경도 안 써. 그는 오직 자기 자신만 신경 쓰지."

대통령은 네타냐후에 대한 괴로움과 불신에 사로잡혀 있었으며, 그가 자신에게 계속해서 거짓말을 해왔다고 말했다.

네타냐후는 가자 지역 전체를 파괴하고 있었고, 지구상에서 가장 인구 밀도가 높은 곳 중 하나에 약 45,000개의 폭탄을 쏟아붓고 있었다. 가자지구 인구 220만 명 중 거의 절반인 47퍼센트가 18세 미만의 아이들이었다. 가자에 투하된 수백 개의 폭탄은 2,000파운드(900kg)급 대형 폭탄이었다. 이러한 대학살은 제2차 세계대전 중 일어났던 최악의 폭격들을 연상시켰다.

네타냐후는 하마스의 마지막 한 명까지 모두 죽이겠다고 계속해서 말하고 있었다.

바이든은 그에게 그것은 불가능하다고 말했고, 사적으로도 공개적으로도 이스라엘에 대한 미국의 공격용 무기 공급을 보류하겠다고 위협했다.

네타냐후는 바이든에게 이스라엘이 전략을 변경하여 더 신중하게 표적을 정하고 정교한 작전으로 하마스를 추적하겠다고 약속했다. 그들은 1972년 뮌헨 올림픽에서 이스라엘 선수단 11명을 살해한 '검은 9월단' 팔레스타인 무장 조직원들을 제거하기 위해 1년 동안 진행했던 더 체계적이고 인내심 있는 추적 작전을 재현할 것이라고 했다.

더 이상 전략 없이 로켓과 포를 발사하며 진격하는 대대들은 없을 것이고, 더 이상 도시 지역에 거대한 폭탄을 투하하는 일도 없을 것이라고 했다. 하지만 네타냐후는 계속해서 정확히 그러한 명령을 내렸다.

10월 7일 이전, 네타냐후의 정치적 리더십은 완전히 무너져 있었다. 그는 여러 차례 연기된 사기 및 뇌물 수수 혐의로 형사 기소에 직면해 있었고, 이스라엘 사법부의 독립성을 약화시키는 법률 및 사법 개혁을 추진한 것에 대해 광범위한 비판을 받고 있었다. 네타냐후는 총리직에서 축출될 위기에 처해 있었다.

하지만 그의 재임 중에 발생한 10월 7일 하마스의 대규모 공격 이후, 네타냐후는 이스라엘의 재앙적인 정보 및 안보 실패에 대한 질문들을 제쳐두고 스스로를 강력한 전시 지도자로 부활시켰다. 이스라엘은 총리를 중심으로 단결했다. 계속되는 전쟁은 네타냐후를 보호하는 방패가 되었다.

바이든 대통령은 친구에게 네타냐후가 이제 정치적으로 자신을 구하고 감옥에 가지 않기 위해 열심히 노력하고 있다고 말했다.

바이든은 비비의 리더십이 여전히 지속되고 있다는 사실에 놀라워했다.

"왜 내부 반란이 일어나지 않은 거지?" 바이든이 말했다. "어떻게든, 어떤 식으로든 비비를 투표로 쫓아내는 강력한 내부 반란 말이야! 그냥 그를 쫓아내!"

바이든 대통령은 네타냐후가 전쟁 종료 후 가자지구와 주변 지역에 대한 계획에 전혀 시간을 들이지 않았다고 신랄하게 불만을 토로했다. 그는 지난 6개월 동안 네타냐후와의 여러 차례 보안 통화와 블링컨이 보고한 여러 번의 회의를 통해 이를 알고 있었다.

백악관은 바이든-네타냐후 간 전화 통화에 대한 간략한 요약을 언론에 발표하며, 그 통화들이 유익하고 우호적이며 생산적이었다고 시사하곤 했다.

"제 생각에는, 그는 무엇보다도 자신이 이스라엘의 구원자라고 믿는 사람입니다." 국가정보국장 에이브릴 헤인스가 네타냐후에 대해 말했다. "둘째로, 그는 지금까지 자신이 이룬 업적의 유산을 잃고 싶어 하지 않으며, 10월 7일의 총리로 기억되는 것을 원치 않습니다."

"제 견해로는, 그러한 그의 정치적 계산이 현시점에서 그의 의사결정에 분명히 영향을 미치고 있습니다." 헤인스가 보고했다.

바이든은 10월 7일 직후 네타냐후에게 가자지구에 대한 지상 침공을 하지 말라고 압박했다. 하지만 이스라엘은 어쨌든 침공을 강행했다. 바이든은 네타냐후에게 가자에 대한 지속적인 인도적 지원을 허용하도록 압박했지만, 이스라엘의 전격적인 군사 작전으로 인해 원조 물자 전달은 거의 불가능해졌다.

가자지구의 인도적 재앙은 계속해서 악화되었다.

블링컨 국무장관은 몇 달 동안 거의 하루 24시간 쉬지 않고 일해왔다. 그는 네타냐후의 행태와 술책에 정신적으로나 육체적으로 완전히 지쳐 있었다.

바이든은 네타냐후에게 라파에 대한 군사 공격을 실행하지 말라고 경고했다. 네타냐후는 시간을 끌고, 논쟁하고, 민간인들을 위험에서 벗어나게 하는 계획을 내놓았다. 하지만 결국 네타냐후는 이스라엘 군대를 투입했다.

"그는 씨x 거짓말쟁이야." 바이든은 네타냐후에 대해 사적으로 말했다. "그를 위해 일하는 19명 중 18명이 씨x 거짓말쟁이들이야."

바이든은 자신이 네타냐후와 단호하고 공개적으로 결별한다면 이스라엘의 안보가 위험에 처할 수 있다고 믿었다—10월 7일 이후 그는 그런 일을 할 준비가 되어 있지 않았다. 이란과 헤즈볼라가 지켜보고 있었다.

네타냐후는 이스라엘의 군사 공격을 확대했고, 5월 말에는 인구 밀집 지역인 라파 검문소 근처 남부 지역에 대한 지상공격으로 텐트 캠프에 있던 수십 명의 민간인이 사망하는 일이 발생하자 사과할 수밖에 없었다. 그는 이를 "비극적인 사고"라고 불렀다. 이 치명적인 공격에서 이스라엘은 미국산 무기를 사용했다. 이스라엘은 그 지역을 안전지대로 지정해 놓은 상황이었다. 2024년 5월 말까지 가자지구에서 최소 35,000명이 사망했다.

전쟁 내각의 주요 인사이자 네타냐후의 최대 정치적 경쟁자인 베니 간츠가 6월 9일 이스라엘 비상 정부에서 사임하면서 총리는 연립 정부 내 극우파 인사들에게 더욱 의존하게 되었다.

"안타깝게도, 네타냐후는 우리가 진정한 승리를 달성하는 것을 막고 있습니다. 그리고 이 진정한 승리만이 현재 진행 중인 고통스러운 위기를 정당화할 수 있는 것입니다," 간츠가 말했다. 그는 네타냐후에게 이스라엘 선거 일정을 정하라고 촉구했다. 여론조사에 따르면 간츠가 네타냐후를 이길 것으로 나타났다.

10월 7일 이스라엘에 대한 하마스의 공격은 "이스라엘 국가 역사상 가장 엄청난 정보 및 작전 실패였습니다," 설리번이 말했다. "이스라엘 정보기관은 이를 알았어야 했습니다. 설사 사태가 발생하기 전에는 몰랐더라도, 공격이 시작된 후에라도 저지했어야 했습니다. 그들은 베르마흐트[Wehrmacht, 나치 독일 시대(1935~1945)의 독일 통합 군대를 가리키는 명칭으로 당시 세계에서 가장 강력하고 현대화된 군대 중 하나로 여겨졌다-옮긴이]가 아니었습니다," 그는 독일 군대를 언급하며 덧붙였다. "그저 운동화를 신은 몇천 명이 개방된 땅을 가로질러 온 것뿐이었습니다." 가자지구에서의 전쟁은 이스라엘 방위군의 명성을 회복하는 데 거의 도움이 되지 않았다.

6월, 이스라엘군은 가자지구에서 하마스에 억류되어 있던 4명의 인질을 추가로 구출했지만, 이 구출 작전 과정에서 최소 274명의 팔레스타인인이 사망했다. 수백 명이 추가로 부상을 입었다. 이스라엘은 인구 밀집 지역인 누세이라트 난민 캠프에서 하마스가 인질들을 민간인들이 에워싸게 했다고 비난했다.

바이든 대통령은 현재로서는 중동 전역으로의 전쟁 확산을 성공적으로 저지했지만, 가자지구의 인도주의적 재앙을 막기 위해 이스라엘 정부를 통제하는 데는 실패했다. 그는 이스라엘에 대한 미국의 정책을 변경하지 않았고 네타냐후에게 수십억 달러의 군사 원조를 계속 제공했다.

바이든은 이스라엘과의 관계에서 점점 위태로워지는 줄타기를 하고 있었다.

67
공격적인 트럼프의 언어들

2024년 대선을 앞두고 벌어진 대통령직을 둘러싼 정치 전쟁에서 폭력 문제는 많은 미국인들에게 가장 큰 우려 사항 중 하나였다.

"만약 미국 본토에 테러 공격이 발생한다면, 바이든은 끝입니다." 린지 그레이엄 상원의원이 걱정스럽게 다른 사람들에게 말했다. "트럼프가 이기게 됩니다.

"그것은 진짜 취약점입니다. 우리 모두는 9/11을 기억합니다. 바이든은 국경 문제를 안고 있습니다. 그는 매우 불안정한 세계정세에 직면해 있는데, 이는 여기 국내로 번져 우리에게 피해를 줄 수 있습니다."

트럼프는 남부 국경 위기를 자신의 공포 캠페인의 중심으로 사용하고 있었다. "이란에서 오는 많은 사람들, 중국에서 오는 많은 사람들, 러시아에서 오는 많은 사람들이 있습니다. 흥미롭죠," 2024년 2월 10일 사우스캐롤라이나 유세에서 트럼프가 말했다. "그들 거의 모두 18세에서 25세 사이의 남성입니다. 이는 전투 가능 연령대입니다. 전투 가능 연령대란 말입니다. 그들은 무언가를 계획하고 있지만, 우리는 그것을 절대 용납하지 않을 것입니다. 그들이 우리나라를 파괴하고 있습니다, 이 파시스트 집단이." 트럼프는 바이든 행정부를 가리키며 말했다. "그들이 우리나라를 파괴하고 있습니다."

"트럼프는 점점 더 불안정해지고 있습니다." 그레이엄이 관찰했다. "이런 법정 소송들 말이에요. 누구라도 동요할 만한 일이라고 생각합니다."

트럼프의 언어는 점점 더 폭력적이고 공격적으로 변하고 있었다. 그는 자신을 조사하고 기소한 앨빈 브래그와 잭 스미스, 그리고 자신을 비판했던 전직 관료들에 대한 보복을 다짐했다.

상황은 미국 역사상 가장 위험하고 예측 불가능한 선거 레이스 중 하나로 전개되고 있었다.

"바이든은 자신의 운명에 대한 통제력을 잃었습니다." 그레이엄이 말했다. "그의 운명은 이제 정말로 운명의 손에 맡겨진 셈입니다. 단 하나의 사건이 선거를 바꿀 수 있습니다."

"이것은 지금까지 제가 본 것 중 가장 기이한 선거 과정입니다," 그레이엄은 덧붙였다. "하지만 제가 사람들에게 하는 말은 이겁니다. 여러분은 11월을 걱정하고 있지만, 저는 내일 아침을 걱정하고 있습니다. 저는 공격을 받을까 봐 걱정하고 있습니다."

68
트럼프와 장군들 간의 충돌

"당신은 우리 표적 목록의 1순위요." 2024년 봄 어느 공개 행사에서 한 남자가 전 합참의장 마크 밀리 장군의 얼굴 앞까지 바짝 다가와 비웃듯 말했다.

"이런 일에 쓸 시간이 없소," 밀리가 대답하고 자리를 떠났다.

이것은 그가 받은 첫 번째 위협도 아니었고 마지막도 아닐 것이었다. 밀리는 2023년 9월 말에 합참의장직에서 은퇴했다. 언론 보도는 트럼프의 임기 마지막 해 동안 미국의 헌법 질서를 지키기 위한 밀리의 노력을 인정했다.

이 보도에 격분한 트럼프 전 대통령은 밀리가 1월 6일 국회의사당 폭동 이틀 후 중국 측 카운터파트인 리쭤청 장군에게 백채널로 전화를 걸었던 사실을 언급했다. 나는 로버트 코스타와 함께 쓴 나의 책 『위기』에서 이 통화에 대해 언급한 바 있다.

"상황이 불안정해 보일 수 있습니다." 밀리가 리 장군에게 미국이 안정적이고 무너지고 있지 않다고 안심시키며 말했다. "우리는 100퍼센트 안정적입니다. 모든 것이 괜찮습니다."

밀리는 또한 의회에서 선서 하에 증언하면서, 그 통화는 중국 측에 "우리는 당신들을 공격하지 않을 것"이라고 확인시켜 주고, 미국의 극도로 불안정한 시기에 안정성을 강화하기 위한 것이었다고 말했다.

그러나 트럼프는 밀리의 전화를 "너무나 극악한 행위로, 과거였다면 그 처벌은 **사형**이었을 것이다! 이 반역적 행위로 인해 중국과 미국 사이에 전쟁이 일어날 수도 있었다"고 언급했다.

은퇴 이후 밀리는 끊임없는 살해 위협의 공세를 받았는데, 그는 이것이 적어도 부분적으로는 트럼프가 반복적으로 자신의 신뢰성을 훼손하려는 공격적인 시도 때문이라고 여겼다.

"그는 폭력적인 수사로 사람들을 폭력으로 선동하고 있어," 밀리는 아내에게 말했다. "하지만 그는 암시의 힘을 통해 그렇게 하는데, 이것이 바로 1월 6일에 그가 했던 것과 똑같은 방식이야."

전직 합참의장으로서 밀리는 2년 동안 24시간 정부의 경호를 제공받았다. 그러나 그는 막대한 사비를 들여 자신의 집에 방탄유리와 방폭 커튼을 설치하는 등 추가적인 예방 조치를 취했다.

"나는 그들을 다시 현역으로 복귀시킨 다음 군사 재판에 회부할 거야!" 2020년, 대통령 임기 마지막 해에 트럼프가 대통령 집무실에서 소리쳤다.

당시 합참의장이었던 마크 밀리와 국방장관 마크 에스퍼는 대통령 집무실에 있었고 충격에 빠진 채 트럼프 대통령을 바라보았다.

예비역 4성 장군 두 명이 언론에서 트럼프에 대해 신랄한 개인적 비판을 하고 있었다. 트럼프는 격분했다.

"정말 불충하군!" 그가 소리쳤다.

비판을 한 첫 번째 예비역 장군은 윌리엄 맥레이븐 해군 제독으로, 그는 10년 전 알카에다 지도자 오사마 빈 라덴을 사살한 급습 작전을 감독했던 미 특수작전 사령관이었다. 2020년 2월 《워싱턴포스트》 기고문에서 맥레이븐은 이렇게 말했다:

"미국인으로서 우리는 두려워해야 합니다—국가의 미래를 깊이 걱정해야 합니다. 정직한 사람들이 진실을 말할 수 없을 때, 사실이 불편해질 때, 정직함과 인격이 더 이상 중요하지 않을 때, 대통령의 자아와 자기 보존이 국가안보보다 더 중요해질 때—그때는 악의 승리를 막을 수 있는 것이 아무것도 남지 않게 됩니다."

앞서 《뉴욕타임스》에 게재한 글에서 맥레이븐은 이렇게 말했다: "대통령 집무실에 새로운 인물이 필요한 때입니다—공화당원이든, 민주당원이든, 무소속이든—빠르면 빠를수록 좋습니다. 우리 공화국의 운명이 여기에 달려 있습니다."

두 번째 저명한 트럼프 비판자는 스탠리 맥크리스털 예비역 장군으로, 그는 10년 전 아프가니스탄에서 미군과 나토군을 지휘했던 인물이었다. 맥크리스털은 최근 CNN에 출연하여 트럼프를 "비도덕적"이고 "부정직"하다고 말했다.

트럼프는 격분했다.

공화당과 민주당 대통령 모두의 밑에서 복무했던 먼 과거의 4성 장군들이 유령처럼 다시 나타나 트럼프를 맹공격했다.

트럼프는 비판을 그냥 넘기는 것을 결코 좋아하지 않았다. 그는 보복을 원했다.

최고사령관으로서 트럼프는 예비역 장교에 대한 막강한 권한을 가지고 있었다. 그들을 현역으로 복귀시켜 군사 재판에 회부할 수 있는 권한이 있었다. 그러나 이는 미국 역사상 매우 심각한 범죄에 대해 단지 몇 번만 시행되었을 뿐이다. 예를 들어, 2017년 한 예비역 소장이 1980년대 현역 복무 중 미성년자 강간 혐의 6건으로 기소되었을 때였다.

밀리와 에스퍼는 트럼프에게 그렇게 하지 말라고 조언했다. 저명한 장군들에 대해 그런 공격적 조치를 취하는 것은 오히려 그에게 역효과를 낳을 것이었다. 맥레이븐과 맥크리스털은 전통적으로나 법적으로나 자신들의 의견을 표현할 권리가 있었다. 그들을 소환하는 것은 역사적으로 전례 없는 일이며 오히려 트럼프에 대한 그들의 발언에 더 많은 주목을 끌게 될 뿐이었다.

대통령은 그런 말을 듣고 싶지 않았다.

"대통령님," 밀리가 말했다. "저는 장성들의 질서와 규율을 책임지는 최고 군 지휘관입니다. 제가 이 문제를 처리하겠습니다."

트럼프가 고개를 획 돌렸다. "정말 그럴 거요?" 그가 의심스럽게 물었다.

"물론입니다." 밀리가 확언했다.

"좋아요, 당신이 처리하세요." 트럼프 대통령이 말했다.

그 후 밀리는 맥레이븐과 맥크리스털에게 직접 전화를 걸어 트럼프가 무엇을 하려고 말했는지 경고했다. 그들이 공개 무대에서 물러날 때가 되었다.

"수위를 낮추세요," 밀리가 말했다. 만약 트럼프가 실제로 자신의 권한을 사용해 그들을 현역으로 소환한다면, 밀리가 할 수 있는 일은 거의 없었다.

2024년 6월, 밀리는 트럼프가 재선에 성공하면 이번에는 자신과 다른 예비역 장교들을 불충을 이유로 현역으로 소환하여 군사 재판에 회부하려 다시 시도할지도 모른다고 우려했다.

"그는 자신이 하려는 일을 광고하며 걸어 다니는 살아있는 광고판입니다." 밀리가 전 동료들에게 경고했다. "그가 직접 말하고 있고, 그것도 그 혼자만이 아니라 그의 주변 사람들도 마찬가지입니다."

"우리는 그에게 책임을 물을 것입니다." 거침없는 트럼프 충성파이자 전 수석 전략가인 스티브 배넌은 자신의 팟캐스트 〈워룸(War Room)〉에서 밀리에 대해 말했다. 하원 1월 6일 위원회의 소환장을 거부한 혐의로 의회 모독죄 판결을 받은 배넌은 곧 4개월의 징역형 복역을 앞두고 있었다.

대통령 임기 마지막 해에 트럼프는 여러 차례 미국 시민들에게 군대를 투입하려 했는데, 2020년 여름 '블랙 라이브스 매터(Black Lives Matter, 흑인의 생명도 소중하다)' 시위를 진압하려 한 것도 그중 하나였다.

"그냥 쏴버리면 안 되나?" 2020년 6월 1일, 트럼프 대통령이 워싱턴 D.C.의 시위대에 대해 에스퍼 국방장관에게 물었다. "다리에라도 쏘든지 하면 안 되나?"

"우리는 군대를 투입할 겁니다." 2020년 6월 3일 전화 인터뷰에서 트럼프가 열띤 어조로 나에게 말했다. 트럼프는 시위의 본질—경찰관에 의한 흑인 남성 잔혹 살해 사건—에는 전혀 관심이 없어 보였다. 그의 관심사는 오직 시위대가 자신과 행정부를 나약해 보이게 만든다는 생각뿐이었다.

2020년 6월 트럼프와의 또 다른 인터뷰에서 나는 이렇게 말했다. "우리는 한 가지 공통점이 있습니다. 우리는 백인이고, 특권층이죠. 제 아버지는 일리노이주의 변호사이자 판사였습니다. 그리고 당신 아버지가 하신 일도 알고 있습니다."

"그 특권이 당신을 어느 정도 고립시키고 동굴 속에 가뒀다고 생각하시나요?" 내가 그에게 물었다. "저를—그리고 내 생각에 많은 백인 특권층 사람들을—동굴에 가둔 것처럼 말이죠? 그래서 우리가 이 나라에서 특히 흑인들이 느끼는 분노와 고통을 이해하려면 그 동굴에서 빠져나오려고 노력해야 한다고 생각하는데요?"

"아니요," 트럼프가 날카롭게 대답했다. "당신 완전히 세뇌됐군요, 그렇죠? 당신 말 좀 들어보세요. 와우, 아니에요. 전혀 그렇게 느끼지 않습니다."

"그렇지 않다고요?" 내가 물었다.

"링컨을 제외하면 역사상 어떤 대통령보다도 내가 흑인 공동체를 위해 가장 많은 일을 했습니다." 그가 단언했다.

밀리와 에스퍼는 그해 여름 트럼프가 현역 군인 1만 명을 수도에 투입하려는 것을 간신히 막았다.

에스퍼는 트럼프에게 그에 따른 어려움을 설명했다. 정예 부대를 워싱턴에 배치하는 군수 작업이 얼마나 복잡한지 말이다. 시간이 걸릴 것이고, 단순히 명령을 내린다고 해서 해결될 일이 아니었다.

"장군, 당신이 이 일을 맡아 주시오," 트럼프는 밀리를 향해 몸을 돌리며 말했다.

밀리는 "저는 아닙니다"라는 제스처로 손을 들어 올렸다. "저는 고문입니다, 대통령님. 군대 지휘권은 없습니다." 그가 말했다.

격분한 트럼프는 벌떡 일어나 아무도 자신을 도와주지 않는다고 고함쳤다. "우리가 약해 보인다고," 트럼프는 그들에게 소리쳤다. "당신들은 패배자들이야! 당신들 모두 씨x 패배자들이라고!"

에스퍼는 회고록 『신성한 맹세(A Sacred Oath)』에서 이렇게 썼다. "우리는 어둡고 위험한 선을 넘기 직전인 듯했다. 과거에도 이런 위험한 경계에 다가간 적이 있었지만, 이렇게 중요한 상황은 처음이었고, 이토록 격렬한 분노를 동반한 적도 없었다."

"만약 우리가 모두 사라진다면 무슨 일이 벌어질까?" 그는 자문했다. 그가 말하는 '우리'는 트럼프가 자국민에게 군대를 동원하는 것을 비롯해, 트럼프가 어리석거나 위험한 결정을 내리지 못하도록 번번이 막아온 트럼프 행정부의 관리들이었다.

밀리와 에스퍼에게 트럼프 임기 마지막 해는 미국 군대가 국내 치안 문제에 개입하지 않도록 막는 데 온 힘을 쏟아야 했던 시간이었다.

2024년 선거운동에서 트럼프와 그의 측근들은 그가 재선되면 미국 내에서 군사력을 어떻게 사용할지 이미 홍보하고 있었다.

예를 들어, 이민 위기에 대한 트럼프의 해결책은 "미국 역사상 최대 규모의 국내 추방 작전"을 실행하는 것이었다.

"상황이 통제 불능이라고 판단되면, 저는 주저 없이 군대를 사용할 겁니다." 트럼프는 2024년 4월 《타임》지와의 인터뷰에서 말했다. "우리나라에는 법과 질서가 있어야 합니다."

"이들은 일반 시민이 아닙니다. 우리나라에 합법적으로 체류하고 있지 않은 사람들입니다. 이것은 우리나라에 대한 침략입니다."

"해야 할 일은 해야 합니다." 그가 말했다.

트럼프의 연설문 작성자이자 이민 정책 고문인 스티븐 밀러는 추방 대기 중인 이민자들을 수용할 대규모 수용소 건설을 언급한 바 있다.

"군대를 동원해 1,100만 명 이상의 불법 체류자들을 검거하고 수용소에 가둔 뒤 추방하겠다." 트럼프 정부에서 이민세관단속국 국장 대행을 지낸 톰 호만이 말했다.

이러한 폭력적 언어는 제2차 세계대전 당시 "재배치 센터(relocation centers)"라는 이름으로 불렸던 일본계 미국인들을 가두었던 강제 수용소를 연상시켰다.

에스퍼는 트럼프 대통령이 미국을 여러 차례 전쟁 "직전"까지 몰고 갔다고 경고했다.

"제가 국방장관으로 재직했던 약 18개월 동안, 대통령이나 그의 백악관 고위 참모 중 일부는 타국에 대한, 또는 타국 내에서 어떤 형태의 군사적 행동을 여러 차례 제안했습니다." 에스퍼가 자신의 회고록에서 밝혔다.

바이든 대통령은 단 한 명의 국방장관 ―로이드 오스틴― 만을 두었다. 반면 트럼프는 2021년 1월 백악관을 떠날 때까지 무려 다섯 명을 거쳤다.

전 국방장관 제임스 매티스는 자신의 재임 중 트럼프가 북한과 핵 전쟁을 일으킬 것을 우려한 나머지 운동복 차림으로 잠을 잤다. 비상시 위협에 대응하기 위한 보안 회의인 국가비상회의(National Event Conference)에 즉시 참여할 수 있도록 준비하고 있었던 것이다. 북한이 대륙간탄도미사일(ICBM)을 발사할 경우, 트럼프는 미국을 향해 날아오는 미사일을 격추할 권한을 국방장관에게 위임해 두었다.

"쏠 테면 쏴보라지," 트럼프는 북한 지도자 김정은에 관한 인터뷰에서 나에게 말했다.

핵무기에 대한 이러한 경솔한 태도와 충동적이고 호전적인 외교 방식은 트럼프의 국가안보 보좌진을 경악하게 만들었다.

매티스는 미국을 방어하기 위해 북한에 핵무기를 사용해야 할 가능성에 대비해 기도하고 마음의 준비를 하고자 비공개로 워싱턴의 국립대성당을 찾았다.

내 취재에 따르면, 트럼프의 언행은 재임 중은 물론 퇴임 후에도 때때로 국가안보에 위험을 초래했다. 트럼프 행정부의 전직 고위 관료와 참모 중 많은 이들이 트럼프가 다시 대통령이 되어서는 안 되며, 심지어 후보로 나서서도 안 된다고 공개적으로 말했다.

다음의 인물들이 이에 포함된다: 마이크 펜스 전 부통령, 마크 에스퍼 전 국방장관, 마크 밀리 전 합참의장, 존 볼턴 전 국가안보보좌관, 제임스 매티스 전 국방장관, 댄 코츠 전 국가정보국장, 존 켈리 전 비서실장, 믹 멀베이니 전 비서실장, 그리고 렉스 틸러슨 전 국무장관.

69
바이든의 노쇠한 이미지와 실제 역량

2024년 6월 무렵, 바이든 대통령의 정치적 유산과 국가에 대한 가장 큰 위험 요소는 그가 81세의 나이로 재선에 출마하기로 한 결정이었다. 만약 그가 11월에 승리해 4년 임기를 채운다면, 그는 86세의 나이로 백악관을 떠나게 된다. 바이든은 이미 노쇠한 기색을 보이고 있었다. 업무 시간에는 당당한 대통령의 모습을 보였지만, 그 외의 시간, 특히 저녁에는 갈수록 정신이 흐릿해졌다.

"반은 늘 지쳐 있는 상태입니다." 2023년 12월 말, 바이든과 계속 연락을 주고받던 대통령의 한 친구가 나에게 말했다. "목소리만 들어도 알 수 있죠."

바이든의 고립도 문제였다고 그 친구는 말했다. "대통령직 특유의 고립성 때문에 상원과 정계에서 40년 동안 함께했던 사람들과도 대화할 기회가 없습니다. 그들도 이제는 예전처럼 대통령을 자주 볼 수 없게 됐고요."

역사학자들과 대통령들 스스로가 대통령직의 외로움에 대해 많은 글을 남겼다. 대통령의 어깨에 지워진 권력과 책임의 무게는 너무나 막중해 어떤 보좌관이나 각료, 심지어 가족조차도 그 경험을 온전히 공유할 수 없다.

2023년, 바이든과 가장 가까운 인사 중 한 명이 카말라 해리스 부통령으로부터 전화를 받았다.

"부통령님, 어떻게 지내세요?"

"잘 지내고 있어요," 부통령이 말했다. "제가 전화드린 건 부탁이 있어서예요—사실 간곡히 부탁드리고 싶은데요—대통령님과 지금보다 더 자주 통화해 주실 수 있을까요? 대통령임은 정말 당신을 아끼세요. 지금보다 더 자주 그분과 대화를 나누셨으면 좋겠어요."

바이든의 그 측근은 부통령에게 솔직하게 말했다. 있잖아요, 바이든이 저에게 전화하는 가장 큰 이유 중 하나는, 그가 말하길, 제가 그에게 충분한 편안함을 제공해서 그가 "조 맨친이 얼마나 씨x 개자식인지"에 대해 거리낌 없이 욕할 수 있기 때문이죠. 맨친은 보수적인 웨스트버지니아 민주당 출신 무소속 상원의원으로, 중요한 법안들에서 바이든을 곤란하게 만들었던 인물이다.

부통령이 웃었다. "그게 아마 대통령께서 여전히 저와 편하게 지낼 수 있는 유일한 이유일 겁니다." 해리스가 말했다. "대통령님은 주변에서 제가 **머더퍼커**(motherfucker, 영어의 극도로 심한 욕설-옮긴이)라는 단어를 제대로 발음할 줄 아는 유일한 사람이라는 걸 아시거든요."

바이든이 부통령 퇴임 후 기밀문서를 부적절하게 취급했는지 조사한 로버트 허 전 특별검사는 2024년 2월에 조사 결과를 담은 공개 보고서를 발표했다. 허 특검은 바이든을 "동정심을 자아내는, 선의를 지닌 기억력이 떨어지는 노인"이라고 묘사했다. 그는 이스라엘 위기가 한창이던 10월 8일과 9일 양일간 진행된 5시간의 인터뷰에서 바이든이 "심각한" 기억력 문제를 보였다고 언급했다.

바이든과 허 특검의 인터뷰 녹취록에는 바이든이 이렇게 묻는 장면이 나온다:

"제가 언제 대통령 출마를 발표했죠?"

"제가 언제 부통령직을 그만뒀나요?"

"2009년에 제가 아직 부통령이었나요?"

전체 녹취록을 호의적으로 읽어보면 바이든의 기억력 문제가 그리 심각하지 않아 보인다.

바이든은 두 차례나 "팩스기"라는 단어를 떠올리는 데 어려움을 겪었다.

"여기 프린터가 있고 그리고 그—뭐라고 부르죠, 그 기계를…" 바이든이 말했다. 백악관 법률고문이 두 번 모두 "팩스기"라고 알려주었다.

허 특검은 기소하지 않기로 한 이유 중 하나로 다음을 제시했다. "그때쯤이면 80대 중반의 전직 대통령인 그에게, 고의성이라는 정신 상태를 입증해야 하는 중범죄 혐의로 유죄 판결을 내려야 한다고 배심원들을 설득하기는 어려울 것이다."

바이든은 격분했다.

"나는 선의를 가진 노인이고 내가 무슨 일을 하는지 똑똑히 알고 있습니다!" 그는 법무부가 허 보고서를 발표한 후 기자들에게 선언했다. 2024년 2월 8일 백악관에서 열린 당일 저녁 기자회견에서 바이든은 가자지구의 인도적 상황에 관한 질문을 받았고, 자신의 기억력이 "괜찮다"고 방어한 지 불과 잠시 후에 이집트의 시시 대통령을 "멕시코 대통령"이라고 잘못 불렀다.

2월 말, 2009년부터 바이든의 주치의였던 월터 리드 국립군사의료센터의 케빈 오코너 박사는 신경과 전문의 1명, 정형외과 전문의 2명, 물리 치료사 1명과 함께 바이든을 검진했다. 그는 바이든이 "직무 수행에 적합하다"고 결론을 내렸다.

오코너 박사는 공개 보고서에서 바이든이 "심한 척추 관절염, 경미한 족부 골절 후유증, 그리고 양발의 경미한 감각성 말초 신경병증"을 앓고 있으며, 이로 인해 뻣뻣한 자세로 걷는다고 밝혔다. 바이든은 2020년 11월에 자신의 저먼 셰퍼드와 놀다가 발에 미세 골절상을 입었다.

대통령은 또한 왼쪽 고관절에 불편함을 느끼고 있었는데, 주치의는 이것이 그의 경직된 보행에 분명히 영향을 미치고 있다고 말했다. 바이든은 물리 치료를 받고 있었다. 그는 일주일에 4~5회 운동과 스트레칭을 지속하고 있었다.

오코너 박사는 또한 이렇게 말했다. "매우 정밀한 신경학적 검사 결과, 소뇌성 장애나 뇌졸중, 다발성 경화증, 파킨슨병이나 근위축성 측삭 경화증 같은 중추 신경계 질환을 시사하는 소견이 없어 안심이 됩니다. 이번 검사에서도 양쪽 발의 경미한 말초 신경병증이 다시 확인되었습니다. 운동 기능 약화는 없었으나, 온냉 감각에 미세한 이상이 관찰되었습니다."

하지만 텔레비전에서 바이든을 지켜보는 것만으로도 경험 많은 의사들은 대통령이 수년에 걸쳐 천천히 진행되는 파킨슨병의 초기 증상을 보이고 있을 수 있다고 말했다. 무표정한 얼굴, 힘없는 목소리, 그리고 느리고 기계적인 제스처가 초기 징후**일 수 있다**는 것이다.

2024년 3월 바이든 대통령의 국정연설은 그의 공직 생활 중 가장 힘 있는 연설 중 하나로 널리 평가받으며, 그의 나이와 인지능력에 대한 의구심을 일시적으로 잠재웠다. 그는 이민 문제를 두고 마조리 테일러 그린 하원의원을 비롯한 공화당 야유꾼들과 설전을 벌였고, 트럼프 전 대통령에게 초당적 이민 법안 저지를 중단할 것을 촉구했다. "제 전임자가 지켜보고 있다면, 정치 게임을 하며 의원들에게 법안을 막으라고 압력을 넣는 대신 저와 함께 의회에 이 법안을 통과시키라고 촉구해 주십시오." 바이든이 말했다. "우리는 함께 할 수 있습니다." 공화당의 제임스 랭크포드 의원은 입으로만 "그가 옳다"고 중얼거렸다.

그러나 프롬프터 없이 전문 TV 앵커들과 진행한 바이든의 다른 인터뷰나 기자회견을 지켜보는 것은 마치 고통스러운 발치 시술을 받는 것 같았다. 그가 지루할 정도로 길게 늘어놓은 논점들을 힘겹게 설명하는 모습 때문이었다. 힘없는 목소리는 그를 유독 노쇠해 보이게 만들었다.

2024년 5월 10일, 약 30명이 참석한 실리콘밸리 모금 행사에서 참석자들은 행사 후 바이든이 이렇게 소규모 행사에서 프롬프터를 사용한 것이 "이상했다"고 사적으로 불평했다.

한 할리우드 스튜디오 CEO가 바이든 대통령에게 다가가 솔직한 조언을 건넸다.

"당신이 선거운동을 완전히 망치고 있어요." 그 CEO가 대통령에게 말했다. "당신이 밖에 나가서 걸을 때마다 사람들은 '늙었다'고 생각해요. 걷는 모습이 카메라에 잡히는 상황을 만들지 마세요."

대통령이 카메라 앞에서 걷는 것을 피하기란 사실상 불가능했다. 그래서 백악관은 그가 잔디밭을 가로질러 마린원까지 걸어갈 때 보좌진들로 둘러싸 그의 경직된 걸음걸이로부터 시선을 돌리려 했다.

그의 나이에 맞게 다른 눈에 띄는 조정도 이루어졌다. 바이든은 종종 접지력이 더 안정적이고 우수한 테니스화를 신었고, 낙상 위험을 줄이기 위해 에어포스원 후방의 더 짧은 계단을 사용하기 시작했다. 이는 81세의 노인이라면 누구나 취할 합리적인 예방 조치였다.

그러나 일부 조치는 이례적이었다. 바이든 선거 캠프는 종종 인터뷰 진행자들에게 사전에 제안되고 승인한 질문 목록을 제공했다. 백악관 보좌관들은 기자가 바이든에게 질문할 드문 기회를 얻었을 때 마이크를 직접 들고 있다가, 질문이 너무 공격적이거나 추가 질문을 하려고 하면 마이크를 빼앗기도 했다.

바이든의 비서실장 제프 자이언츠와의 만남에서 기부자들은 6월 27일로 예정된 트럼프와의 대선 토론을 위한 바이든의 준비 상황에 대해 질문했다. "토론이 곧 있는데, 그가 좀 쉴 수 있게 해주실 수 없나요? 잠을 좀 자게요," 한 기부자가 물었다.

"바이든이 일정을 주도하고 있습니다," 자이언츠가 그들에게 말했다. "참모진이 아니라 그가 모든 일을 하고 싶어 합니다. 참모들이 노력하지만 그를 통제하기 어렵습니다."

2024년 6월 초까지 바이든의 나이는 그의 내각과 고위 참모들 사이에서 실제 능력보다는 이미지 문제로 논의되었다. 바이든은 평생 말더듬증과 싸워왔으며 공개 기자회견에서 말실수로 유명했다. 그의 참모들은 실제 대통령과 일하면서 경험한 모습은 그가 공개 행사에서 보이는 모습과는 다르다고 주장했다.

콜린 칼은 바이든의 부통령 시절(2014~2017) 2년 반 동안 그의 국가안보보좌관으로 일했고, 이후 오스틴 국방장관의 수석 정책 보좌관(2021~2023년 7월)으로 일했기 때문에 외교정책에 관한 바이든의 사고방식을 잘 알고 있었다. 칼은 거의 10년 동안 바이든을 지켜봐 왔으며 2023년 여름까지 그와 정기적으로 소통했다.

바이든은 칼과 다른 이들에게 여러 차례에 이렇게 말했다. "내 문제는 하고 싶은 말을 말하는 게 아니야. 생각나는 걸 **전부 다** 말해버린다는 거지."

"그가 참모진에 의해 보호받고 있다는 인식이 있습니다." 칼이 2024년 6월 초에 말했다. "이것이 어떤 인상을 만들어냈는데, 이는 분명히 공화당에 의해 더욱 강조된 것이긴 하지만, 그것은 그가 본질적으로 늙었고 정신이 흐릿해서 마치 참모들에 의해 무대로 끌려 나오는 것 같다는 것입니다. 그리고 정말로, 그가 정부를 운영하지 않는다는 것입니다."

"네, 그는 나이가 들었습니다." 칼이 말했다. "네, 예전보다 자주 피곤해합니다."

하지만 칼은 바이든이 무대 뒤에서는 달랐다고 느꼈다. "그는 정신적으로 쇠약하지 않았고 세계정세에 대해 잘 알고 있습니다. 그리고 그의 외교정책을 좋아하든 싫어하든 그것은 **그의** 정책입니다. 100퍼센트요. 아프가니스탄이든, 우크라이나든, 가자든 말입니다. 제이크 설리번의 정책이 아닙니다. 토니 블링컨의 정책이 아닙니다. 로이드 오스틴의 정책도 아닙니다. 그것은 조 바이든의 정책입니다."

"그는 팀을 독려하고 도전 과제를 제시했습니다. 그는 설득될 수도 있고, 약간의 조정을 받아들일 수도 있습니다." 칼이 말했다. "하지만 핵심은, 좋든 싫든, 이것들은 40~50년의 경험을 바탕으로 그가 숙고 끝에 내린 그의 정책이라는 것입니다."

"그는 정신이 또렷합니다." 2023년 9월 30일까지 재임한 마크 밀리 전 합참의장은 재임 중 회의에서 본 바이든의 모습에 대해 말했다. "제이크 설리반은 거의 로펌 같아요. 읽을거리를 산더미처럼 줍니다. 제이크와 일하면 일주일 내내 숙제가 있죠. 좋은 일이긴 한데, 보통 1~2인치(2.5~5cm) 두께의 바인더들입니다."

"제가 바이든 대통령과 함께한 모든 회의에서 예외 없이 그는 과제를 다 해왔습니다. 자료를 다 읽어왔습니다. 그가 읽고 왔다는 건 분명했습니다. 그리고 조그만 메모를 가지고 있거나 노트북을 열어두고 매우 논리정연하고 활발한 토론을 주고받았습니다. 늘 그랬습니다. 언제나 그런 모습이었어요."

"제가 그와 함께했던 모든 회의에서, 꽤 많았는데요," 밀리가 말했다. "단 한 번도 그가 졸거나 잠든 것처럼 눈을 감는 모습을 본 적이 없었습니다. 오히려 그의 절반 나이밖에 안 되는 사람들이 회의에서 조는 것을 보았습니다. 어떤 자료들은 그다지 흥미롭지 않았기 때문이었죠."

"그는 항상 예리한 질문을 주고받으며 열정적으로 임했고, 늘 경청을 잘했습니다. 남의 말을 중간에 끊지 않았고, 그런 무례한 행동은 전혀 하지 않았죠. 상대방이 하는 말에 귀를 기울였습니다."

"그가 상대의 의견에 동의하지 않을 수도 있지만, 그는 경청합니다," 밀리가 덧붙였다. "우리의 건의를 받아들이지 않을 때도 있었지만, 늘 귀 기울여 들었습니다."

"한 번도 그가 이성을 잃은 모습을 본 적이 없습니다."

제이크 설리번 국가안보좌관은 자신이 부통령 비서진으로 일할 때의 바이든과 지금의 바이든 사이에 신체적인 차이가 있다고 다른 이들에게 말했다. "하지만 그 변화를 점진적인 과정으로 봐왔기 때문에 차이를 정확히 가늠하기는 어렵습니다."

"저는 평생 단 한 번도 무언가를 몰래 녹음하고 싶은 충동을 느껴본 적이 없어요." 전직 해군 정보 장교이자 법무부 고위 관리였던 매기 굿랜더는 2023년 11월 4일 남편 설리번이 바이든 대통령 및 블링컨 국무장관과 통화하는 것을 우연히 엿듣고 설리번에게 말했다.

"그런 생각은 한 번도 해본 적이 없어요." 그녀가 덧붙였다. 하지만 굿랜더는 사람들이 "조 바이든이 실제로 일하는 것"을 듣는다면, "선의와 이성을 가진" 사람이라면 누구도 그가 최고사령관으로서 제대로 직무를 수행하고 있는지에 대해 의문을 제기하기 어려울 것이라고 믿었다.

그날은 굿랜더의 생일이었고, 그녀는 설리번에게 "조 바이든이 이야기하는 것을 듣고 싶어"라고 말했다.

그녀는 설리번에게 물었다. 왜 텔레비전에서 바이든을 보는 것은 그렇게 괴로운데, 이런 실제 상황에서는 그가 완전히 정반대로 보이는 걸까요?

"모르겠어," 설리번이 말했다. "나도 설명할 수가 없어."

여론조사에 따르면 미국인의 80퍼센트와 전체 등록 유권자의 73퍼센트가 바이든이 대통령 직무를 효과적으로 수행하기에는 너무 나이가 많다고 믿는 것으로 나타났다.

"사람들은 조 바이든이 이룬 성과에는 별로 관심이 없습니다," 칼이 말했다. "그들은 물가가 너무 높다고 느끼고 있고, 그가 대통령이기 때문에 그를 탓합니다. 사람들은 세상이 혼란스럽다고 느끼기 때문에 실적으로 바이든을 평가하지 않는 거죠."

다음 미국 대통령은 적국들 사이에 강화되는 결속과 상호 의존성을 포함한 새로운 위험들에 대처해야 할 것이다.

칼은 그것을 "격변의 축"이라고 불렀다. "러시아, 중국, 이란 그리고 북한이 주로 두 가지 이유로 인해 점점 더 긴밀해지고 있습니다."

이들 네 국가 중 세 나라―러시아, 이란, 북한―에 가해진 제재가 그들을 중국에 더욱 의존하게 만들고 있었다. 또한 그들은 제재와 미국 금융 시스템에 덜 취약해지도록 경제적으로 연결되는 방법을 모색하고 있었다.

"우크라이나 전쟁으로 상처 입은 러시아가 앞으로 무엇을 할지 알 수 없습니다," 칼이 말했다. 푸틴은 우크라이나 전쟁을 이용해 러시아 사회를 훨씬 더 민족주의적이고 군국주의적인 독재 국가로 근본적으로 재편하고 있었다.

"푸틴은 러시아가 최악의 고비를 넘겼다고 자위하고 있는 것 같습니다," 칼이 푸틴에 대해 말했다. "그리고 궁극적으로 러시아가 서방의 최강 펀치를 맞고도 멀쩡하게 살아남았다고 믿고 있는 것이죠."

하지만 현실은 전혀 멀쩡하지 않았다.

미국 정보기관은 2022년 2월 침공 이후 러시아가 전쟁 이전 군대의 87퍼센트를 잃었다고 추산했다. 약 31만 5천 명의 러시아 군인이 우크라이나 전쟁에서 전사하거나 부상당했다.

"그의 군대는 완전히 만신창이가 됐습니다." 칼이 말했다. 만약 전쟁이 내일 끝난다면, 러시아는 우크라이나의 18퍼센트를 점령한 상태가 됩니다. "그러면 10만 명에서 20만 명의 러시아군이 그 지역을 점령하느라 아주 오랫동안 우크라이나에 묶여 있게 될 것입니다."

바이든은 극소수만이 이해하는 방식으로 성공했다고 칼이 말했다.

"그는 국방비를 삭감하지 않았습니다. 국방 예산은 계속해서 막대한 규모로 유지되었습니다. 민주당은 매년 8,000억 달러 이상을 국방에 쏟아붓고 있습니다."

"그리고 동맹국들에 대한 대규모 투자도 있었습니다. 우크라이나 사태 전후로 NATO에 투입된 모든 것들이 그 예입니다."

바이든 행정부의 특징은 동맹 구축에 초점을 맞춘 것이었다. 그는 영국을 일곱 차례 방문하며 전통적인 유대를 강화했고, 베트남과 같은 과거의 적대국과 새로운 유대를 맺었으며, 인도-태평양 지역의 미국 동맹국들과 파트너들에 대한 지원을 배가했다.

바이든은 실제 전쟁이 벌어지고 있는 두 지역을 방문했다. 그는 비밀리에 폴란드로 이동한 후 우크라이나 전쟁 1주년을 맞아 젤렌스키를 만나기 위해 야간열차를 타고 키이우로 갔다. 그리고 하마스의 이스라엘 공격 11일 후, 가자지구에서 이스라엘로 로켓이 계속 발사되는 와중에 텔아비브에 도착했다.

실증적 증거를 검토해 보면, 2023년 여름부터 바이든의 나이가 일부 공개 행사에서 명료하게 직무를 수행하는 능력에 분명한 영향을 미치고 있었다. 2024년 6월 초에는 그의 상태가 한층 악화된 것으로 보였다.

70
바이든의 "안 좋은 밤":
재앙적인 대선 TV 토론

2024년 6월 27일, 선거일을 약 4개월 남짓 앞둔 시점에 바이든 대통령은 조지아주 애틀랜타에 있는 CNN 스튜디오의 대선 토론 무대에 뻣뻣하게 발을 끌며 걸어 들어왔다. 이미 미국 역사상 최고령의 현직 대통령인 바이든은 창백하고 지쳐 보였으며 쇠약해 보였다. 마치 사람 형체를 한 유령 같았다. 더듬거리고 횡설수설하는 그의 모습은 아마도 현직 미국 대통령이 보인 최악의 공개 모습 중 하나로 역사에 남을 터였다. 이는 그의 정치적 생존에 대한 위기를 촉발했다.

바이든보다 불과 3살 어린 트럼프 전 대통령은 무대 위에서 바이든과 극명한 대조를 이루었다. 트럼프는 은퇴한 미식축구 선수처럼 육중하게 자신의 연단으로 걸어갔고, 머리를 높이 들고 차분하고 자신만만한 모습을 보였다.

두 대통령 후보는 악수하지 않았다.

경제, 외교정책, 환경 및 이민에 관한 평범한 질문을 받았을 때 바이든은 단어를 찾고 명확한 문장을 구성하는 데 어려움을 겪었다. 그의 목소리는 가냘프고 갈라져 거의 들리지 않았다. 국가 부채에 관한 질문을 받았을 때 바이든은 이렇게 말했다:

"미국에는 천 명의 조 단위 부자들이 있습니다—제 말은, 억만장자들입니다. 그리고 무슨 일이 벌어지고 있나요? 그들은 실제로 8.2 퍼센트의 세금을 내는 상황에 있습니다. 만약 그들이 단지 24퍼센트나 25퍼센트, 둘 중 어느 하나의 세율로 세금을 냈다면—5억 달러를—아니 5천억 달러를, 제가 말하려는 건, 10년 동안 모을 것입니다. 우리는 바로—그의 부채를 없앨 수 있을 겁니다 … 모든 단 한 사람도 빠짐없이 제가 코로나 때 할 수 있었던 것처럼, 자격을 갖추도록, 아니 죄송합니다. 그것으로 … 우리가 해결해야 할 모든 것을 다루면서 … 보세요, 만약 우리가 마침내 이긴다면 … 메디케어." (원문의 혼란스럽고 불완전한 문장 구조들, 즉 단어를 헷갈리거나, 문장을 마치지 못하거나, 갑자기 주제를 바꾸는 특징을 그대로 번역했다-옮긴이)

그의 생각은 뒤죽박죽이었고 혼란스러웠다.

슬프고도 충격적인 장면이었다. 자신의 권위를 되찾으려고 고군분투하는 모습이 그대로 드러났다.

대통령다운 위엄은 전혀 찾아볼 수 없었다. 바이든은 질문을 받는 동안 눈을 감았는데, 마치 기억하고, 집중하고, 간단한 생각의 흐름을 이어보려고 내면의 싸움을 벌이는 듯했다. 트럼프가 말할 때 바이든의 입은 종종 벌어져 있었고, 눈은 크게 뜨인 채 초점을 잃고 있었다.

트럼프의 주장은 늘 그렇듯 터무니없는 과장, 거짓 정보, 그리고 거짓말이 뒤섞인 것이었다. 그는 공격적이었지만 활기차고 더 당당해 보였다. 바이든은 제대로 반박하지 못하고 논쟁을 이어가지 못했다. 트럼프의 표정은 전직 대통령이 자신 있게 자신만의 무대를 장악하는 모습을 보여주었다.

"그가 문장 끝에 무슨 말을 했는지 정말 모르겠습니다." 남부 국경 질문에 대한 바이든의 답변 시간이 끝났을 때 트럼프가 말했다. "그도 자신이 무슨 말을 했는지 모르는 것 같습니다."

토론이 끝나기도 전에 민주당원들은 완전한 공황 상태에 빠졌다.

바이든의 국가를 이끌 능력, 특히 4년을 더 이끌 능력에 대한 대중의 신뢰가 눈에 띄게 무너졌다. 민주당 지도부와 기부자들은 바이든에게 사퇴하라고 요구하기 시작했다. 그리고 낸시 펠로시를 포함한 그의 가장 가까운 정치적 동료 다수가 압박 캠페인에 나섰다.

처음에 바이든은 이 토론을 단지 "안 좋은 밤(bad night)"이었다고 일축했다. "민주당원 동료들"에게 보낸 두 페이지 분량의 서한에서 대통령은 "이 경선을 절대 포기하지 않을 것이며, 끝까지 완주하고, 도널드 트럼프를 꺾는 데 확고히 전념하겠다"고 밝혔다.

하지만 그의 참모들은 단 한 번의 실수, 토론 때의 절반만큼만 심각해도 그의 선거운동이 침몰할 수 있고, 민주당의 선거 전망도 함께 무너질 수 있다는 것을 알고 있었다. 이는 단지 대통령직만의 문제가 아니었다. 하원과 상원에서 공화당의 붉은 물결이 일면 트럼프에게 엄청난 권력을 안겨줄 것이었다.

5,100만 명이 시청했고 바이든의 후보직 사퇴를 요구하는 쓰나미를 촉발한 완전히 재앙적인 토론 이후 일주일이 지난 7월 4일, 바이든과 블링컨은 대통령 집무실 옆 작은 개인 식당에서 단둘이 점심을 먹었다.

블링컨은 막중한 책임감을 느꼈다. 그는 지난 22년 동안 바이든과 긴밀하게 일했을 뿐만 아니라, 그를 깊이 존경하고 사랑했다. 블링컨은 자신이 무슨 말을 하든 바이든을 위하고 나라를 위하는 마음 외에는 어떤 다른 의도도 없다는 것을 바이든이 이해하고 있음을 알고 있었다.

하지만 블링컨은 국무장관인 지금도 여전히 부하이며, 이제는 그 관계를 초월해 바이든이 계속 나가야 할지 물러나야 할지 모든 이유를 철저히 검토해야 했다.

이제 그들 사이에 모든 것을 터놓고 이야기할 결정적인 시간이었다.

"저는 대통령님의 유산이 위태로워지는 것을 보고 싶지 않습니다," 블링컨이 말했다. 그리고 그는 자신의 견해를 제시했다. "역사에 기록되는 사람은 누구나 한 문장으로 정리됩니다. 그것이 유산입니다." 단 한 문장.

"만약 이 결정으로 대통령님이 계속 남아서 재선에 성공한다면, 아주 좋습니다. 하지만 선거에 남아 재선에 실패한다면, 그것이 바로 그 한 문장이 됩니다."

냉혹한 현실이었다. 가혹하지만 사실이었다.

"진짜 질문은," 블링컨이 말했다. "대통령님께서 정말로 앞으로 4년 더 이 일을 하고 싶으신지입니다."

바이든은 자신이 지금 직무를 수행할 충분한 능력이 있다고 느낀다고 말했다. 블링컨은 그것이 사실이라고 믿었다. 참모진이 바이든의 인지능력 저하를 숨기고 있다는 주장은 터무니없었다. 그는 바이든이 매일 가장 어려운 문제들을 능숙하게 해결하는 모습을 봐왔다. 하지만 대통령은 갈수록 더 나이 들고 더 쇠약해질 것이었다.

선거운동의 서사가 급격히 바뀌었고 이를 되돌리는 것은 불가능할지도 모른다고 블링컨이 말했다. "화제가 계속 대통령님과 대통령님의 능력에 머물러있는 한." 블링컨이 이어서 말했다. "11월에 성공하기 더욱 어려워질 것입니다. 왜냐하면 화제의 초점이 트럼프에게로 돌아가거나, 그게 아니면 판세를 뒤집을 강력한 의제가 있어야 하기 때문입니다. 하지만 이 의문이 지배적인 화두로 남아 있는 한, 어렵습니다."

블링컨은 헌터의 고통이 외부인이나 대중이 아는 것보다 훨씬, 훨씬 더 바이든을 감정적으로 무너뜨렸다는 것을 알고 있었다. 바이든의 또 다른 친한 친구는 이것을 "진짜 전쟁"이라고 불렀는데, 우크라이나나 이스라엘보다도 바이든에게 더 큰 영향을 미친 싸움이었다. 죄책감은 압도적이었다. 만약 자신이 대통령이 아니었다면 "내 아름다운 아들" "내 어린 아들"은 모든 수사의 가혹한 감시를 받지 않았을 것이라고 그는 말하곤 했다. 바이든은 가슴이 찢어졌다.

헌터의 문제들은 바이든을 괴롭혀 "평정심을 잃게 하고, 온통 그 생각에 사로잡혀 기력을 소진하게 만들었다."

두 어린 자녀가 있는 블링컨은 "심연에 빠진 헌터와 그를 거기서 끌어올리려고 필사적으로 애쓰는 그의 아버지"를 생각하면 때때로 목이 메었다. 바이든은 헌터를 보호하고 싶었지만 실패했다.

이 결정은 대통령님의 유산이 될 것입니다. 어떻게 생각하시나요? 상황을 어떻게 보고 계신가요? 블링컨이 물었다.

바이든은 자신의 최대 관심사는 트럼프를 이기는 것이라고 말했다. 그는 한 번 이겼다. 누가 이길 수 있을까? 그는 적어도 그 시점에서는 카말라 해리스가 자신보다 트럼프를 이길 가능성이 더 높다고 생각하지 않았다. 그럴 만한 다른 후보도 보이지 않았다. 그는 블링컨에게 어떻게 생각하는지 물었다.

"대통령님은 비범한 유산을 갖고 계십니다." 블링컨이 바이든의 최고 업적들을 나열했다. 2020년에 트럼프를 물리친 것, 코로나를 헤쳐 나가며 어떤 나라보다도 최고의 경제 회복을 이룬 것. "적어도 LBJ(린든 베인스 존슨의 약자로 1963년부터 1969년까지 제36대 대통령을 지냈다-옮긴이) 이후로, 어쩌면 FDR(프랭클린 델라노 루스벨트의 약자로 1933년부터 1945년까지 제32대 대통령을 지냈다-옮긴이) 시대까지 거슬러 올라가도 타의 추종을 불허하는 입법 성과." 국제 관계를 복구하고 재활성화한 것. 대통령님은 목표하신 바를 정확히 해내셨습니다.

"저는 오랫동안 이것을 가까이서 지켜봤습니다." 대통령님의 판단력, 문제를 처리하는 능력은 매우 탁월하고 훌륭합니다.

"앞으로 4년 더 이 일을 하고 있는 자신을 상상할 수 있습니까? 그 질문에 답하셔야 합니다. 그리고 그것은 지금 현재 일을 잘하고 있다고 말하는 것과는 다릅니다. 제가 우려하는 것이 바로 그 점입니다."

그는 바이든이 2년에서 4년 후 자신이 어떤 상태일지 내심 의문을 품고 있다는 것을 분명히 알 수 있었다.

이제 시급한 문제는 선거 캠페인이었다. "보세요, 문제는 앞으로 3개월 동안 매일 이 일을 해야 한다는 것입니다." 블링컨이 말했다.

"사람들은 항상 이 프리즘을 통해 보게 될 것입니다. 그것이 어려운 점입니다. 대화가 대통령님과 대통령님의 능력에 초점이 맞춰져 있는 한 상황은 매우 어려워질 것입니다. 왜냐하면 대화의 초점이 정작 트럼프에 맞춰져야 하기 때문입니다."

블링컨은 평생 대통령직을 추구해온 바이든이 경선에 머무는 쪽으로 기울고 있다는 것을 알 수 있었다.

바이든에게는 '겨울 사자(Lion in Winter)' 같은 면모가 있었다. 그는 자신이 여전히 활력이 넘치고 지도력이 있다고 확신하는 노년의 지도자였으며, 이 위태로운 시기에 자신만큼 그 역할을 잘 감당할 수 있는 사람은 없다고 믿었다. 〈Lion in Winter〉는 1966년 제임스 골드만의 희곡과 1968년 영화의 제목으로 12세기 영국의 헨리 2세를 다루고 있다. 이 작품은 노년의 강력한 왕이 자신의 권력과 유산을 지키려는 투쟁을 그리고 있다–옮긴이)

하지만 바이든은 이 문제에 대해 열린 마음을 가지고 있는 것처럼도 보였다.

대화가 끝날 무렵 블링컨은 대통령이 선택지들을 철저히 검토할 것이라고 믿었다. 이는 바이든 특유의 유명한 의사 결정 방식이었다: 철저한 토론, 모든 사람의 의견을 듣되 특히 마이크 도닐런과 스티브 리체티의 의견을 중시하는. (두 사람은 바이든 대통령의 의사 결정 과정과 정책 방향 설정에 큰 영향력을 행사한 핵심 측근들로, 2020년 11월에 바이든이 당선된 후 도닐런은 백악관 수석 고문으로, 리체티는 대통령 자문역으로 임명되었다–옮긴이)

바이든이 7월 9일부터 11일까지 워싱턴에서 열린 NATO 정상회의에서 보여준 모습은 그의 직무 수행 능력에 대해 소용돌이치는 의문들을 불식시키는 데 별로 도움이 되지 못했다. 대통령이 나토 기자회견에서 외교정책에 대한 장악력을 보여주었지만, 젤렌스키 대통령을 소개하면서 불운하게도 "푸틴 대통령"이라고 말실수한 것이 그날 밤을 망쳤다.

다음 정치적 지진이 일어나기까지는 한 달도 채 걸리지 않았다.

71
트럼프 유세 현장을
뒤흔든 총성

7월 13일 토요일, 펜실베이니아주 버틀러에서 열린 집회에서 트럼프가 연설을 시작한 지 몇 분 후, 20세의 단독범 토마스 매튜 크룩스가 인근 옥상에서 총을 발사했다. 트럼프는 반사적으로 오른손을 귀에 갖다 댔다.

"엎드려! 엎드려!" 비밀경호국 요원들이 소리쳤다. 트럼프는 연단 뒤로 재빨리 손과 무릎을 대고 엎드렸다. 피가 그의 귀를 적시고 뺨을 타고 흘러내렸다. 비밀경호국 요원들이 전 대통령을 둘러싸고 그를 급히 무대 밖으로 대피시키려 했다.

"잠깐, 잠깐." 트럼프가 버텼다. 그는 주먹을 공중으로 치켜들며 군중을 향해 입 모양으로 외쳤다: "싸워라, 싸워라, 싸워라."

군중들은 환호와 함성을 터뜨렸다: "USA, USA, USA."

관중석에 있던 전직 소방서장 코리 콤퍼라토레가 크룩스의 총탄으로부터 가족을 보호하다가 총에 맞아 사망했다. 다른 두 명의 관중도 총격으로 부상을 입었다.

트럼프는 그날 저녁 병원에서 퇴원했다. 그는 다음 날인 일요일 아침에 린지 그레이엄과 함께 뉴저지 베드민스터에 있는 자신의 클럽에서 골프 칠 계획이었기에 그에게 전화를 걸었다.

"이봐, 당신은 내일 치세요," 트럼프가 말했다. "나는 못 칠 것 같아."

"무슨 말씀이세요?" 그레이엄은 놀라며 말했다. 그는 전 대통령이 이런 상황에서도 골프를 생각하고 있다는 게 믿기지 않았다. "아, 골프 라운드는 신경 쓰지 마세요. 저도 약속 많이 취소당해 봤지만," 그레이엄이 분위기를 띄우면서 웃었다. "이런 경우는 없었어요."

트럼프는 다음 날을 이제 18세가 된 막내아들 배런과 함께 보낼 것이라고 말했다. "배런이 꽤 놀란 상태야," 그가 말했다. "배런과 멜라니아 둘 다."

그레이엄은 일요일 오후에 트럼프를 만날 것이라고 말했다. 그들은 공화당 전당대회가 열리는 밀워키로 날아갈 예정이었다.

비행기 안에서 트럼프는 귀에 커다란 흰색 사각형 붕대를 붙이고 있었지만 기분이 좋아 보였다. 그는 사건의 전말을 설명하고 있었다. 이민 통계 차트를 보려고 고개를 돌렸을 때 쌩하는 소리가 들렸고, 무언가 귀를 세게 때렸다고 했다. 그리고 피가 흘렀다.

"누군가가 죽었다는 사실이 그를 괴롭히고 있는 것 같았다," 그레이엄의 생각이었다.

트럼프의 참모들이 선거 전략에 대해 이야기하기 시작했다.

"바이든이 후보로 남을 리가 없어," 그레이엄이 말했다. "절대로 남을 리가 없어." 비행기에 있는 다른 모든 사람은 동의하지 않았다. 바이든은 끝까지 버틸 것이고, 민주당은 그를 계속 지지할 것이라고 했다.

트럼프는 말이 없었다. 모두가 그를 쳐다봤다.

그는 잘 모르겠다고 말했다.

트럼프의 측근들은 암살 시도가 그를 동요시켰음을 알 수 있었다. 총알이 불과 0.5인치(1.27센티미터) 차이로 그의 목숨을 앗아갈 뻔했다. 그가 변했을까? 트럼프와 그의 참모들은 공화당 전당대회에서 발표할 연설문에 더 "통합적인 메시지"를 담도록 다시 작성하고 있었다.

7월 19일 밤 10시 30분이 지나서 트럼프는 귀에 흰 붕대를 붙인 채 무대에 올라와 군중들에게 키스를 날렸다. 그의 연설은 유화적인 메시지로 시작되었다.

"우리 사회의 불화와 분열은 치유되어야 합니다." 트럼프가 말했다. "미국인으로서 우리는 하나의 운명과 공동의 미래로 묶여 있습니다. 우리는 함께 일어서거나 함께 무너집니다. 저는 미국의 절반이 아닌, 모든 미국인을 위한 대통령이 되기 위해 출마했습니다. 미국의 절반만을 이기는 것은 승리가 아니기 때문입니다." 강력한 통합의 수사였다.

하지만 잠시뿐이었다. 20분이 지난 후, 트럼프는 90분 연설의 나머지 시간 동안 격투기 선수처럼 거친 화법으로 되돌아갔다.

"이번 선거는 우리나라 역사상 가장 중요한 선거가 될 것입니다." 트럼프가 선언했다. "지금 유럽과 중동에서는 전쟁이 맹렬히 진행되고 있고, 대만, 한국, 필리핀, 그리고 아시아 전역에 점점 커지는 분쟁의 유령이 드리워져 있으며, 우리 행성은 제3차 세계대전의 벼랑 끝에서 위태롭게 흔들리고 있습니다."

"이제 무기는 더 이상 서로를 향해 포를 쏘며 오가는 전차 수준이 아닙니다. 이제 무기들은 완전한 말살을 의미합니다 … 이제는 변화가 필요한 때입니다. 이 행정부는 문제를 해결하는 데 근처에도 가지 못합니다. 우리는 매우 거칠고, 매우 사나운 사람들을 상대하고 있습니다."

"미국 역사상 최악의 대통령 10명을 꼽아보세요. 생각해 보세요. 최악의 10명입니다. 그들 다 합쳐도 바이든이 끼친 피해에는 못 미칩니다. 그가 이 나라에 끼친 피해는 상상할 수 없습니다. 정말 상상조차 할 수 없습니다."

이틀 후, 또 다른 지진이 선거판을 뒤흔들었다. 7월 21일 일요일, 코로나로 인해 리호보스(델라웨어주에 있는 해변 휴양도시-옮긴이)에서 격리 중이던 바이든 대통령은 재선 경선에서 사퇴한다고 발표했다. 그는 카말라 해리스 부통령을 자신을 대신할 민주당 후보로 지지한다고 밝혔다. 바이든은 2025년 취임식까지 대통령직을 유지한다.

바이든 대통령은 그 일요일 아침 해리스와 통화했고, 그녀가 경선에 뛰어들기 위한 준비 시간은 고작 몇 시간뿐이었다.

미국 정치는 진실이 이토록 분명하게 드러날 때 빠르게 움직일 수 있다. 트럼프와 달리 바이든은 냉혹한 현실을 받아들일 수 있었고, 개인적 야망에도 불구하고 무엇이 공익인지 볼 수 있음을 보여주었다. 그는 이번 선거전을 끝까지 완주하기에는 너무 나이가 많았다.

이 정치적 격변의 여름이 언제 끝날지 불분명했다.

"대통령님께서 해내신 일이 정말 자랑스럽습니다," 블링컨이 바이든에게 말했다. "대통령님 같은 위치에서 대통령님이 하신 일을 할 수 있는 사람은 많지 않을 것입니다." 이런 상황에서 대통령 권력을 내려놓는 것은 거의 셰익스피어적이었다. "이것이 대통령님을 위해서도,

대통령님의 유산을 위해서도, 그리고 국가의 미래를 위해서도 올바른 결정이라고 생각합니다."

블링컨은 나중에 친구에게 바이든이 그날 내린 가장 중요한 결정은 해리스를 즉각적으로 지지한 것이라고 말했다. "그것이 당내의 미친 듯한 내분을 막았어. 모든 사람이 그녀를 중심으로 결집하도록 만들었어. 바이든의 승인이 찍혔으니까."

"그리고 내 생각에 이건 아마 2016년에 바이든이 오바마 대통령으로부터 그런 지지를 받지 못했던 일을 상기시켰을 거야," 블링컨이 말했다. "그는 실망했었지. 부통령으로서 그게 정상적이고 자연스러운 순서라고 생각했거든." 해리스가 다음 차례였다.

72
ISIS의 모스크바 콘서트홀 학살

CIA 국장 빌 번스는 스스로 "단속적 수면"이라고 부르는 현상을 자주 겪곤 했다. 그는 중동이 지역 전체 분쟁으로 폭발할 가능성, 러시아의 음모, 11월 대선을 앞두고 높아진 미국 내 테러 위험을 우려했다.

2024년 7월에 입수된 정보는 현재 전 세계적으로 가장 활발하고 강력한 테러 단체 중 하나인 ISIS-K가 미국 내에서 공격을 계획하고 있음을 보여주었다.

"그들이 외부 공격을 모의하는 것을 포착하고 있습니다." 번스 국장이 보고했다. "그중 상당 부분은 유럽을 겨냥하고 있지만, 일부는 미국을 노리고 있습니다."

ISIS-K와 연관된 폭력 공격 계획들이 올해 독일, 스웨덴 등지에서 이미 조용히 저지되었다. 이는 서남아시아와 중앙아시아에 뿌리를 둔 이 이슬람국가(IS) 테러 단체의 영향력과 위험성이 커지고 있음을 보여준다.

"위협 정보가 포착되었고 정말 우려스럽습니다." 번스가 말했다.

ISIS-K는 130명 이상이 사망하고 수백 명이 부상당한 3월 22일 모스크바 콘서트홀 학살의 배후였다. CIA는 비밀리에 ISIS-K의 계획을 포착하고 공격 전에 러시아에 경고했다. 모스크바 주재 미국 대사관은 3월 7일 "미국은 극단주의자들이 콘서트를 포함한 모스크바의 대규모 집회를 겨냥한 급박한 계획이 있다는 정보를 모니터링하고 있다"고 공개 보안 경고를 발표했다. CIA는 심지어 크로커스 시티 홀을 잠재적 표적으로 지목했다. 블라디미르 푸틴 러시아 대통령은 이러한 경고를 무시했다. 이는 지난 20년간 유럽에서 발생한 가장 치명적인 테러 공격이었다. 푸틴은 우크라이나에 책임을 전가하려 했다.

미국의 정보 역량은 비범할 정도로 뛰어났다. CIA 국장 번스는 때때로 자신이 러시아에 닥칠 일을 푸틴보다 훨씬 더 명확하게 볼 수 있다는 것을 알고 있었다. 예를 들어, CIA는 바그너 그룹 수장 프리고진이 그의 오합지졸 반란군에게 모스크바로 진격하라고 명령하기 "최소 2주 전에" 그의 반란을 포착할 수 있었다.

모스크바 테러 공격 한 달 후, 미국 이민세관단속국(ICE)은 CIA가 FBI와 긴밀히 협력하여 ISIS-K와의 연관성을 확인한 후, 뉴욕, 필라델피아, 로스앤젤레스에서 타지키스탄 출신 8명을 체포했다. 이들 8명은 미국 남부 국경을 통해 입국하여 망명을 신청한 상태였다.

미국 정보기관들은 또한 알카에다와 ISIS의 극단주의 계열 조직들이 테러 공격을 모의하고 있는 서아프리카 사헬 지역의 위협에 대해서도 우려하고 있다. 부르키나파소, 말리, 니제르에서 최근 발생한 쿠데타로 미군이 철수하게 되었고, 이 지역에서의 정보 수집이 방해받았다. CIA는 현재 쿠데타 이전에 갖고 있던 수준이나 종류의 역량이 없는 상태로 활동하고 있다.

번스는 그들의 정보망에서 벗어난 다른 사각지대들도 우려했는데, 특히 급진화된 개인들, 이른바 "고독한 늑대 공격자들"의 위험이었다. 이들은 거의 사전 징후 없이 갑자기 나타나 폭발물을 터뜨리거나 총격을 가할 수 있다.

미국과 해외에 있는 미국인들에 대한 위협은 테러 단체에만 국한되지 않았다. 이란과 같은 국가들은 2023년 10월 7일 하마스의 이스라엘 공격 이후 번스가 언급한 높아진 "위험 감수 성향"을 이미 보여주고 있었다.

번스는 이스라엘-가자 전쟁이 여전히 언제든지 전면적인 중동 전쟁으로 폭발할 수 있는 매우 "가연성이 높은 상황"이라고 반복적으로 경고했다. 가장 큰 위험은 레바논과 접한 이스라엘 북부 국경에서 두 번째 전선이 형성되는 것이었다. 세 번째 전선이 서안지구에서 열릴 수도 있었다.

"지난 9개월 동안 나에게 가장 놀라운 일 중 하나는," 번스가 말했다. "서안지구가 폭발하지 않았다는 것입니다."

또는 네 번째 전선이 이란과 열릴 수도 있었다. 이란의 이스라엘에 대한 대규모 탄도 미사일 공격은 최고 지도자와 이란 정권의 새로운 위험 감수 성향을 보여주었다.

"제 생각에 [이란의] 대응 규모가 어느 정도의 단속적 수면을 야기하는 것 같습니다," 그가 말했다.

지난해를 돌아보면, FBI 국장 크리스토퍼 레이는 10월 상원 국토안보위원회에서 증언하며, 트럼프 대통령 재임 중인 2020년 1월 이란 군사 지도자 카셈 솔레이마니 암살 이후 테헤란이 계속해서 "현직 또는 전직" 미국 정부 관리들을 겨냥한 음모를 꾸미고 있다고 밝혔다. 바이든 행정부는 비밀경호국에 도널드 트럼프의 7월 13일 선거 유세

전에 트럼프를 겨냥한 특정되지 않은 위협을 경고했다. 이란은 전직 대통령 암살 시도에 대한 어떠한 연루도 부인했다.

제이크 설리번 국가안보보좌관 역시 본토 안보에 대한 위협 때문에 끊임없이 걱정하고 있었다. "확실히 저를 밤잠 설치게 하는 것은 본질적으로 인공지능과 첨단 무기의 융합입니다. 이것이 우리의 적대 국가들과 그들이 해를 끼칠 수 있는 능력에 어떤 의미를 갖게 될지, 그리고 테러리스트 집단들에게 어떤 의미를 갖게 될지 말입니다," 설리번이 말했다. "인공지능 혁명은 놀라운 기회를 가져다주지만, 정말이지, 엄청나고 **엄청난** 위험도 수반합니다."

미국 정보기관들은 또한 러시아가 최신 우주 무기인 두 번째 코스모스 2576 위성을 발사하는지, 이번에는 핵탄두를 탑재하는지 면밀히 감시하고 있었다. 설령 푸틴의 의도가 이를 최후의 수단으로 사용하는 것이라 해도 "그것은 우리 모두를 완전히 겁에 질리게 할 것"이라고 번스가 말했다.

6월 중국 방문 중 번스는 중국 측 카운터파트들에게 브리핑을 했다. "이것은 무차별적일 것입니다." 번스가 그들에게 경고했다. "따라서 저궤도에 있는 모든 위성들이 파괴될 것입니다. 중국, 러시아, 우리, 유럽 것이든 상관없이 말입니다 … 이론적으로 모든 사람의 GPS 시스템에 상당한 피해를 줄 수 있습니다."

번스는 그 위협의 가능성이 높다고 생각하지는 않았지만, 한밤중에 전화벨이 울릴 때마다 그가 걱정하게 되는 종류의 일이었다.

번스는 중국에서의 논의에 대해 바이든 대통령에게 보낸 장문의 기밀 보고서에서 "러시아와 북한 간의 점점 강화되는 국방 파트너십이 김정은을 대담하게 만들었기 때문에 중국을 어느 정도 불안하게 했다"고 언급했다. 중국은 이것이 북한 지도자를 더욱 무모하게 만들 수 있다고 우려했는데, 특히 김 위원장이 자신이 충분한 관심을 받지 못하고 있다고 느낄 경우 더욱 그러했다. 김 위원장의 미사일 프로그램은 상당히 성장했지만, 여전히 북한 외부에서 재료를 조달하는 데 의존하고 있었다. 이는 CIA에게 그러한 거래를 은밀히 방해할 기회를 제공했다.

반면, 북한의 핵 프로그램은 이제 대부분 자체적으로 운영되며 더 이상 외부의 지원이나 기술에 의존하지 않게 되었다. 김 위원장은 아직 핵무기를 대륙간탄도미사일(ICBM)에 효율적이고 정확하게 장착하여 미국에 도달시킬 능력을 갖추지 못했지만, 그 목표에 점점 더 가까워지고 있었다. 이는 최근 몇 년간 김 위원장의 중점 과제였다. 번스의 평가에 따르면, 이것이 바로 러시아-북한 국방 파트너십의 위험 요소 중 하나였는데, 무기 공급과 기술력이 양방향으로 이루어질 수 있기 때문이다.

CIA 국장은 김 위원장이 그러한 능력에 얼마나 가까워지고 있는지를 우려하고 있었다. "논리적으로나 이성적으로 그는 그렇게 하지 않을 것입니다"라고 번스가 보고했는데, 이는 핵을 탑재한 ICBM을 미국을 향해 발사하는 것을 의미했다. "그는 그런 행동을 하지 못하게 억제될 것입니다. 하지만 그런 능력을 갖추고 있다는 사실 자체가 정말로 우려스럽습니다."

번스는 그 위험을 "계획되지 않은 우발적 확전"이라고 설명했다.

번스가 보기에, 지금은 미국과 전 세계의 안정에 극도로 위험한 시기였다. 모든 경고 시스템에 적색 경고등이 깜빡이고 있었다.

73
해리스에 대한 트럼프의 공격

"암살 시도가 있은 지 일주일 만에 사람들은 벌써 그 일을 잊어가고 있습니다." 트럼프의 최고 보좌관이자 커뮤니케이션 책임자인 제이슨 밀러가 7월 25일에 분통을 터뜨렸다. 밀러는 트럼프의 가장 충실한 MAGA 옹호 보좌관 중 한 명이며, 전 대통령의 2016년과 2020년 선거 캠페인의 베테랑이었다. 총격 사건 이후 며칠 동안 트럼프는 지지자들에게 거의 메시아처럼 대우받았으며, 이로 인해 그의 모금액과 여론조사 수치가 크게 상승했다.

하지만 바이든의 사퇴는 언론의 헤드라인과 관심을 부통령에게로 옮겨놓았다. 밀러가 거대한 좌파 자유주의 음모의 일부라고 믿는 일부 언론은 그녀의 머리에 왕관을 씌웠다.

"민주당은 기본적으로 그를 정치적 화장터로 보냈습니다." 밀러가 바이든에 대해 말했다. "이건 옳지 않아요! 그들은 이 사람을 그냥 밀어내 버렸고, 마치 그의 황금 낙하산이 자유세계의 지도자로서 6개월 더 있는 것인 양 말입니다." 그가 말했다. (황금 낙하산은 고액의 퇴직금을 의미하는 비즈니스 용어로, 여기서는 바이든이 밀려났지만 6개월간 대통령직을 유지하는 것을 비꼬아 표현한 것-옮긴이)

"그가 경제, 국경 문제는 물론, 심지어 국제 문제에 대해서도 어떻게 뭔가를 할 수 있겠어요? 모든 사람이 6개월 후면 그가 물러난다는 것을 알고 있는데 어떻게 국제 문제에 집중할 수 있겠어요? 왜 네타냐후와 이런 모든 사람들, 또는 젤렌스키가 트럼프 대통령을 만나고 싶어 한다고 생각하세요? 그들은 바이든이 곧 자리에 없을 것을 알고 있어요. 스스로 권위를 실추시킨 상태에서 어떻게 외교 분야에서 뭔가를 성취할 수 있겠어요?"

사실 바이든은 대선 캠페인을 부통령과 그녀의 러닝메이트인 미네소타 주지사 팀 월츠에게 넘김으로써 오히려 국정 운영에 집중할 수 있게 되어 6개월 동안 잠재적으로 더 많은 일을 해낼 수 있는 여유를 확보하게 되었다.

트럼프 캠페인의 첫 번째 임무는 카말라 해리스를 정의하는 것이었다. 신랄하고 직접적인 공격이 그들의 스타일이었다. "해리스를 무능하고 급진적인 자유주의자로 빠르게 규정해야 합니다"라고 밀러가 말했다. "대통령은 어젯밤 연설에서 그 점을 약 10번 정도 언급했습니다."

7월 24일 노스캐롤라이나주 샬럿에서 열린 집회에서 트럼프는 "이제 우리에게는 물리칠 새로운 적이 있습니다. 거짓말쟁이 카말라 해리스입니다"라고 선언했다. 그는 또한 그녀를 "급진 좌파 미치광이" "미국 역사상 가장 무능하고 극좌파적인 부통령" 그리고 "모든 바이든 재앙의 배후에 있는 극도의 자유주의적 원동력"이라고 불렀다.

"우리 트럼프 진영에서는 미묘한 표현 기술 같은 것에 그다지 신경 쓰지 않습니다." 밀러가 말했다.

하지만 전략이란 것이 있기나 한 걸까?

"대부분의 유권자들은," 밀러가 설명했다. "[해리스를] 진지하지 않고 준비되지 않았으며, 우리의 표현으로는 무능하다고 봅니다." 트럼프 캠페인의 전략은 트럼프를 대조적인 인물로 제시하는 것이었다: 만약 당신이 어떤 것에든—경제, 국경, 길거리 범죄, 세계적 혼란—불만이 있다면 트럼프에게 투표하세요. "나에게로 돌아갑시다(Let's go back to me)."

바이든을 공격하기 위해 준비했던 모든 것을, 그들은 해리스에게도 똑같이 퍼부을 것이다.

"명심하세요," 밀러가 말했다, "북부 삼각지대에서 불법 이민의 근본 원인을 해결하겠다고 했던 사람이 바로 그녀였습니다. 그것은 실패했죠. 그녀는 푸틴이 우크라이나를 침공하지 못하게 하겠다고 했습니다. 그것도 실패했죠. 그러니 카말라 해리스가 외교 분야에 큰 존재감을 보여준다고 보기는 어렵습니다."

"그녀는 대권 경쟁에 나설 준비가 되어 있지 않다고 생각합니다," 밀러가 덧붙였다. "만약, 준비가 되어 있지 않다면, 만약 반격하거나 비전을 제시할 준비가 되어 있지 않다면, 순식간에 잡아먹히게 될 겁니다. 해리스는 큰 무대에 설 준비가 되어 있지 않다고 생각합니다. 이건 힘든 일입니다."

"이번 선거는 끝까지 치열한 개싸움이 될 것입니다." 그가 말했다.

전국 흑인 언론인 협회 대회에서, 트럼프 전 대통령은 자신이 에이브러햄 링컨 이후 미국 흑인들에게 최고의 대통령이었다는 자신의 신념을 되풀이했다. 트럼프는 카말라 해리스가 "갑자기" 흑인 정체성을 내세우기 시작했다고 주장해 청중들로부터 충격에 찬 탄식을 불러일으켰다.

"저는 그녀를 오랫동안 알아 왔습니다만, 직접적으로는 별로 없고 주로 간접적으로 알았죠." 트럼프가 말했다. "그리고 그녀는 항상 인도계였고, 인도계 전통만 내세웠습니다. 몇 년 전 그녀가 갑자기 흑인이 되기로 한 전까지는 그녀가 흑인이라는 것을 몰랐습니다. 그리고 이제 그녀는 흑인으로 알려지길 원합니다. 그래서 저는 모르겠습니다. 그녀는 인도인인가요, 아니면 흑인인가요?"

해리스의 고인이 된 어머니는 인도 출신이고 아버지는 자메이카 출신이다. 그녀는 워싱턴에 있는 하워드 대학교를 졸업했는데, 이곳은 가장 유명한 역사적 흑인 대학교(HBCU, historically Black colleges and universities) 중 하나이다. 또한 그녀는 미국에서 가장 오래된 역사적 흑인 여학생 클럽 중 하나인 알파 카파 알파의 회원이었다.

"저는 어느 쪽이든 존중합니다." 트럼프가 계속해서 말했다. "하지만 그녀는 분명히 그렇지 않습니다. 왜냐하면 그녀는 줄곧 인도인이었다가, 갑자기 방향을 바꿔서 흑인이 되었거든요. 그리고 저는 누군가 그것에 대해서도 조사해봐야 한다고 생각합니다."

인터뷰 후 트럼프는 민주당과 공화당 양쪽으로부터 거센 비판을 받았다. 그는 트루스 소셜에 이렇게 썼다: "질문들은 무례하고 고약했으며, 종종 진술문 형태로 이루어졌지만, 우리는 **완전히 박살냈습니다!**"

부통령은 트럼프의 발언에 거의 시간을 할애하지 않았다. "똑같은 낡은 쇼였어요. 분열과 무례함 말입니다," 해리스는 그날 밤 연설에서 말했다. "미국 국민은 더 나은 대우를 받을 자격이 있습니다."

74
해리스와 네타냐후의 충돌

비비 네타냐후 이스라엘 총리는 7월 25일 카말라 해리스를 따라 부통령의 의전용 집무실로 이어지는 큰 나무 문을 통과하면서, 자신이 단순히 민주당 대선 후보뿐만 아니라, 적어도 그 순간에는, 차기 대통령이 될 가능성이 높은 인물을 만나고 있다는 것을 알고 있었다.

웨스트윙이 내려다보이는 행정부 청사 건물의 우아하고 고풍스러운 방에서 부통령과 그녀의 수석 참모진, 그리고 브렛 맥거크 백악관 중동 조정관이 네타냐후, 론 더머, 그리고 마이크 헤르조그 이스라엘 대사와 마주 앉았다. 방 한쪽에는 테디 루스벨트 대통령이 사용하던 원래 책상이 놓여 있었다. 워터게이트 사건 당시 닉슨이 사용했고 녹음기를 숨겼던 바로 그 책상이었다. 그 책상에는 모든 부통령이 서명한 비밀 서랍이 있다. 바이든의 서명은 특히 크고 어지럽게 휘갈긴 것이었다.

해리스는 "이스라엘 국가에 대한 평생의 지지"와 "이스라엘의 안보에 대한 철통같은 공약"을 재확인하며 이스라엘 측을 환영했다.

"이 점은 우리의 대화에서 항상 이해되어야 합니다," 해리스가 네타냐후에게 확언했다. 어린 소녀였을 때, 해리스는 이스라엘에 나무를 심기 위한 돈을 모으는 파란색 상자를 들고 다녔다고 말했다. 그녀는 유대인인 자신의 남편 더그 엠호프가 반유대주의에 맞서는 행정부의 노력을 이끌고 있다고 언급했다.

그러나 해리스는 계속해서 가자지구에서 벌어지고 있는 일, 팔레스타인의 고통, 그리고 그것이 외부에서 어떻게 인식되는지가 이스라엘에 매우 해롭다고 말했다. "미국인, 특히 젊은 미국인들인 최신 세대가 저의 세대나 이전 세대처럼 이스라엘을 지지할 것이라고 당연하게 여기지 마세요," 해리스가 경고했다. 가자지구에서 진행 중인 전쟁과 인도적 상황은 반이스라엘 정서를 만들고 키우고 있었다. "오늘날 대중은 시각적 정보를 접하고 있어요," 해리스가 말했다. "그들은 가자지구의 사진들을 보고 있고, 그것이 그들의 생각에 영향을 미칩니다."

이스라엘 측은 그녀의 어조가 비판적이기보다는 관찰적이라고 느꼈다. "정면으로 비판하는 것"이 아니었다고 헤르조그 대사가 말했다. 부통령은 "이것들이 내가 받고 있는 브리핑과 보고들입니다"라고 말하고 있었던 것이다.

"저는 가자지구의 인도적 상황 때문에 심란합니다," 해리스가 네타냐후를 바라보며 계속했다. "이는 양심에 어긋나는 일입니다. 사람들이 굶주리고 있습니다. 위생 상태는 참을 수 없는 수준입니다. 서부 가자지구에서는 화장실 하나당 4,000명이 사용하고 있습니다."

네타냐후는 위생 문제를 인정했다. "저는 그 문제를 해결하라는 명령을 내렸습니다," 그가 말했다. 그는 가자지구의 팔레스타인 사람들이 굶주리고 있다는 것은 부인했다.

"가자지구에 기아는 없으며, 사람들을 굶주리게 하는 정책은 절대로 없습니다." 네타냐후가 말했다. "가자지구로 들어가는 식량의 양은 1인당 칼로리를 포함하여 기준을 충족합니다. 하지만 들어가는 모든 식량이 목적지에 도달하지는 못합니다. 왜냐하면 하마스가 인도적 지원에 손을 대기 때문입니다. 하마스는 식량을 약탈합니다. 하마스는…"

"좋습니다. 세부 사항을 논의할 수 있지만 그런 인식은 여전히 존재합니다." 해리스가 말했다.

"이스라엘은 가자지구 사람들을 위해 자체 자금으로 텐트를 구매했습니다." 네타냐후가 덧붙였다.

해리스는 서안지구와 관련된 문제들로 화제를 돌렸다. 이 지역은 1967년부터 이스라엘에 합병되고 점령된 요르단강 서안의 팔레스타인 영토를 가리킨다. 서안지구에는 200만에서 300만 명의 팔레스타인인들이 살고 있으며, 정착촌과 전초기지에는 약 40만 명의 이스라엘 유대인들이 거주하고 있다. [정착촌이 이스라엘 정부의 공식 승인과 지원 아래 서안지구에 건설된 주거지역이라면, 전초기지(outpost)는 이스라엘 정부의 공식 승인 없이 이스라엘 정착민들이 비공식적으로 설립한 소규모 정착지를 말함-옮긴이]

"이것은 시한폭탄과 같습니다." 해리스가 말했다. "이스라엘의 일부 정착촌이 상당히 확장되고 있습니다. 정착지 사용을 위해 토지가 할당되고 있습니다. 당신들은 방금 5개의 불법 전초기지를 합법화했습니다. 정착민들의 폭력이 증가하고 있습니다."

부통령의 국가안보보좌관인 필 고든은 네타냐후가 이러한 비난들을 실제로 부인하지 않았다는 점을 주목했다.

"정착촌들은 확장되고 있지 않습니다." 네타냐후가 일축하듯 말했다. "밖으로가 아니라 위로 건설하고 있을 뿐입니다. 서안지구에서 사람들이 유대인을 공격하고 있습니다. 그것이 주요 관심사가 되어야 합니다."

"우리는 여러분과는 다른 그림을 가지고 있습니다." 마이크 헤르조그 이스라엘 대사가 덧붙였다. "이란은 서안지구에서 불안과 테러 활동을 조장하려 하고 있습니다. 그들은 대규모로 무기를 밀반입하고 있으며, 이스라엘 내부에서도 그렇습니다."

"저는 인질들을 구출하고 휴전을 이루는 데 전념하고 있습니다." 네타냐후가 화제를 다시 가자지구 전쟁으로 돌리며 말했다. "하지만 우리는 하마스에게 승리를 줄 수는 없습니다. 하마스가 가자지구에서 권력을 유지한다면, 그것은 하마스의 승리입니다. 이스라엘의 패배입니다. 좌파든 우파든 어떤 이스라엘 정부도 이를 용납하지 않을 것입니다. 누구도 받아들이지 않을 것입니다. 저만이 아닙니다."

"우리는 인질들을 석방할 수 있는 합의를 원하며, 이를 달성하기 위해 일정 기간 휴전으로 대가를 치를 의향이 있습니다." 네타냐후가 말했다. "여러분의 행정부는 휴전을 원한다고 말하는데, 그것은 암묵적으로 전쟁의 종식을 의미하며, 그 과정에서 인질이 석방되는 것입니다." 그것은 이스라엘인들에게는 받아들일 수 없는 것이었다.

해리스는 바이든의 정책적 입장을 재확인했다. 누구도 하마스가 권력을 잡기를 원하지 않았다. "팔레스타인 사람들에게 정치적 전망을 제시하고 궁극적으로 국가를 갖게 하는 것이 우리 행정부가 옳다고 생각하는 일입니다." 그녀가 말했다. "팔레스타인 자치정부를 약화시키지 않는 것이 우리의 상호 이익입니다." 해리스가 말했다. "그리고 통치와 안보, 그리고 전후 계획에 대한 작업을 시작하는 것입니다."

"음, 우리는 지금 그런 일들을 할 수 없습니다." 네타냐후가 말했다. "왜냐하면 그것은 우리를 공격한 자들에게 보상을 주는 것처럼 보일 것이기 때문입니다."

"이스라엘에게는 어려운 문제입니다." 네타냐후가 덧붙였다. 그는 여전히 30명의 생존 인질이 있다고 믿었으며, 그중에는 이스라엘계 미국인들도 포함되어 있었다. 그는 어떤 하마스 수감자를 인질과 교환할지에 대한 거부권을 원했으며, 이번 협상에서 하마스가 최대한 많은 생존 인질들을 석방하기를 요구하고 있었다.

"이해합니다. 이것들은 중요한 문제들입니다." 해리스가 말했다. "하지만 완벽을 추구하다가 좋은 것을 놓치지 마세요. 만약 이 모든 것을 포함해 모든 가능한 쟁점들에 대해 완벽한 해결책만 고집한다면, 인질들은 죽게 될 것이고 상황은 더욱 악화될 것입니다."

네타냐후는 자신이 합의를 원한다고 거듭 강조했다. "누구도 제가 합의를 원하지 않는다고 비난해서는 안 됩니다."

회의는 약 40분 후 우호적인 분위기 속에서 원만하게 마무리되었다. 해리스는 바이든의 정책에서 벗어나지 않았다.

"회의 자체는 긴장된 분위기는 아니었어요. 괜찮았어요. 무난했습니다." 헤르조그 대사가 말했다. "모든 것에 합의한 것은 아니었지만, 우리가 대화를 나누고 서로의 말을 경청했으며 응답하는 방식으로 진행되었습니다. 일상적인 정책 논의였습니다. 특별히 주목할 만한 것은 없었습니다."

그날 저녁 언론 브리핑에서 부통령은 가자지구 민간인에 대한 이스라엘의 대우를 강력하게 비판하고 휴전을 촉구했다.

"우리는 이러한 비극들을 목격하고도 외면할 수 없습니다." 해리스가 말했다. "우리는 스스로가 이 고통에 무감각해지도록 내버려둬서는 안 됩니다. 그리고 저는 침묵하지 않을 것입니다."

그것은 정말 충격적인 발언이었다.

이스라엘 측에게 이것은 완전한 태도 변화였다. "그녀는 공개적으로는 강경해 보이길 원합니다." 헤르조그가 말했다. "하지만 비공개 자리에서는 그렇게 강경하지 않았습니다."

네타냐후가 그녀의 공개 성명을 보았을 때, 그는 격분했다.

"그는 화가 났습니다." 이스라엘 대사가 말했다. "그리고 그럴 만한 충분한 이유가 있었습니다. 만약 이스라엘과 미국 사이에 틈이 있다는 인식이 외부에 퍼진다면, 그것은 인질 협상과 하마스의 사고방식에 부정적인 영향을 미칠 수 있습니다."

"하마스는 시간이 자기들 편이라고 믿고 있습니다. 그들은 이스라엘과 미국 사이에 틈이 있으며, 결국 미국과 국제 사회가 이스라엘을 저지하고 가자지구에서의 전쟁을 종식시킬 것이라고 믿고 있습니다." 하마스에 영향을 미치는 유일한 것은, 헤르조그가 말했다. "지상에서 우리의 군사적 압박, 그리고 우리가 이집트-가자 국경을 장악하고 [하마스의] 밀수를 통한 상당한 수입원을 차단한 사실입니다."

10월 7일 이후 네타냐후에 대한 바이든의 경고가 사실로 증명되고 있었다: 이데올로기를 제거하는 것은 매우 어렵다. 하마스는 이스라엘이 파괴하고 소탕했다고 보고한 가자지구 지역들에서 다시 나타나고 있었다. 이는 끝없는 폭력의 악순환이 될 수 있었다.

같은 날 이스라엘 총리와 대통령 집무실에서 90분간 가진 별도의 회의에서 바이든 대통령은 해리스와는 정반대의 접근 방식을 취했다. 그는 기자들 앞에서 네타냐후를 비판하지 않았다. "우리는 이야기할 것이 많습니다." 바이든이 간단히 말했고, 네타냐후는 이스라엘에 대한 바이든의 오랜 지지에 감사를 표했다.

"대통령님, 우리는 서로 40년 동안 알고 지냈고, 당신은 골다 메이어부터 시작해 50년 동안 모든 이스라엘 총리를 알고 지내셨죠." 네타냐후가 기자들 앞에서 말했다.

바이든은 미소를 지었다. "그런데 골다 메이어 총리와의 첫 만남에서 … 제 옆에 앉아 있던 그녀의 보좌관이 있었는데, 라빈이라는 사람이었습니다." 이츠하크 라빈은 나중에 이스라엘 총리가 되었다. "그만큼 오래된 인연입니다." 바이든이 말했다. "그때 저는 겨우 12살이었습니다." 그가 농담을 던졌다.

"바이든 대통령은 여전히 매우 적극적으로 관여하고 있으며, 그는 분명히 여전히 결정권을 가지고 있습니다." 헤르조그 대사가 말했다. "그것은 의심의 여지가 없습니다."

"지금까지, 저는 해리스 부통령이 우리 문제에 어떤 영향을 미쳤다고 느끼지 못했습니다. 그녀는 회의실에 있었지만, 전혀 영향력을 행사하지 않았습니다. 아마도 지금은 그녀가 대통령 후보로 나섰기 때문에 좀 더 관여하고 있는 것 같습니다. 특히 대외적인 면에서 그렇습니다." 헤르조그가 말했다. "그녀는 바이든보다 더, 그러니까, 인도적 상황이나 인간의 고통 등에 대해 이스라엘을 비판하는 더 진보적인 노선에 가까이 다가갔습니다. 바이든이 그 문제들을 다루지 않았거나 신경 쓰지 않았거나 언급하지 않았다는 것이 아니라, 아시다시피, 결국은 어떻게 표현하고 어디에 중점을 두느냐의 문제인 거죠."

팔레스타인 보건 당국은 이스라엘의 지상 및 공중 군사 행동으로 가자지구에서 대부분이 민간인인 3만 9,000명 이상이 사망했으며, 이 지역 230만 주민 대부분이 집을 떠나게 되었다고 보고하고 있었다.

해리스의 접근 방식은 비공개적으로는 외교적이었지만 공개적으로는 강력했다. 그리고 그것은 분명히 이스라엘 측에 영향을 미쳤다.

75
러-우 전쟁 종식에 대한
트럼프의 발언

2024년 초, 트럼프의 한 보좌관이 마라라고에 있는 전 대통령의 사무실 밖에서 서성이고 있었다.

트럼프는 러시아 대통령 블라디미르 푸틴과의 사적인 전화 통화를 한다며 보좌관을 방 밖으로 내보냈다. 이 보좌관에 따르면, 트럼프가 2021년 백악관을 떠난 이후 푸틴과 여러 차례 통화했는데, 많게는 일곱 번에 달할 수도 있다고 한다.

내가 7월에 트럼프의 선거 캠페인 수석 보좌관인 제이슨 밀러에게 트럼프 전 대통령과 푸틴 사이의 통화에 대해 알고 있는지 물었을 때, 밀러의 대답은 이러했다: "음, 아, 그런 건, 아, 제가 아는 한은 없습니다."

트럼프가 지금 푸틴과 통화할 수 있나요?

"분명히 서로 연락하는 방법을 알고 있을 겁니다." 밀러가 말했다.

그들이 우크라이나 전쟁을 멈추는 방법에 대해 이야기하고 있나요?

"글쎄요, 트럼프 대통령이 전쟁을 멈출 것이라고 말씀하셨고, 저는 그가 할 수 있다고 생각합니다. 심지어 취임하기 전에 전쟁을 멈출 수 있을 거라고 생각합니다," 밀러가 말했다. 트럼프도 유세장에서 이러한 말을 공개적으로 하고 있었다.

로건법은 현 미국 정부의 명확한 승인 없이 민간인이 분쟁을 협상하는 것을 불법으로 규정하고 있다. (Logan Act, 1799년 제정된 연방법으로 미국의 공식 외교정책을 방해하거나 훼손할 수 있는 비공식 외교 활동을 막기 위한 법-옮긴이)

"하지만 결정권자는 푸틴입니다," 내가 밀러에게 말했다. 그렇지 않나요?

"아니요," 밀러가 말했다. "결정권자는 트럼프 대통령이라고 생각합니다. 그가 푸틴과 젤렌스키 양쪽의 압박점을 알고 있어서 협상을 성사시킬 수 있기 때문입니다."

"그들이 대화하고 있다는 말은 들은 적이 없어서 그건 부인하고 싶습니다," 밀러가 덧붙였다. "하지만 말씀드렸듯이, 그들은 트럼프가 대통령이었던 4년 동안 서로를 알고 지냈습니다. 그 부분은 부인하고 싶습니다," 그가 전화 통화에 대해 반복했다. "그리고 그들이 취임 전에 소통하고 있다거나 하는 말은 매우 조심해야 합니다."

"전쟁을 끝내기 위한 목적으로요?"

"하지만 그건 결국 일어나지 않을 것입니다. 트럼프 대통령이 11월 5일에 승리하고 그가 취임할 것이 확실해질 때까지는 일어나지 않을 겁니다," 밀러가 말했다. "11월 5일 이후라면, 트럼프 대통령이 취임 선서를 하기 전까지 이 문제를 해결하거나 거의 다 해결할 수 있을 것으로 봅니다."

앞뒤가 맞지 않았다. 트럼프는 공개적으로 취임하기 전에 전화 한 통으로 전쟁을 해결할 수 있다고 말하고 있었던 것인가?

"한 통씩이요," 밀러가 말했다. "가능하다고 생각합니다. 그는 압박 포인트를 알고 있습니다. 그는 양측을 움직이게 할 동기가 무엇인지 알고 있으며, 각각 한 번의 전화로 그것을 해낼 수 있다고 봅니다." 푸틴과 젤렌스키에게 각각 전화한다는 의미였다.

트럼프가 2025년 1월 20일에 대통령 취임 선서 전에 푸틴과 소통하려는 시도는 그 어떤 것이든 또 다른 정치적 대지진이 될 것이다. 하지만 트럼프와 가장 가까운 보좌관은 트럼프가 어떻게 그렇게 할 수 있고, 실제로 시도하려는 듯한 계획을 설명했다.

트럼프는 계속해서 다른 세계 지도자들을 만났고, 다음 날인 7월 26일 금요일에는 이스라엘 총리 네타냐후가 마라라고로 그를 방문했다.

국가안보국(NSA)을 포함한 미국의 16개 정보기관을 총괄하는 국가정보국장 에이브릴 헤인스는 트럼프와 푸틴 사이의 일곱 번의 접촉에 관한 질문에 조심스럽게 확답을 피했다.

"푸틴과의 모든 접촉을 파악하고 있다고 단언할 수는 없습니다." 헤인스가 밝혔다. "트럼프 대통령이 무엇을 했거나 하지 않았을지에 대해 제가 언급할 수 있는 입장이 아닙니다."

2020년 내가 당시 트럼프 대통령을 인터뷰했을 때, 그는 러시아의 푸틴 대통령이나 중국의 시진핑 주석과 같은 독재적 지도자들에 대한 호감을 자랑했으며, 북한 지도자 김정은과 주고받은 "러브레터"를 내게 보여주었다.

트럼프와 푸틴의 관계는 2017년부터 2019년까지 2년 반 동안 트럼프의 국가정보국장을 지낸 댄 코츠에게도 풀리지 않는 의문이었다.

"그가 푸틴을 어떻게 대하고 푸틴에게 무슨 말을 하는지는 여전히 제게는 미스터리입니다." 코츠가 2024년 5월에 말했다. "그것은 수수께끼이며 아직 풀리지 않았습니다."

코츠는 미국 첩보 체계의 핵심 중추이자 가장 중요한 기밀들을 다루는 트럼프의 국가 안보 핵심 그룹에서 일했다. 그는 트럼프의 말과 행동을 가장 가까이서 지켜볼 수 있는 위치에 있었다.

"푸틴에게 다가가면서도 푸틴에 대해 나쁜 말은 절대 하지 않고 오히려 긍정적인 말만 하는 것이," 코츠가 말했다. "제게는 무서운 일입니다."

"혹시 협박당하고 있는 건가?" 코츠는 궁금해했다. 그는 끝내 답을 찾지 못했다. 하지만 뭔가가 있다는 것만은 확신했다.

"푸틴은 사람을 조종합니다." CIA 국장 번스가 말했다. "그는 그렇게 하도록 전문적으로 훈련받은 사람입니다." 그는 세계 지도자들 사이에서 교묘한 조종술의 대가로 널리 알려져 있었다.

2016년 선거 전, 푸틴은 트럼프에 대해 러시아어로 언급했는데, 이 말이 영어로 번역되면서 트럼프가 "brilliant(탁월하다)"하다고 생각한다는 말로 해석되었다.

"실제 러시아어 표현은 개성이 독특하다(colorful)는 의미였는데, 이는 똑같은 칭찬이 아닙니다." 번스가 명확히 했다.

"트럼프주의의 일부 측면은 푸틴에게 어필합니다." 번스가 동료들에게 말했다. "특히 우크라이나 문제에서, 푸틴은 트럼프가 젤렌스키와 우크라이나를 훨씬 더 쉽게 저버릴 사람으로 읽을 수밖에 없습니다. 그런 관점에서 보면 트럼프는 매력적입니다." 트럼프 리더십의 예측 불가능성과 변덕스러운 특성에 대한 푸틴의 시각을 판단하는 것은 더 복잡한 문제였다. 푸틴이나 시진핑 모두 이런 특성을 좋아하지 않았다.

"하지만 푸틴에게는 계획이 있습니다," CIA 국장이 말했다. "[트럼프가] 재임 시절에 그랬던 것처럼, 트럼프를 다루기 위한 계획이 있습니다."

5월 23일, 트럼프는 자신이 11월에 대통령으로 당선된다면 푸틴이 러시아 감옥에 수감되어 있는 《월스트리트저널》 기자 에반 거쉬코비치를 석방할 것이라고 선언했다.

트럼프는 트루스 소셜에 다음과 같이 썼다: "러시아에 억류 중인 월스트리트저널 기자 에반 거쉬코비치는 선거 직후에 거의 즉시 석방될 것이며, 틀림없이 내가 취임하기 전에 석방될 것입니다. 그는 **집으로 돌아와, 안전하게, 가족과 함께** 있게 될 것입니다."

"러시아의 블라디미르 푸틴 대통령이 나를 위해 그렇게 할 것이지만, 다른 누구를 위해서는 하지 않을 것입니다. 그리고 **우리는 아무것도 지불하지 않을 것입니다!**"

트럼프는 푸틴이 왜 이런 일을 해줄지 이유는 밝히지 않았다.

크렘린의 대변인 드미트리 페스코프는 트럼프의 주장에 대해 질문을 받자, 푸틴이 "당연히 도널드 트럼프와 접촉한 적이 없다"고 말했다.

바이든 대통령과 설리번이 주도하고 최소 7개국이 관여한 수개월

간의 비공개 협상 끝에, 에반 거쉬코비치는 8월 1일 미국인 폴 웰란, 알수 쿠르마셰바와 함께 러시아 감옥에서 석방되었다. 이들의 석방은 냉전 이후 최대 규모의 포로 교환의 일환으로, 총 24명이 석방되었다.

대선 토론에서 트럼프 전 대통령은 자신이 계속 백악관에 있었다면 푸틴 대통령이 "결코 우크라이나를 침공하지 않았을 것"이라고 주장했다. "무슨 일이 일어났는지 말씀드리겠습니다. [바이든은] 아프가니스탄에서 정말 형편없었습니다." 트럼프가 말했다. "그것은 정말 끔찍한 망신이었고, 우리나라 역사상 가장 굴욕적인 순간이었습니다. 푸틴이 그것을 지켜보면서 그 무능함을 보았을 때 … 푸틴이 그것을 보고는 이렇게 생각했죠. 그래, 우리가 들어가서 아마도 내 것을 차지할 수 있을 것 같다―이것이 그의 꿈이었어요. 저는 그와 이것에 대해 이야기했습니다. 그의 꿈에 대해서요. 차이점은 그가 결코 우크라이나를 침공하지 않았을 거라는 겁니다. 절대로요."

트럼프의 대통령직에 관한 세 권의 책을 쓰고 그와 8시간 넘게 인터뷰를 진행한 결과, 그가 자신의 이익에 도움이 된다고 믿으면 무엇이든 말하고 행동할 인물임이 명백해졌다.

트럼프에 관한 나의 첫 번째 책인 『공포』는 그의 대통령직이 "극도의 혼란 상태"에 빠졌음을 드러냈는데, 당시 고위 관료들은 트럼프가 심각한 경제 위기나 국가 안보 위기를 촉발할 문서에 서명하지 못하도록 그의 책상에서 문서를 몰래 치워버렸다.

백악관 비서실장이자 퇴역 해병대 4성 장군인 존 F. 켈리는 이 책에서 당시 트럼프 대통령에 대해 이렇게 말했다고 인용되었다. "그는 바보입니다. 그에게 무언가를 설득하려는 것은 무의미합니다. 그는 완전히 이성을 잃었습니다. 우리는 미친 동네(Crazytown)에 있습니다."

트럼프의 최고 경제 고문이었던 게리 콘은 트럼프를 "전문적인 거짓말쟁이"라고 불렀다.

2016년 대선 러시아 개입에 관한 뮬러 수사에서 트럼프의 개인 변호사였던 존 다우드는 트럼프에게 그가 너무나 진실하지 못해서 직접 증언하면 결국 "오렌지색 죄수복"을 입게 될 것이며 "빌어먹을 거짓말쟁이"라고 말했다.

《뉴욕타임스》의 매기 해버만은 나의 책 『공포』가 "트럼프의 백악관을 미로처럼 복잡하고 배신이 난무하며, 종종 통제 불능 상태인 조직으로 묘사했다"고 썼으며, 이 책이 "행정부와 대통령을 불안하게 만든 이유 중 하나는 저자가 많은 현직 및 전직 관료들과 대화했음이 분명했기 때문"이라고 했다.

린지 그레이엄 상원의원은 당시 트럼프 대통령에게 내가 트럼프가 하지 않은 말을 했다고 쓰거나, 다른 누구의 말도 왜곡하지 않았다고 확신시켰다. 그리고 정말 놀랍게도 트럼프는 그의 대통령직에 관한 나의 두 번째 책인 『분노』를 위한 인터뷰에 응하기로 했다.

"지난번 책 때 당신을 만났어야 했는데." 트럼프 대통령이 2019년 12월 5일 레졸루트 책상 뒤에 있는 버건디색 의자에 앉아 말했다. "하지만 이번에 만회하겠습니다. 만회할 겁니다."

트럼프는 그의 앞에 있는 책상 위에 소품들을 진열해 놓았다. 책상 중앙에는 사법부 판사 임명장들이 쌓여 있었다. 한쪽에는 트럼프가 북한 김정은 위원장과 주고받은 편지를 모아놓은 바인더가 있었다. 다른 한쪽에는 트럼프가 김 위원장과 함께 서서 악수하며 웃고 있는 큰 사진들이 있었다.

트럼프의 전쟁은 코로나바이러스 팬데믹이었고, 그의 대처는 그의 본성을 여실히 드러냈다. 이 인터뷰들은 진실에 대한 충실함이 없고, 재선에만 집착하며, 진정한 위기를 다룰 준비가 안 된 사람을 보여주었다.

트럼프는 국가안보보좌관들로부터 이 바이러스가 치명적이며 국가에 중대한 위협이 된다는 경고를 받았지만, 대응 계획을 수립하지 않았다. 그는 미국인의 생명을 구하는 것을 최우선으로 하기 위해 자신의 막강한 행정 권한을 어떻게 활용해야 하는지 알지 못했다. 오히려 반항적인 발언들을 통해 팬데믹 대응에 대한 모든 책임을 축소하고 회피했다. 연민은 없었다. 용기도 없었다.

"오, 나한테 계획이 있어요, 밥." 트럼프는 2020년 4월 코로나바이러스에 관해 말했다. "내 말은, 알잖아요, 뭐 그런 거죠."

국가적 위기 상황에서, 사람들은 대통령에게서 리더십을 기대한다.

"이것은 전쟁입니다," 트럼프가 나에게 말했다.

나는 트럼프에게 미국 최고의 전염병 전문가인 앤서니 파우치 박사를 초대해 상세한 브리핑을 받은 적이 있는지 물었다. 파우치 박사가 그의 아이젠하워였는가? (아이젠하워는 제2차 세계대전 당시 연합군 최고사령관으로 프랭클린 루즈벨트 대통령의 핵심 군사 조언자였다. 저자는 트럼프가 팬데믹 전쟁에서 전문가인 파우치 박사의 조언을 충분히 구하고 있

는지 묻고 있다-옮긴이)

"그럴 시간이 많지 않아요, 밥. 여긴 바쁜 백악관이에요." 트럼프가 말했다.

2020년 여름까지 미국에서는 약 14만 명이 바이러스로 사망했고, 최종적으로 사망자 수는 110만 명을 넘어섰다.

"계획을 보게 될 겁니다, 밥. 제게는 106일이 남아 있어요." 트럼프가 2020년 7월에 나에게 말했다. 106일 후가 바로 대통령 선거였다.

그의 여론 조사 전문가들에 따르면, 코로나바이러스에 대한 무대응은 거의 확실하게 그의 2020년 선거 패배의 원인이 되었다.

나는 언젠가 트럼프에게 "대통령의 임무가 무엇인가요?"라고 물은 적이 있다. 그는 "국민을 보호하는 것"이라고 답했다.

좋은 대답이었지만, 트럼프는 그것을 해내지 못했다.

도널드 트럼프는 대통령이 되어서는 안 될 뿐만 아니라 국가를 이끌 자격도 없는 인물이다. 트럼프는 명백히 범죄를 저지른 대통령인 리처드 닉슨보다 훨씬 더 나빴다. 내가 지적했듯이, 트럼프는 공포와 분노로 통치했다. 그리고 공익과 국익에 대해 무관심했다.

트럼프는 미국 역사상 가장 무모하고 충동적인 대통령이었으며, 2024년 대통령 후보로서도 정확히 똑같은 성향을 보여주고 있다.

76
베이루트 공습과 하니예 암살

7월 말, 중동 지역의 긴장이 다시 한번 급격히 고조되었다. "비비, 씨x 뭐 하는 짓입니까?" 바이든이 네타냐후에게 전화로 격앙된 목소리로 소리쳤다. 이스라엘은 베이루트 교외의 인구 밀집 지역을 공습해 헤즈볼라의 최고 군사령관 푸아드 슈크르를 제거했는데, 이 과정에서 최소 민간인 3명이 사망하고 74명이 부상당했다. 이스라엘은 슈크르가 3일 전 골란고원 축구장에서 이스라엘 어린이 12명이 숨진 로켓 공격의 배후라고 주장했다.

"헤즈볼라가 레드라인을 넘었습니다." 이스라엘의 갈란트 국방장관이 레바논 공습 직후 소셜 미디어를 통해 발표했다.

"국경 근처에서 제거했다면 그나마 이해하겠지만," 바이든은 네타냐후에게 말했다. "하필이면 베이루트 한복판에서라니!"

12시간도 채 되지 않아 이스라엘은 하마스 고위 지도자 이스마일 하니예를 암살했는데, 당시 그는 이란 대통령 마수드 페제시키안의 취임식 참석차 테헤란에 머물고 있었다. 하니예는 살해되기 불과 몇 시간 전 페제시키안과 악수하는 모습이 포착되었다. 이스라엘은 하니예가 묵을 예정이었던 게스트하우스 객실에 몇 달 전 폭탄을 설치해 두었던 것으로 보인다.

이란 최고 지도자 하메네이는 보복 공격을 명령했다.

"당신도 알겠지만, 전 세계적으로 이스라엘에 대한 인식이 점점 더 불량 국가, 무법자 쪽으로 바뀌고 있어요." 바이든이 네타냐후에게 고함쳤다.

"이 사람은 하니예입니다." 네타냐후가 말했다. "주요 테러리스트 중 한 명입니다. 끔찍한 자입니다. 우리는 기회를 보았고 그것을 잡았을 뿐입니다."

카타르에 거주하던 하니예는 휴전 협상에서 하마스의 핵심 협상가이자 의사 결정권자이기도 했다.

"더 강하게 타격할수록 협상에서 더 성공할 것입니다." 네타냐후가 말했다.

베이루트와 테헤란에서 감행된 이스라엘의 공격으로 수개월 간 진행되어 온 힘겨운 비공개 휴전 협상이 사실상 물거품이 되었다.

"한쪽이 상대측 협상가를 암살했는데 어떻게 중재가 성공할 수 있겠는가?" 그동안 협상을 주도해 온 카타르의 외무장관이자 총리인 MBAR이 소셜 미디어에 올린 글이다.

"그의 말이 맞습니다." 블링컨이 바이든에게 말했다. 이스라엘은 하나가 아니라 두 개의 성난 말벌 둥지에 또 한 번 막대기를 찔러 넣은 셈이었다.

"우리는 가자지구의 하마스뿐만 아니라 이란과 전체 이란 축, 이란의 모든 대리 세력과 맞서고 있습니다." 이스라엘의 행동을 옹호하며 마이크 헤르조그 이스라엘 대사가 사적인 자리에서 말했다. "모두가 우리를, 이스라엘을 향해 포화를 퍼붓고 있습니다."

"후티 반군이 공격하고 있습니다. 헤즈볼라는 10월 8일 이후 매일 포격을 가하고 있습니다. 이라크와 시리아의 시아파 민병대들도 마찬가지입니다." 헤르조그가 말했다. "이란 본국도 그렇습니다. 대규모 미사일 공격이 있었고, 그들은 다시 우리를 공격할 수 있습니다. 이란은 서안지구에 새로운 전선을 열려고 시도하고 있습니다. 그들은 요르단에서 불안을 조장하고 궁극적으로 그곳의 정권도 전복시키려 하고 있습니다."

"그들은 모든 전선에서 우리와 대치하고 있습니다." 헤르조그가 말했다. "이스라엘인들은 우리가 일곱 개의 전선에서 이란의 축과 싸우고 있다고 말할 것입니다.

저는 여기에 이스라엘에 적대적인 국제적 전선도 추가하고 싶습니다. 반유대주의자들, 이스라엘의 정당성을 부정하는 사람들, 우리의 존재할 권리를 인정하지 않는 사람들이 바로 그들입니다. 우리는 이를 대학 캠퍼스에서, 소셜 미디어에서, 국제형사재판소나 국제사법재판소에서 목격하고 있습니다. 그리고 우리가 기아를 무기로 사용하고 있다는 비방도 있는데, 이는 피의 명예훼손(blood libel)입니다. 제가 단언컨대 말입니다. 저는 이스라엘 방위군에서 수년 동안 복무했습니다." (피의 명예훼손은 중세부터 유대인들이 기독교 어린이의 피를 종교 의식에 사용하기 위해 살해했다는 근거 없는 혐의로, 현재는 유대인이나 이스라엘에 대한 악의적이고 근거 없는 비방을 가리키는 용어-옮긴이)

"이스라엘 사람들에게는 이것이 실존적 위협으로 느껴집니다. 모든 전선에서 일어나고 있기 때문입니다. 요즘 이스라엘을 표적으로 삼는 것이 아주 유행이 되어버렸습니다." 헤르조그가 말했다.

"어떤 사람들은 피 냄새를 맡으면 먹잇감 주위를 맴돕니다."

8월의 첫 2주 동안 설리번, 오스틴, 그리고 블링컨은 이스라엘에 대한 보복 공격 가능성에 대응하기 위해 밤낮없이 움직이고 있었다.

"대통령은 불행히도 급증하는 위기 상황에 대처하는 상당한 경험을 체득하게 되었습니다." 설리번이 이 지역을 전면전 직전까지 몰고 갔던 10월 11일과 4월 13일의 위협을 언급하며 말했다. "우리는 미국 전력을 전진 배치하고, 이란에 메시지를 보내고, 헤즈볼라에 간접적으로 메시지를 전하며, 이스라엘과 공조하면서, 동시에 이 상황에서 벗어날 유일한 길은 휴전이라는 사실에 당사자들이 집중하도록 노력하고 있습니다."

오스틴 장관은 이스라엘 방어를 위한 미국의 대비 태세를 강화하기 위해 여러 전력 재배치를 지시했다. 그는 이 지역에 미국 항공모함 타격 전단 2개 그룹을 배치하고 순양함과 구축함의 전력을 늘렸으며, 이스라엘의 방공 지원을 위해 전투기 편대를 중동에 추가 배치했다. 이제 그들은 이란이 어떤 행동을 취할지 지켜보며 대기하고 있었다.

"앞으로 며칠 내에 이스라엘에 대한 대규모 공격이 있을 수 있습니다." 설리번이 8월 중순에 말했다. "그것은 충분히 가능한 일입니다."

"이 상황에서 벗어날 수 있는 유일한 길은 휴전입니다." 설리번이 결론지었다.

77
바이든이 확립한
미국의 새로운 군사 외교정책

1991년 제1차 걸프전을 다룬 나의 책 『지휘관들(The Commanders)』에서 나는 이렇게 썼다: "전쟁을 하기로 한 결정은 한 국가를 세계 앞에, 그리고 아마도 더 중요하게는 그 국가 자신에게 정의를 내리는 것이다. 국가 정부에게 이보다 더 중대한 일은 없으며, 국가 지도력을 이보다 더 정확하게 측정할 수 있는 잣대도 없다."

이 책 『전쟁(WAR)』은 전쟁을 예방하기 위한 노력과 결정들, 그리고 전쟁이 일어난 곳에서는 확전을 피하기 위한 노력들을 다룬다.

지금도 그 어느 때 못지않게 나는 전쟁에 관한 결정이 국가 지도자들을 정의한다고 생각한다. 베트남에서의 미군 사망자는 52,880명이었다. 베트남 전쟁은 바이든의 세대, 나의 세대에게 거대한 사건이었다. 바이든은 참전하지도, 반전 시위를 하지도 않았다. 그는 상원의원 시절 실무적 차원에서 그것은 단지 "형편없는 정책"이었다고 반복해서 말했다.

그는 전쟁이나 반전 정서에 사로잡혀 있지 않았다. 상원의원 시절 바이든은 베트남 전쟁에 대한 자신의 반대가 도덕적 이유가 아니라 실용적 이유에서였다고 말했다. 막대한 인명 피해가 있었고, 전쟁은 실패했다.

2009년 부통령 시절, 바이든은 오바마 대통령이 아프가니스탄에 미군 3만 명을 추가 파병하는 것을 막기 위해 강력히 노력했으나 실패했다. 그가 오바마에게 제시한 주요 논거는 아프가니스탄이 미국이 "베트남에 발목 잡혔던" 과거를 되풀이할 것이라는 점이었다. 미국과 미군이 불필요한 전쟁을 치르지 않도록 하는 것이 바이든의 확고한 신념이 되었다.

2021년 바이든이 대통령이 되었을 때, 그는 미국이 공격받지 않는 한 외교정책 문제를 해결하기 위해 미군을 파견하는 것은 미국의 이익에 도움이 되지 않는다고 굳게 믿고 있었다. 베트남에서 아프가니스탄과 이라크에 이르기까지 군대 투입이라는 처방은 실패로 끝났다.

바이든 대통령 임기에서 가장 중요한 날 중 하나는 2021년 12월 8일이었다―러시아가 우크라이나를 침공하기 수개월 전―그날 그는 대통령 집무실에서 제이크 설리번과 단둘이 앉아 이렇게 말했다. "나는 우크라이나에 미군을 보내지 않을 거야." 그는 곧 이를 공개적으로 발표했다.

"**그것은 고려 대상이 아닙니다.**" 그가 백악관 잔디밭을 가로질러 마린원으로 걸어가며 말했다. 이 발언은 새로운 외교정책의 방향을 제시한 것이었다.

전쟁이 발발하고 러시아가 침공했을 때 바이든은 자신의 말을 지켰다. 미국은 우크라이나에 막대한 정보 지원과 수십억 달러의 군사 원조를 제공했다. 그는 도덕적 지원을 제공하고 러시아의 침략을 규탄했다. 유럽에 미군을 추가 배치하고, NATO 동맹국이 공격받을 경우 제5조에 따른 보호를 계속 공약했다. 그는 NATO—세계에서 가장 강력한 군사 동맹—를 동원하여 우크라이나에 군대를 보내지 않으면서도 우크라이나를 지원하도록 했다.

"미국과 우리의 동맹국들은 이번 사태를 통해 더 강해지고, 더 단결되며, 더 단호해지고, 더 분명한 목적의식을 갖게 될 것입니다," 바이든이 2022년 2월에 말했다. "그리고 우크라이나에 대한 푸틴의 침략은 결국 러시아에게 경제적으로나 전략적으로 막대한 대가를 치르게 할 것입니다. 우리는 그렇게 되도록 확실히 할 것입니다. 푸틴은 국제무대에서 추방자가 될 것입니다."

"조 바이든은 '나는 미국 군인들이 전쟁 중이 아니다'라고 말할 수 있는 21세기 최초의 대통령입니다," 설리번이 말했다. "물론, 전쟁은 존재합니다. 하지만 우리는 그 전쟁에서 싸우고 있지 않습니다."

"바이든은 우크라이나를 전폭적으로 지원하고, 무기와 실질적인 지원으로 그들을 뒷받침할 수 있는 자신의 역량이 미국 국민에게 미국이 이 전쟁에 끌려 들어가지 않을 것이라는 확신을 주는 데 달려 있다고 생각했습니다," 설리번이 말했다. "대통령은 사실상 우크라이나에 대한 미국의 지속적인 지원을 가능하게 하는 국민적 공감대를 구축했습니다."

"트럼프가 대통령이었다면 오늘날 우크라이나에서 전쟁이 있었을까요? 저는 아마도 없었을 것이라고 말하겠습니다. 왜냐고요? 푸틴이 이미 키이우를 점령했을 테니까 전쟁이 없었을 겁니다," 설리번이 말했다. "트럼프는 푸틴에게 그냥 들어오라고 했을 겁니다. 이런 독재자들에 관한 트럼프의 기본적인 시각은 이렇습니다: 그들이 원하는 대로 내버려 둔다."

"가장 어려운 결정은 언제나 병사들을 위험에 빠뜨려야 할 때입니다." 로이드 오스틴 국방장관이 말했다. "저는 항상 여덟 번 재고 난 후에 잠듭니다. 저는 그 복잡성을 이해합니다. 우리 군의 역량을 이해합니다. 하지만 군인들을 전투에 투입하는 결정은 언제나 어려운 일입니다."

"바이든을 이끄는 동력은 효과적이고자 하는 열망입니다," 오스틴이 말했다. "그는 최상의 결과를 원합니다. 만약 군대를 전투에 투입해야 한다면, 그는 그렇게 할 것입니다. 하지만 그럴 필요가 없고 다른 방법으로 목표를 달성할 수 있다면, 저는 그가 다른 방법으로 해낼 수 있을 만큼 충분히 능숙하고, 또한 용기도 충분하다고 생각합니다."

오스틴은 바이든이 목표를 달성하기 위한 최선의 방법을 찾는 데 집중했다고 믿었다. "그는 해야 할 일을 할 것입니다. 성공하기 위해 항상 군대를 전투에 투입할 필요는 없으며, 그는 이를 증명해 보였습니다."

2023년 10월 7일, 하마스가 역사상 가장 충격적이고 잔혹한 테러 행위 중 하나로 이스라엘을 공격했을 때, 미국은 대규모 지원을 제공했다. 군함과 항공모함을 전개하고 정보 자원을 동원했지만, 미군은 가자지구에 발을 들여놓지 않았다.

미군은 2024년 4월 이란이 이스라엘을 향해 발사한 탄도 미사일과 드론을 격추했다. 미국은 영국, 프랑스, 사우디아라비아, 요르단 연합군과 함께 성공적으로 이스라엘을 방어했다. 미군은 이란과 직접 교전하지 않았다. 이러한 결정들은 바이든의 경험에 기반을 두고 있었다.

바이든은 미국 지상군을 전쟁에 투입하지 않는 미국 외교정책을 공고히 했다. 그리고 적어도 현재까지는 세계가 강대국 간의 전쟁으로 빠져들지 않았다.

"내일은 달라질 수 있을지라도, 적어도 오늘만큼은 사실인 것을 말할 가치가 있다고 생각합니다." 제이크 설리번 국가안보보좌관이 말했다. "대통령은 미국 본토를 안전하게 지켜냈습니다. 우리가 이 점에 대해 자화자찬하려는 것이 아닙니다. 하지만 최고 통수권자의 임무가 무엇인가요? 본토를 안전하게 지키는 것입니다. 그리고 대통령은 그것을 해냈습니다."

에필로그

바이든 대통령에 관한 이 책을 집필하기 위한 취재 과정은 나에게 근본적으로 다른 경험이었다. 내 이전의 책들에서 특종이 된 많은 장면은 실패, 부실 관리, 부정직, 그리고 행정 권력의 부패에 관한 이야기들이었으며, 이는 닉슨과 트럼프 대통령에 관한 내 책들에서 가장 자주 드러났다.

나는 종종 반농담조로 이렇게 말하곤 했다. 아침에 일어날 때 내 첫 생각은 "저 자식들이 뭘 숨기고 있을까?"라는 것이라고. 내 경험상 숨겨진 것들은 대개 중요하고, 심지어 역사적 의미를 갖기도 한다.

그러나 바이든에 관한 이 책 『전쟁』은 대통령과 그의 핵심 국가안보팀이 행정 권력의 지렛대를 책임감 있게, 그리고 국익을 위해 행사하려는 진정한 선의의 노력을 종종 실시간으로, 현장에서 직접 볼 수 있는 기회를 나에게 제공했다. 이 책에서 드러나듯이 훌륭한 거버넌스의 중심에는 팀워크가 있다.

바이든 대통령 임기의 유산은 그가 구축하고 거의 4년 동안 유지해온 핵심 국가안보팀이 될 것이다. 그들은 수십 년의 경험과 더불어 기본적인 인간적 품위를 갖추고 있었다. 『전쟁』은 바이든과 그의 핵심 팀이 정보 주도 외교정책을 통해 우크라이나에 전쟁이 임박했음을 전 세계에 경고하고, 우크라이나가 러시아에 맞서 방어하는 데 필요한 무기를 공급하며, 이스라엘-가자 전쟁의 확전을 억제하려 노력한 전통적이면서도 혁신적인 방식들을 보여준다.

이 팀에는 국가안보보좌관 제이크 설리번과 그의 부관 존 파이너, CIA 국장 빌 번스, 국가정보국장 에이브릴 헤인스, 국무장관 토니 블링컨, 국방장관 로이드 오스틴, 그리고 전 합참의장 마크 밀리가 포함되어 있었다.

이 책에서 보여주듯이 실패와 실수도 있었다. 물론, 전체 이야기는 아직 밝혀지지 않았다. 하지만 현재 이용 가능한 증거들을 바탕으로, 나는 바이든 대통령과 이 팀이 역사에서 안정적이고 목적의식을 가진 리더십의 중요한 사례로 연구될 것이라고 믿는다.

독자 참고 사항

이 책의 모든 인터뷰는 "딥 백그라운드(deep background)"라는 언론의 기본 원칙에 따라 진행되었다. 이는 모든 정보를 사용할 수 있지만 누가 제공했는지는 밝히지 않는다는 의미다.

이 책은 이들 사건들의 직접 참여자들과 목격자들과의 수백 시간에 걸친 인터뷰를 토대로 작성되었다. 거의 모든 사람들이 인터뷰 녹음을 허락했다. 내가 참여자들의 정확한 발언, 생각 또는 결론을 인용할 때, 그 정보는 당사자 본인, 직접적인 지식을 가진 동료, 또는 정부 및 개인 문서, 일정표, 일기, 이메일, 회의 기록, 녹취록 및 기타 기록물에서 나온 것이다.

바이든 대통령과 트럼프 전 대통령은 이 책을 위한 인터뷰 요청을 거절했다.

감사의 말

내가 쓰지 않은 전쟁이 하나 있다면, 그것은 바로 수많은 정치적 격변의 시기에 이 책을 완성하기 위한 전쟁이었다. 사이먼 앤 슈스터(Simon & Schuster)의 CEO인 조너선 카프는 지혜와 안정감의 원천이었으며, 나의 사고를 넓혀 주고 이 방대한 2년 반에 걸친 작업 과정에서 취재와 끊임없이 퇴고의 방향을 잡아주었다.

나는 존을 편집장으로 모시게 되어 정말 행운이다. 가장 작은 단어 선택부터 속도감, 어조, 공익성이라는 더 큰 질문에 이르기까지 모든 것을 지휘하고 심도 있게 검토하는, 이처럼 노련하고 뛰어난 편집자는 처음이다. 그는 트럼프 암살 시도부터 바이든의 사퇴, 그리고 카말라 해리스 부통령의 전례 없는 부상까지 급속도로 움직이는 정치적 변화 속에서도 완전한 신뢰로 나를 지지해주었다.

카프의 반응은 늘 한결같았는데, "변화에 대처하라"는 것이었고, 더 많은 취재와 더 많은 취재원을 찾도록 나를 독려했다. 재구성하라. 다시 써라. 그는 모든 뉴스를 챙겨보며, 내가 아는 최고의 전업 정치 컨설턴트 수준의 세련되고 정교한 이해력을 갖추고 있다. 그는 한때 젊은 천재였지만, 이제는 출판계의 든든한 원로가 되었다. 나는 그에게 너무나 많은 빚을 지고 있다. 그는 심지어 외딴곳으로 자동차 여행을 떠났을 때조차도 항상 전화 한 통이면 연락이 닿는 사람이다.

내 아내 엘사는 《워싱턴포스트》의 전직 기자이자 《뉴요커》의 전속 작가로, 지난 2년 동안 이 책 작업을 돕는 데 많은 시간을 바쳤고, 솔직히 그녀 인생의 많은 부분을 나의 23권 책 중 20권의 책 작업을 돕는 데 헌신해왔다. 『전쟁』은 그녀 없이는 불가능했을 것이다. 그녀는 내 인터뷰 녹취록 수백 개를 읽었고, 끊임없이 나에게 세부 사항을 다시 검토하도록 독려했다. 이 사람과 다시 이야기해봐. 아직 답을 찾아야 할 질문들이 남아 있어. 이 장면을 옮겨봐. 이 장면이 저 장면과 연결되잖아, 안 보여? 무엇이 중요한지에 대한 타고난 직감을 가진 그녀는 일상적으로 나에게 인터넷의 최신 소식들을 이메일로 쏟아부으며 "이거 봤어?"라고 묻는다. 내가 요약본을 찾고 있다는 걸 알면서도, 그녀는 더 직접적인 지시를 담은 이메일을 보낸다: "끝까지 다 읽어봐."

그녀의 뉴스 감각은 타의 추종을 불허한다. 그녀는 원고의 각 부분을 한 번이 아니라 여러 차례에 걸쳐 수정한다. 엘사의 손글씨 제안은 종종 페이지에 타이핑된 단어 수보다 더 많다. 그리고 대개 더 날카롭다. 그녀는 무한한 인내심을 지니고 있다.

엘사는 또한 항상 진지한 책들을 읽고 있다. 그녀는 내가 아는 그 누구보다도 더 많은 책을 읽는다. 내가 저녁 식사를 제안하면, 그녀는 종종 "이 장 읽는 중이야"라고 말한다. 어쩌면 네타냐후의 회고록일 수도 있고, 콜름 토빈의 책일 수도 있다. 그 말은, 그녀가 아마 5분이나 10분 후 읽기를 마칠 때까지 저녁은 없다는 뜻이다. 긴 장이라면 더 걸린다. 타협은 없다. 나는 때때로 그녀가 책을 읽고 있을 때 집에 불이 났다면, 911에 전화하기 전에 그 장을 끝내고 싶어 할지도 모른다고 생각한 적이 있다.

엘사는 헨리 제임스의 신봉자다. 헨리 제임스는 이렇게 말했다: "인간의 삶에서 중요한 것은 세 가지다. 첫째는 친절하라. 둘째도 친절하라. 그리고 셋째도 친절하라."

정말 친절하다. 정말 강인하다. 그러면서도 너무나 사랑이 넘친다. 우리는 1980년부터 함께해왔다—벌써 44년이 지났다. 그녀는 우리의 공동의 삶과 나의 모든 작업의 버팀목이다.

나의 가족은 매일, 때로는 매시간 내 생각 속에 있다. 그들이 하는 모든 일에서 보여주는 지성, 추진력, 그리고 열정을 보는 것은 아버지로서 나에게 큰 기쁨을 준다. 나의 딸 다이애나는 캘리포니아에서 임상심리학 박사 과정을 밟고 있다. 그리고 딸 탈리는 뉴욕에 기반을 둔 조직인 더 트레이스(The Trace)를 운영하고 있는데, 이곳은 총기 폭력을 조사한다. 그녀의 남편 게이브 로스와 나의 손주들인 제이디와 테오도 끊임없이 나를 놀라게 한다. 우리 모두를 돌보며 지칠 줄 모르는 에너지와 너그러운 마음씨를 보여주는 로사 크리올로에게 감사한다.

탁월한 교열자 프레드 체이스는 텍사스에 있는 그의 집에서 워싱턴으로 와서, 10일 동안 우리 집에 머무르며 새벽 5시 30분부터 일하며 원고를 여러 차례 읽고, 그의 언어 능력과 세상사에 대한 지식을 거의 모든 문단에 적용했다. 프레드는 오류와 부정확함을 감지하는 풀타임으로 작동하는 "후각"을 지닌, 독특하고 진정한 전문가다.

변호사이자 고문인 로버트 B. 바넷은 워싱턴 출판계의 왕이다. 우리의 우정은 35년에 걸쳐 있다. 내가 그에 대해 말하듯이, 그는 항상 현명하고, 항상 헌신적이며, 항상 연락이 가능하다. 나는 종종 줄을

서야 할 때가 있지만, 그가 업무나 상담을 끝내지 않고 놔두는 적은 없다. 그의 이메일 질문은 늘 이렇다: "전화 가능하신가요?"

사이먼 앤 슈스터의 홍보 이사인 줄리아 프로서는 텔레비전, 라디오, 팟캐스트, 소셜 미디어 등을 통해 내 책의 내용을 세상에 알릴 창의적인 방법을 찾는 데 있어 진정한 달인이다. 책을 홍보하고 알리기 위한 계획을 세울 때, 그녀는 크게 생각하고, 모든 운영 전략을 대신 맡아준다. 휴!

나는 킴벌리 골드스타인에게 깊이 감사한다. 그녀는 편집과 제작 과정의 각 단계를 감독하고 S&S 팀 및 나의 조수 클레어 맥멀런과 긴밀히 협력하여, 이 책이 내가 지금까지 본 것 중 가장 짧은 일정으로 성공적으로 인쇄에 들어갈 수 있도록 했다.

이 책의 시작 부분에서 나의 조수 클레어 맥멀런에 대해 썼지만, 감사를 다시 한번 표현할 가치가 있다. 그녀는 엄청난 업무량을 감당했다. 클레어 없이는 이 책도 없었을 것이다. 그녀에게 무한한 감사를 전한다.

나는 1971년부터《워싱턴포스트》에서 일했으며, 꼬박 53년이다. 내 직함은 부편집장이지만, 이는《포스트》경영진이 베푼 관대함의 표시로, 나는 이제 거의 '부' 업무도, '편집' 업무도 하지 않기 때문이다. 나는 수정헌법 제1조를 현대적으로 구현한《워싱턴포스트》를 사랑한다. 내가 자주 연락하는 사람은 국내부 편집장 필 러커인데, 그는 훌륭한 저널리스트이자 인간적으로도 훌륭한 사람이다. 워싱턴 정치에 대한 그의 깊은 지식은 놀랍기 그지없다.

우리는 정말 운이 좋게도, 방대한 경험과 뛰어난 저널리즘 감각을 지닌 맷 머레이를 편집국장으로 모시고 있다. 관리편집장 마테아 골드, 러커, 그리고 강력한 편집자와 기자 팀이 《워싱턴포스트》 저널리즘의 새로운 황금기를 만들어가고 있다.

《워싱턴포스트》 사진부에 진심으로 감사한다. 부국장 로버트 밀러와 사진 편집자 트로이 위처는 내 조수 클레어와 함께 수 시간을 보내며 이 책의 주요 인물들과 주제들에 생명을 불어넣을 적절한 사진들을 찾는 데 힘썼다. 또한 운영 측면에서 제니퍼 록우드와 케이틀린 돌란에게도 감사한다.

로버트 코스타에게 특별한 감사와 깊은 고마움을 전한다. 그와 나는 2021년에 『위기』를 공동 집필했다. 코스타는 현재 CBS 뉴스의 수석 선거 및 캠페인 특파원이다. 그만큼 깊이 있고 정교하게 정치 뉴스를 다루는 사람은 없다. 그는 또한 뉴스를 만들어내는 인물이기도 하다. 2024년 8월 그가 바이든 대통령과 인터뷰했을 때, 바이든은 코스타에게 자신이 미국 민주주의를 걱정하고 있으며, 다가올 대선에서 트럼프가 패배할 경우 평화로운 권력 이양을 기대하지 않는다고 말했을 때 전 세계의 이목이 집중되었다. 그 말을 한번 생각해 보라. 현직 대통령이 이번 선거로 인해 민주주의가 무너질 수 있다고 경고하고 있는 것이다.

마지막으로, 변함없는 지원과 전문성을 보여준 S&S의 다른 임원들과 전문가들에게 감사를 전한다. 법적 문제가 생기지 않도록 도와준 미국 변호사 엘리사 리블린; 정확하고 사려 깊은 검토를 위해 주말도 아끼지 않은 편집 임원 프리실라 페인턴과 조너선 자오; 부발행인 아이린 케라디; 마케팅 담당 스티브 베드포드; 편집 담당 마리아 멘데스; 그리고 편집 관리 담당 아만다 멀홀랜드에게 감사드린다.

색인 작업을 해준 언제나 믿을 수 있는 리처드 슈라우트와 재능 있는 필라 와이먼; 교정을 맡은 데비 프리드먼, 그레고리 로존, 롭 스터니츠키; 오디오 프로듀서 카렌 펄먼과 엘리사 쇼코프; 아트 디렉터 재키 서우; 북 디자이너 폴 디폴리토; 지도 디자이너 데이비드 린드로스; 제작 매니저 베스 매글리오네; 제작 편집자 리사 힐리; 그리고 전자책 담당 미카엘라 비엘라브스키 등 모두에게 감사한다.

책을 쓰는 것은 전적으로 팀워크에 달려 있다. 나는 이렇게 많은 친절하고 재능 있는 사람들과 함께 일할 수 있어 행운이다.

사진 출처

AFP via Getty Images: 19
Amanda Andrade-Rhoades (for *The Washington Post*): 15
Associated Press: 8
Loay Ayyoub (for *The Washington Post*): 21
Arthur Bondar (freelance photographer): 10
Jabin Botsford (*The Washington Post*): 3, 4, 11, 25, 26
Andrew Caballero-Reynolds (Getty Images): 27
Demetrius Freeman (*The Washington Post*): 9
Wojciech Grzedzinski (for *The Washington Post*): 14
Andrew Harnik (Associated Press): 24
Haiyun Jiang (*The Washington Post*): 6
Nicholas Kamm (Getty Images): 23
Heidi Levine (for *The Washington Post*): 13
Jacquelyn Martin (Associated Press): 16
Jonathan Nackstrand (Associated Press): 5
Alexey Nikolsky (AFP via Getty Images): 12
Adam Schultz (Official White House Photo): 20
Adam Schultz (Official White House Photo via Associated Press): 7
Patrick Semansky (Associated Press): 1
Brendan Smialowski (AFP via Getty Images): 2
Trump Campaign Office Handout (Anadolu via Getty Images): 28
Megan Varner (Getty Images): 29
Evan Vucci (Associated Press): 17, 18
Alex Wong (Getty Images): 22

미주

이 책의 정보는 주로 직접적인 참여자들과 목격자들과의 딥 백그라운드 인터뷰, 또는 당시의 회의록과 문서들에서 나온 것이다. 이어지는 추가 및 보충 출처 노트에는 내가 취재한 주제들에 대해 더 읽어볼 만한 자료들이 포함되어 있다.

프롤로그 트럼프의 젊은 날의 초상

22 트럼프와의 인터뷰: Bob Woodward and Carl Bernstein, Transcript of Interview with Donald J. Trump at Trump Tower, 1989.
22 "우리는 테이블에 앉아서 이야기를 나눴죠": Bob Woodward, The Trump Tapes: Bob Woodward's Twenty Interviews with President Donald Trump (New York: Simon & Schuster, 2022), p. 46.

1. 35년 후

35 "대통령은 어디 있습니까?": Bob Woodward and Robert Costa, *Peril* (New York: Simon & Schuster, 2021), pp. 244–258.
36 트럼프 대통령이 자신의 지지자들에게: Final Report of the Select Committee to Investigate the January 6th Attack on the United States Capitol, House Report 117-663, December 22, 2022, p. 577.
37 1월 6일 트럼프의 "미국을 구하라" 집회: Aaron Blake, "What Trump Said Before His Supporters Stormed The Capitol, Annotated," *The Washington Post*, January 11, 2021.
37 1월 6일 공격을 조사한 하원 특별위원회: Final Report of the Select Committee to Investigate the January 6th Attack on the United States Capitol, House Report 117-663, December 22, 2022, p. 100.
37 1월 6일 국회의사당에: Ibid, p. 3.
38 "조 바이든에게 전화해야 합니다": Bob Woodward and Robert Costa, *Peril* (New York: Simon & Schuster, 2021), p. 288.
39 하지만 2021년 1월 19일: Chris Whipple, *The Fight of His Life* (New York: Simon & Schuster, 2023), p. 53.

39 "난 이제 끝났어": Jonathan Karl, *Tired of Winning* (Dutton, 2023), p. 41.
39 "그렇게 하면 안 됩니다": Ibid.
40 "이제 이건 더 이상 그들의 공화당이 아닙니다": Dominick Mastrangelo, "Trump supporters in DC 'should send a message' to GOP 'this isn't' their party anymore," *The Hill*, January 6, 2021.
42 1월 28일 매카시가 마라라고에 걸어 들어왔을 때: Bob Woodward and Robert Costa, *Peril* (New York: Simon & Schuster, 2021), pp. 301–305.

2. 체호프의 총

46 때는 2021년 4월: Isabelle Khurshudyan, David L. Stern, Loveday Morris, and John Hudson, "On Ukraine's Doorstep, Russia Boosts Military and Sends Message of Regional Clout to Biden," *The Washington Post*, April 10, 2021.
47 러시아와 우크라이나는 상당한 석탄 매장량을: Jeffrey Gettleman, "The 'Wild Field' Where Putin Sowed the Seeds of War," *The New York Times*, September 17, 2022; International Crisis Group, "Conflict in Ukraine's Donbas: A Visual Explainer," Crisisgroup.org.
48 바이든은 3월 16일 ABC 방송 인터뷰에서: "Transcript: ABC News' George Stephanopoulos Interviews President Joe Biden," ABC News, March 16, 2021.
49 크렘린은 이 모욕을 "전례 없는 일": Sarah Rainsford, "Putin on Biden: Russian President Reacts to US Leader's Criticism," BBC News, March 18, 2021.
50 통화 녹취록이 공개되었고: "Telephone Conversation with President Zelensky of Ukraine," July 25, 2019, transcript, declassified September 24, 2019, Whitehouse.gov.
50 이후 상원에서 그에 대한 탄핵안은: Seung Min Kim, "In Historic Vote, Trump Acquitted of Impeachment Charges," *The Washington Post*, February 5, 2020.
52 2021년 4월 13일: "Readout of President Joseph R. Biden, Jr. Call with President Vladimir Putin of Russia," Briefing Room, April 13, 2021, Whitehouse.gov; "Telephone Conversation with US President Joseph Biden," The Kremlin, April 13, 2021, en.kremlin.ru.
53 그런 다음 그는 푸틴에게: "Fact Sheet: Imposing Costs for Harmful Foreign Activities by the Russian Government," Briefing Room, April 15, 2021, Whitehouse.gov.
54 바이든은 나중에 그 만남에서: Evan Osnos, "The Biden Agenda," *The New Yorker*, July 20, 2014.
54 4,400개가 넘는 핵탄두를 보유한: Hans M. Kristensen and Matt Korda, "Russian Nuclear Weapons, 2021," *Bulletin of the Atomic Scientists* 77, no. 2 (March 18, 2021): 90–108.
54 "좋습니다," 푸틴이 마침내 답했다: "Statement by White House Press Secretary Jen Psaki on the Meeting Between President Joe Biden and President Vladimir Putin of Russia," Briefing Room, May 25, 2021, Whitehouse.gov.

55 2007년, 흑해 연안 소치에서 메르켈과의 회담: George Packer, "The Quiet German," *The New Yorker*, November 24, 2014; "Vladimir Putin: I Didn't Mean to Scare Angela Merkel with My Dog," CNN, January 12, 2016.
55 "어쨌든 기자들을 먹지는 않잖아요": Ibid.
55 2018년, 당시 트럼프 대통령이 헬싱키에서: "Grand Jury Indicts 12 Russian Intelligence Officers for Hacking Offences Related to the 2016 Election," Office of Public Affairs, Department of Justice, July 13, 2018, Justice.gov.
55 정상회담 후 열린 공동 기자회견에서: "Transcript: Trump and Putin's Joint Press Conference," NPR, July 16, 2018.
56 미국으로 돌아온 후: @realDonaldTrump, "내가 오늘 그리고 여러 번 말씀드렸듯이, '나는 우리 정보기관 사람들을 대단히 신뢰합니다.' 그러나 더 밝은 미래를 만들기 위해서는 과거에만 집중할 수 없다는 것도 잘 알고 있습니다. 세계 최대의 핵보유국인 우리 두 나라는 반드시 잘 지내야 합니다! #HELSINKI2018," 3:40 p.m., July 16, 2018, Twitter.com.
56 "나는 푸틴이 우리나라를 존중하길 원합니다, 알겠죠?": Bob Woodward, *The Trump Tapes: Bob Woodward's Twenty Interviews with President Donald Trump* (New York: Simon & Schuster, 2022), p. 35.

3. 헬싱키의 악몽과 힐 박사의 회상

57 헬싱키 회담의 충격을: Dr. Fiona Hill, *Mr. Putin: Operative in the Kremlin* (Washington, D.C.: Brookings Institution Press, 2015); Dr. Fiona Hill, *There Is Nothing for You Here: Finding Opportunity in the 21st Century* (Boston: Mariner Books, 2021).
57 헬싱키 무대 뒤에서: Martin Pengelly, "Trump 'Would've Lost Mind Completely' if Putin Admitted Interference, Fiona Hill Says," *The Guardian*, February 24, 2024.
57 그녀는 러시아가 2016년 대선에 개입했다는: "Full Transcript of Testimony of Fiona Hill, Former Top Russia Adviser to the White House," *The Washington Post*, November 8, 2019; John Cassidy, "The Extraordinary Impeachment Testimony of Fiona Hill," *The New Yorker*, November 21, 2019.
58 힐은 트럼프가 푸틴을 우상화했다고: "Fiona Hill Reflects on Impeachment Testimony, Trump Presidency and Opportunity in America," PBS, October 8, 2021.
61 러시아군은 서쪽의 시베리아와 우랄산맥에서: Anton Troianovski, " 'A Threat from the Russian State': Ukrainians Alarmed as Troops Mass on Their Doorstep," *The New York Times*, April 20, 2021.

4. 쉬어 칸과 타바키

62 푸틴의 2021년 국정연설: Vladimir Putin, Presidential Address to the Federal Assembly, April 21, 2021, en.kremlin.ru.

62 전 러시아 야당 지도자: Anton Troianovski, "As Evidence Mounts That Navalny Was Poisoned by State, Russians Just Sigh," *The New York Times*, December 23, 2020.

62 외교정책에 있어서: Vladimir Putin, Presidential Address to the Federal Assembly, April 21, 2021, en.kremlin.ru.

63 다음 날, 바이든과 푸틴이: Vladimir Isachenkov, "Russia Orders Troop Pullback but Keeps Weapons Near Ukraine," Associated Press, April 22, 2022: Matthew Funaiole, "Unpacking the Russian Troop Buildup Along Ukraine's Border," Center for Strategic and International Studies, April 22, 2021, cisis.org.

63 5월 중순까지도: Helene Cooper and Julian E. Barnes, "80,000 Russian Troops Remain at Ukraine Border as U.S. and NATO Hold Exercises," *The New York Times*, May 5, 2021.

64 "현재 일어나고 있는 일을": Dmytro Kuleba, "Withdrawal of Troops Without Withdrawal of Troops," television interview, DW Ukraine, May 17, 2021.

64 나토의 우크라이나 담당 특수 작전 고문: Cooper and Barnes, "80,000 Russian Troops Remain at Ukraine Border as U.S. and NATO Hold Exercises."

5. 푸틴에게 보낸 코로나19 진단기

푸틴의 코로나바이러스 대응에 관한 공개 정보에 대해서는 다음 정보 참조: Alexey Kovalev, "The Pandemic Is Beating Putin," *The New York Times*, December 8, 2021; David E. Sanger and Anton Troianovski, "U.S. Intelligence Weighs Putin's Two Years of Extreme Pandemic Isolation as a Factor in His Wartime Mind-set," *The New York Times*, March 5, 2022.

6. 바이든-푸틴 제네바 정상회담

67 2021년 6월 16일: Isabella Kwai, "An 18th-Century Villa Was Again a Stage for History," *The New York Times*, June 16, 2021: "In Photos: Biden Meets with Putin," CNN, June 16, 2021.

67 푸틴은 트럼프와의 첫 공식 만남에서 45분 늦게 도착: Antonia Noori Farzan, "How Biden's Meeting with Putin Differed from Trump's," *The Washington Post*, June 16, 2021.

67 안토니 블링컨 국무장관: Ibid.

68 바이든의 의제 중 가장 중요한 것: Isabella Khurshudyan and Loveday Morris, "Ransomware's Suspected Russian Roots Point to a Long Detente Between the Kremlin and Hackers," *The Washington Post*, June 12, 2021: "Biden and Putin Agree to Resume Nuclear Talks, Return Ambassadors to Posts," CNBC, June 16, 2021.

68 "왜 아프가니스탄을 떠났습니까?": Franklin Foer, *The Last Politician: Inside Joe Biden's*

White House and the Struggle for America's Future (New York: Penguin, 2023), p. 135.
68 "당신들은 왜 떠났나요?": Ibid.
69 푸틴 대통령과 바이든 대통령은: "Watch: Putin Holds News Conference After Meeting with Biden," Associated Press, June 16, 2021, pbs.org; "News Conference Following Russia-US Talks," Transcript: June 16, 2021, en.kremlin.ru.
70 나토는 5월에 26개국에서: C. Todd Lopez, "Defender Europe 21 Exercises Multinational Interoperability, Readiness, Transparency," U.S. Department of Defense News, May 3, 2021, Defense.gov.
70 푸틴은 또 한 번 비꼬았다: "News Conference following Russia-US talks," Transcript: June 16, 2021, en.kremlin.ru.
71 "레오 톨스토이가 한때 말하길": "News Conference Following Russia-US Talks," Transcript: June 16, 2021, en.kremlin.ru.; Eric Lutz, "Putin, After Spending the Day with Joe Biden: 'There Is No Happiness in Life,'" *Vanity Fair*, June 16, 2021.
72 바이든은 제네바 호수를 배경으로: "Remarks by President Biden in Press Conference," Hotel du Parc des Eaux-Vives, Geneva, Switzerland, June 16, 2021, Whitehouse.gov.
72 〈폭스 뉴스〉에서: "Transcript: Hannity on Biden-Putin Summit, Trump's Reaction," Fox News, June 16, 2021.

7. 트럼프의 "도둑맞은 선거" 주장

74 여론조사에 따르면: "53% of Republicans View Trump as True U.S. President-Reuters/Ipsos," Reuters, May 24, 2021.
74 2016년 대선을 앞두고: Bob Woodward, *The Trump Tapes: Bob Woodward's Twenty Interviews with President Donald Trump* (New York: Simon & Schuster, 2022), p. 33.
74 "수천, 수천, 또 수천 표를 발견해도": Philip Bump, "The Obvious Goal of the Arizona Recount: Injecting More Doubt into the 2020 Results," *The Washington Post*, May 3, 2021.
75 하지만 수많은 주에서 진행된 60건이 넘는: "In More than 60 Cases, Judges Looked at the Allegations That Trump Was Making and Determined They Were Without Any Merit," PolitiFact, The Poynter Institute, January 8, 2021, politifact.com/factchecks.
75 저명한 공화당 선거 전문 변호사: Final Report of the Select Committee to Investigate the January 6th Attack on the United States Capitol, House Report 117-663, December 22, 2022, p. 19.
76 하지만 트럼프는 "도둑맞은 선거"라는: Philip Bump, "As on Jan. 6, Trump Won't Accept the Reality of His Loss," *The Washington Post*, June 3, 2021.
77 2021년 6월: Quinn Scanian and Madison Burinsky, "Trump Was Privately Enthralled

by Baseless Theory He Could Be Reinstated as President: New Book," ABC News, November 12, 2023; Jonathan Karl, *Tired of Winning: Donald Trump and the End of the Grand Old Party* (New York: Dutton, 2023).
77 트럼프는 자신의 굳건한 지지자인: Joe Walsh, "GOP Rep. Mo Brooks Claims Trump Asked Him to Reinstate Trump Presidency," *Forbes*, March 23, 2022.

8. 푸틴이 꺼내 든 또 다른 총

79 푸틴은 2021년 7월 12일에: Vladimir Putin, "On the Historical Unity of Russians and Ukrainians," July 12, 2021, en.kremlin.ru. 러시아와 우크라이나 역사에 대한 더 많은 자료는 다음을 참고: Serhii Plokhy, *The Russo-Ukrainian War: The Return of History* (New York: Norton, 2023); Michael Kimmage, "Born in the Bloodlands," *Foreign Affairs*, August 22, 2023.
81 푸틴은 우크라이나 지도자들을: Gal Beckerman, "How Zelensky Gave the World a Jewish Hero," *The Atlantic*, February 27, 2022; Anton Troianovski, "Why Vladimir Putin Invokes Nazis to Justify His Invasion of Ukraine," *The New York Times*, March 17, 2022.

9. 미군의 재앙적인 아프가니스탄 철수

84 "제 말 들어보세요, 보스": Barack Obama, *A Promised Land* (New York: Crown, 2020), pp. 318–19.
85 또한 바이든에게는 트럼프가 2020년 3월에 탈레반과 체결한: "Agreement for Bringing Peace to Afghanistan Between the Islamic Emirate of Afghanistan Which Is Not Recognized by the United States as a State and Is Known as the Taliban and the United States of America," U.S. Department of State, February 29, 2020.
86 바이든에게 제시된 옵션: For more on this, see Bob Woodward and Robert Costa, *Peril* (New York: Simon & Schuster, 2021), pp. 334–40, 376–91.
86 바이든 대통령은 4월 14일 16분 동안: "Remarks by President Biden on the Way Forward in Afghanistan," Treaty Room, April 14, 2021, Whitehouse.gov.
87 이례적인 공개 행보로: Anna Gearan, Karen DeYoung, and Tyler Page, "Biden Tells Americans 'We Cannot Continue the Cycle' in Afghanistan as He Announces Troop Withdrawal," *The Washington Post*, April 14, 2021.
88 조지 W. 부시 전 대통령은: Kylie Atwood, "Bush Calls Afghanistan Withdrawal a Mistake, Says Consequences Will Be 'Unbelievably Bad,'" CNN, July 14, 2021, cnn.com.
89 "모든 병사들이": "Donald Trump, Wellington, Ohio, Rally Speech Transcript: First Rally Since Leaving Office," rev.com.
89 50회가 넘는 기획 회의에도: Michael D. Shear et al., "Miscue After Miscue, U.S. Exit Plan Unravels," *The New York Times*, August 21, 2021; Jonathan Swan and Zachary

Basu, "Scoop: Milley's Blunt Private Blame for the State Department," *Axios*, September 29, 2021; Mark Mazzetti, Julian E. Barnes, and Adam Goldman, "Intelligence Warned of Afghan Military Collapse, Despite Biden's Assurances," *The New York Times*, August 17, 2021.

89 7월 6일: Kathy Gannon, "U.S. Left Afghan Airfield at Night, Didn't Tell Commander," Associated Press, July 6, 2021; Oren Liebermann and Michael Conte, "Top Generals Who Oversaw U.S. Withdrawal from Afghanistan Slam State Department for Delaying Emergency Evacuation," CNN, March 19, 2024.

90 7월 23일: "Excerpts of Call Between Joe Biden and Ashraf Ghani July 23," Reuters, August 31, 2021.

91 태도를 180도 바꾼: Andrew Stanton, "Trump Calls on Biden to 'Resign in Disgrace' After 'Tragic Mess in Afghanistan,'" *Newsweek*, August 15, 2021.

91 바이든 대통령은 이번 사태의 책임을: "Remarks by President Biden on Afghanistan," East Room, White House, August 16, 2021, Whitehouse.gov.

91 열흘 후인 8월 26일: Ruby Mellen, "Two Weeks of Chaos: A Timeline of the Pullout of Afghanistan," *The Washington Post*, August 15, 2022.

91 8월 29일: Ibid.

92 그의 연설은 공허하게: "Remarks by President Biden on the End of the War in Afghanistan," State Dining Room, White House, August 31, 2021, Whitehouse.gov.

92 바이든은 비난을 트럼프에게: The Wall Street Journal Editorial Board, "A Dishonest Afghanistan Accounting," *The Wall Street Journal*, August 31, 2021; Jonathan Swan and Hans Nichols, "Scoop: Leaked Document Reveals Biden's Afghan Failures," *Axios*, February 1, 2022.

93 "국가안보보좌관은 두 가지 임무를": Joseph Choi, "Ex-Obama Adviser Argues Biden Should Fire Sullivan over Afghanistan," *The Hill*, August 16, 2021.

10. 우크라이나의 독립기념일

96 퍼레이드는: "Live: Ukraine Celebrates 30 Years of Independence Amid Tensions with Russia," *Euronews*, August 24, 2021.

96 감격에 겨운: "President Took Part in the Festive Parade of Troops on the Occasion of the 30th Anniversary of Ukraine's Independence," President of Ukraine, August 24, 2021, president.gov.ua.

97 그의 가족은: Andrew Hammond, Historian and Curator, International Spy Museum, interview with British Defense Attache, USA, Rear Admiral Tim Woods, *SpyCast*, Episode 612, November 21, 2023, thecyberwire.com/podcast.

11. 바이든의 우크라이나 방어 전략

99 푸틴의 궁극적 의도는: "Putin's Road to War," *Frontline* (Episode 18), PBS, March 15 and

April 18, 2022.

100 남부 크림반도를 신속하게 병합하고: Serhii Plokhy, *The Russo-Ukrainian War: The Return of History* (New York: Norton, 2023), pp. 118–134; Wojciech Kononczuk, "Russia's Real Aims in Crimea," Carnegie Endowment for International Peace, March 13, 2014.

100 토니 블링컨은 178센티미터의 키에 한때 갈색이었지만: Kylie Atwood, "Blinken Becomes Biden's Top Diplomat After a Friendship Forged over Decades," CNN, January 26, 2021.

101 카불 함락 후 2주도: "A Memorandum on the Delegation of Authority Under Section 506(a)(1) of The Foreign Assistance Act of 1961," The White House, August 27, 2021; "Joint Statement on the U.S.-Ukraine Strategic Partnership," Briefing Room, September 1, 2021, Whitehouse.gov.

102 의회에 보낸 간략한 통보에서: Eric Tucker, "US Commits $60 Million in Aid to Ukraine Before WH Visit," Associated Press, August 31, 2021.

12. '쇼맨' 젤렌스키의 역사 무대 등장

103 2021년 9월 1일: "Remarks by President Biden and President Zelensky of Ukraine Before Bilateral Meeting," Briefing Room, September 1, 2021, Whitehouse.gov.

103 역사적인 압승을 거두었다: "Ukraine Election: Comedian Zelensky Wins Presidency by Landslide," BBC, April 22, 2019.

103 TV 드라마에서: Ashley Fetters Maloy, "What Zelensky's TV Show, 'Servant of the People,' Reveals About Him, and Ukraine," *The Washington Post*, March 22, 2022; James Poniewozik, "Volodymyr Zelensky Is Playing the Role of His Life," *The New York Times*, June 22, 2023.

104 짙은 색 슬림핏 정장에: David L. Stern and Anton Troianovski, "He Played Ukraine's President on TV. Now He Has Taken Office as the Real One," *The Washington Post*, May 20, 2019.

104 "친애하는 우크라이나 국민 여러분": "Volodymyr Zelensky's Inaugural Address," President of Ukraine, May 20, 2019.

105 2019년 7월 25일 통화에서: "Full Document: Trump's Call with the Ukrainian President," *The New York Times*, October 30, 2019.

106 내가 2019년 12월 30일: Bob Woodward, *The Trump Tapes: Bob Woodward's Twenty Interviews with President Donald Trump* (New York: Simon & Schuster, 2022), p. 136.

106 젤렌스키는 후에: Simon Schuster, *The Showman: Inside the Invasion That Shook the World and Made a Leader of Volodymyr Zelensky* (New York: William Morrow, 2024), pp. 138–39.

107 "나는 결코 우크라이나가": Ibid., p. 139.

107 "우리가 어떤 나라에": Woodward, *The Trump Tapes*, p. 157.

108 젤렌스키가 백악관에서 바이든 대통령을 만났을 때: Ashley Parker and Anne Gearan, "Biden Backs Lasting Support for Ukraine as Both Nations Move on from the Trump-Era Obsession with Kyiv," *The Washington Post*, September 1, 2021.

108 2008년 번스가 모스크바 주재 미국 대사였을 때: William J. Burns, *The Back Channel* (New York: Random House, 2019), pp. 232–33.

13. 푸틴의 제국주의적 야망

111 2014년 푸틴의 크림반도 침공은: Steven Pifer, "How Ukraine Views Russia and the West," *Brookings*, October 18, 2017, brookings.edu.

111 2014년 이전에는: Olga Onuch and Javier Perez Sandoval, "A Majority of Ukrainians Support Joining NATO, Does This Matter?," *The Washington Post*, February 4, 2022; Pifer, "How Ukraine Views Russia and the West"; "Ukraine's President Signs Amendment on NATO, EU Membership," Associated Press, February 19, 2019.

113 CIA를 포함한: Erin Banco, Garrett M. Graff, Lara Seligman, Nahal Toosi, and Alexander Ward, "'Something Was Badly Wrong': When Washington Realized Russia Was Actually Invading Ukraine," *Politico*, February 24, 2023; Avril Haines, "A Conference on Today's Competitive Geopolitical Landscape—In Honor of Robert Jervis," February 17, 2023, odni.gov.

113 푸틴은 오랫동안 소련의 해체를 한탄: President Vladimir Putin, "Annual Address to the Federal Assembly of the Russian Federation," The Kremlin, April 25, 2005, en.kremlin.ru.

116 설리번은 프레드 케이건과 정기적으로: See Fred Kagan, Institute for the Study of War, understand ingwar.org.

117 이 모든 정보 분석에는: Yaroslav Trofimov and Jeremy Page, "In Leaving Afghanistan, U.S. Reshuffles Global Power Relations, *The Wall Street Journal*, September 1, 2021.

14. 영국 존슨 총리와 푸틴 간의 설전

120 2021년 10월 30일: "Remarks by President Biden in Press Conference: Rome, Italy," Briefing, Lu Nuvola, October 31, 2021, Whitehouse.gov.

15. CIA 국장의 모스크바 비밀 방문

124 바이든 대통령은 미국 정부 내 그 누구보다도: Julian E. Barnes and Pranshu Verma, "William Burns, a Career Diplomat, Is Biden's Choice to Head the C.I.A.," *The New York Times*, January 11, 2021; Nahal Toosi, "The Putinologist: CIA Chief's Long History with Putin Gives Him Special Insight," *Politico*, May 30, 2022;

Robert Draper, "William Burns, a C.I.A. Spymaster with Unusual Powers," *The New York Times*, May 9, 2023.

124 CIA 국장은 푸틴의 계획에 대해: See William J. Burns, "A World Transformed and the Role of Intelligence," Ditchley Annual Lecture, July 1, 2023, cia.gov.

124 번스는 먼저 크렘린으로 가서: See also Natasha Bertrand, Jim Sciutoo, and Kylie Atwood, "CIA Director Dispatched to Moscow to Warn Russia over Troop Buildup Near Ukraine," CNN, November 5, 2021; William J. Burns, "The Global Threat Landscape," Georgetown University, February 2, 2023.

128 스위프트 시스템에서 제외되면: For more on Swift: Christian Perez, "Future of Global Commerce?," "Removing Russian Banks from the SWIFT System Is Accelerating a Global Economic Realignment," *Foreign Policy*, March 8, 2022.

130 번스는 푸틴이 전략적으로: Erin Banco, Garrett M. Graff, Lara Seligman, Nahal Toosi, and Alexander Ward, " 'Something Was Badly Wrong': When Washington Realized Russia Was Actually Invading Ukraine," *Politico*, February 24, 2023.

133 68세의 오스틴은: Joe Biden, "Why I Chose Lloyd Austin as Secretary of Defense," *The Atlantic*, December 8, 2020.

134 젤렌스키와 마찬가지로: Simon Shuster, *The Showman* (New York: William Morrow, 2024), p. 211.

16. 해리스 부통령의 파리 회담

136 카밀라 해리스 부통령은 에마뉘엘 마크롱 프랑스 대통령과: Sarah Kolinovsky, "Harris Heads to Paris to Soothe Tensions With French After 'Submarine Snub,' ABC News, November 8, 2021; "France Deplores 'Stab In The Back' By U.S., Australia over Subs Contract," France24, September 16, 2021.

138 다음 날 해리스가 파리 평화 포럼에서: Chris Whipple, *The Fight of His Life* (New York: Simon & Schuster, 2023), p. 213.

17. 블링컨과 라브로프의 민스크 협정 논쟁

139 블링컨은 2021년 12월 2일에: "Secretary Antony J. Blinken at a Press Availability at the Organization for Security and Cooperation in Europe (OSCE)," Stockholm, Sweden, December 2, 2021, State.gov; "Secretary Blinken: Remarks to the First Session of the OSCE Ministerial Council Meeting," December 2, 2021, Osce.usmission.gov.

139 라브로프는: "Who is Sergei Lavrov, Russia's Foreign Minister?," Reuters, November 14, 2022.

140 "OSCE는 오늘날": "Statement by Mr. Sergey Lavrov, Minister of Foreign Affairs of the Russian Federation at the 28th Meeting of the OSCE Ministerial Council," Stockholm, December 2, 2021, Osce.org.

140 "베를린 장벽의 붕괴는": Ibid.
141 민스크 협정은: "What Are the Minsk Agreements on the Ukraine Conflict?," Reuters, December 6, 2021; Marie Dumoulin, "Ukraine, Russia and the Minsk Agreements: A Post-Mortem," European Council on Foreign Relations, February 19, 2024, Ecrf.eu.
141 "2008년 4월": Ibid.
142 "크림반도의 무력 점거는": "Secretary Antony J. Blinken at OSCE, Session 1 Remarks," Stockholm, Sweden, December 2, 2021, State.gov.

18. 메디슨 애비뉴 마케팅 캠페인

149 누군가에게 비밀이나: "PDNSA Jon Finer's Remarks at the 2023 Intelligence and National Security Summit," transcript, July 14, 2023.
149 처음에 정보당국은: Massimo Calabresi, "Inside the White House Program to Share America's Secrets," *Time*, February 29, 2024.
150 다음 단계는: See also Julian Barnes and Helene Cooper, "U.S. Battles Putin by Disclosing His Next Possible Moves," *The New York Times*, February 12, 2022.
150 2021년 12월 3일: Shane Harris and Paul Sonne, "Russia Planning Massive Military Offensive Against Ukraine Involving 175,000 Troops, U.S. Intelligence Warns," *The Washington Post*, December 3, 2021. Other examples of intelligence downgrades:

- Natasha Bertrand and Jeremy Herb, "First on CNN: US Intelligence Indicates Russia Preparing Operation to Justify Invasion of Ukraine," CNN, January 14, 2022;
- Katie Bo Lillis, Natasha Bertrand, and Kylie Atwood, "How the Biden Administration Is Aggressively Releasing Intelligence in an Attempt to Deter Russia," CNN, February 11, 2022;
- Secretary Antony J. Blinken on Russia's Threat to Peace and Security at the U.N. Security Council," U.S. Department of State, February 17, 2022;
- Bill Chappell, "The U.S. Warns That Russia Has a 'Kill List' of Ukrainians to Be Detained or Killed," NPR, February 21, 2022;
- Aamer Madhani, Josh Boak, and Matthew Lee, "U.S. Warns Chinese on Support for Russia in Ukraine War," Associated Press, March 14, 2022;
- Aamer Madhani and Josh Boak, "U.S. Official: Russia Seeking Military Aid from China," *Military Times*, March 14, 2022;
- Eric Schmitt, "More Russian Mercenaries Deploying to Ukraine to Take on Greater Role in War," *The New York Times*, March 25, 2022;
- Steve Holland and Michelle Nichols, "Exclusive—hotos Show Russian Attacks on Ukraine Grain Storage—U.S. Official," Reuters, April 1, 2022;
- Shane Harris, "U.S. Intelligence Document Shows Russian Naval Blockade of Ukraine," *The Washington Post*, May 24, 2022;

- Natasha Bertrand, "U.S. Assesses Russia Now in Possession of Iranian Drones, Sources Say," CNN, August 30, 2022.
150 푸틴은 국경에 배치된: Mark Trevelyan, "Putin Says Russia Has 'Nowhere to Retreat' over Ukraine," Reuters, December 22, 2021.

19. 바이든의 푸틴에 대한 경고

152 "만약 이런 일을 벌인다면": Paul Sonne, Ashley Parker, and Isabelle Khurshudyan, "Biden Threatens Putin with Economic Sanctions if He Further Invades Ukraine," *The Washington Post*, December 7, 2021; Ben Gittleson, Molly Nagle, and Sarah Kolinovsky, "Biden Confronts Putin over Ukraine in High-Stakes Meeting," ABC News, December 7, 2021.
152 그는 나토의 동진 확대를 배제하는: Patrick Reevell, "Russia Makes Sweeping Demands for Security Guarantees from US Amid Ukraine Tensions," ABC News, December 17, 2021; Hibai Arbide Aza and Miguel Gonzalez, "US Offered Disarmament Measures to Russia in Exchange for De-escalation of Military Threat in Ukraine," *El Pais*, February 2, 2022.
154 1년 전 마라라고에서: Bob Woodward, *The Trump Tapes* (New York: Simon & Schuster, 2022), pp. 172–73.
155 오바마 대통령은 우크라이나에: Robert Burns, Aamer Madhani, and Hope Yen, "AP Fact Check: Trump Distorts Obama-Biden Aid to Ukraine," Associated Press, March 27, 2022.

20. "강대국은 허세를 부리지 않는다"

159 "그것은 테이블 위에 없습니다": John Wagner and Ashley Parker, "Biden Says U.S. Ground Troops 'Not on the Table' for Ukraine," *The Washington Post*, December 8, 2021.
159 전쟁연구소에서: Institute for the Study of War, understandingwar.org.
160 하지만 바이든은: Amy Mackinnon and Jack Detsch, "Ukraine's Military Has Come a Long Way Since 2014," *Foreign Policy*, December 23, 2021.

21. 러시아의 크림반도 침공

162 바이든은 12월 30일: David Smith, "Biden and Putin Exchange Warnings During Phone Call Amid Rising Ukraine Tensions," *The Guardian*, December 30, 2021.
162 푸틴은 바이든이 위협하고 있는: David E. Sanger and Andrew E. Kramer, "Putin Warns Biden of 'Complete Rupture' of U.S.-Russia Relationship over Ukraine," *The New York Times*, December 30, 2021.
162 2014년, 푸틴은 신속하고 치밀하게 계산된 방식으로: Steven Pifer, "Watch Out for Little

Green Men," *Brookings*, July 7, 2014, brookings.edu.

22. 젤렌스키의 정치적·전략적 위기

164 **2022년 1월 중순**: Erin Banco, Garrett M. Graff, Lara Seligman, Nahal Toosi, and Alexander Ward, " 'Something Was Badly Wrong': When Washington Realized Russia Was Actually Invading Ukraine," *Politico*, February 24, 2023.

165 **젤렌스키는 러시아가 4,400만 인구의 국가를**: Simon Shuster, *The Showman* (New York: William Morrow, 2024), p. 11.

166 **CIA 국장 번스와 국가정보국장 에이브릴 헤인스가**: Margaret Brennan, "New Details About Russian 'False Flag' Plan Prompts U.S. to Prepare for Worst in Ukraine," CBS News, February 12, 2022.

166 **"너무 자세한 내용은 다루지 않겠습니다만"**: "Pentagon Press Secretary John Kirby Holds Briefing on Russia's Activities in Ukraine," PBS, January 14, 2022.

23. "사소한 침공"은 괜찮은가?

168 **2022년 1월 19일**: Paul Sonne, "Biden Predicts Putin Will 'Move In' to Ukraine Because 'He Has to Do Something,' " *The Washington Post*, January 20, 2022.

168 **"만약 러시아가 침공한다면"**: "Remarks by President Biden in Press Conference," Briefing Room, January 19, 2022, Whitehouse.gov.

169 **젤렌스키 대통령은 트윗으로**: @ZelenskyUa, 9:29 a.m, January 20, 2022, Twitter.com.

169 **바이든은 러시아 군대가**: Asma Khalid, "How Biden Is Trying to Clean Up His Comments About Russia and Ukraine," NPR, January 20, 2022.

171 **미국의 정보당국은**: For public reporting: Max Seddon, Christopher Miller, and Felicia Schwartz, "How Putin Blundered into Ukraine—hen Doubled Down," *Financial Times*, February 23, 2023.

24. 트럼프의 잭 니클라우스 전략

172 **다음의 자료를 참조**: Bob Woodward, *The Trump Tapes: Bob Woodward's Twenty Interviews with President Donald Trump* (New York: Simon & Schuster Audio, 2022), p. 16.

25. 해리스와 젤렌스키의 뮌헨 비밀 회동

173 **1979년 이란 인질 사태를**: "Press Briefing by Press Secretary Jen Psaki and National Security Adviser Jake Sullivan," James S. Brady Press Briefing Room, February 11, 2022, Whitehouse.gov.

174 **프랑스의 에마뉘엘 마크롱 대통령은**: "Putin Gave No Indication in Macron Call He's

Preparing Invasion," Reuters, February 12, 2022; "Ukraine Crisis: Macron Says Putin Pledges No New Ukraine Escalation," BBC News, February 8, 2022.

174 "그렇게 오랜 기간 훈련하는 나라는": Erin Banco, Garrett M. Graff, Lara Seligman, Nahal Toosi, and Alexander Ward, " 'Something Was Badly Wrong': When Washington Realized Russia Was Actually Invading Ukraine," *Politico*, February 24, 2023.

177 "냉전 종식 이후": "Remarks by Vice President Harris at the Munich Security Conference," Hotel Bayerischer Hof, February 18, 2022, Whitehouse.gov.

178 이것이 젤렌스키를 불쾌하게 만들었다: Simon Shuster, The Showman (New York: William Morrow, 2024), pp. 219 – 220.

180 "그게 당신들에게 무엇을 가져다주죠?": Ibid., p. 221.

180 해리스는 미국이 아직 러시아에: Ibid.

26. 도네츠크와 루한스크 합병 선언

182 2월 21일 월요일: "The President Held a Meeting of the Russian Federation Security Council at the Kremlin," The Kremlin, February 21, 2022, en.kremlin.ru.

183 나리시킨은 대통령이 원하는: See also Shaun Walker, "Putin's Absurd, Angry Spectacle Will Be a Turning Point in His Long Reign," *The Guardian*, February 21, 2022.

183 바이든 대통령은 즉시: "Fact Sheet: Executive Order to Impose Costs for President Putin's Action to Recognize So-Called Donetsk and Luhansk People's Republics," February 21, 2022, Whitehouse.gov.

184 "이건 천재적이에요": "Full Interview: President Trump with C&B from Mar-a-Lago," Clay & Buck, February 22, 2022, clayandbuck.com; Joseph Gedeon, "Trump Calls Putin 'Genius' and 'Savvy' for Ukraine Invasion," *Politico*, February 23, 2022.

27. 2022년 2월 24일 새벽: 러시아의 우크라이나 침공

185 2월 24일 목요일: "Special Report: Russia's War on Ukraine, One Year On," CNN, February 23, 2023, edition.cnn.com/interactive.

185 "저는 우크라이나에서 특별 군사 작전을": Andrew Osborn and Polina Nikolskaya, "Russia's Putin Authorizes 'Special Military Operation' Against Ukraine," Reuters, February 24, 2022.

186 젤렌스키 대통령의 차량 행렬은: Isabelle Khurshudyan, "An Interview with Ukrainian President Volodymyr Zelensky," *The Washington Post*, August 23, 2022.

186 젤렌스키의 전화가 울렸다: Simon Shuster, *The Showman* (New York: William Morrow, 2024), p. 7.

186 "모든 방향에서입니다": Ibid.

187 모스크바보다 8시간 늦은: See also Erin Banco, Garrett M. Graff, Lara Seligman,

Nahal Toosi, and Alexander Ward, " 'Something Was Badly Wrong': When Washington Realized Russia Was Actually Invading Ukraine," *Politico*, February 24, 2023.

188 푸틴에 대해 "꽤 똑똑하다": Andrew Restuccia, "Trump Calls Putin's Invasion of Ukraine Smart, Blames Biden for Not Doing Enough," *The Wall Street Journal*, February 24, 2022.

188 "우리는 싸울 겁니다, 보리스": Shuster, The Showman, pp. 16–17.

188 "에마뉘엘, 당신이 푸틴과": Ibid., p. 18.

190 "제가 언제 다시 당신과 통화할 수 있을지": See also Banco et al., " 'Something Was Badly Wrong': When Washington Realized Russia Was Actually Invading Ukraine."

190 "언제든지 저와 대화하고": Ibid.

190 몇 시간 후: "Full Transcript of Zelensky's Emotional Appeal to Russians," Reuters, February 23, 2022.

190 흑해의 작은 우크라이나 전초기지: "Special Report: Russia's War on Ukraine, One Year On," CNN.

190 그날 오후 젤렌스키와: Valerie Hopkins, "In Video, a Defiant Zelensky Says, 'We Are Here,' " *The New York Times*, February 25, 2022.

191 이를 지켜보며: Banco et al., " 'Something Was Badly Wrong': When Washington Realized Russia Was Actually Invading Ukraine."

191 전쟁 초기에: Paul Sonne, Isabelle Khurshudyan, Serhiy Morgunov, and Kostiantyn Khudov, "Battle for Kyiv: Ukrainian Valor, Russian Blunders Combined to Save the Capital," *The Washington Post*, August 24, 2022.

191 이 공항은 러시아군에게: "Ukrainian Soldier on the Battle That 'Changed the Course of the War,' and What He Fears Russia Will Do Next," CBS, April 7, 2022.

191 우크라이나군은 러시아가 항공기를: Liam Collins, Michael Kofman, and John Spencer, "The Battle of Hostomel Airport: A Key Moment in Russia's Defeat in Kyiv," *War on the Rocks*, August 10, 2023, Warontherocks.com.

192 "군사이론은": Simon Shuster, "2022 Person of The Year: Volodymyr Zelensky," *Time*, December 7, 2022.

192 첫 번째 공세에서: "Unprotected Russian Soldiers Disturbed Radioactive Dust in Chernobyl's 'Red Forest,' Workers Say," Reuters, March 29, 2022.

192 침공 5일째인: Nicole Werbeck, "Satellite Images Show 40-Mile-Long Russian Military Convoy Nearing Kyiv," NPR, February 28, 2022; Luke McGee, "Here's What We Know About the 40-Mile-Long Russian Convoy Outside Ukraine's Capital," CNN, March 3, 2022.

194 키이우 전투는: Paul Sonne, Isabelle Khurshudyan, Serhiy Morgunov, and Kostiantyn Khudov, "Battle for Kyiv: Ukrainian Valor, Russian Blunders Combined to Save the Capital," *The Washington Post*, August 24, 2022; Michael Schwirtz et al., "Putin's War," *New York Times*, December 16, 2022, nytimes.com/interactive.

195 러시아군이 키이우에서 철수했을 때: Adam Shreck, "As Russians Retreat from

Outskirts of Kyiv, Ukrainians Document Atrocities," Associated Press, April 6, 2022; Yousur Al-Hlou et al., "Caught on Camera, Traced by Phone: The Russian Military Unit That Killed Dozens in Bucha," *The New York Times*, December 22, 2022; Simon Shuster, "A Visit to the Crime Scene Russian Troops Left Behind at a Summer Camp in Bucha," *Time*, April 13, 2022.

28. "내가 왜 푸틴을 그렇게 미워하지?"

197 "푸틴은 워크하지 않아요": Steve Bannon, *War Room*, February 23, 2022; Jackson Richman, "Steve Bannon and Erik Prince Praise Putin and Russia for LGBTQ Intolerance: 'Putin Ain't Woke,'" *Mediaite*, February 24, 2022.

197 러시아가 침공하자마자: Dan Spinelli, "Putin Invaded Ukraine, and Steve Bannon Says That's a Good Reason to Impeach Biden," *Mother Jones*, February 25, 2022.

197 "헌터 바이든은": Ibid.

198 〈폭스 뉴스〉 진행자: Tucker Carlson, "Americans Have Been Trained to Hate Putin, and Will Suffer Because of It," Fox News, February 23, 2022.

29. 핀란드와 스웨덴의 NATO 가입

200 러시아는 전쟁 개시 몇 시간: David Vergun, "Russia's Grand Strategy for Ukraine Takeover Unmet, DOD Official," U.S. Department of Defense News, June 14, 2022, Defense.gov; Seth G. Jones, "Russia's Ill-Fated Invasion of Ukraine: Lessons in Modern Warfare," Center for Strategic & International Studies, June 1, 2022, Csis.org.

201 침공 이전의 여론조사에서는: "Support for NATO Membership Soars to 76 percent," Yle Poll, May 9, 2022; Stine Jacobsen and Johan Ahlander, "Russian Invasion of Ukraine Forces Swedes to Rethink NATO Membership," Reuters, March 4, 2022.

201 바이든은 기회를 보았다: Jonathan Masters, "How NATO Will Change if Finland and Sweden Become Members," Council on Foreign Relations, June 29, 2022, Cfr.org.

202 "핀란드인들은 유럽에서": Jason Horowitz, "He Knows Putin Well. And He Fears for Ukraine." *The New York Times*, February 13, 2022.

202 3월 4일: Colleen Long and Aamer Madhani, "Finnish Leader Meets Biden, Weighs NATO as War Deepens," Associated Press, March 4, 2022.

203 "발트해 지역의 비핵지대 지위": Emily Rauhala and Adela Suliman, "Russia Threatens to Move Nukes to Baltic Region if Finland, Sweden Join NATO," *The Washington Post*, April 14, 2022.

204 "러시아가 분명히 알아야 할 것은": "Sweden Says It Received U.S. Security Assurances if It Hands in NATO Application," Reuters, May 4, 2022.

204 나토 회원국인: "Statement by Denmark, Iceland and Norway on Finland and Sweden's Decisions to Apply for NATO Membership," Ministry of Foreign Affairs, May 18, 2022.
204 영국의 보리스 존슨 총리는: "Prime Minister Signs New Assurances to Bolster European Security," U.K. Government, May 11, 2022, gov.uk.
205 "러시아는 자국의 국가안보에": "Russia Threatens to Retaliate over Membership Move," BBC, May 12, 2022.
205 시계처럼 정확하게: "Remarks by President Biden, President Niinisto of Finland, and Prime Minister Andersson of Sweden After Trilateral Meeting," May 19, 2022.
205 같은 날: "Long-Planned NATO Exercises Across Europe Get Underway," North Atlantic Treaty Organization, May 13, 2022.
206 핀란드는 2023년 4월 4일: "NATO Secretary General: We Will Welcome Finland as the 31st Member of Our Alliance," North Atlantic Treaty Organization, April 4, 2023, Nato.intl.
206 터키와 헝가리는: Krisztina Than and Niklas Pollard, "Sweden Clears Final Hurdle to Join NATO as Hungary Approves Accession," Reuters, February 26, 2024.

30. "캐디들도 푸틴을 없애고 싶어 하네요"

207 3월 4일: "Lindsey Graham Calls for Russians to Assassinate Putin," *The Wall Street Journal*, March 4, 2022.
207 백악관 대변인 젠 사키는: Mary Clare Jalonick, "White House Disavows Graham's Call for Putin Assassination," Associated Press, March 4, 2022.
208 크렘린의 대변인: Rebecca Shabad, "Sen. Lindsey Graham Defends Calling for Russians to Assassinate Putin," NBC News, March 4, 2022.
209 3월 5일: Josh Dawsey, "Trump Muses on War with Russia and Praises Kim Jong Un," *The Washington Post*, March 6, 2022.

31. NATO의 근본적인 철학적 전환

210 "우리는 러시아가": "Secretary Antony J. Blinken and Secretary Lloyd Austin Remarks to Traveling Press," U.S. Department of State, April 25, 2022.
210 이틀 후인 4월 26일: "Austin Meets with Nations to Intensify Support for Ukraine," U.S. Department of Defense, April 26, 2022.
210 우크라이나 국방장관: Simon Shuster, *The Showman* (New York: William Morrow, 2024), p. 242.

32. 바이든 가족의 상실과 아픔

212 헌터는 자신의 개인적 위기에: See also Hunter Biden, *Beautiful Things* (New York:

Gallery Books, 2021); Bob Woodward and Robert Costa, *Peril* (New York: Simon & Schuster, 2021), pp. 36–38.

33. 트럼프 재출마와 공화당의 입장

216 **며칠 후**: Patrick Kingsley and Isabel Kershner, "Israel's Government Collapses, Setting Up 5th Election in 3 Years," *The New York Times*, June 20, 2022.

216 **트럼프는 네타냐후가 바이든에게 전화해**: Andrew Carey and Amir Tal, "Trump Accuses Netanyahu of Disloyalty for Congratulating Biden After 2020 Win: 'F**k him,'" CNN, December 11, 2021.

217 **5월, 의회는**: Patricia Zengerle, "After Delay, U.S. Senate Overwhelmingly Approves $40 Billion in Ukraine Aid," Reuters, May 19, 2022.

217 **러시아는 3만 명의 병력을 잃었다**: See also Valerie Hopkins, "Tending Russia's Dead as They Pile Up in Ukraine," *The New York Times*, May 29, 2022.

218 **"민주당은 우크라이나에"**: Lisa Mascaro, "GOP Splinters Over $40 Billion Supplemental Funding For Ukraine," PBS News, May 16, 2022.

218 **"공화당 내에는"**: Ibid.

34. 숄츠 총리의 고뇌와 역사의 무게

219 **총리님이 해내신 일은**: "Coalition Government, CDU Agree Military Spending Hike," DW, May 30, 2022; Peter Hille and Nina Werkhauser, "The German Military's New Shopping List," DW, June 3, 2022.

221 **독일제 62톤 전차는**: "Leopard 2 Main Battle Tank, Germany," *Army Technology*, April 24, 2024, Army-technology.com; Jack Piccone, "Everything You Need to Know About the Leopard 2 Battle Tank," *SlashGear*, January 20, 2024.

221 **우크라이나는 점점 증가하는**: Lara Seligman, Paul Mcleary, and Erin Banco, " 'These Are Not Rental Cars': As Ukraine Pleads for Tanks, the West Holds Back," *Politico*, September 22, 2022.

222 **"아브라함 전차는 매우"**: David Martin and Eleanor Watson, "U.S. Poised to Send Tanks to Ukraine," CBS, January 25, 2023.

223 **젤렌스키 대통령은 다보스 정상회담에서**: Matthew Mpoke Bigg, " 'Tragedies Are Outpacing Life': In a Video Address at Davos, Zelensky Mourns the Dead and Pleads for Help," *The New York Times*, January 18, 2023.

225 **이후 2023년 1월 25일**: "Remarks by President Biden on Continued Support for Ukraine," Briefing Room, January 25, 2023, Whitehouse.gov.

35. 푸틴의 굴욕적 패배: 핵전쟁의 위기와 바이든의 딜레마

226 **미국과 유럽으로부터**: Huw Dylan, David V. Gioe, and Joe Littell, "The Kherson Ruse:

Ukraine and the Art of Military Deception," Modern War Institute, October 12, 2022: Julian Barnes, Eric Schmitt, and Helene Cooper, "The Critical Moment Behind Ukraine's Rapid Advance," *The New York Times*, September 13, 2022.

228 러시아의 핵교리에 따르면: "Basic Principles of State Policy of the Russian Federation on Nuclear Deterrence," June 2, 2020, No. 355.

228 9월 21일: "Read Putin's National Address on a Partial Military Mobilization," *The Washington Post*, September 21, 2022.

230 9월 30일: Joshua Berlinger, Anna Chernova, and Tim Lister, "Putin Announces Annexation of Ukrainian Regions in Defiance of International Law," CNN, September 30, 2022.

230 다음 주인 10월 6일: "Remarks by President Biden at Democratic Senatorial Campaign Committee Reception," New York, October 6, 2022: David Sanger and James McKinley Jr., "Biden Warned of a Nuclear Armageddon. How Likely Is a Nuclear Conflict with Russia?," *The New York Times*, October 9, 2022.

232 오스틴은 이제: Alex Horton, "U.S., Russian Defense Chiefs Hold First Talks in Months," *The Washington Post*, October 21, 2022: "Senior Military Official Holds a Background Briefing," October 24, 2022, Defense.gov.

232 키가 작고 굳은 표정의 쇼이구는: Sophia Ankel and Tom Porter, "How Sergei Shoigu, Putin's Embattled One-Time Bestie, Rose to the Top of Russia's Military and Survived the Wagner Rebellion That Called for His Head," *Business Insider*, June 26, 2023.

233 10월 21일 금요일: "Readout of Secretary of Defense Lloyd J. Austin III's Phone Call with Russian Minister of Defense Sergey Shoygu," Defense Release, October 21, 2022: Horton, "U.S., Russian Defense Chiefs Hold First Talks in Months."

233 쇼이구는 그저 듣기만 했다: Andrei Soldatov and Irina Borogan, "The Man Behind Putin's Military," *Foreign Affairs*, February 26, 2022.

240 푸틴은 무엇을 계획하고 있었을까?: Eric Schlosser, "What if Russia Uses Nuclear Weapons in Ukraine?," *The Atlantic*, June 20, 2022.

241 러시아는 2022년 당시: Guy Faulconbridge, "Analysis: What Is Russia's Policy on Tactical Nuclear Weapons?," Reuters, October 17, 2022: Karoun Demirjian, "Here Are the Nuclear Weapons Russia Has in Its Arsenal," *The Washington Post*, October 6, 2022.

243 러시아가 영국, 프랑스, 터키의 국방장관들에게도: See also "Joint Statement by Foreign Ministers of France, the United Kingdom and the United States—Ukraine," October 24, 2022.

244 보통은 차분하게 말하는: See also "Russia's Shoigu Holds Second Call with U.S. Defense Secretary in Three Days," Reuters, October 23, 2022.

244 IAEA 사찰단은 신속히 도착했고: "IAEA Says No Sign of 'Dirty Bomb' Work at Ukrainian Sites; Kyiv Hails Report," Reuters, November 3, 2022.

245 "러시아가 전술 핵무기를": David Sanger, "Biden Says Russian Use of a Nuclear Weapon

Would Be a 'Serious Mistake,'" *The New York Times*, October 25, 2022.
245 시진핑 주석은 동의했다: Maroosha Muzaffar, "Nuclear Weapons Must Not Be Used Over Ukraine, China's President Says in Clear Response to Russia," *The Independent*, November 5, 2022.
245 푸틴이 핵무기를: Peter Beaumont, Luke Harding, Pjotr Sauer, and Isobel Koshiw, "Ukraine Troops Enter Center of Kherson as Russians Retreat in Chaos," *The Guardian*, November 11, 2022; Steve Rosenberg, "Putin Can't Escape Fallout from Russian Retreat in Ukraine," BBC, November 11, 2022.
246 그들이 자리에 앉자: "CIA Chief William Burns Meets with Russian Spy Boss Sergey Naryshkin," Al Jazeera, November 14, 2022.

36. 트럼프의 세 번째 대통령 출마 선언

249 트럼프는 오즈를 지지한: Bess Levin, "Report: Donald Trump Is Blaming Everyone but Himself for the Midterms. And, Yes, That Includes Melania," *Vanity Fair*, November 9, 2022.
249 출구조사에 따르면: Chris Cillizza, "Donald Trump Said the Trumpiest Thing Possible About the Election," CNN, November 9, 2022.
249 "어제의 선거가 어떤 면에서는": Caroline Vakil, "Trump: Midterms 'Somewhat Disappointing' but Still 'Very Big Victory,'" *The Hill*, November 11, 2022.
250 "우리는 쇠퇴하는 국가입니다": "Former President Trump Announces 2020 Presidential Bid," November 15, 2022, rev.com.
251 "이 조작되고 부패한": Ibid.

37. 젤렌스키의 미 의회 연설

252 이제 그는 전쟁을 관리하고 있었다: "Fact Sheet: One Year of Supporting Ukraine," February 21, 2023, Whitehouse.gov.; "U.S. Security Assistance to Ukraine," Congressional Research Service, February 27, 2023, Crsreports.congress.gov.
253 2022년 10월 이후: Max Hunder and Jonathan Landay, "Russia Launches Biggest Air Strikes Since Start of Ukraine War," Reuters, October 11, 2022.
253 NASAM은 백악관, 국회의사당: Chris Gordon, "NASAMS Arrive in Ukraine in US Bid to Bolster Air Defense," *Air & Space Forces Magazine*, November 7, 2022.
253 러시아 탄도미사일을 방어하기 위해: "PATRIOT Air and Missile Defense System for Ukraine," Congressional Research Service, January 18, 2023, Crsreports.congress.gov.
254 "우리는 포병 화력이 있습니다": Kevin Liptak and Maegan Vazquez, "Zelensky Delivers Impassioned Plea for More Help Fighting Russia on the 'Frontline of Tyranny,'" CNN, December 21, 2022.
254 155mm 포탄 공급의 지속 가능성: John Ismay and Thomas Gibbons-Neff, "Artillery Is

Breaking in Ukraine. It's Becoming a Problem for the Pentagon," *The New York Times*, November 25, 2022.
257 **"공병 여섯 명이"**: Charlie D'Agata, Agnes Reau, and Tucker Reals, "Meet Ukraine's 'Sappers,' Working to Clear Ground Retaken from Russian Troops Who 'Mine Everything,' " *CBS Mornings*, July 18, 2023.

38. F-16 전투기의 우크라이나 전쟁 투입

260 **좋아, 훈련부터 시작하지**: See also David Sanger, Jim Tankersley, Michael Crowley, and Eric Schmitt, "In a Sharp Reversal, Biden Opens a Path for Ukraine to Get Fighter Jets," *The New York Times*, May 19, 2023.

39. "저는 여러분의 복수입니다"

262 **2022년 11월 18일**: Devlin Barrett and Perry Stein, "Garland Names Special Counsel for Trump Mar-a-Lago, 2020 Election Probes," *The Washington Post*, November 18, 2022.
262 **"최근의 전개 상황을 고려하여"**: Ibid.
263 **"오늘," 트럼프가 말했다**: "Former President Trump: 'I Am Your Justice ... I Am Your Retribution,' " C-SPAN, March 4, 2023.
265 **6월, 트럼프는**: Carrie Johnson, "Trump Indicted In Case of Alleged Mishandling of Government Secrets," NPR, June 8, 2023.
265 **그의 전직 법무장관**: Anders Hagstrom, "Bill Barr Says Trump's Indictment is 'Very Damning' If 'Even Half Of It Is True," Fox News, June 11, 2023.
265 **바이든 대통령도**: Ken Bredemeier, "Biden Embarking on Late June Fundraising Effort," VOA News, June 19, 2023.

40. 155mm 포탄 부족과 집속탄의 사용

269 **123개국에서**: See Victoria Kim, Gaya Gupta, and John Ismay, "Here's What Cluster Munitions Do and Why They Are So Controversial," *The New York Times*, July 6, 2023.
270 **바이든 대통령은 집속탄 사용을**: See also Aaron Blake, "Biden's Complicated History on Cluster Munitions," *The Washington Post*, July 7, 2023; David Smith and Luke Harding, "Joe Biden Defends 'Difficult Decision' to Send Cluster Munitions to Ukraine," *The Guardian*, July 8, 2023.
270 **러시아는 이미**: "Cluster Munitions Use in Russia-Ukraine War," Human Rights Watch, May 29, 2023.
270 **마리우폴에서는 2,400명이 넘는**: See also Mstyslav Chernov, *20 Days in Mariupol*, Associated Press/PBS *Frontline*, 2023; Katharina Krebs, "At Least 290 Civilian

Bodies Found in Irpin Since Russian Withdrawal, Mayor Says," May 3, 2022; "Commission of Inquiry Finds Further Evidence of War Crimes in Ukraine," *U.N. News*, October 20, 2023; Masha Gessen, "The Prosecution of Russian War Crimes in Ukraine," *The New Yorker*, August 1, 2022.

271 푸틴은 또한 마리우폴, 헤르손: Deborah Amos, "Russia Deports Thousands of Ukrainian Children, Investigators Say That's a War Crime," NPR, February 14, 2023; Yousur Al-Hlou and Masha Froliak, "46 Children Were Taken from Ukraine. Many Are Up for Adoption in Russia," *The New York Times*, June 2, 2024; "Situation in Ukraine: ICC Judges Issue Arrest Warrants Against Vladimir Vladimirovich Putin and Maria Alekseyevna Lvova-Belova," Press Release, March 17, 2023.

271 제공에 동의한다: See also Mike Stone, Trevor Hunnicutt, and Simon Lewis, "Tortured Path to U.S. Decision to Send Ukraine Cluster Munitions," Reuters, July 10, 2023; John Hudson and Anastacia Galouchka, "How Ukraine Is Exploiting Biden's Cluster Bomb Gamble," *The Washington Post*, August 21, 2023.

41. 프리고진의 반란

273 푸틴의 개인요리사였다가: Jim Heintz, "Russian Mercenary Boss Yevgeny Prigozhin Challenged the Kremlin in a Brief Mutiny," Associated Press, August 27, 2023.

274 우크라이나의 동부 도시: Christian Esch, Christina Hebel, and Alexander Chernyshev, "Yevgeny Prigozhin's Meat Grinder: A Moment of Truth for Russia's Wagner Group in Bakhmut," May 17, 2023, *Der Spiegel*, Spiegal.de/international.

274 참다못한 프리고진은: Lazaro Gamio, Marco Hernandez, and Josh Holder, "How a Rebellion in Russia Unfolded over 36 Hours," *The New York Times*, June 24, 2023.

274 "우리의 단결을 분열시키는": Ibid.

274 두 달 후, 프리고진은: See also Simon Sebag-Montefiore, "What Prigozhin's Death Reveals About Putin's Power in Russia," *Time*, August 24, 2023.

275 9월, 러시아에서 열린: Paul Sonne and Michael C. Bender, "Putin, Citing Trump 'Persecution,' Wades Back Into U.S. Politics," *The New York Times*, September 12, 2023.

275 NBC 방송의: Phil McCausland, "Trump Says He's Pleased By Putin's Praise: 'I Like That He Said That,' " NBC News, September 15, 2023, nbcnews.com.

42. 2023년 10월 7일: 하마스의 야만적 침공

276 이스라엘 총리 베냐민 "비비": Mark Landler, "Viewed Warily by Democrats, a Netanyahu Ally Is a Key Conduit to U.S.," *The New York Times*, November 7, 2023.

278 침공 초기 몇 시간은: See "Maps and Videos Show How the Deadly Surprise Attack on Israel Unfolded," *The Washington Post*, October 8, 2023: Andres Martinez, "Here's a Timeline of Saturday's Attacks and Israel's Retaliation," *The New York Times*, October 8, 2023.

278 또 다른 하마스 테러리스트 50명은: Eliza Mackintosh et al., "How a Rave Celebrating Life Turned into a Frenzied Massacre," CNN, October 14, 2023, cnn.com.

278 하마스 무장세력은: Bret Stephens, "Sheryl Sandberg Screams Back at the Silence," *The New York Times*, April 30, 2024; Jeffrey Gettleman, Anat Schwartz, and Adam Sella, "'Screams Without Words': How Hamas Weaponized Sexual Violence on October 7," *The New York Times*, December 28, 2023; Lucy Williamson, "Hamas Raped and Mutilated Women on 7 October, BBC Hears," BBC, December 5, 2023.

279 다큐멘터리에서: Anat Stalinsky/Sheryl Sandberg, YouTube, 2024, screamsbeforesilence.com.

282 그날 오후 백악관 국빈 식당: "Remarks by President Biden on the Terrorist Attacks in Israel," Briefing, State Dining Room, October 7, 2023, Whitehouse.gov.

284 네타냐후는 또한 가자지구 주민들이: See also "Israel Sends Hundreds of Gazan Laborers Held Since Oct. 7 Back into Strip," *The Times of Israel*, November 3, 2023.

285 또 다른 엄청난 실책으로: Ronen Bergman and Adam Goldman, "Israel Knew Hamas's Attack Plan More Than a Year Ago," *The New York Times*, November 30, 2023.

286 10월 7일은: See also "Israeli-Palestinian Conflict Timeline," Council on Foreign Relations, November 13, 2023, education.cfr.org.

43. 지중해 미 항공모함의 전략적 이동

289 10월 7일 다음 날: "U.S. Moves Carrier Strike Group to Eastern Mediterranean," CENTCOM Press Release, October 8, 2023.

44. 카타르의 인질 협상 중재

290 페르시아만에 위치한: Joel Simon, "How Qatar Became the World's Go-To Hostage Negotiator," *The New Yorker*, November 16, 2023.

291 에미르는 2021년: Aya Batrawy, "Freeing Hostages, Hosting Hamas: Qatar's Influence in Israel-Gaza War, Explained," NPR, November 2, 2023.

291 설리번은 MBAR에게 셀을 구성하고: Michael D. Shear, "Political Pressures on Biden Helped Drive 'Secret Cell' of Aides in Hostage Talks," *The New York Times*, November 21, 2023.

292 에미르는 수도 도하에서: Nima Elbagir et al., "Qatar Sent Millions to Gaza for Years— With Israel's Backing. Here's What We Know About the Controversial Deal," CNN, December 12, 2023; Batrawy, "Freeing Hostages, Hosting Hamas: Qatar's

Influence in Israel-Gaza War, Explained."

292 **네타냐후에게 있어 가자지구에서 억제된 하마스 지도부는**: Mark Mazzetti and Ronen Bergman, "Buying Quiet: Inside the Israeli Plan That Propped Up Hamas," *The New York Times*, December 10, 2023.

45. 헤즈볼라는 이스라엘 국경을 넘을 것인가?

294 **이란의 지원을 받는 거대 테러 조직 헤즈볼라에 대한**: See also Nicholas Casey and Euan Ward, "What Is Hezbollah, the Group That Poses a Threat to Israel from the North?," *The New York Times*, October 19, 2023; Kali Robinson, "What Is Hezbollah?," Council on Foreign Relations, October 14, 2023; Rund Abdeifatah et al., "A History of Hezbollah," NPR, March 28, 2024.

298 **거의 15년 전**: Bob Woodward, *Obama's Wars* (New York: Simon & Schuster, 2010); Bob Woodward and Robert Costa, *Peril* (New York: Simon & Schuster, 2021).

299 **네타냐후는 최근의 회고록에서**: Benjamin Netanyahu, *Bibi* (New York: Threshold Editions, 2022).

300 **네타냐후는 바이든이 특별히 고맙게**: Ibid., p. 428.

301 **바이든 대통령은 지난 1년 반 동안**: John Wagner and Ashley Parker, "Biden Says U.S. Ground Troops 'Not on the Table' for Ukraine," *The Washington Post*, December 8, 2021; Zachary Wolf, "Here's What Biden Has Said About Sending U.S. Troops to Ukraine," CNN, February 24, 2022.

302 **비비의 오른팔이며 최고 보좌관이자 분신 같은**: Allison Hoffman, "Bibi's Brain: Meet Ron Dermer, Israel's New Ambassador to the U.S.," *Tablet*, September 20, 2011.

306 **이스라엘 방위군은**: Emanuel Fabian and Amy Spiro, "90 Minute Panic over Mass Drone Invasion in Northern Israel Proves to Be False Alarm," *The Times of Israel*, October 11, 2023.

306 **"오류가 있었고"**: Ibid.

308 **그날 오후 플로리다주 웨스트 팜비치에서**: Soo Rin Kim, Lalee Ibssa, Kendall Ross, Mary Bruce, and Adam Carlson, "Trump Criticized for Calling Hezbollah 'Very Smart' as He Talked of Potential Risk to Israel," ABC News, October 12, 2023.

308 **백악관은 전직 대통령에 대한**: Isaac Arnsdorf, "Trump Faults Netanyahu, Calls Hezbollah 'Very Smart' Amid Israel War," *The Washington Post*, October 12, 2023.

46. 이스라엘의 가자 공격을 둘러싼 논쟁

310 **미국은 이미 아이언돔 재보급을**: Jim Garamone, "U.S. Flowing Military Supplies to Israel, as Country Battles Hamas Terrorists," U.S. Department of Defense News, October 10, 2023.

310 **미국은 중동 유일의**: Oren Liebermann and Natasha Bertrand, "U.S. Eyes Weapons

Stockpiles as Concern Grows About Supporting Both Ukraine and Israel's Wars," CNN, October 11, 2023; Eric Schmitt, Adam Entous, Ronen Bergman, John Ismay, and Thomas Gibbons-Neff, "Pentagon Sends U.S. Arms Stored in Israel to Ukraine," *The New York Times*, January 17, 2023.

310 **하마스가 여전히 통제하고 있는**: Jiachuan Wu, Joe Murphy, and Nigel Chiwaya, "The Gaza Strip's Density Visualized," NBC News, October 10, 2023.

313 **다음 날 아침, 10월 13일**: For photos see Humeyra Pamuk, "U.S. Secretary of State Blinken Meets Jordanian King in Amman," Reuters, October 13, 2023.

314 **무슬림 형제단은**: 무슬림 형제단에서 파생된 다른 폭력적 분파들로는 이스라엘 제거에 헌신하는 이슬람 저항운동(하마스), 레바논의 시아파 이슬람 무장단체인 헤즈볼라, 미국 9/11 테러를 자행한 수니파 지하디스트들이 이끄는 이슬람 무장 조직 알카에다, 그리고 ISIS 또는 다에시(Daesh)로 알려진 이라크와 시리아의 이슬람국가 등이 있다.

47. 가자지구에 대한 인도적 지원 충돌

324 **바이든 대통령은 앞으로 며칠 내에**: See also Yasmeen Abutaleb, Tyler Pager, and John Hudson, "Biden to Travel to Israel on Wednesday," *The Washington Post*, October 16, 2023.

329 **마침내 새벽 2시 15분**: See also, Vera Bergengruen, "For Antony Blinken, the War in Gaza Is a Test of U.S. Power," *Time*, January 11, 2024.

48. 바이든의 전쟁 중인 이스라엘 방문

331 **언론 보도에 따르면**: Julian Borger, "Hundreds Feared Dead After Blast at Gaza Hospital as Biden Set to Fly In," *The Guardian*, October 17, 2023.

335 **에어포스원이 10월 18일 아침**: Franklin Foer, "Inside Biden's 'Hug Bibi' Strategy," *The Atlantic*, October 17, 2023; David Leonhardt and Ian Prasad Philbrick, "Biden's Trip to Israel," *The New York Times*, October 17, 2023.

335 **비비는 오전 11시 40분에**: "Remarks by President Biden and Prime Minister Netanyahu of Israel Before Bilateral Meeting, Tel Aviv, Israel," The White House, October 18, 2023, Whitehouse.gov.

335 **"여러분," 바이든이 말했다**: Ibid.

335 **네타냐후는 바이든, 설리번, 블링컨, 맥거크를**: "President Biden and Prime Minister Netanyahu Meet with Israeli War Cabinet," C-SPAN, October 18, 2023; Isabel Kershner, "To Fight Hamas, Israel's Leaders Stopped Fighting One Another, For Now," *The New York Times*, December 14, 2023.

339 **한 시간 후인 오후 5시**: "Remarks by President Biden on the October 7th Terrorist Attacks and the Resilience of the State of Israel and its People," Tel Aviv, Israel, October 18, 2023, Whitehouse.gov.

341 **바이든은 전화를 끊었을 때**: See also Tamara Keith, "Biden Says His Tel Aviv Trip Was

341 그리고 결국, 시시는: Nidal Al-Mughrabi and Aidan Lewis, "First Aid Convoy Enters Gaza Strip from Egypt," Reuters, October 21, 2023.

341 10월 7일 이전에도: Christina Bouri and Diana Roy, "Analysis: How Bad Is the Humanitarian Crisis in Gaza Amid the Israel-Hamas War?," PBS, November 19, 2023; "Israel: Unlawful Gaza Blockade Deadly for Children," Human Rights Watch, October 18, 2023.

49. 오스틴 장관의 리더십

343 또 다른 이란의 지원을 받는 후티 반군은: Luis Matinez, "U.S. Navy Destroyer in Red Sea Shoots Down Cruise Missiles Potentially Headed Toward Israel: Pentagon," ABC, October 20, 2023; Matina Stevis-Gridneff and Aaron Boxerman, "Yemen's Houthis Hijack a Ship in the Red Sea," *The New York Times*, November 19, 2023.

50. 평화를 원치 않는 네타냐후

345 "이스라엘은 무고한 민간인들을": Remarks by Vice President Harris on the Conflict Between Israel and Hamas," Dubai, December 2, 2023, Whitehouse.gov.

345 2023년 12월 2일: Humeyra Pamuk, "Blinken Pushes Arab States to Discuss the Future of Gaza," Reuters, December 1, 2023.

345 "너무 많은 무고한 팔레스타인 사람들이": See also TOI staff, "VP Harris: Suffering in Gaza 'Devastating'; Israel Must Do More To Protect Civilians," *The Times of Israel*, December 3, 2023.

345 그녀는 또한 네타냐후에게: See also Nandita Bose and Steve Holland, "US VP Harris Urges Israel to Protect Gaza Civilians," Reuters, December 2, 2023.

348 더머는 백인 우월주의자들이: Meg Wagner, "'Blood and Soil': Protesters Chant Nazi Slogan in Charlottesville," CNN, August 12, 2017.

51. 이스라엘의 휴전 동의와 일질 협상

351 바이든 대통령은 주디스와 나탈리에게: See also David Nakamura, "Biden Hails Freed U.S. Hostages as Family Awaits Reunion," *The Washington Post*, October 21, 2023.

353 하마스는 252명의 인질 중: For public reporting: Alexander Ward, "How a Secret Cell Got Hamas to Release 50 Hostages," *Politico*, November 21, 2023; Aaron Poris, Miriam David-Hay, "Freed from Hell: Timeline of Hostage Releases During the Israel-Hamas War," *The Jerusalem Post*, December 3, 2023.

52. 이라크 민병대와 후티 반군의 공격, 그리고 미국의 반격

355 **10월 7일 이후 11주 동안**: Meghann Myers, "U.S. Troops in Iraq and Syria Have Faced over 100 Attacks Since October," *Military Times*, December 21, 2023.

356 **그날 밤 새벽 4시 45분경**: "Biden Orders Strike on Iranian-Aligned Group After 3 U.S. Troops Injured in Iraq," NPR, December 25, 2023.

356 **"이번 공습은 향후 공격을 억제하기 위해"**: "Letter to the Speaker of the House and President Pro Tempore of the Senate Consistent with the War Powers Resolution (Public Law 93-148)," Briefing Room, January 12, 2024, Whitehouse.gov.

357 **12월 30일 토요일**: "U.S. Says It Shot Down 2 Missiles Launched from Houthi-Controlled Areas," Reuters, December 30, 2023.

357 **바이든 대통령은 영부인과 함께**: Lisa Friedman, "Biden Begins Weeklong Vacation in Caribbean to Ring in the New Year," *The New York Times*, December 27, 2023.

358 **1월 내내**: Christian Edwards, "Who Are the Houthis and Why Are They Attacking Ships in the Red Sea?," CNN, February 4, 2024; Agnes Chang, Pablo Robles, and Keith Bradsher, "How Houthi Attacks Have Upended Global Shipping," *The New York Times*, January 21, 2023.

359 **맥거크는 오만의 수도 무스카트로 날아갔다**: Farnaz Fassihi and Eric Schmitt, "Iran and U.S. Held Secret Talks on Proxy Attacks and Cease-Fire," *The New York Times*, March 15, 2024.

359 **바이든 대통령은 그날 밤 후티 반군에 대한 공격을**: Joseph Clark, "U.S., Partners' Forces Strike Houthi Military Targets in Yemen," U.S. Department of Defense News, January 12, 2024, Defense.gov; "Statement from President Joe Biden on Coalition Strikes in Houthi-Controlled Areas of Yemen," Briefing Room, January 11, 2024, Whitehouse.gov.

360 **1월 28일 일요일**: Eric Schmitt, "3 American Soldiers Killed in Drone Strike in Jordan, U.S. Says," *The New York Times*, January 28, 2024.

360 **"오늘, 미국의 마음은 무겁습니다"**: "Statement from President Joe Biden on Attack on U.S. Service Members in Northeastern Jordan Near the Syria Border," Briefing Room, January 28, 2024, Whitehouse.gov.

361 **2월 2일 금요일**: "U.S. Strikes Over 85 Targets at 7 Sites in Iraq and Syria Against Iran's Forces and Proxies," *The New York Times*, February 2, 2024.

361 **마이크 존슨 하원의장은**: @SpeakerJohnson, "My statement regarding the U.S. strikes in Syria and Iraq," 6:34 p.m., February 2, 2024, Twitter.com.

53. 이스라엘-사우디 관계 정상화를 위한 빈 살만 왕세자의 조건

362 **1월 8일**: Nick Allen, "Antony Blinken Meets MBS in Lavish Desert Tent and Says Saudi Crown Prince Is Determined to Keep Gaza Conflict from Spreading as

Fears Grow of a Wider Middle East War," *Daily Mail*, Dailymail.co.uk.

363 미국은 또한 사우디와의 방위 협력에: Stephen Kalin and Michael Gordon, "U.S. to Offer Landmark Defense Treaty to Saudi Arabia in Effort to Spur Israel Normalization Deal," *The Wall Street Journal*, June 9, 2024.

54. 이스라엘의 무자비한 라파 진격 계획

370 10월 7일 이후: Benedict Vigers, "Life in Israel After Oct. 7 in 5 Charts," Gallup, December 22, 2023, Gallup.com.

372 12월에 그는 자신과: Kevin Liptak and MJ Lee, "Biden Growing More Frustrated with Netanyahu as Gaza Campaign Rages On," CNN, February 12, 2024.

372 이제 그는 공개적으로: Andrea Shalal, "Biden Urged Israel's Netanyahu to Protect Civilians in Rafah—White House," Reuters, February 11, 2024.

375 컬럼비아 대학교는: Anna Oakes, Claudia Gohn, "Inside the Columbia University Student Encampment—And the Crackdown," Rolling Stone, May 1, 2024.

375 일부 공화당원들은: Jacey Fortin, "Campus Protests: Republicans Accuse University Leaders of 'Giving In' to Antisemitism," *The New York Times*, May 23, 2024.

376 바이든은 2월 15일: "Readout of President Biden's Call with Prime Minister Netanyahu of Israel," February 15, 2024.

379 북극에 위치한: Anna Chernova, Christian Edwards, and David Shortell, "Jailed Russian Opposition Figure Alexey Navalny Dies, Prison Services Say," CNN, February 16, 2024.

379 "분명히 말합니다": "Remarks by President Biden on the Reported Death of Aleksey Navalny," Briefing Room, February 16, 2024, Whitehouse.gov.

55. 키스 켈로그의 중동 방문

382 켈로그는 트럼프의 경멸적이고: Amanda Tugade, "Birdcages and 'New Blood': Tensions Between Nikki Haley, Donald Trump Boil Over After Republican Debate," October 1, 2023.

384 켈로그는 텔아비브에서 막 돌아온: Lt. Gen. (Ret.) Keith Kellogg, "After Action Report: My Visit to Israel," America First Policy Institute, March 15, 2024.

386 "이스라엘이 매우 큰 실수를 했다고 생각합니다": Omer Lachmanovitch and Ariel Kahana, "Trump to Israel Hayom: Only a Fool Would Have Not Acted Like Israel on Oct. 7," *Israel Hayom*, March 25, 2024.

56. 물 건너간 미국-사우디 방위 협정

389 그레이엄과 MBS의 관계는: Niels Lesniewski, "Lindsey Graham Wants to 'Sanction the Hell Out of Saudi Arabia' Until Crown Prince Is Ousted," Roll Call, October

16, 2018; Mariana Alfaro, "Lindsey Graham Meets with Saudi Crown Prince, Reversing Past Criticism," *The Washington Post*, April 11, 2023.

57. 시리아 공습과 테헤란의 분노

396 오후 9시, 국가안보회의 대변인인 존 커비는: Jonathan Landay and Idrees Ali, "No U.S. Involvement in Strike on Iran's Damascus Mission, White House Says," Reuters, April 2, 2024.

396 사흘 후인 4월 4일: "Readout of President Joe Biden's Call with Prime Minister Netanyahu of Israel," The White House, April 4, 2024, Whitehouse.gov.

398 그는 이스라엘 드론 공격이 실수로: Adam Rasgon and Aaron Boxerman, "What We Know About the Israeli Strike That Killed 7 Aid Workers in Gaza," *The New York Times*, April 2, 2024.

400 통화 이후: "Statement from National Security Council Spokesperson Adrienne Watson on Steps Announced by Israel to Increase Aid Flow to Gaza," The White House, April 4, 2024, Whitehouse.gov.

400 신와르는 이스라엘 감옥에서: Neri Zilber, " 'Dead Man Walking': How Yahya Sinwar Deceived Israel for Decades," *The Financial Times*, November 5, 2023; Jo Becker and Adam Sella, "The Hamas Chief and the Israeli Who Saved His Life," *The New York Times*, May 26, 2024.

401 미국 정보기관과 그 외: Marco Hernandez and Josh Holder, "The Tunnels of Gaza," *The New York Times*, November 10, 2023.

402 한편, 4월 5일 테헤란에서는: "Vowing Revenge, Iran Pays Homage to IRGC Generals Killed in Strike Blamed on Israel, *The Times of Israel*, April 5, 2024.

58. 이란의 전면 보복과 미 연합군의 이스라엘 방어

406 이란이 군사 작전의 종료를: Joseph Federman and Jon Gambrell, "Iran Fires Drones and Ballistic Missiles at Israel in Massive Retaliatory Attack," PBS, April 13, 2024; Madiha Afzal et al., "The Impact of Iran's Attack on Israel," *Brookings*, April 15, 2024, brookings.edu.

409 미국 TV 방송들은: Kathleen Magramo, Elizabeth Wolfe, and Aditi Sangal, "Iran Targeted in Aerial Attack," CNN, April 18, 2024; Courtney Kube, Mosheh Gains, and Dan De Luce, "Israel Carries Out Limited Strikes on Iran, with the Extent of Damage Unclear," NBC News, April 19, 2024.

59. 러-우 전쟁의 승패와 중국의 지정학적 도전

410 2024년 봄: Adam Entous and Michael Schwirtz, "The Spy War: How the C.I.A. Secretly Helps Ukraine Fight Putin," *The New York Times*, February 25, 2024.

410 번스는 처참한 전투에서: Carlotta Gall, Marc Santora, and Constant Meheut, "Avdiivka, Longtime Stronghold for Ukraine, Falls to Russians," *The New York Times*, February 17, 2024; Julian E. Barnes, "Biden Administration Blames Congress for Fall of Ukrainian City," *The New York Times*, February 17, 2024.

412 2021년 상원 인준 청문회에서: "Statement for the Record Senate Select Committee on Intelligence, Director of CIA Nominee William J. Burns," February 24, 2021, Intelligence.senate.gov.

412 2019년에 출간된: William J. Burns, The Back Channel (New York: Random House, 2019), p. 431.

60. 정치적 쟁점이 된 남부 국경 불법 이민자 문제

413 2022년과 2023년에: "CBP Releases December 2023 Monthly Update," U.S. Customs and Border Protection, January 26, 2024.

414 바이든은 대통령 취임 첫날부터: Michael D. Shear, Hamed Aleaziz, and Zolan Kanno-Youngs, "How the Border Crisis Shattered Biden's Immigration Hopes," *The New York Times*, January 30, 2024.

416 그러나 미국인의 거의 80퍼센트: "How Americans View the Situation at the U.S.-Mexico Border, Its Causes and Consequences," Pew Research Center, February 15, 2024.

416 민주당 소속의 뉴욕 시장: Jeffrey C. Mays, "Mayor Adams Criticizes Biden in Rare Public Rebuke over Migrant Crisis," *The New York Times*, April 19, 2023; Emma G. Fitzsimmons, "In Escalation, Adams Says Migrant Crisis 'Will Destroy New York City,'" *The New York Times*, September 7, 2023.

417 국경에서 이처럼 대규모 이민이: Alex Nowrasteh, "The U.S. Labor Market Explains Most of the Increase in Illegal Immigration," Cato Institute, November 16, 2023, Cato.org.

61. 폴란드의 반러시아 정치철학

422 폴란드는 또한 북쪽 국경의: Michal Kranz, "How the Russia-Ukraine Crisis Is Turning Poland into a Strategic Player," *Foreign Policy*, February 23, 2022.

422 폴란드 가정들은: Elisabeth Zerofsky, "Poland's War on Two Fronts," *The New York Times Magazine*, April 4, 2023.

423 두다는 바이든이: See also "In White House Visit, Polish President Pushes NATO to Ramp Up Spending, Calls on U.S. to Fund Ukraine," Associated Press, March 12, 2024.

424 한 달 전인 3월 11일: Andrzej Duda, "NATO Members Must Raise Their Defense Spending to 3 Percent of GDP," *The Washington Post*, March 11, 2024.

424 2월 사우스캐롤라이나 선거 유세에서: Edward Helmore, "Trump Says He Would Encourage Russia to Attack NATO Allies Who Pay Too Little," *The Guardian*,

February 11, 2024.
424 트럼프는 이렇게 대답했다: Ibid.
424 두다는 좀 더 외교적인 어조를: Duda, "NATO Members Must Raise Their Defense Spending to 3 Percent of GDP."
425 주목할 점은, 국방비를 가장 많이 지출하는: Derek Hawkins, "See Which NATO Countries Spend Less Than 2 Percent of Their GDP on Defense," *The Washington Post*, February 12, 2024.
427 그날 저녁, 4월 17일: Jill Colvin and Monika Scislowska, "Poland's President Becomes the Latest Leader to Visit Donald Trump as Allies Eye a Possible Return," Associated Press, April 18, 2024.
428 두다와의 만찬 이후: @realDonaldTrump, "왜 유럽은 우크라이나를 돕기 위해 더 많은 돈을 내지 않는가? 왜 미국은 우크라이나 전쟁에 유럽보다 1,000억 달러 이상을 더 투입하고 있는가. 우리는 바다로 분리되어 있는데도 말이다! 왜 유럽은 절박하게 도움이 필요한 나라를 돕기 위해 미국이 투입한 돈과 같은 금액을 내거나 맞출 수 없는가? 모두가 동의하듯이, 우크라이나의 생존과 힘은 우리보다 유럽에 훨씬 더 중요해야 하지만, 우리에게도 중요하다! 움직여라 유럽! 게다가, 나는 "나"를 대변하는 유일한 사람이며, 비록 이것이 부패한 조 바이든과 무능한 민주당원들이 야기한 완전한 엉망진창이지만, 내가 대통령이었다면 이 전쟁은 결코 시작되지 않았을 것이다." 1:55 p.m., April 18, 2024, TruthSocial.com.
428 "우리는 우리의 방위가," 트럼프가 말했다: "Remarks by President Trump to the People of Poland," The White House, July 6, 2017, Trumpwhitehouse.archives.gov.
429 바이든은 자신의 팀에게: See also Liz Goodwin, Yasmeen Abutaleb, and Tyler Page, "Aid to Ukraine Seemed Dead. Then Secretive Talks Revived It," *The Washington Post*, April 24, 2024; See also Vivian Salama, "Why Donald Trump Didn't Sink Mike Johnson's Ukraine-Aid Bill," *The Wall Street Journal*, April 22, 2024.
431 하원이 표결을 진행하는 동안: Mary Clare Jalonick, Stephen Groves, and Farnoush Amiri, "Senate Overwhelmingly Passes Aid for Ukraine, Israel and Taiwan in Big Bipartisan Vote," Associated Press, April 23, 2024.
431 이 법안은 그 후: Ibid.
432 바이든은 다음 날 이 법안에 서명했다: "Remarks by President Biden on the Passage of H.R. 815, the National Security Supplemental," State Dining Room, April 24, 2024, Whitehouse.gov.

62. 임박한 이스라엘의 라파 진입 작전

435 하마스는 나중에 이 영상을: Ibrahim Dahman and Eyad Kourdi, "Hamas Releases Video of Hostage Hersh Goldberg-Polin in Proof He Survived Oct. 7 Injuries," CNN, April 25, 2024.
435 하마스 무장대원들은 10월 7일: Emily Mae Czachor, "Abigail Mor Edan, the 4-Year-Old American Held Hostage by Hamas, Is Now Free. Here's What to Know,"

CBS, November 27, 2023.
435 이제 애비게일은: Michelle Stoddart, Justin Gomez, and Fritz Farrow, "Biden Says Meeting with 4-Year-Old Girl Orphaned and Held Hostage by Hamas a Reminder of Work Needed to Free Remaining Hostages," ABC, April 25, 2024.

63. 푸틴은 소련 붕괴의 전철을 밟고 있는가?

437 러시아에 대한 많은 제재를: Walter Pincus, "Russia Sanctions 101—ia a Top White House Advisor," *The Cipher Brief*, June 4, 2024.
437 푸틴은 또한 전선에 재보급을: See Yoonjung Seo and Helen Regan, "North Korean Factories Making Arms for Russia Are 'Operating at Full Capacity,' South Korea Says," CNN, February 28, 2024.
438 푸틴의 자서전: Vladimir Putin, *First Person* (New York: PublicAffairs, 2000), p. 7.
438 "개는 자기를 두려워하는": Ibid., p. 168.

64. 중범죄 유죄 판결을 받은 전직 대통령

440 1년 이상 법무부의 1월 6일 사태를: "Trump's Former Lawyer in the Docs Case Explains Why He Left," *Politico*, June 16, 2023; Kaanita Iyer, "Former Key Trump Attorney Says He Left Because of Legal Team Infighting," CNN, May 20, 2023, cnn.com.
442 2024년 5월 30일: "Donald Trump Found Guilty on All Counts in N.Y. Hush Money Trial," *The Washington Post*, May 30, 2024.
442 트럼프와 그의 선거운동 진영은: Philip Bump, "Trump Insists His Trial Was Rigged — Just Like Everything Else," *The Washington Post*, March 31, 2024.
443 판결이 있은 지 24시간 이내에: Shane Goldmacher, "Trump Announces Nearly $53 Million Fund-Raising Haul After Guilty Verdict," *The New York Times*, May 31, 2024.
443 "나는 매우 무고한 사람입니다": Sarah Burris, " 'I'm A Very Innocent Man': Trump Attacks Rule of Law After 'Rigged' Guilty Verdict," *RawStory*, May 30, 2024.

65. 바이든의 아들을 향한 사랑과 고통

444 "그들은 대통령직을": Hunter Biden interview with Moby, *Moby Pod*, December 2023.
444 54세의 헌터 바이든은: "Read the Full Hunter Biden Indictment over Federal Gun Charges," PBS, September 14, 2023; "Grand Jury Returns Indictment Charging Robert Hunter Biden with Three Felony Tax Offenses and Six Misdemeanor Tax Offenses," Department of Justice, December 7, 2023.
446 헌터는 자서전 『아름다운 것들』에서: Hunter Biden, *Beautiful Things* (New York: Gallery Books, 2021), p. 145.

66. 네타냐후가 가자지구를 파괴한 진짜 이유

448 바이든 대통령의 이스라엘 총리에 대한 좌절감과 불신: President Biden's frustrations: For other examples: Michael Hirsh, "From 'I Love You' to 'Asshole': How Joe Gave Up on Bibi," *Politico*, March 22, 2024.

448 네타냐후는 가자 지역 전체를: "The IDF Is Accused of Military and Moral Failures in Gaza," *The Economist*, April 11, 2024.

449 10월 7일 이전: Raf Sanchez, "Israeli Leaders Lash Out at Biden's Criticism as Judicial Overhaul Plan Sparks a Rare Public Rift," NBC News, March 29, 2023; Patrick Kingsley, "The Netanyahu Trial, Explained," *The New York Times*, February 8, 2021.

450 하지만 그의 재임 중에 발생한: Kevin Liptak, "Biden Hints Netanyahu Is Dragging Out Gaza War for Political Survival," CNN, June 4, 2024.

451 네타냐후는 이스라엘의 군사 공격을 확대했고: Bilal Shbair et al., "Carnage and Contradiction: Examining a Deadly Strike in Rafah," *The New York Times*, June 14, 2024.

452 2024년 5월 말까지: "Gaza Death Toll: How Many Palestinians Has Israel's Campaign Killed," Reuters, May 14, 2024.

452 "안타깝게도, 네타냐후는": Jake Lapham, "Israeli War Cabinet Minister Benny Gantz Quits Emergency Government," BBC, June 9, 2024.

452 6월, 이스라엘군은: Mohammad Jahjouh, Jack Jeffery, and Kareem Chehayeb, "How an Israeli Raid Freed 4 Hostages and Killed at Least 274 Palestinians in Gaza," Associated Press, June 10, 2024.

67. 공격적인 트럼프의 언어들

454 트럼프는 남부 국경 위기를: "Speech: Donald Trump Holds A Political Rally in Conway, South Carolina," February 10, 2024, rollcall.com.

455 트럼프의 언어는 점점 더: See also Jake Traylor, "What Trump Is Promising Supporters He'd Do In A Second Term," NBC News, February 18, 2024.

68. 트럼프와 장군들 간의 충돌

456 언론 보도는 트럼프의 임기 마지막 해 동안: See also Jeffrey Goldberg, "The Patriot: How General Mark Milley Protected the Constitution from Donald Trump," *The Atlantic*, November 2023.

456 "상황이 불안정해 보일 수": Bob Woodward and Robert Costa, *Peril* (New York: Simon & Schuster, 2021), p. xiii.

456 밀리는 또한 의회에서: Phil Stewart and Patricia Zengerle, "Under Fierce Republican Attack, U.S. General Milley Defends Calls with China," Reuters, September 28,

2021.
457 그러나 트럼프는 밀리의 전화를: Brian Klaas, "Trump Floats the Idea of Executing Joint Chiefs Chairman Milley," *The Atlantic*, September 25, 2023.
458 "정말 불충하군!": Mark Esper, A Sacred Oath (New York: William Morrow, 2022), p. 474.
459 밀리와 에스퍼는 트럼프에게: Ibid., p. 474.
460 "그냥 쏴버리면 안 되나?": Ibid., p. 1.
460 "우리는 군대를 투입할 겁니다": Bob Woodward, *The Trump Tapes: Bob Woodward's Twenty Interviews with President Donald Trump* (New York: Simon & Schuster, 2022), p. 329.
461 2020년 6월 트럼프와의: Ibid., pp. 341–342.
461 밀리와 에스퍼는 그해 여름: Woodward and Costa, *Peril*, pp. 89, 99–100; Esper, *A Sacred Oath*, pp. 333–340.
461 "장군, 당신이 이 일을 맡아 주시오": Esper, *A Sacred Oath*, p. 338.
462 밀리는 "저는 아닙니다"라는: Ibid.
462 "우리가 약해 보인다고": Ibid.
462 "우리는 어둡고 위험한 선을 넘기 직전인 듯했다": Ibid., p. 5.
462 "만약 우리 모두가 사라진다면": Ibid., p. 6.
462 예를 들어, 이민 위기에 대한: Isaac Arnsdorf, Nick Miroff and Josh Dawsey, "Trump and Allies Planning Militarized Mass Deportations, Detention Camps," *The Washington Post*, February 21, 2024.
462 "상황이 통제 불능이라고": "Read the Full Transcripts of Donald Trump's Interviews With TIME," *TIME*, April 30, 2024.
463 "이들은 일반 시민이 아닙니다": Ibid.
463 에스퍼는 트럼프 대통령이: Esper, *A Sacred Oath*, p. 5.
463 전 국방장관 제임스 매티스는: Bob Woodward, *Rage* (New York: Simon & Schuster, 2020), p. 76.
464 "쏠 테면 쏴보라지": Woodward, *The Trump Tapes: Bob Woodward's Twenty Interviews with President Donald Trump*, p. 62.

69. 바이든의 노쇠한 이미지와 실제 역량

465 2024년 6월 무렵: See Anne Linskey and Siobhan Hughes, "Behind Closed Doors, Biden Shows Signs of Slipping," *The Wall Street Journal*, June 4, 2024.
466 로버트 허 전 특별검사는: "Report on the Investigation Into Unauthorized Removal, Retention, and Disclosure of Classified Documents Discovered at Locations Including the Penn Biden Center and the Delaware Private Resident of President Joseph R. Biden, Jr.," February 5, 2024, Justice.gov.
467 바이든과 허 특검의 인터뷰 녹취록: See "Transcript of President Joe Biden's Interview With Special Counsel Robert Hur," March 12, 2024, CNN.

467 바이든은 두 차례나: See also Charlie Savage, "How the Special Counsel's Portrayal of Biden's Memory Compares With the Transcript," *The New York Times*, March 12, 2024.

467 허 특검은 기소하지 않기로 한 이유: "Report on the Investigation Into Unauthorized Removal, Retention, and Disclosure of Classified Documents Discovered at Locations Including the Penn Biden Center and the Delaware Private Resident of President Joseph R. Biden, Jr.," February 5, 2024, Justice.gov., p. 220.

467 "나는 선의를 가진 노인": "Remarks by President Biden," Briefing Room, February 8, 2024, Whitehouse.gov.

468 2월 말, 2009년부터: Kevin O'Connor, D.O, RAAFP, "Memorandum: President Biden's Current Health Summary," February 28, 2024, Whitehouse.gov.

468 오코너 박사는 공개 보고서에서: Ibid.

468 2024년 3월 바이든 대통령의 국정연설은: "Remarks by President Biden in State of the Union Address, U.S. Capitol," March 7, 2024, Whitehouse.gov.

469 2024년 5월 10일, 실리콘밸리 모금 행사에서: Zach Montague, "Biden Courts Wealthy Donors on West Coast Fund-Raising Trip," *The New York Times*, May 10, 2024.

473 여론조사에 따르면: "Cross-Tabs: February 2024 Times/Siena Poll of Registered Voters Nationwide," *The New York Times*, March 2, 2024.

475 "그는 국방비를 삭감하지 않았습니다": See "Department of Defense Releases the President's Fiscal Year 2024 Defense Budget," March 13, 2023.

475 바이든 행정부의 특징은: "Remarks by President Biden and NATO Secretary General Jens Stoltenberg Before Bilateral Meeting," June 17, 2024, Whitehouse.gov.

475 바이든은 실제 전쟁이 벌어지고 있는: Peter Baker and Michael Shear, "Biden's Surreal and Secretive Journey into a War Zone," *The New York Times*, February 20, 2023; David Sanger and Peter Baker, "Biden Faces Risks in Wartime Visit to Israel," *The New York Times*, October 16, 2023.

70. 바이든의 "안 좋은 밤": 재앙적인 대선 TV 토론

477 "미국에는 천 명의 조 단위": "Biden-Trump Debate Transcript, CNN, June 28, 2024.

477 "그가 문장 끝에 무슨 말을 했는지": Ibid.

478 토론이 끝나기도 전에: "Political h-bomb': Trump-Biden debate scored by Bob Woodward, legendary Pulitzer-Watergate reporter," MSNBC, June 28, 2024.

478 처음에 바이든이 이 토론을: "Read the Letter President Biden Sent to House Democrats Telling Them to Support Him in the Election," Associated Press, July 8, 2024.

71. 트럼프 유세 현장을 뒤흔든 총성

483 7월 13일 토요일: See also Renee Rigdon, Amy O'Kruk, Marco Chacon et al., "Minute-by-minute: Visual Timeline of the Trump Assassination Attempt,"

CNN, July 26, 2024, cnn.com.; Michael Levenson, "What we Know about the Assassination Attempt Against Trump," *The New York Times*, July 30, 2024.

485 7월 19일 밤 10시 30분이 지나서: "Read the Transcript of Donald J. Trump's Convention Speech," *The New York Times*, July 19, 2024.

486 7월 21일 일요일, 코로나로 인해 리호보스에서: See, @JoeBiden, 1:46 p,m. July 21, 2024, Twitter.com.; Katie Rogers, Michael Shear, Peter Baker and Zolan Kanno-Youngs, "Inside the Weekend When Biden Decided to Withdraw," *The New York Times*, July 21, 2024.

72. ISIS의 모스크바 콘서트홀 학살

488 ISIS-K는 130명 이상이 사망하고: Jessie Yeung, "Who Are ISIS-K, the Group Linked to the Moscow Concert Hall Terror Attack?" CNN, March 26, 2024.

489 모스크바 주재 미국 대사관은: "Security Alert: Avoid Large Gatherings Over the Next 48 Hours," U.S. Embassy & Consulates in Russia, March 7, 2024; Guy Faulconbridge, "US Embassy Warns of Imminent Attack in Moscow by 'Extremists,'" Reuters, March 8, 2024.

489 모스크바 테러 공격 한 달 후: Josh Campbell, "Eight Tajikistan National Arrested In Los Angeles, New York and Philadelphia. Some May Have ISIS Ties, Sources Say," CNN, June 12, 2024.

490 지난해를 돌아보면: Graham Allison and Michael J. Morrell, "The Terrorism Warning Lights Are Blinking Red Again," *Foreign Affairs*, June 10, 2024.

73. 해리스에 대한 트럼프의 공격

494 7월 24일 노스캐롤라이나주 샬럿에서: "Fact-Checking Donald Trump's Rally in Charlotte, N.C.," PolitiFact, July 24, 2024.

495 전국 흑인 언론인 협회 대회에서: Daniel Dale, "Fact Check: Trump's Lie that Harris 'All of a Sudden' Embraced A Black Identity," CNN, July 31, 2024.

496 해리스의 고인이 된 어머니: Ibid.

496 인터뷰 후 트럼프는: Stephen Fowler, "Trump Attacks Kamala Harris' Racial Identity at Black Journalism Convention," NPR, July 31, 2024.

496 부통령은 트럼프의 발언에: Ibid.

74. 해리스와 네타냐후의 충돌

501 그날 저녁 언론 브리핑에서: Aamer Madhani, "Watch: Harris Outlines Steps in Gaza Ceasefire Proposal After Meeting with Israel's Netanyahu," PBS News, July 25, 2024.

75. 러-우 전쟁 종식에 대한 트럼프의 발언

510 대선 토론에서 트럼프 전 대통령은: "Read: Biden-Trump debate Transcript," CNN, June 28, 2024.

512 트럼프의 전쟁은 코로나바이러스 팬데믹이었고: Bob Woodward, *Rage* (New York: Simon & Schuster, 2020).

512 "오, 나한테 계획이 있어요, 밥": Bob Woodward, *The Trump Tapes* (New York: Simon & Schuster, 2022), p. 276.

513 "계획을 보게 될 겁니다, 밥": Ibid., p. 397.

76. 베이루트 공습과 하니예 암살

514 이스라엘은 베이루트 교외의 인구 밀집 지역을 공습해: Ronan Bergman, Adam Rasgon, Euan Ward et al., "Israel Says It Killed Hezbollah Commander in Airstrike Near Beirut," *The New York Times*, July 30, 2024.

514 "헤즈볼라가 레드라인을 넘었습니다": "Israel Says Its Beirut Strike Killed Hezbollah's Top Military Commander, Who It Blames for Golan Heights Attack," CNN, July 30, 2024.

514 게스트하우스 객실에 몇 달 전 폭탄을: Ronan Bergman, Mark Mazzetti and Farnaz Fassihi, "Bomb Smuggled Into Tehran Guesthouse Months Ago Killed Hamas Leader," *The New York Times*, August 4, 2024.

77. 바이든이 확립한 미국의 새로운 군사 외교정책

518 1991년 제1차 걸프전을: Bob Woodward, *The Commanders* (New York: Simon & Schuster, 1991), p. 34.

519 "그것은 고려 대상이 아닙니다": John Wagner and Ashley Parker, "Biden Says U.S. Ground Troops 'Not on the Table' for Ukraine," *The Washington Post*, December 8, 2021.

519 전쟁이 발발하고: Joseph R. Biden Jr., "President Biden: What America Will and Will Not Do in Ukraine," *The New York Times*, May 31, 2022.

520 "미국과 우리의 동맹국들은": "Remarks by President Biden on Russia's Unprovoked and Unjustified Attack on Ukraine," The White House, February 24, 2022, Whitehouse.gov.

색인

ㄱ

가니, 아슈라프 90
간달프 232
간츠, 베니 335~336, 452
갈란트, 요아브 297, 308, 325, 336
갈랜드, 매릭 261~262
강제수용소 195
갱단 폭력 417
거쉬코비치, 에반 509
검은 9월단 449
게라시모프, 발레리 235~236
겔먼, 마이클 앤 수지 266
겔처, 조시 291
겨울전쟁 201
경제 제재 127, 162, 437
고든, 필립 (필) 178~181, 404, 499
고르바초프, 미하일 123~124
고립주의 178, 218, 431
고슴도치 훈련 (NATO) 205
고용 417
골드버그-폴린, 허쉬 434
골란 고원 514
공개적 경고 150
공직 30, 468
『공포』(우드워드 책) 510~511
공포로서의 권력 74
공화당 전국위원회 39
국경 통제 415, 434
국내 폭력사태 우려 262
국립대성당 (워싱턴) 464
〈국민의 종〉 103

국제사법재판소 516
국제형사재판소 516
국토안보부 (DHS) 413, 418
군사력 96, 133, 159, 205, 358, 363, 437~438, 462
굿랜더, 매기 281, 308, 354, 357, 473
권위주의 417
그레이엄, 린지 75~77, 207~209, 215~217, 249~250, 388~393, 429~431, 454~455, 484, 511
그리핀, 머브 26~27
그린, 마조리 테일러 469
그린, 에릭 82, 130, 133
기밀문서 251, 262, 264~265
긴즈버그, 벤자민 75
김정은 464, 492, 512

ㄴ

나가사키 231, 242
나리시킨, 세르게이 129, 182~183, 231, 247
나발리, 알렉세이 62, 379
나스랄라, 하산 288, 296
나치 101, 273, 348, 452
나크바 311
난민 311~314, 340, 422, 453
냉전 72, 140, 153, 177, 241, 246, 510
네덜란드 360
네바팀 공군기지 310
네오나치 82, 149
노동조합 33, 375

노드 스트림2 184
노르웨이 204, 306
노비촉 신경작용제 62
누세이라트 난민 캠프 453
《뉴욕타임스》 511
《뉴욕포스트》 28
니니스퇴, 사울리 202~205
니제르 489
니클라우스, 잭 172
닉슨, 리처드 106, 497, 513, 523

ㄷ

다 실바, 조 252, 254~257, 268~269, 272
다보스 223
다비디안, 라미 279
다에시 319
다우드, 존 511
대니얼스, 스토미 440~441
대륙간탄도미사일 464, 492
대만 119, 411, 430, 485
대학생 주도의 시위 375
더머, 골다 337
더머, 롭 277~286, 302~307, 311~312, 328~329, 337~339, 348~349, 384~385, 434, 497
더티 폭탄 243~244
덴마크 204
도널드 트럼프 재단 30
도네츠크, 우크라이나 145, 182~183, 230
도닐런, 마이크 482
독일 67, 107, 130, 138, 176, 178, 183, 187, 210, 219~224, 241, 258, 348, 378, 423, 452, 487
돈바스, 우크라이나 47, 64, 100, 163, 166
돈프리드, 카렌 125, 130, 133
동맹국 106, 116, 138, 144, 148~49, 159, 169, 202~203, 241, 300, 308, 358, 433, 475, 520
두다, 안드레이 421~428

두려움으로서의 권력 74
드니프로 강 227, 245
드론 61, 92, 96, 253, 304~307, 355~356, 359~360, 3998, 403~406, 409, 521

ㄹ

라난, 주디스와 나탈리 350~351
라브로프, 세르게이 67, 139~146, 170~171, 182
라빈, 이츠하크 503
라이스, 콘돌리자 108
라이시, 에브러힘 274
라이히블룸, 빌 266~267
라트비아 125, 188, 425
라파 검문소 312, 326, 328, 340
라파: 이스라엘 진입 계획 433~434, 451
라피드, 야이르 216
랭크포드, 제임스 469
러시아 대외정보국 53, 98, 182
러시아 특수부대 164
러시아 혐오 207
러시아계 주민 129, 166
레바논 280~282, 288, 294, 296~297, 306, 312, 490, 514
레이, 크리스토퍼 490
레이건, 로널드 123~124, 263, 429
레이크, 캐리 248
레졸루트 데스크 88, 223, 294, 300, 435, 511
레즈니코프, 올렉시 134, 178~180
렌퀴스트, 윌리엄 300
로건법 506
로우크, 샤니 279
로웰, 애비 445
로텐베르그, 아르카디 보리스 80
롤린스, 에드 42
루마니아 138, 169, 188, 266
루스벨트, 테디 59, 497

루카셴코, 알렉산드르 274
루한스크, 우크라이나 182~183, 230
르 카레, 존 246
리스너, 레베카 251
리조트 인터내셔널 27
리쥐청 456
리체티, 스티브 482
리투아니아 175, 188, 425
리패스, 마이클 64
리프, 바라라 328
린데, 앤 203

ㅁ

마라라고 28, 41~42, 75, 106, 172, 207, 251, 262, 264~265, 386, 426, 505, 507
마리우폴, 우크라이나 270~271
마린, 산나 204
마요르카스, 알리 413, 417~419
마카로바, 옥사나 193
마크롱, 엠마뉘엘 120~121, 136~138, 174, 188
말리 489
매카시, 캐빈 35, 37~42
매케인, 존 76
매코널, 미치 218, 431
매티스, 제임스 464
맥거크, 브렛 277, 282, 300, 303~306, 330~335, 350~355, 358~360, 376, 394~396, 399~401, 404~406, 409, 435, 497
맥대니얼, 로나 39~40,
맥레이븐, 윌리엄 (제독) 458
맥멀렌, 클리어 10, 530
맥스먼, 켈리 289
맥크리스털, 스탠리 (장군) 458~459
머독, 루퍼트 230
머독, 제임스 230
머스크 항저우 357
머천, 후안 442

멀베이니, 믹 464
메드베데프, 드미트리 182, 203
메디케어 477
메르켈, 앙겔라 55, 81, 120, 137
메이어, 골다 337, 503
멕시코-미국 국경 전쟁 413
멘친, 조 466
명예훼손 516
모나스티르스키, 데니스 186
모스크바 콘서트홀 학살 488
무슬림 364~365
무슬림 형제단 314, 318, 320,
무함마드, 예언자 364
문명화된 민주주의 140
문화 전쟁 198
뮌헨 안보 회의 176
프리야 항공기 191
미 중부사령부 304, 356, 361, 403
미국 국무부 69, 125, 239
미국 대사관, 예루살렘, 이스라엘 382
미국 대사관, 카불, 아프가니스탄 89
미국 대통령직 420, 454, 478,
미국 법무부 251, 261, 308, 440
미국 우선주의 178, 428
미국 헌법 36, 77, 443, 456, 529
미국-멕시코 국경 전쟁 413
"미국을 구하라" 집회 37, 40
미사일 97, 102, 141, 151, 187, 231, 241, 253, 281, 310, 327, 358~362, 403~409, 432, 464, 492
민병대 262, 342, 355~357, 361, 516
민스크 협정 139~141
『미스터 푸틴: 크렘린의 공작원』 57
민주당 전국위원회 443
밀러, 개릿 37
밀러, 매튜 322
밀러, 스티븐 463
밀러, 제이슨 493~495, 505~507
밀리, 마크 (장군) 86, 94, 191, 235, 237, 255, 261, 298, 456~457, 464, 472, 524

ㅂ

바, 빌 265
바게리, 모하마드 403
바그너 군대 273~274
바그람 공군기지 89~90
바레인 318, 392
바르네아, 데이비드 292, 351
바웬사, 레흐 428
바이든 테스트 334
바이든, 나오미 213
바이든, 널리아 헌터 213
바이든, 보 134,
바이든, 보, 주니어 446
바이든, 질 212, 445, 447
바이든, 헌터 50, 105, 197, 212~213, 392, 444~448, 480
바흐무트, 우크라이나 274
반부패 문제 52
반이스라엘 감정 498
반지의 제왕 232
발리 매뉴팩처링 28
발트 3국 175
배넌, 스티브 197, 460
배빗, 애슐리 36
백인 우월주의자 348
백인의 특권 461
번스, 빌 83, 108~109, 113, 115, 123~130, 149, 156~157, 164~166, 185, 191~194, 227~230, 246, 271, 280~281, 291, 298, 305, 319, 351, 399, 401, 410~412, 429, 434, 488~492, 508, 524
번스타인, 칼 21~22
베드민스터 214, 484
베를린 장벽 (붕괴) 124, 140
베어보크, 아날레나 220~222
베이루트, 레바논 514~515
베트남 95, 134, 475, 519
베트남 전쟁 253, 375, 518
벤그비르 378

벨 링어 446
벨라루스 63, 79, 164, 179
보르트니코프, 알렉산드르 129
보수정치행동회의 (CPAC) 263
볼로딘, 비아체슬로프 182
볼턴, 존 464
부동산 23~24, 26, 32, 34, 188, 214
부시, 조지 W 54, 86, 88, 117, 300, 405
부차, 우크라이나 270
부패 51~52, 95, 97, 103, 107, 251, 265, 425, 523
북극성 135
북마케도니아 204
북한 65, 207, 240, 437, 463, 465, 474, 491~492
『분노』(우드워드 책) 22, 511
붉은 숲 192
브라운, CQ 298, 305, 348, 356~357, 403
브래그, 앨빈 443, 455
브루언, 브렛 83
브룩스, 모 77
브르키나 파소 489
블랑셰, 토드 443
블랙 라이브스 매터 시위 460
블링컨, 안소니 (토니) 67, 69, 71~72, 86~90, 100~101, 118~120, 131~133, 138~147, 169~171, 219~224, 255, 258~260, 283, 301, 305~337, 345~378, 396, 451, 471, 478~482, 486~487, 515, 517
비타르, 마허 150, 166
빅, 알렉스 195
빈 라덴, 오사마 85, 458
빌라 라 그랑주 (제네바 호수, 스위스) 67

ㅅ

사법 절차 447
사우디 아라비아 253, 318~322,

362~371, 386~393, 403~407, 430, 433, 521
사이버 안보 68
사카슈빌리, 미하일 141~142
사키, 젠 39, 207
사파디, 아이만 347
사헬 지역 489
샌드버그, 셰릴 278
샬러츠빌, 버지니아: "우파여 단결하라" 행진 348~349
서안지구 314, 319, 345, 490, 500, 516
선거인단 78
설리번, 톰 131, 322, 328
성적 폭력 (여성에 대한) 195, 278
소비에트 연방 80, 83, 436
소셜 미디어 38, 95, 190, 207, 243, 249, 265, 273, 305, 409, 417, 428, 432, 514~516, 529
소치, 러시아 55, 127
솔라윈즈 사이버 공격 48, 53
술레이마니, 카셈 490
쇼이구, 세르게이 63, 175, 232~234, 242~244, 273~274
쇼함 279
숄츠, 올라프 120, 130, 219~224
쉬어 칸 63
슈머, 척 429
슈스터, 사이먼 106
슈크르, 푸아드 514
슈크리, 사메 322
슈퍼 화요일 380
스네이크 섬 190
스모트리치, 베잘렐 378, 408
스미스, 잭 262
스웨덴 139, 146~147, 200~205, 488
스위프트 128
스콧, 케빈 265
스탈린, 조지프 423
스티븐슨, 아들라이 151
스파소 하우스 (모스크바, 러시아) 130

스페인 424
슬롯, 아만다 202
시나이 340
시리아 287~288, 312~313, 356, 360~361, 394, 516
시아파 민병대 288, 516
시진핑 199, 245, 411~412, 507, 509
신와르, 야히야 353, 399~402, 434
싱, 달립 437
씨티뱅크 31

ㅇ

아랍에미레이트 90, 319~320, 324, 346, 377, 401
아랍-이스라엘 전쟁 (1948) 309
『아름다운 것들』 63
아브디이우카, 우크라이나 410~411
아브라함 협정 320, 392
아브라함 패밀리 하우스 320
아슈도드 항 366, 398
아이슬란드 204
아이언 돔 310
알 사우드, 파이살 빈 파르한 318
알 타니, 타밈 빈 하멧 (카타르의 에미르) 290~292, 315
알자지라 317
알카에다 85, 313, 319, 458, 489
알파 카파 알파 496
압둘라 2세 (요르단 왕) 314~315, 331, 346
압바스, 마흐무드 334
애덤스, 에릭 416
야누코비치, 빅토르 145
야체뉴크, 아르세니 52
어업 분쟁 202
에단, 애비게일 435
에레즈 검문소 398
에르빌 공군기지 355
에르테군, 아흐메트 21
에스토니아 175~176, 188, 199, 425

에스퍼, 마크 457~463
에어스, 스티븐 38
에어포스원 39, 40, 335, 470
에이태큼스 미사일 432
엘-시시, 압델 파타흐 292~293, 311~312, 322, 331, 340~341, 348, 467
엠호프, 더그 498
영국 96~97, 120~122, 138, 153, 160, 187~188, 203~204, 219, 241, 243, 246, 291, 360, 378, 403, 406~407, 475, 521
예루살렘, 이스라엘 283, 323, 337, 402
예르마크, 안드레이 133, 178, 190, 244
예멘 288, 342, 357, 360
오만 360, 404
오바마, 버락 84~85, 100, 163, 300, 392, 487, 519
오브라이언, 로버트 155, 387
오사마 빈 라덴 458
오스 키퍼스 36
오스틴, 로이드 95, 118, 134, 175~176, 187~188, 195, 210, 233~234, 237~238, 242~244, 257~258, 280, 289, 302, 305, 342~345, 348, 355~357, 403, 405, 465, 471, 517, 521, 524
오즈, 메흐멧 249
오코너, 케빈 468
올림픽게임 (1972년 뮌헨) 449
요르단 312~315, 318, 33~332, 346~347, 360~361, 398, 407, 432, 521
욤 키푸르 전쟁 286
우드워드, 밥 155, 263, 512~513
우샤코프, 유리 127
우정 11, 31, 71, 392, 528
우즈, 팀 96~98
워룸 (배넌) 197, 460
《워싱턴포스트》49, 149~151, 389, 424, 527, 530
워커, 허셜 249
워터게이트 21, 497
월드 센트럴 키친 398

윌리스, 벤 121
《월스트리트저널》509
월츠, 팀 494
월터 리드국립군사의료센터 468
웨스틀리, 스티브 266
웰란, 폴 510
웰커, 크리스텐 275
위장 작전 166, 243
유, 애니타 266
유럽안보협력기구 (OSCE) 139
유로 퀴드 241
유엔 기후변화회의 131
의사당 공격 (2021년 1월 6일) 35~38, 41, 75, 262
이글 패스, 텍사스 418
이라크 49, 89, 269, 288, 313, 336, 355, 356, 361, 516
이라크 전쟁 134, 222, 268
이란 지원 민병대 342, 356
이란혁명수비대 306, 356, 361, 402
이르핀, 우크라이나 270
이민 정책 414, 419, 463,
이민관세단속국 463, 489
이스라엘 방위군 330, 384, 394, 452
이스라엘-레바논 국경 297
이스라엘-사우디 정상화 362
이스트먼, 존 77
이스파한, 이란 409
이주민 417
이중목적 개량 재래식 탄약 270
이집트 256, 287, 293, 310~314, 318, 346~351
인공위성 356
인공지능 492
인도 110, 234, 244,
인도-태평양 119
인질 173, 283, 290~293, 312, 316~318, 326, 336, 350~354, 376, 376, 399~401, 434~435, 453, 500~502
일본 169, 219, 290, 370, 387

색인　　575

ㅈ

자살 폭탄 91
자이언츠, 제프 470
자파드 훈련 (2021) 63
자포리자 230
자헤디, 모하마드 레자 394, 402
잘루즈니, 발레리 192
잠수함 136, 343, 360
재블린 미사일 101~102, 155, 180
저우언라이 71
저항의 축 342
적십자 351
전국 흑인 언론인 협회 495
전쟁 범죄 195, 311
전쟁연구소 (ISW) 116, 159
전쟁의 안개 위기 282, 300, 305
전투기 96, 189, 258, 403,
『정글북』(키플링) 63
정보의 등급 하향 149~150
정치 전쟁 (미 대통령 자리를 향한) 454
제2차 세계대전 110, 119, 176, 219, 228~231, 240~241, 417, 423, 430, 463, 510
제3차 세계대전 예방 231, 238, 486
제82 공수사단 423
제쇼프, 폴란드 423
조지아 (국가) 142, 155
조현동 387
존슨, 마이크 356, 361, 415, 418~419, 429~430
존슨, 보리스 120~122, 153, 188, 204
중국 65, 110, 119, 158, 199, 209, 234, 244~245, 250, 410~412, 417, 437, 454, 456~457, 474, 491~492, 507
중동 위기 300, 308, 358, 371
중앙아메리카 (이민) 414, 417
지중해 289
진실한 약속 작전 (이란) 404
집속탄 269

ㅊ

처칠, 윈스턴 157, 209
체르노빌 핵발전소 192
체호프, 안톤 46
촐렛, 데릭 322, 328

ㅋ

카니, 알리 바게리 359
카렐리아 200
카멜, 압바스 322, 351
카불, 아프가니스탄 89~92, 94, 101
카소기, 자말 389
카쇼기, 아드난 30
카타르 290~291, 313, 317, 346, 350~353, 434, 515
카터, 지미 173, 322
칸 유니스 397
칼, 브루노 187
칼, 조나단 40
칼, 콜린 51~52, 83, 118, 135, 222, 231~232, 242~243, 471
칼리닌그라드, 러시아 203, 422
칼슨, 터커 198
캐나다 219, 360
캔트웰, 루이스 38
캠프 데이비드 협정 287, 322, 369
커비, 존 187, 396
컬럼비아 대학 375
케넌, 조지 17
케렘 샬롬 국경검문소 365
케리, 존 49
케이건, 프레드 116~117, 159
켈로그, 키스 (장군) 65~66, 161, 380~384
켈리, 존 F 464, 511
코로나19 방역 지침 178
코로나19 팬데믹 44, 65, 69, 91, 178
코발추크 80
코스모스 2576 위성 491

코스타, 로버트 263~264, 456, 530
코언 그룹 264
코언, 라즈 279
코언, 마이클 441
코언, 멜리사 446
코언, 윌리엄 264
코츠, 댄 464, 508
코치, 에드 33
콘, 개리 511
콜로니얼 파이프라인 68
콤퍼라토레, 코리 483
쿠르마셰바, 알수 510
쿠릴라, 에릭 305, 403, 405
쿠바 미사일 위기 151, 231, 241
쿨레바, 드미트로 64, 133, 145
큐아넌 36
크랙 코카인 197, 444, 446
크로커스 시티 홀 (모스크바, 러시아) 489
크룩스, 토마스 매튜 483
크림반도 47, 53, 61, 63, 100, 111, 128, 142, 150, 162~163, 187, 201, 228~229, 233
크바르탈 103
클래이튼, 제이 214
클레인, 론 43~45
클린턴, 빌 106
클린턴, 힐러리 55
키신저, 헨리 46, 363
키이우, 우크라이나 51, 96, 104, 110, 143, 164, 187, 190, 427
키플링, 러디어드 63

ㅌ

타바키 62~63
《타임》 매거진 30, 106, 462
타지마할 애틀랜틱 시티 카지노 27
타지키스탄 489
탄약 보급 310, 437
탈레반 48, 85~86, 89~94, 160, 250

터키 21, 96, 206, 234, 243~246, 320, 366
테러리스트 90, 278, 294, 338~339, 400, 416, 491, 515
텔레그램 243
텔아비브, 이스라엘 276, 279, 313, 323, 325, 327~330, 335, 349, 366, 382, 384, 435, 475
토마호크 쿠르즈 미사일 360
토미타, 코지 387
톨스토이, 레오 71
트럼프 타워 22, 427
트럼프 프린세스 30
트럼프, 돈 주니어 40
트럼프, 로버트 30
트럼프, 멜라니아 39, 42, 249, 484
트럼프, 배런 484
트럼프주의 34
트루먼, 해리 88, 241, 339
트루스 소셜 249, 265, 428, 496, 509
트위터 42~43
티혼, 신부 80
틸러슨, 렉스 464

ㅍ

파가노, 로다 337
파리 평화 포럼 138
파스케일, 브래드 77
파시스트 264, 455
파우치, 안소니 512
파이너, 존 49, 73, 81, 110~112, 117~119, 148~149, 153~154, 160, 189, 195, 200~203, 236, 240~241, 255, 271, 305, 331, 394, 404, 409, 524
파키스탄 390
파킨슨병 469
파트루셰프, 니콜라이 126~127, 182
팔라토레, 팀 440~443
팔레스타인 이슬람 지하드 284, 316

577

팔레스타인 자치정부 314, 331
패러글라이더 278, 303~304, 306
『퍼스트 퍼슨』(푸틴) 438
페브쿠르, 하노 176
페스코프, 드미트리 208, 509
페이스북 42
페제시키안, 마수드 514
페트레이어스, 데이비드 88
펜스, 마이크 35, 65, 464
펜타곤 51, 83, 94~95, 102, 118, 133~135, 166, 187, 195, 217, 222, 231, 235, 237~244, 253, 256~257, 259, 269~270, 276, 310, 332, 356
펠로시, 낸시 35~36, 478
포로셴코, 페트로 51~52, 103
포트 맥네어 36
폭력적 언어 463
〈폭스〉뉴스 72, 198, 207, 230, 265
폴란드 138, 141, 169, 174, 188~189, 210, 254, 421~428, 475
폼페이오, 마이크 387
프라이스, 네드 69, 71, 139, 146
프랑스 120~121, 136, 138, 174, 219, 242~243, 424
프리고진, 예브게니 273~274, 489
핀란드 199~206, 425
필리핀 485

ㅎ

하가리, 다니엘 306
하네그비, 차히 277, 434
하니예, 이스마일 515
하르키우, 우크라이나 186, 227, 271
하마스 276~298, 313~326, 336, 344, 347, 349~354, 371, 377, 391, 397, 399~400, 435, 449~450,475, 490, 499~501
하메네이, 알리 296, 394, 402, 515
하워드 대학교 496

하원 대표 35, 38, 41
하원위원회 (국토안보부에 대한) 418
하원특별위원회 37
하인스, 에이브릴 109, 166, 229, 245, 274, 287, 298, 429, 436, 450, 507, 524
하지 364
하지자데, 아미르 알리 402
한국 240, 256, 370, 387, 485
할레비, 헤르치 297, 311
할렛, 스테파니 328, 351
할리우드 스퀘어 135
항의 (시위) 288
해니티, 션 72
해들리, 스티브 405
해리스, 카말라 109, 136~138, 177~181, 345~346, 405, 414, 466, 486~487, 493~503
해버만, 매기 511
핵무기 170, 228~247, 257, 259, 264, 438
핵전쟁 위협 228, 245
허, 로버트 466
허세 156~158
허위 정보 60, 97, 441
헝가리 206, 425
헤르손, 우크라이나 227~228, 232, 245, 271
헤르조그, 마이클 277,285~287, 394~395, 497~503, 517~518
헤일리, 니키 383
헤즈볼라 280~282, 287, 294~308, 330, 342, 374~375, 395~396, 451, 514~517
호만, 톰 463
호스토멜 공항 164, 191
호주 136, 138, 343, 360, 370
홍해 342, 359, 403
후티 15, 288, 342, 355, 356~360, 516
휘트워스, 프랭크 94~95, 99
흑인들에 대한 트럼프의 주장 461
히로시마 230, 242

히틀러, 아돌프 208, 423, 430
힐, 피오나 57

영어

Buying Quiet 292
CBS 뉴스 257, 530
COP28 기후 변화 회의 345
G20 회의 (2021년 10월) 120
G7 회의 (2022년 6월) 219
HEAT (고성능 대전차 탄두) 101
IAEA (국제원자력기구) 244
Il-76 수송기 191
ISIS 91~92, 313, 319, 489
ISIS-K 488~489
MAGA 418, 493
MBAR (무함마드 빈 압둘라만 알 타니) 290~292, 315, 317, 350~351, 353, 434~435, 515
MBS (무함마드 빈 살만) 321~322, 362~369, 388~393, 404,
MBZ (무함마드 빈 자예드 알 나히안) 319~320, 401~402
NASAMs 253
OPLAN 5027 240
PAC (Political Action Committee) 57

옮긴이 김정수

연세대 법대를 졸업하고 연세대 법학대학원에서 법학석사, 독일 빌레펠트 대학에서 1년간 연구, 미국 펜실베이니아 대학 로스쿨에서 법학석사(LL.M.)을 받았다. 〈현대증권법원론〉을 출간한 바 있고, 자본시장법이 제정되면서 1750페이지에 달하는 〈자본시장법원론〉을 출간했다. 2011년 금융법전략연구소를 설립하여 자본시장법 분야를 전문적으로 강의·자문하고 있다. 기타 저서로는 〈자본시장법상 부정거래행위(공저)〉, 〈내부자거래와 부정거래행위〉, 〈월스트리트의 내부자들〉, 〈ESG 레볼루션(공저)〉, 〈금융의 교양〉이 있고, 역서로는 〈세계사를 바꾼 6가지 음료〉가 있다. 한국거래소에서 오랜 기간 근무했고, 법무법인 율촌 고문으로 재직했다. 현재 금융·법전략연구소 대표, 법무법인 퍼스트 고문을 맡고 있다.

WAR 전쟁

1판 1쇄 발행 2025년 11월 17일
1판 2쇄 발행 2025년 12월 1일

지은이 밥 우드워드
옮긴이 김정수
브랜드 캐피털북스
펴낸곳 서울파이낸스앤로그룹
펴낸이 김정수

출판등록 제310-2011-1호
등록일자 2010년 5월 4일
주소 (07327) 서울 영등포구 국제금융로 20, 5층 R565호 (율촌빌딩, 여의도)
전화 02-701-4185
팩스 02-701-4612
이메일 sflibf@naver.com

ISBN 979-11-978500-5-9 (03340)

- 이 책 내용의 일부 또는 전부를 재사용하려면 사전에 저작권자와 캐피털북스의 동의를 얻어야 합니다.
- 인쇄·제작 및 유통상의 파본 도서는 구입하신 서점에서 교환해드립니다.
- 책값은 뒤표지에 있습니다.